[전정개정판]

복지국가의 비교

영국, 미국, 독일, 스웨덴
사회복지의 역사와 변천

박 병 현

KNOWLEDGE COMMUNITY 공동체

복지국가는 자본주의와 민주주의라는 국가 체제에서 모든 국민들의 기본 욕구를 적정 수준으로 충족시켜 안락한 삶을 증진시키려 노력하는 국가라고 할 수 있다. 하지만 복지국가는 국가마다 성립 시기, 내용, 지향하는 목적 등에 있어서 다르다. 어떤 국가는 복지국가의 영역을 제한적으로 보아 복지의 대상자를 장애인이나 노인, 구제빈을 자격이 있다고 인정되는 빈민 등과 같은 표적화된 위험 계층들로 한정하기도 하고, 어떤 국가는 연대의 가치 속에 좋은 위험이든 나쁜 위험이든 모든 사회적 위험들을 하나의 우산 아래서 해결하려 한다.

비교 방법론적 접근은 복지국가 발전의 역사나 내용을 고찰하기 위해서 매우 유용하다. 때로는 새로운 질문까지 유도할 수 있다. 뿐만 아니라 비교 방법론적인 접근은 이미 받아들여진 역사적인 설명에 대해 비판적인 분석과 새로운 역사적 일반화도 가능하게 한다. 본 서에서는 영국, 미국, 독일, 스웨덴이 복지국가로 발전한 과정과 내용을 비교 방법론적인 접근을 통해서 기술했다.

영국은 복지국가 연구에 있어서 많은 연구거리를 제공해 주는 국가이다. 언제부터 영국이 복지국가로 발전했는가 하는 것에 대해서는 다양한 의견이 있다. 복지국가는 국가가 민주국가의 형태로 발전할 때 탄생했다고 본다면, 베링턴 무어(Barrington Moor Jr.)가 1967년 출간한 『독재와 민주주의의 사회적 기원(Social Origins of Dictatorship and Democracy - Lord and Peasant in the Making of the Modern World)』은 복지국가 역사 연구에 많은 시사점을 제공해 준다. 농업사회에서 산업사회에서 전환되던 시기의 농민들과 상층 지주계급의 역사적 경험을 기술한 이 책은 영국 복지국가의 원동력을 정복·약탈국가와 발전국가를 해체하고 민주국가로의 진입을 가능하게 한 최초의 시민혁명이자 민주주의 혁명이라고 부를 수 있는 청교도 혁명(1640~1660)에서 찾을 수 있음을 보여준다. 영국은 청교도 혁명에 뒤이어 1795년 스핀햄랜드법, 1943년 베버리지보고서를 바탕으로 보편적 복지국가로 발전했다고 볼 수 있다.

그러나 최근의 영국 복지의 모습을 살펴보면 보편주의적 영국 복지국가의 모습이 선별주의적으로 변화하고 있음을 보여준다. 이러한 모습들은 2016년 개봉된 영화인 "나, 다니엘 블레이크(I, Daniel Blake)"에서 볼 수 있다. 이 영화는 영국에서 한번 실패한 사람들이 일상적인 삶으로 다시 재진입하기 어려운 모습을 보여준다. 실패한 사람들이 국가가 만들어 놓은 사회보장제도에 접근하려면 일을 할 수 없다는 것을 증명해야만 하는 엄격한 과정을 거쳐야만 하는 모습에서 영국에서 보편주의적 복지체제의 모습은 찾아보기 어렵다.

영국과는 달리 미국은 복지국가와는 거리가 먼 국가이다. 미국은 사회복지 측면에서 보면 이웃나라인 캐나다는 물론이고 유럽과 국가들과 비교해도 사회복지 발전이 너무 늦었고, 복지 수준 또한 매우 낮다. 그래서 미국은 사회복지 측면에서는 후진국이자 미완성 복지국가이다. 그래서 미국의 사회복지 역사를 기술한 책들을 살펴보면 '투쟁(struggle)'이라는 용어가 자주 등장한다. 이것은 미국에서 사회복지가 발전하기 위해서는 투쟁이 필요했다는 것을 은연중에 보여준다. 미국이 사회복지 후진국으로 남아 있는 데에는 미국 특유의 분권화 전통과 개인주의 문화가 많은 영향을 미친 것으로 보인다.

독일은 영국이나 미국과는 달리 독특한 복지체제를 가진 국가이다. 독일의 복지체제는 군주제적 국가주의의 영향과 보수주의적 가톨릭의 영향을 받으면서 보수주의적 색채를 띠면서 발전했고, 제2차 세계대전 이후에도 사회복지 발전을 주도한 세력이 주로 기독교 민주주의 혹은 보수연합 세력이었기 때문에 보수주의적 기조를 유지했다. 독일의 보수주의적 복지체제는 기여와 급여가 밀접하게 연계되어 있는 조합주의 성격의 사회보험에서 잘 나타나 있다. 독일의 사회보험이 조합주의 전통을 따르고 있다는 것은 '지위에 따른 차등'을 줄곧 유지해 왔다는 것을 의미한다.

또한 사회복지체제에 스며들어 있는 보충성의 원칙에서 독일 사회복지의 보수적 성격을 들여다볼 수 있다. 보충성의 원칙은 가족을 첫 번째 구호 제공자(가족이 구호를 제공하게 되면 정부는 간여하지 않는다)로 인정한다는 것을 의미한다. 이러한 원칙으로 인해 독일의 노동시장은 남성 주 부양자 중심이며, 여성은 직장과 가정 중에서 양자택일을 해야 하는 구조이기 때문에 저출산의 가능성이 있다. 에스핑 앤더슨이 조합주의적 보수주의 독일 복지국가 모형을 '나쁜(bad)' 모형은 아니지만 '보기 싫은(ugly)' 모형으로 보았다는 사실은 많은 시사점을 제공한다.

본 서에서 언급되는 마지막 국가는 스웨덴이다. 스웨덴은 한때 신이 버린 가난한 농업국가에서 오늘날 모든 국가들이 모방하고 싶어 하는 복지국가이다. 스웨덴 복지국가의 배경에는 국민의 집, 연대임금정책, 적극적 노동시장 정책이 있다. 이러한 정책들을 시행하기 위해서는 재정이 많이 소요되며, 이러한 재정은 대부분 국민들이 소득의 30~40%가량을 납부하는 조세로 충당한다. 그러면 왜 스웨덴에서는 조세저항이 없을까? 그 이유는 자신들이 납부한 세금이 사회복지서비스의 형태로 자신에게 되돌아온다는 믿음이 있기 때문이다. 이러한 믿음 뒤에는 정치인과 관료들의 청렴함이 있다.

본 서는 2005년 필자가 집필한 『복지국가의 비교 : 영국, 미국, 스웨덴, 독일의 사회복지 역사와 변천』을 전면 개정한 것이다. 초판 발간 이후 틈틈이 보완을 하면서 연구 대상이 되는 사실들에 대해 오래 생각하다 보니 사실의 숲 속에서 미아가 되어버린 것과 같은 느낌도 많이 가졌다. 본 서가 복지국가를 연구하는 분들에게 참고가 되는 서적이 되면 그보다 더 보람 있는 일은 없을 것 같다. 본 서의 출간을 맡아준 공동체와 교정 작업을 해준 부산대 사회복지학과 대학원 박사과정에 재학 중인 최윤정 선생에게 감사함을 보낸다.

2017년 7월

금정산 기슭 연구실에서

박병현

최근에 와서 유럽과 미국에서는 전통적인 케인지언 복지국가는 유효성을 상실했다는 전제 하에 새로운 복지체제를 고안해서 실험하고 있다. 대표적인 예가 유럽의 경우는 제솝(Jessop)의 '근로국가론'과 기든스(Giddens)의 '제3의 길'이다. 미국의 경우에도 길버트(Gilbert)가 능력부여국가론을 제시하고 있다. 그러나 우리나라의 경우 아직 사회복지가 어떤 방향으로 나아가야 할지 방향을 설정하지 못하고 있다. 따라서 본서의 집필 목적 중의 하나는 사회복지가 일찍 발달한 국가들의 경험을 통해서 우리나라 사회복지의 발전 방향에 대한 시사점을 얻기 위한 것이다.

그러나 본서를 집필하게 된 직접적인 동기는 필자가 비교사회복지에 관한 논문으로 박사학위를 받았고, 대학원에서 비교사회복지론을 강의하고 있음에도 외국의 사회복지에 대해서 너무 모르고 있다는 깨달음에서 나왔다. 필자는 1990년 '한국, 일본, 중국의 사회복지제도 비교연구'로 미국 University of Pennsylvania 사회사업대학원에서 사회사업학 박사학위를 받았다. 그 이후 교수생활을 하면서 비교사회복지론 강의도 하고, 사회복지제도 비교에 관한 글을 가끔 쓰곤 했었다. 그래서 필자는 비교사회복지에 대해서는 많이 알고 있다고 생각했었다. 그러나 지난 학기 대학원에서 비교사회복지론을 강의하면서 외국의 사회복지에 대해 너무 모르고 있다는 것을 갑자기 깨달았다. 이런 모습으로 학생들 앞에서 강의한 지난날들이 너무 부끄러웠다.

이러한 부끄러움을 조금이나마 해소한 결과가 이 책이다. 그러나 누군가가 필자에게 본서에 언급되는 영국, 미국, 스웨덴, 그리고 독일의 사회복지에 대해서 어느 정도 알고 있느냐고 묻는다면 솔직히 자신이 없다. 미국은 6년간 유학을 했기 때문에 어느 정도 알고 있으나, 영국과 스웨덴은 단기간 방문했을 뿐이다. 더구나 독일은 영국과 스웨덴을 방문하는 길에 비행기를 갈아타기 위해 하룻밤만 머물렀을 뿐이다. 그래서 그런지 다른 국가들보다 독일의 사회복지는 내 가슴 속에 들어오지 않았다. 연구하기엔 솔직히 너무 힘든 국가였다. 마치 장님이 코끼리 다리를 만진 기분이다. 그래서 이 책을 출판하려니 부끄러움이 앞선다. 부끄러움이 조금 해소된 것이 아니라 더 많은 부끄러움을 갖게 된 느낌이다. 이번에 부족한 것은 공부를 더 해서 개정판에서 보완하고 싶고, 본서에 언급되지 않은 국가들도 추가하고 싶다.

필자는 길지 않는 학문여정에 훌륭한 스승들과 동료들을 만났다. 나의 미국 유학을 주선해 주시고 지금까지 관심을 갖고 지켜봐 주시는 신섭중 교수님과, 비록 전공분야는 다르지만 학부시절부터 필자의 학문의 성장과정을 지켜봐 주시면서 많은 격려를 해 주시고, 항상 학문하는 자세를 내게 일깨워주신 김기태 교수님과 문선화 교수님께 감사를 드린다. 류기형, 김동국, 신복기 선배 교수님들과 이기영, 최송식 후배 교수님들도 필자가 마음껏 공부할 수 있는 환경을 제공해 주시고 많은 격려를 해 주셨다.

본서를 완성하는 데에는 많은 분들의 도움이 있었다. 먼저 가장 취약했던 독일 사회복지를 집필하는 데 도움을 준 부산가톨릭대학교의 배화숙 교수와 영국 사회복지 부분을 도와 준 부산대학교 대학원 사회복지학과 박사과정의 이제호 선생에게 감사함을 전한다. 교정작업을 도와 준 부산대학교 대학원 사회복지학과 석사과정의 장연미양, 학부의 김성아양, 최리선양에게도 감사한 마음을 전한다. 그리고 본서의 출간을 기꺼히 수락해 주신 공동체의 김동훈 사장님께 감사함을 전한다. 마지막으로 본서를 집필하는 동안 시간이 없다는 핑계로 많은 시간을 같이 하지 못했음에도 이해를 해 준 아내 승혜와 딸 인아, 아들 인균이에게 가슴 깊은데서 나오는 사랑과 고마움을 전한다.

2005년 12월
금정산 기슭의 연구실에서
박 병 현

Chapter 08 복지국가의 다양성과 변화 • 351

chapter 01

복지국가 비교연구를 위한 서설

01 복지국가의 기원과 목표

02 복지국가 비교연구의 의의 및 목적

chapter

01 복지국가 비교연구를 위한 서설

1. 복지국가의 기원과 목표

1) 복지국가의 정의와 기원

(1) 복지국가의 정의

복지국가란 국민들의 삶과 관련된 '최소한의 전국적 기준(national minimum standards)'을 유지하기 위해 국가의 책임을 제도화하는 것이며(Mishra, 1990 : 34), 핵심 프로그램은 모든 국민에게 최소한의 수입, 영양, 건강, 주택, 그리고 교육을 보장하는 것이다(Wilensky, 1975 : 1). 또한 복지국가는 자본주의 체제 속에서 발전해 왔으며, 정치적 민주주의를 전제로 하고 있다. 이러한 점들을 고려하면, 복지국가는 자본주의와 민주주의라는 국가체제에서 모든 국민들의 기본 욕구를 적정 수준으로 충족시켜 안락한 삶을 증진시키려 노력하는 국가라고 할 수 있다.

복지국가는 ① 모든 시민들에게 권리 성격의 급여 제공, ② 경제에 대한 정부의 통제, ③ 완전고용이라는 세 가지 원칙을 가지고 있다. 이러한 원칙에 힘입어 복지국가들은 보호가 필요한 사람들을 위한 경제적 보호 수준을 대폭 향상시켰을 뿐만 아니라 광범위한 건강과 교육을 위한 서비스도 제공한다.

이러한 복지국가의 정의는 복지수급에 대한 권리와 정부의 시장경제 개입을 전제로 하고 있다. 즉, 복지국가는 복지의 대상자를 동정이나 시혜의 대상으로 보는 것이 아니라 자본주의 체제가 태생적으로 지니고 있는 체제모순에서 비롯된 것으로 보는 것이며 경제적 자유를 신봉하는 자유방임경제를 정면으로 부정하는 체제로 볼 수 있다.

(2) 복지국가의 기원

'복지국가'라는 용어가 처음 등장한 것은 영국의 템플(Temple) 주교가 1941년에 간행한 「시민과 성직자(Citizen and Churchman)」라는 팸플릿에서 독일 나치 시대의 '권력국가(power state)'와 대비하여 전후 연합국의 재건설의 야망과 복지 향상을 위한 약속을 의미하는 '복지국가(welfare state)'라는 용어를 사용하면서부터라고 알려져 있다(Temple, 1941, 1942).

복지국가라는 용어는 1940년대 이후 사용되기 시작했지만 복지국가가 지향하는 사상은 이보다 훨씬 이전부터 나타났다고 할 수 있다. 카(E. H. Carr, 1957)는 『새로운 사회(The New Society)』에서 다음과 같이 말했다.

> 19세기의 자유방임적 야경국가에서 그 논리적 반대물인 동시에 논리적 귀결이기도 한 오늘날의 복지국가로 전환한 제 단계를 추적하는 것보다 더 매혹적인 현대사 주제는 없다.

카의 이와 같은 언급은 복지국가는 자유방임경제체제를 극복하면서 등장한 새로운 국가체제임을 의미한다. 자유방임주의는 자본주의 체제에서 산업화가 초래한 새로운 사회문제인 빈곤문제를 '방임'하고 경제적 '자유'만을 강조하는 이데올로기라고 할 수 있다. 자유방임의 반대는 국가개입이며 복지국가가 자유방임의 반대 논리물이라면 복지국가는 국가개입을 지향한다고 할 수 있다.

그러면 국가개입을 전제로 하는 복지국가의 기원은 어디에서 찾아볼 수 있을까?

카가 언급한 바와 같이 자유방임주의가 절정을 이루었던 시기는 19세기였다. 애덤 스미스(Adam Smith)의 고전적 경제이론을 바탕으로 발전한 자유방임주의는 자조(self-help) 정신, 자유경쟁과 최소한의 정부개입을 추구하면서 19세기 동안 산업화 과정에서 널리 확산되었다.

그러나 1800년대 중・후반에 들어서자 자유방임주의는 당시의 경제체제로서는 적절하지 못하다는 주장이 등장하기 시작했다. 먼저 독일의 경우를 살펴보자.

1870년대 들어 독일에서 자유방임주의에 대한 공격이 나타나기 시작했다. 독일에서는 산업혁명 이후 자본주의가 성숙하면서 실업, 분배 불균형 문제, 수공업자의 몰락 등과 같은 사회문제들이 나타나기 시작했다. 이러한 상황에서 당시 지배적인 경제이론인 자유방임경제이론을 반대하는 운동이 나타나기 시작했다.

독일에서 자유방임주의에 대한 공격은 1860년대 중순부터 모습을 나타낸 강단사회주의자(講壇社會主義者)[1]라고 불리는 일단의 사회과학자들에 의해 이론적 기초를 얻게 된다. 슈몰러(Schmoller)를 중심으로 한 사회과학자들은 경제적 자유방임주의는 인간의 이기심을 극도로 조장하여 생산을 증대시키고 물질적인 진보를 가져오는 데에는 성공했지만, 그 결과 극단적인 개인주의 속에서 인간성이 무시되고 빈부의 격차가 커지게 되었다고 보았다. 그들은 노동자들의 생활도 이전보다 나아지기는 했으나 그렇다고 해서 인륜적인 생활을 가져오지는 못했으며 자본가 계급과 노동자 계급 간에는 경제적 대립뿐만 아니라 관습, 교양, 세계관의 대립이 나타났다고 주장했다. 그래서 이들은 애덤 스미스(Adam Smith)를 넘어서는 새로운 학문을 요구하게 되고 그 속에서 '국가의 역할'이 보다 중요한 의미를 갖게 되었다(강철구, 1983 : 46).

---

1) 독일에서 산업혁명 이후 나타난 사회문제들을 해결하기 위해 독일의 신역사학파는 애덤 스미스가 주창한 고전경제학을 바탕으로 한 자유방임주의에 반대하고 국가가 개입해서 사회문제를 해결하는 사회개량주의를 주장했다. 신역사학파들은 1872년 슈몰러를 중심으로 사회정책학회를 창설하면서 당시 비스마르크가 추진한 사회보험도입의 이론적 기초를 제공했다. 그들은 주로 교단을 통하여 활발하게 사회개량을 위한 계몽을 추진했기 때문에 강단사회주의자로 불렸다.

이와 같은 사회과학자들의 자유방임주의에 대한 이론적 공격과 함께 정치권에서 산업화로 인한 사회문제들을 해결하기 위한 노력이 나타났다. 강단사회주의자들 중심으로 결성된 사회정책학회가 제공하는 이론적 기초를 바탕으로, 비스마르크는 산업화로 인해 나타난 사회적 위험의 상황에 당면하게 된 노동자들의 삶을 제고하기 위한 노동자재해보상보험제도, 질병보험제도, 노령연금제도와 같은 사회보험제도를 도입했다. 비록 이러한 사회보험제도 도입을 위한 노력이 당시 점증하고 있던 사회주의 세력을 제어하기 위한 수단으로 사용된 점이 있지만 복지국가가 지향하는 시장경제에 대한 국가개입이 시작되었다고 할 수 있다.

다음, 영국의 경우를 살펴보자.

영국에서는 1880년대의 불황, 찰스 부스와 시봄 라운트리의 빈곤에 관한 조사, 페이비언 사회주의의 등장으로 인해 빈곤문제의 심각성이 제기되고, 빈곤의 원인에 대한 심도 있는 지식이 축적되었다. 또한 의식 있는 사람들이 정부가 나서서 빈곤문제를 해결해야 한다는 주장을 펴면서 빈곤문제를 정치적인 이슈로 만들었다. 자유방임주의는 우파와 좌파 모두로부터 공격을 받기 시작하였고, 20세기가 가까워 오면서 빈민을 통제했던 신구빈법은 원칙과 철학에서 도전받게 되면서 복지 관련 법률 제정이 서서히 힘을 얻기 시작했다(박병현, 2008 : 75).

19세기 동안 영국을 지배했던 자유방임주의는 20세기에 들어서면서 쇠퇴하기 시작했다. 1906년 자유당(Liberal Party)이 집권하면서 로이드 조지와 처칠 등의 진보세력들은 1908년 노령연금법을 도입하고 1911년에는 의료보험과 실업보험이 포함된 국민보험법을 도입하는 등 국가개입을 전제로 하는 사회정책들이 시도되었다. 그래서 1900년대 초반을 프레이저(Fraser, 1984 : 155)는 "복지국가의 기원"으로, 브루스(Bruce, 1961)는 "복지국가 도래의 전환점"으로 평가했다.

이러한 점들을 고려하면, 자유방임적 야경국가의 논리적 반대물인 복지국가의 기원은 20세기를 전후한 시기의 독일과 영국의 사회보험제도의 도입에서 찾아볼 수 있다.

2) 복지국가의 목표

브릭스(Briggs, 1961)는 복지국가의 목표를 세 가지로 나누었다. 첫 번째 목표는 노령, 실업, 질병, 재해 등과 같은 위기 사건이 일어났을 때 그들을 경제적으로 안정시켜 주는 것이다. 이 목적은 복지국가에서 가장 큰 부분을 차지하고 있는데, 여기에 해당되는 정책으로는 소득을 유지시켜 줌으로써 경제적으로 안정시켜 주는 사회보험정책이 있다. 사회보험정책의 대상이 되기 위한 주요 자격요건은 빈곤상태에 있다는 사실이 아니다. 사회보험정책의 주요 목표는 빈곤 여부에 관계없이 모든 사람들의 소득 상실에 대처하는 것이다. 예컨대, 실업자는 빈민이 아니더라도 고용보험의 실업급여 수급자격이 주어진다. 퇴직노인들은 다른 유형의 소득이 있어도 노령연금 수급자격이 주어진다. 이러한 제도들은 모든 계층의 사람들을 대상으로 하는 보편적 성격을 지니고 있기 때문에, 복지국가의 예산 가운데 가장 많은 부분을 차지한다.

복지국가의 두 번째 목표는 개인과 가족에게 최저수준의 소득을 보장해 줌으로써 그들이 적어도 최저수준의 물질적인 충족을 얻을 수 있도록 하는 것이다. 이것은 복지국가가 목표로 하는 빈곤극복이다. 여기에 해당되는 정책으로는 공공부조가 있다. 공공부조는 빈민들을 대상으로 자립심을 촉진하며, 이들이 주류사회로 진입할 수 있도록 서비스를 제공한다. 공공부조는 주로 현금급여를 제공한다. 빈곤극복 정책은 어떤 수준 이하의 소득이 있는 개인이나 가족을 대상으로 한다. 그래서 이러한 정책들은 모든 인구 계층을 대상으로 하기보다는 특정 욕구를 지니고 있는 특정 계층을 대상으로 한다. 이러한 프로그램의 대상이 되는 사람들을 선택하는 방법은 자산조사이다. 이는 상대적으로 수가 적은 빈민들을 대상으로 하는 것이기 때문에 여기에 소요되는 국가예산의 규모도 사회보험정책과 비교하면 적은 편이다.

복지국가의 세 번째 목표는 모든 시민들이 그들의 지위나 속해 있는 계층과 관계없이 사회에서 매우 필요한 기본 상품과 서비스를 받는 것이다. 이 목표는 최저수준(minimum)의 개념보다는 적정수준(optimum)의 개념에 기초한다. 이러한 서비스 중에서 가장 중요한 것은 공교육이다. 초등학교와 중등학교에 대한 무상교육은 모든 복지국가에서 시민권적 권리로서 제공된다. 고등학교 이상은 대부분 무상교육은 아니나 정부에서 여러 가지 형태로 보조해 준다. 공교육 서비스 제공 외에 현대 복지국가는 영양 프로그램, 탁아 프로그램, 주택 프로그램을 제공하며, 대부분의 복지국가에서는 보편적인 건강보호가 시민적 권리로서 주어진다.

<표 1-1>은 복지국가의 세 가지 목표를 요약한 것이다.

〈표 1-1〉 복지국가의 세 가지 목표

목 표	정 책	대상집단
경제적 보장 : 사회적 위험 발생으로 인한 상실된 소득을 대체	사회보험정책 : 질병, 실업, 장애, 퇴직, 배우자의 사망 등에 대비한 사회보험	근로계층, 퇴직자, 그들의 가족 및 피부양자
물질적 충족 : 최저한의 소득을 보장	공공부조정책 : 현금급여 및 사회적 서비스	빈민 및 불우 계층
기초서비스 제공 : 중요한 상품과 서비스에의 접근을 보장함	교육정책, 의료보장정책, 주택정책, 영양보충정책	모든 시민

출처 : Gilbert & Terrell(1998 : 38).

2. 복지국가 비교연구의 의의 및 목적

1) 복지국가 비교연구의 의의

인간이 처한 위험으로부터 벗어나 인간다운 삶을 영위하도록 돕는 것이라고 할 수 있는 사회복지는 현대사회에 있어서 필수불가결한 제도이다. 사회복지를 제공하는 주체가 가정이건, 시장이건, 민간자원봉사단체건, 정부이건 간에 모든 사람은 사회복지를 필요로 한다. 그래서 칸(Kahn, 1979 : 13)이 지적한 대로 사회복지제도는 모든 나라에 존재하며 일반적으로 생산성이 증가하고 생활수준이 향상되면 될수록 사회복지제도는 발달한다고 할 수 있다.

그러나 사회문제를 해결하거나 예방하기 위해 사회복지제도가 도입되는 시기나 방법은 각 나라마다 다르다. 유럽에서는 18세기 말부터 19세기 말까지 자유주의사상(liberalism)이 당시 유럽의 경제적·사회적·정치적 사상에 큰 영향을 미쳤다. 자유주의란 개인적 자유, 자립, 경제적 합리성, 자유방임 등을 핵심 이념으로 하여 완전한 개인주의와 제한된 정부를 강조한다. 이러한 자유주의는 산업국가에서 자기의 부(富)를 추구하는 것은 자유이며 성공과 실패에 대해서는 개인이 책임을 져야 한다고 주장하며 구질서하의 전통적 구호주의와 구호에 대한 빈민의 권리를 거부하였으며 빈민에 대한 상류계층의 온정적 책임성의 개념을 포기하도록 조장하였다. 그로 인해 이러한 자유주의사상이 지배하였던 당시 유럽의 신생 산업국가들은 하류계급들은 상류계급으로부터 구호를 받을 권리가 있다는 구시대 보호주의자들의 주장을 반박하였으며 구호나 원조가 개인을 위해서나 국가를 위해서도 바람직하지 않다고 자신있게 주장하였다(Rimlinger, 1971 : 11). 그러므로 서구에서 권리로서의 사회복지제도는 '자유주의와의 단절(break with the liberalism)'에서 비롯된다고 할 수 있다.

유럽에서 제도적인 사회복지가 나타나게 된 시기는 자유주의사상이 쇠퇴하기 시작한 1880년대 이후였다. 독일에서 1880년대와 1920년대 사이에 산업노동자와 원조가 필요한 시민 등을 위해 연금과 사회보험 프로그램이 도입되어 1930년대부터 1950년대에 이르는 기간 동안에는 전 국민을 대상으로 하는 보다 포괄적인 사회보험으로 발달하였으며, 영국에서는 1897년에 노동자 산업재해보상법을 제정한 것을 비롯하여, 1911년에 의료보험과 실업보험을 규정한 국민보험법을 제정하여 복지국가의 기틀을 마련하였다.

그러나 유럽의 국가들이 19세기 말부터 빠른 속도로 사회복지제도를 도입하고 발전시킨 데 비하여, 미국은 1935년 이전에는 연방정부 차원에서 사회복지제도도 도입하지 않았다. 미국이 연방정부 차원에서 사회보험과 공공부조제도를 도입한 것은 독일이 사회보험제도를 실시한 지 50년 뒤의 일이며 영국과 스웨덴보다는 25년이 늦은 1935년이었다. 전 국민을 대상으로 하는 의료보험제도는 1935년의 사회보장법에서도 빠졌으며 아직까지 실시되지 않고 있다. 또한 유럽의 국가들이 1974년의 석유파동이 일어나기 전까지 계속적으로 사회복지제도의 발전을 도모한 데 비하여, 미국은 언제나 '미완성 복지국가(incomplete welfare state)' 또는 '준복지국가(semi welfare state)'로 머물러 있었다.

이와 같이 사회복지제도의 발달은 각 나라에 따라 발달의 시기나 과정에 차이가 있다. 그러나 이를 자세히 연구하여 보면, 각 나라의 사회복지제도발달은 그 나라의 특수한 내부적 혹은 외부적 변수에 의해 영향을 받고 있으며, 그 변수들의 영향력을 알아내어 다른 나라의 경우와 비교할 수만 있다면 어느 국가에도 적용될 수 있는 어떤 보편적인 사회복지발달의 유형을 만들어 낼 수 있다. 여기에 복지국가 비교연구의 의의가 있다고 하겠다.

2) 복지국가 비교연구의 목적

사회복지제도발달을 분석함에 있어서 비교연구방법을 사용하는 목적은 크게 네 가지로 나누어질 수 있다.

첫 번째 목적은 일반적인 사회복지제도와 특정한 사회복지제도를 구분할 수 있다는 것이다. 즉, 비교방법을 사용함으로써 모든 국가에 공통적인 사회복지제도와 어떤 국가에만 특별히 나타나는 사회복지제도를 발견할 수 있다. 비교방법을 사용하지 않고서는 어떤 제도가 어떤 특정한 정치체계나 경제체계에서만 나타났는지 아닌지를 알 수 없다. 사회보장제도란 산업화된 나라에서만 나타나는 현상인가라는 질문은 비교연구방법을 사용하지 않고서는 해답이 나오지 않는다(Higgins, 1981 : 12-13).

이러한 목적의 사회복지제도비교는 주로 정부기관이나 국제학술단체에서 행해지는 것으로서 각 나라의 사회복지제도나 정책의 기술(記述) 및 분류이다. 사회복지제도나 정책을 분야별 또는 기능별로 분류하여 각 나라에서 공통적으로 나타나는 제도나 정책을 발견하려는 것이다. 대표적인 것으로는 미국의 사회보장청이 1937년부터 정기적으로 전 세계의 사회보장 프로그램을 각 나라별로 분류하여 기술한 「Social Security Programs Throughout the World」가 있으며, 영국, 프랑스, 이스라엘 및 오스트리아의 사회복지제도를 사회보장, 고용 및 훈련, 건강, 교육, 그리고 주택 등 다섯 가지의 주요 기능적인 분야를 비교연구함으로써 각 나라의 공통적인 문제를 추출한 로저스(Rogers, 1979)의 연구도 여기에 속한다고 할 수 있다. 최근의 연구로는 힐(Hill, 1996), 클레센(Clasen, 1999), 존스(Jones, 1993), 사이키스와 알콕(Sykes & Alcock, 1998) 등의 연구가 있다.

두 번째의 목적은 사회복지제도발달을 연구함에 있어서 비교연구방법을 사용함으로써 제도선택의 범위를 넓힐 수 있다는 것이다. 어떤 특정의 사회적 욕구를 충족시키려 할 때 대안이 되는 여러 가지 방법을 알면 도움이 된다. 다른 나라의 경험으로부터 많은 교훈을 배울 수 있으며, 그 교훈이 매우 추상적이라 할지라도 다른 접근방법에 대해 안다는 것은 제도선택에 있어서 보다 광범위한 범위를 제공한다.

특히 이 관점은 제도나 정책개발연구에서는 아주 유용하다(Rogers, 1979 : 15). 예를 들면, 1960년대와 1970년대 미국과 영국의 사회과학자와 정책수립가들은 외국의 제도나 정책을 평가함으로써 많은 교훈을 얻으려고 하였다. 미국은 1960년대에 아동복지제도와 가족정책 및 의료정책을 수정하기 위한 모델로서 유럽의 아동과 가족에 관한 제도와 정책을 연구하였고,[2] 영국의 국민보건서비스제도(National Health Service)와 유럽의 의료보호제도를 연구하였으며,[3] 영국 또한 1960년대의 미국의 대빈곤전쟁(War on Poverty)을 심도 있게 연구하여 미국의 사회복지정책이나 제도의 영국에의 적용 가능성을 타진하였다.[4] 물론 다른 나라의 사회복지제도나 정책의 모방에는 위험이 따를 수 있다. 그 제도나 정책이 아무리 단순하게 보이더라도 그 나라의 정치, 경제, 문화, 사회라는 전체적인 맥락과 밀접하게 연결되어 있으므로 어떤 나라가 어떤 나라의 제도를 그대로 모방한다는 것은 매우 위험한 일이 될 수 있기 때문이다. 그러나 다른 나라의 제도를 자기 나라의 정치, 경제, 사회, 문화적 환경을 잘 고려하

2) 예를 들면, Alvin L. Schorr(1968). "Social Services in France," in *Explorations in Social Policy*. New York : Basic Books, pp. 220-246; Sheila B. Kammerman & Alfred J. Kahn(1978). *Family Policy : Government and Families in Fourteen Countries*. New York : Columbia University Press 등이 있다.

3) 예를 들면, Theodore Marmor & Amy Bridges(1977). *Comparative Policy Analysis and Health Planning Processes Internationally*. Washington, D.C. : Dept. of Health, Education and Welfare; Arnold J. Heidenheimer, Hugh Heclo, & Carolyn Adams(1983). *Comparative Public Policy : The Politics of Social Choice in Europe and America*(2nd ed.). London : The MacMillan Press, Chapter 3.

4) 예를 들면, Joan Higgins(1978). *The Poverty Business : Britain and America*. Oxford, England : Blackwell.

여 적용하면 사회복지제도 비교연구의 장점이 잘 드러날 것이다.

세 번째의 목적은 비교연구방법을 사용함으로써 사회복지제도의 전 세계적 유행을 알 수 있다는 것이다. 즉, 길게는 엘리자베스 구빈법시대로부터 현대에 이르는 사회제도의 역사, 짧게는 지난 20여 년 동안의 사회복지제도나 정책의 패턴을 알 수 있다(Higgins, 1981 : 14). 이것은 역사적인 관점에서 기술한 사회복지제도 비교연구에서 잘 드러나는데 사회복지제도발달의 역사를 살펴봄으로써 미래의 제도나 정책을 예견할 수도 있다. 림링거(Rimlinger, 1971)가 기술한 영국, 독일, 프랑스, 미국, 러시아의 사회보호(social protection)에 관한 비교연구는 각국의 사회사상의 변천과 사회복지제도의 변화과정의 관계를 매우 심도 있게 기술하고 있다. 특히 최근에 와서는 1980년대 이후의 보수화 물결로 인한 복지국가 쇠퇴의 원인과 과정, 1990년대 이후의 유럽 각국에서 행해지고 있는 '제3의 길'을 비교 연구하는 시도가 행해지고 있다.

네 번째의 목적은 사회복지제도발달과정에 관한 이론을 정립하기 위한 것이다. 이것은 사회복지제도비교의 궁극적인 목적이라고도 할 수 있는데, 사회복지제도발달을 분석함에 있어서 시간과 지리적으로 제한받지 않고 사회복지제도발달과 정치, 경제, 사회 및 문화적인 체계와의 관계를 진술할 수 있는 보편적인 설명적 모델(explanatory model)의 개발을 목적으로 한다. 앞에서 언급한 세 가지의 목적은 각 나라의 사회복지제도나 정책의 각 분야의 구조나 내용에 관한 연구가 주축을 이루고 또는 비슷한 국가끼리의 단편적인 정책이나 제도의 비교나 어떤 특정 국가의 단일사례연구에 한정되는 경향이 있어 사회과학방법론에 있어서의 초보적인 기술적(descriptive) 방법의 수준을 벗어나지 못한다. 또한 이러한 형태의 연구는 추상적인 의미의 사회제도의 문제들을 개념화시키지 못할 뿐만 아니라 일반화시키지도 못한다. 이로 인해 최근에 와서 보편적으로 적용될 수 있는 사회복지제도발달 분석을 위한 설명적 모델을 개발하기 위한 연구가 널리 행해지고 있다. 대표적인 연구로는 미국과 유럽의 복지국가의 발달을 현대화 및 민주주의의 발달 모델에 입각하여 분석한 플로라와 알버(Flora & Alber, 1984)의 연구가 있다. 이 밖에도 고프(Gough, 1979),

캐슬즈(Castles, 1982, 1999), 오페(Offe, 1984), 미쉬라(Mishra, 1990, 1999), 구딘(Goodin, 1999)의 연구 등도 여기에 속하며, 에스핑 앤더슨(Esping-Andersen, 1990, 1996)의 복지국가 유형론도 여기에 속한다고 할 수 있다.

3) 복지국가 비교연구의 한계

복지국가 비교연구는 이와 같은 여러 가지 장점을 지니고 있지만 근본적으로 한계점 또한 지니고 있다. 이것은 사회복지제도비교의 방법론상의 어려움과도 연관되는데 어떻게 정치, 경제, 사회, 문화적 환경이 다른 나라들끼리 서로 비교할 수 있는가 하는 것이다. 더구나 사회복지제도의 여러 가지 차원과 내용을 어떻게 비교할 수 있느냐 하는 문제도 있다. 이를 보다 구체적으로 기술하면 다음의 두 가지로 나누어질 수 있다.

첫째, 용어 및 개념상의 혼란이다. 사회복지의 개념은 학자에 따라서 또는 각 나라마다 다르다. 예를 들면, 사회복지정책은 학자나 나라에 따라서 복지정책, 사회정책, 공공정책, 사회행정, 사회보장정책 등 여러 가지 다른 개념으로 사용되고 있다. 이들 용어들은 서로 중복되기도 하고 어떤 경우에는 판이하게 다르게 사용되기도 한다. 또한 각 용어가 포함하는 범위도 매우 다를 수 있다.

예를 들면, 윌렌스키(Wilensky, 1975 : 7)와 카임 커들(Kaim-Caudle, 1973 : 6-7)이 지적한 대로 사회복지 지출비의 경우 어떤 나라는 교육비도 포함하지만 어떤 나라는 교육비를 사회복지 지출비에 포함하지 않는다. 또한 사회보장(social security)이라는 용어도 미국에서는 노령, 유족, 장애, 건강보험 프로그램(OASDHI : Old-Age, Survivors, Disability and Health Insurance program)을 지칭하지만, 영국에서는 사회보장을 교육부조 외에 사회적 목적으로 개인에게 지급되는 모든 현금급여로 규정짓고, 뉴질랜드에서는 현금급여와 건강서비스의 종합체계를 칭한다. 독일에서는 전통적으로 교육과 주택 부문은 사회정책에 포함시키지 않는 경향이 있다. 이와 같이 통일된 개념규정이 이루어져 있지 않은 사회복지정책을 각 나라마다 비교한다는 것은 방법론상으로 볼 때 매우 위험할 수 있다. 그러므로 각 나라의 복제체계를 비교할 때에는 먼저 각 나라에 공통적으로 사용될 수 있는 통일된 용어를 설정하여야 한다.

둘째, 사회복지제도비교의 이론적 배경의 결여이다. 모든 과학적 연구에는 그 연구를 지탱할 수 있는 이론적 배경연구가 선행되어야 한다. 복지국가를 비교 연구할 경우에는 그 연구를 이끌어 가는 이론적·개념적 준거틀이 먼저 세워져야 하는데 국가 간에 사회복지제도를 비교 연구할 경우에는 고려해야 할 변수들이 많아서 이러한 변수들을 다 고려할 수 있는 준거틀을 세우기에는 난해한 점이 매우 많다. 이러한 이론적 배경의 결여는 연구결과의 과도한 일반화를 초래할 수 있다. 예를 들면, 에스핑 앤더슨(1990)이 복지국가의 유형을 경험적 연구방법을 사용하여 분류한 연구도 상이한 연구결과를 가져왔을지도 모를 중요한 비교 변수들을 제외하고 제한된 변수들 – 탈상품화, 계층화, 가족·시장·국가 간 복지 역할 – 만을 사용하여 과도한 일반화를 시도한 위험성이 있다(Alcock, 2001 : 6).

chapter 02

복지국가의 유형

01 사회복지 개념에 따른 복지국가 유형

02 사회복지비 지출에 따른 복지국가 유형

03 복지국가 성격에 따른 복지국가 유형

chapter

02 복지국가의 유형

복지국가는 어떤 유형으로 나누어질까? 이 질문에 대해 여러 학자들이 복지국가를 유형에 따라 나누었다. 여기에서는 사회복지 개념에 따른 복지국가 유형, 사회복지비 지출에 따른 유형, 복지국가 성격에 따른 유형으로 나누어 살펴본다.

1. 사회복지 개념에 따른 복지국가 유형

복지국가를 유형화하는 개념적 틀로서 가장 기초적이고 오래된 것은 사회복지 개념에 따라 복지국가를 유형화하는 것이다. 여기에 해당되는 것은 윌렌스키(1958)가 나눈 유형과 티트머스가 나눈 유형이 있다.

1) 윌렌스키가 나눈 유형

(1) 잔여적 복지국가

잔여적 복지국가에서는 사회복지란 가족 또는 시장이 제 기능을 발휘하지 못하는 경우에 활동을 시작하는 것으로 본다. 즉, 개인의 욕구를 충족시켜 주어야 하는 가족이 가장의 실직이나 질병으로 제 기능을 하지 못하거나, 시장이 경기침체나 그 밖의 요인으로 인하여 제 기능을 하지 못할 때, 사회복지가 가족이나 시장을 대신하여 개입하게 되는 것이다.

그러므로 잔여적 복지국가에서 사회복지는 보충적, 일시적, 혹은 대체적인 성격을 지니게 된다. 사회복지는 비상대책으로서의 기능을 일시적으로 수행하며 가족이나 시장체계가 그 기능을 회복했을 때 개입을 중단하게 된다. 또한 사회복지의 혜택을 받는 사람은 대체로 다른 사람보다 약하고 사회에 적응을 잘 하지 못하는 비정상적이고 병리적인 사람으로 간주된다. 이러한 점 때문에 사회복지 수혜자는 시혜나 자선을 받는 사람이라는 낙인(stigma)이 찍히기도 한다. 잔여적 복지국가라고 할 수 있는 미국 편에서 기술될 1980년대 등장한 하층계급 논쟁도 빈민을 사회에 적응하지 못하는 비정상적이고 병리적인 사람으로 간주하여 이들에 대한 사회복지 혜택을 최소한으로 제한하려는 의도에서 등장했다고 할 수 있다.

또한 잔여적 복지국가에서 사회복지서비스는 '욕구'에 의해 제공받기보다는 '자격'에 따라 제공된다. 이런 국가에서는 사회복지대상자를 '사회복지서비스를 받을 자격이 있는 가난한 사람(deserving poor)'과 '사회서비스를 받을 자격이 없는 가난한 사람(undeserving poor)'으로 엄격히 구분하는 경향이 있다.

(2) 제도적 복지국가

제도적 복지국가에서는 사회복지를 현대 산업사회에서 사람들이 만족할 만한 수준의 삶과 건강을 누릴 수 있도록 하는 제도적 기능을 수행하는 것으로 본다. 이러한 국가에서는 현대 산업사회에서 개인이 자신의 능력과 자아를 최대한 계발하고 발전시키기 위해 사회복지의 혜택을 받는 것은 정상적이라고 본다. 이런 점에서 제도적 복지국가에서는 사회복지를 그 사회의 '제일선의 기능(first line function)'을 수행하는 것으로 본다. 제도적 복지국가에서는 잔여적 복지국가에서 나타나는 사회복지를 자선이나 시혜와 동일시하는 현상은 나타나지 않는다.

제도적 복지국가에서 사회복지는 상부상조의 가치를 바탕으로 사회의 제일선 기능을 수행하며, 기존의 다른 사회제도들과 꾸준히 상호작용하면서 사회의 중요한 제도로서의 위치를 확보하고 있다. 이러한 국가에서 사회복지는 다른 모든 생계수단이 소진되고 난 다음 클라이언트를 돕는 '안전망(safety net)'으로서의 활동이 아니라 현대산업사회의 필수적이고 '정상적인 제일선의 기능(normal first line function)'으로 활동한다.

제도적 복지국가에서 사회복지제도는 다른 제도들과 중복영역을 가짐과 동시에 연결도 시켜주며, 다른 어떤 제도들과도 공유하지 않는 독자적 영역도 가지고 있다. 따라서 이러한 국가에서 사회복지제도는 사회통합과 같은 중요한 역할을 선도하게 된다.

(3) 해당 국가

윌렌스키는 1958년 사회복지를 잔여적 복지와 제도적 복지로 유형화할 때 특정 국가를 지칭하지 않았다. 그러나 오늘날의 복지국가를 윌렌스키의 유형에 따라 구분한다면, 사회복지서비스를 받을 자격이 있는 가난한 사람과 받을 자격이 없는 가난한 사람을 엄격하게 구분하는 경향이 있는 미국은 잔여적 복지국가로 분류할 수 있다. 반면 보편적 복지를 추구하는 스웨덴과 같은 스칸디나비아반도에 위치한 국가들은 제도적 복지국가로 분류할 수 있을 것이다.

2) 티트머스가 나눈 유형

윌렌스키가 사회복지의 모형을 잔여적 사회복지와 제도적 사회복지로 나눈 이후, 티트머스(Titmuss, 1974 : 31)는 복지국가의 유형을 크게 잔여적 복지국가와 제도적 복지국가로 분류하고, 그 사이에 산업적 업적달성(industrial achievement performance) 복지국가를 추가한 3분법으로 나누고 있다.

잔여적 복지국가는 개인의 욕구가 적절히 해결될 수 있는 두 개의 자연적 경로 – 시장과 가족 – 가 존재함을 전제로 하며, 이들이 붕괴될 때 사회복지제도가 일시적으로 시행되며, 이것은 일시적인 조치라고 본다. 이 모형은 윌렌스키가 분류한 사회복지의 잔여적 모형과 거의 같은 개념이다. 잔여적 복지국가는 시장 메커니즘에 국가가 개입하는 것을 꺼린다. 다시 말해, 잔여적 복지국가는 보편적 서비스를 거부하고, 공적인 서비스보다는 민간 서비스에 대한 국가의 보조금 지급 방식을 더 선호한다. 잔여적 복지국가의 목표는 자산조사에 기초한 안전망을 제공하는 데 있으며, 그 결과로 시장이 창출하는 사회적 계층화의 패턴을 강화하게 된다. 대표적인 잔여적 복지국가는 미국이다.

반면에 제도적 복지국가는 사회복지를 사회에 있어서 중요한 통합된 제도로 간주하고, 욕구의 원리에 입각하여 시장 외부의 보편적인 서비스를 제공하는 것이다. 따라서 이 모형은 사회적 평등의 원리에 기초하고 있으며, 자원의 재분배 시스템을 의미한다. 이 모형은 윌렌스키가 말한 사회복지의 제도적 모형과 비슷하다.

제도적 복지국가는 주로 보편적인 프로그램에 의존하고, 주요 서비스들의 공적인 제공을 활용하며, 다양한 계급이나 지위집단 간의 격차를 완화하려 시도하고, 일반적으로 생활기회에 대한 시장의 영향력을 부분적으로 제한하려고 노력한다. 스웨덴을 비롯한 북유럽 국가들은 이 모형에 속한다고 할 수 있다.

그러나 티트머스는 독일이나 소련 같은 국가들은 잔여적 혹은 제도적 재분배 사회복지 모형에 적용되지 않는다고 보면서 잔여적 복지국가 유형과 제도적 복지국가 유형 사이에 '산업적 업적달성 복지국가' 모형을 더 추가하였다. 이들 국가에서는 근로실적(work record)을 사회복지급여 제공의 기준으로 본다. 이렇게 되면 사회복지급여는 시장에서의 역할의 정도에 따라 달라진다. 즉, 근로자가 급여가 높은 일에 종사할수록 사회복지급여를 더 많이 받게 된다. 이 모형에 속하는 국가에서 사회복지정책은 경제의 부속물로 취급되며, 사회적 욕구는 제도적인 사회복지급여보다는 공적(merit), 근로실적 및 생산성에 의해 충족되는 경향이 있다.

티트머스가 나눈 모형에 있어서 잔여적 모형에서는 공공부조제도와 같은 선택적 복지를 강조하고, 제도적 모형에서는 보편적 복지를 강조한다면, 산업적 업적달성 모형에서는 근로실적이 급여와 연계되는 사회보험제도를 강조한다고 할 수 있다.

2. 사회복지비 지출에 따른 복지국가 유형

복지국가를 사회복지비 지출에 따라 유형화한 연구로는 윌렌스키(Wilensky, 1975)의 연구가 있다. 윌렌스키는 1975년 사회복지 비교연구의 새로운 장을 마련한 명저로 평가받는 『복지국가와 평등(Welfare State and Equality)』을 출간했다. 이 저서에서 윌렌스키는 복지국가 그 자체가 하나의 연구 주제로 선택될 수 있다는 점을 밝혔는데, 이러한 시도는 그 당시까지 복지국가 연구가 주로 복지국가라는 체계 내에서의 여러 가지 문제를 규명하는 데 집중되어 있었다는 점에 있어서 매우 참신하며 거시적인 것으로 평가받을 수 있다.

윌렌스키는 이 책에서 64개국을 대상으로 사회보장지출이 국민총생산(GNP)에서 차지하는 비율을 비교 연구했다. 사회보장지출비를 결정하는 독립 변수로 국민총생산, 경제수준, 정치체제, 이데올로기, 인구구조(65세 이상 인구비율), 그리고 사회보장제도를 시행해 온 연수(age of social security system)를 선택하고, 이들의 상호관계를 분석한 결과 복지국가 출현의 주요 변수는 인구구조와 사회보장제도를 시행해 온 기간(년수)이라는 사실을 밝혀냈다.

윌렌스키는 이 연구에서 1966년 기준 사회보장지출비가 국민총생산에서 차지하는 비율을 기준으로 22개국을 복지국가로 규정하고 이들 국가를 선진복지국가(welfare state leaders), 중진지출국(middle rank spenders), 그리고 후진복지국가(welfare state laggards)로 분류했다.

선진복지국가는 사회보장지출이 국민총생산의 15% 이상인 국가들로, 여기에 속하는 국가로는 오스트리아, 서독, 벨기에, 네덜란드, 프랑스, 스웨덴, 이탈리아, 체코, 동독 등 9개국이었다. 중진지출국은 10% 이상 15% 미만인 국가들로, 여기에 속하는 국가로는 영국, 덴마크, 핀란드, 노르웨이, 뉴질랜드, 아일랜드, 소련, 캐나다 등 8개국이었다. 그리고 후진복지국가는 10% 미만인 국가들로, 여기에 속하는 국가로는 스위스, 호주, 이스라엘, 미국, 그리고 일본 등 5개국이었다.

비록 윌렌스키의 연구는 사회보장지출비에 대한 조작적 정의의 미흡과 복지국가 분류에 사용된 사회보장지출비 기준의 불명확성으로 인해 비교사회복지연구의 매우 초보적인 단계이지만 사회보장지출비를 기준으로 복지국가를 유형화한 최초의 연구로서 매우 의의가 있다고 볼 수 있다.

3. 복지국가 성격에 따른 복지국가 유형

1) 퍼니스와 틸톤이 나눈 유형

미국의 사회과학자들인 퍼니스와 틸톤(Furniss & Tilton)은 1977년 복지국가의 유형을 사회복지 필요에 대한 정부의 개입 형태에 따라 적극적 국가(positive state), 사회보장국가(social security state), 사회복지국가(social welfare state)의 세 가지 유형으로 나누었다.

먼저 적극적 국가를 살펴보자. 퍼니스와 틸톤은 적극적 국가란 정부의 주된 역할이 경제 안정과 재산 소유자의 이익 보장에 있는 국가로 보았다. 그래서 적극적 국가의 주된 목적은 자본가를 자유시장과 재분배 정책으로부터 보호하는 것이며, 정책 방향은 경제성장을 위한 정부와 기업의 협력이다. 적극적 국가의 가장 주된 정책 목표는 지속적인 경제성장이며, 이를 위해 정부와 기업 간의 공생관계가 강조된다. 적극적 국가에서는 경제적 효율성을 저해한다는 이유로 복지정책을 반대한다. 따라서 적극적 국가에서는 사회복지의 잔여적 개념이 수용되며, 사회정책은 경제정책의 하위 개념에 속하게 되고, 빈곤계층에 대한 정부의 지원은 경제성장을 저해하는 것으로 인식된다.

적극적 국가에서는 사회복지제도 중에서 사회보험제도가 선호된다. 퍼니스와 틸톤은 그 이유로 다음의 네 가지를 들었다. 첫째, 수급자가 보험료를 부담하기 때문에 정부지출이 최대한 억제된다. 둘째, 사회보험제도에 의한 재분배는 부자와 빈자 간의 수직적 재분배가 아닌 노년층과 청년층, 건강한 사람과 병약한 사람 간의 세대 간 재분배 혹은 수평적 재분배이기 때문에 정책시행에 있어 정치적인 부담이 없다. 셋째, 사회보험에 가입하려면 보험료를 납부해야 하는데 이 조건은 근로계층의 근로의식을 유인할 수 있다. 넷째, 정부는 사회보험제도를 시행함으로써 사회복지정책에 대한 재정지출을 최소화하면서 근로자 계층의 복지에 많은 관심을 기울이고 있다는 것을 과시할 수도 있다.

이러한 관점을 종합하면, 적극적 국가에서 가장 혜택을 많이 보는 사람은 개인주의적 자유방임주의와 자유경제체제에 잘 순응할 수 있는 중산층 이상이라고 할 수 있다. 그래서 퍼니스와 틸톤은 적극적 국가는 진정한 복지국가가 아니라고 하면서 미국을 이 범주에 속하는 대표적인 국가로 보았다.

다음 사회보장국가를 살펴보자. 퍼니스와 틸톤은 사회보장국가를 국민들의 최저수준의 복지를 보장하는 국가로 규정했다. 사회보장국가에서는 사회정책을 통해 모든 국민을 대상으로 최저생활을 보장하려고 노력한다. 최저생활수준은 전체 국민의 생활수준의 향상에 따라 개선된다. 사회보장국가에서는 사회보험제도만으로는 모든 국민의 최저수준의 생활을 보장하기 어렵기 때문에 보편적 사회서비스가 필요하다는 점을 받아들인다.

퍼니스와 틸톤은 사회보장국가에서 추구하는 최저수준의 보장은 평등주의의 실현과는 거리가 있다고 보았다. 사회보장국가에서는 결과의 평등이 아닌 기회의 평등을 추구하면서 개인이 자발적으로 자신의 복지향상에 기여할 수 있는 여지를 남겨둔다. 즉, 기회균등과 특정 수준까지 평등이 보장되면 그 이상의 부문에 대해서는 개인이나 가족이 스스로 노력하여 문제를 해결하는 것을 강조한다. 퍼니스와 틸톤은 영국이 사회보장국가에 속하는 대표적인 국가라고 했다.

여기에서 눈여겨보아야 할 것은 퍼니스와 틸톤이 영국을 복지국가로 보지 않고 사회보장국가로 보았다는 것이다. 영국 복지국가의 시작은 1948년 가족수당법, 국민보험법, 국민보건서비스법, 국민부조법이 전면적으로 시행된 1948년으로 알려져 있다. 그러나 그로부터 29년 후인 1977년 퍼니스와 틸톤은 영국을 복지국가로 인정하지 않았다는 사실이다. 퍼니스와 틸톤은 진정한 복지국가가 되기 위해서는 국민들의 최저생활을 보장하는 것만으로는 불충분하며, 정부와 노조 간의 원활한 협조관계가 추가로 충족되어야 한다는 것을 명시하고 있다.

마지막으로 사회복지국가를 살펴보자. 퍼니스와 틸톤은 사회복지국가를 평등을 추구하면서 광범위한 사회서비스의 제공뿐만 아니라 구성원들의 정치활동에의 참여를 촉진함으로써 모든 사람들의 안락한 삶을 보장하는 국가로 규정했다. 사회복지국가가 적극적 국가나 사회보장국가와 다른 점은 정부, 기업, 노동조합 3자 간의 협력을 강조한다는 점이다. 사회복지국가에서는 평등과 국민화합을 위해 정부와 기업, 취약계층 간의 협력관계를 강조한다. 이를 위해 정부는 노동조합과 긴밀히 협조하여 고용정책이나 임금정책을 시행하며, 사회복지제도는 최하계층의 요구를 우선적으로 수용하도록 고안되어 있다.

사회복지국가에서는 임금 결정과 고용정책 수립에 노동자들이 적극적으로 참여한다. 이러한 국가에서는 근로자 상호 간의 임금 격차를 줄이는 방향으로 임금 구조를 개선하고 국민생산의 많은 부분들이 노동자들에게 돌아가도록 하여 그들이 국가 정책에 적극적으로 참여할 수 있도록 유도한다. 그래서 사회복지국가에서는 경제정책이 사회정책의 구속을 받게 된다. 사회복지국가에서는 국민화합에 해를 끼칠 수 있는 사유재산은 규제되며, 환경오염이나 국민들의 삶의 질을 떨어뜨리는 도시계획이나 재개발사업도 제한한다. 이러한 국가에서는 전통적인 사회복지 프로그램인 사회보험이나 공공부조 프로그램뿐만 아니라 일반예산에 의한 사회서비스 제공을 확대한다. 퍼니스와 틸톤은 스웨덴을 대표적인 사회복지국가로 보았다.

〈표 2-1〉 **퍼니스와 틸톤이 나눈 복지국가 모형**

	적극적 국가	사회보장국가	사회복지국가
국가정책의 목적	• 자유시장으로부터 자본가 보호 • 재분배 정책 요구로부터 자본가 보호	국민 전체의 최저수준의 생활 보장	국민 전체의 평등과 안녕
국가정책의 방향	• 경제성장을 위한 정부와 기업의 협조 • 정부와 기업의 공생관계 강조 • 지속적 경제성장	• 완전고용정책의 극대화 • 기회의 평등 강조 • 모든 국민에게 직접적 혜택 부여	• 권력 분산과 시민의 정치 참여의 확대 • 정부, 기업, 노동조합 간의 협력 강조 • 환경오염, 국민화합을 저해하는 사유재산 규제

사회정책의 방향	• 경제적 효율성을 저해하는 복지정책 반대 • 수평적 재분배와 수익자 부담의 원칙 강조 • 정부지출을 최소화하는 사회보험제도 선호 • 사회정책은 경제정책의 하위 개념 • 잔여적 복지모형 추구	• 국민최저수준의 보장 • 기본생활수준 이하의 빈곤은 퇴치 가능 • 최저생활 수준은 전체 국민의 생활수준의 향상에 따라 개선 • 사회보험제도 외에 공공부조와 사회서비스 필요성 인정	• 최하계층의 욕구를 우선 고려 • 국민최저수준 이상 보장 • 사회보험과 공공부조 프로그램의 시행과 함께 정부 예산 지원의 극대화 • 경제정책이 사회정책의 구속을 받음
대표적 국가	미 국	영 국	스웨덴

출처 : 김상균(1987 : 124).

2) 미쉬라가 나눈 유형

캐나다의 사회과학자인 미쉬라(Mishra)는 1984년 복지국가를 '다원적 혹은 분화된 복지국가(pluralist or differentiated welfare state)'와 '조합주의적 혹은 통합된 복지국가(corporate or integrated welfare state)'로 분류했다. 분화와 통합은 사회복지와 경제의 분회 또는 통합을 의미한다.

미쉬라가 복지국가 모형을 연구하게 된 동기는 1980년대 들어 신보수주의가 득세하면서 복지국가가 위기에 봉착하고 있음을 목격하면서 위기를 극복할 수 있는 대안을 제시하기 위한 것이었다. 미쉬라는 복지국가의 위기를 극복할 수 있는 대안으로 '통합된 복지국가'를 제시했다. 즉, 미쉬라는 복지국가의 위기를 해결하기 위한 방안으로 우파에서 주장하는 자유방임주의로의 회귀와 좌파에서 주장하는 자본주의의 철폐 모두 해결책이 되지 못하며, 사회복지와 경제가 통합된 새로운 형태의 복지국가만이 복지국가의 위기를 극복할 수 있다고 보았다.

미쉬라가 언급한 분화된 복지국가는 자유시장경제를 추구하고, 이익집단들이 정치적 의사결정 과정에 영향을 미치기 위해 서로 경쟁하는 다원주의 정치체제를 지니고 있다고 보면서 이들 국가에서는 경제와 복지는 구분되어 있으며 서로 대립하고 있다고 보았다. 따라서 경제에 나쁜 영향을 미치는 사회복지정책은 제한되며 잔여적인 성격을 지닌다. 또한 이러한 국가에서는 사회복지정책은 이익집단들의 다양한 이익추구 과정에서 이루어지기 때문에 포괄적이지 않고 단편화되는 경향이 있다. 미쉬라는 영국과 미국 등 주로 영어권 국가들이 분화된 복지국가에 속하는 국가로 보았다.

반면에 통합된 복지국가에서는 사회복지는 경제와 분리되지 않고 상호의존적 관계로 본다. 즉, 통합된 복지국가의 가장 두드러진 특징은 사회복지와 경제의 통합이다. 예를 들면, 이들 국가에서는 노동정책은 경제정책과 사회정책이 혼합된 것으로 볼 수 있다. 통합된 복지국가에서는 사회복지정책은 경제 집단들 간 혹은 계급 간에 상호협력하며 추진된다. 따라서 정부, 사용자, 노동자 3자가 집합적 책임을 지면서 서로 협력하여 경제를 규제하고 사회복지급여를 종합적인 경제 및 사회 정책으로 통합한다. 사회복지정책은 계층 간의 경쟁과 갈등보다는 협력과 합의를 바탕으로 하기 때문에 사회복지정책은 경제정책과 분리되는 것이 아니라 밀접하게 조화된다. 미쉬라는 오스트리아와 스웨덴을 대표적인 통합복지국가라고 보았다.

미쉬라가 설명한 분화된 복지국가와 통합된 복지국가의 차이는 <표 2-2>로 요약할 수 있다.

〈표 2-2〉 미쉬라의 복지국가 모형

	분화된 복지국가	통합된 복지국가
경제영역	• 수요 측면에서의 경제조절 • 수요의 창조나 억제를 위한 정부의 경제활동 활성화 조치	• 수요 측면과 공급 측면(이윤, 투자, 임금수준, 인플레이션, 노동시장의 조건 등)에서 경제조절 • 광범위한 경제문제의 조절 및 합의 형성
정치형태	• 이익집단 다원주의적 성격 • 정치형태 및 사회의 의사결정 과정에서 자유경쟁 또는 시장모델 적용 • 산업분야에서의 자유로운 집단협상 방식을 선택 • 조직화된 집단, 정당 및 의회를 통한 분파적 이익의 추구 • 의회주의적 정부형태 • 완전한 시민적 및 정치적 자유	• 중앙집권적 다원주의 성격 • 광범위한 경제 및 사회정책에 걸쳐 주요 이해집단의 대표와 최고 조합들 간의 협상 • 경제 집단의 상호의존성이 인식되어 계급 협력과 사회적 합의의 형태로 제도화됨 • 주요 경제 집단에 사회적 책임 존재 • 의회주의적 정부형태 • 완전한 시민적 및 정치적 자유

사회복지영역	• 경제와 구별되는 상대적인 자율성 유지 • 경제와 관련하여 뚜렷한 연계를 거의 갖지 않는 국가의 사회적 서비스 제공	• 경제 및 경제정책으로부터 자율적인 영역으로 간주하지 않음 • 사회와 경제 간의 상호의존성과 상호관련성이 제도화됨 • 사회와 경제 간의 기능적 관계 및 상충관계는 정책결정에 정보를 제공함
해당 국가	미국, 영국	오스트리아, 스웨덴, 서독, 네덜란드
대표 학자	케인스, 베버리지	후기 케인스주의자

출처 : 김상균(1987 : 128).

3) 에스핑 앤더슨이 나눈 유형

최근 가장 많이 언급되는 복지국가의 유형은 스웨덴의 사회과학자인 에스핑 앤더슨(Esping-Andersen)이 나눈 유형이다. 에스핑 앤더슨은 1990년 그의 저서 『복지자본주의의 세 가지 세계(The Three World of Welfare Capitalism)』에서 복지국가가 노동력의 탈상품화(decommodification)와 계층화(stratification) 완화에 미치는 영향 정도, 그리고 가족, 시장, 국가의 상대적 역할이라는 세 가지 기준을 사용하여 복지국가를 자유주의 복지국가(liberal welfare state), 보수적－조합주의 복지국가(conservative-corporatist welfare state), 그리고 사회민주주의 복지국가(social democratic welfare state)의 세 가지 유형으로 나누었다. 먼저 탈상품화, 계층화, 국가・시장・가족의 역할에 대해 살펴보자.

(1) 탈상품화

탈상품화 개념은 칼 폴라니(Karl Polanyi)가 그의 명저 『거대한 전환(The Great Transformation, 1944)』에서 처음으로 언급하였고,[1] 오페(Offe, 1972, 1984)에 의해 보다 발전된 개념으로 정립되었고, 에스핑 앤더슨(1990, 1999)이 보다 정교화한 개념으로 볼 수 있다.

1) 폴라니가 노동력의 상품화에 대해 언급한 내용은 본 서 영국 편에서 스핀햄랜드제도를 설명하는 부분에서 언급된다.

탈상품화 개념은 복지국가가 개인의 시장 참여에 관계없이 복지수급권을 부여함으로써 현금관계(cash nexus)를 약화시키는 정도를 포착하기 위해 고안된 개념이다. 또한 이 개념은 마셜(Marshall)이 언급한 사회적 시민권(social citizenship) 개념을 표현하는 또 다른 방식이라고 할 수 있다.

에스핑 앤더슨은 자본주의 국가에서는 인간의 노동은 상품으로 변화된다고 보았다. 다른 상품과 마찬가지로 노동은 시장가치(market value)를 지니고 있으며 구매하거나 구매된다. 노동자는 생존하기 위해서 자신의 노동력을 팔아야만 하며 자신의 유일한 소득원천은 자신의 노동력일 수도 있다. 만일 세탁기라면 가격이 마음에 들 때까지 시장에 팔지 않고 보관해 둘 수 있으나, 노동력은 대안적인 생계수단이 없다면 시장에서 노동력을 팔지 않을 수 없다. 노동자가 지닌 노동력은 기술이나 지식일 수도 있다. 기술이나 지식이 없을 경우에는 그 자신이 지니고 있는 노동력 자체일 수도 있다. 그러나 자신이 지닌 기술이나 지식, 때로는 노동력을 상품화할 수 없는 상황이 발생할 수 있다. 예컨대, 질병이나 산업재해로 일을 할 수 없을 때, 회사의 도산으로 실업상태에 놓이게 되었을 때, 또는 노령으로 일을 할 수 없을 때에는 자신이 지닌 기술이나 지식을 시장에서 상품화할 수 없게 된다. 이러한 상황이 되면 그 노동자와 그의 가족은 소득이 단절되어 빈곤상태로 진입하게 된다.

그러나 사회보장제도는 노동자들이 자신이 지닌 노동력을 상품화할 수 없는 상황이 오더라도 사회복지급여를 통해 생계를 유지할 수 있도록 해준다. 그래서 에스핑 앤더슨은 노동력의 탈상품화를 개인이 노동시장에서 자신의 노동력을 상품화할 수 없어 임금을 얻을 수 없을 때 공공 사회보장제도를 통해 가능한 한 높은 수준의 임금 대체율을 보장해 줌으로써 노동자의 시장에 대한 의존성을 약화시키는 것으로 정의하고 있다. 달리 표현하면, 노동력의 탈상품화 정도란 노동자들이 자신의 노동력을 시장에서 상품으로 팔지 않고도 사회보장제도를 통해 생활을 영위해 나가는 정도를 말한다. 예컨대, 어떤 사람이 노인이 되어 생산력이 약화되어 일을 할 수 없게 되었을 때 그 사람은 노동력을 팔아 생계를 유지하기 어렵다고 판단되어 연금제도를 통해 그들의 생계를 유지하게 하거나, 실업상태에 놓이게 되어 노동력을 팔 수 없는 상황이 되었을 때 실업급여를 제공하여 그 사람이 살아갈 수 있도록 한다. 즉, 사회보장제도를 통해 소비능력을 사회적으로 보장하고, 개인의 노동력에 대한 의존성을 약화시킴으로써 임금노동자의 시장 의존성을 약화시키는 것이다.

그래서 실업보험과 연금제도 및 정부가 시행하는 다른 사회복지 프로그램은 노동력의 상품성 정도를 경감시킨다. 즉, 사회보장제도는 노동력의 탈상품화에 기여한다. 에스핑 앤더슨은 노동력의 탈상품화는 정부가 국민들의 사회적 요구를 충족시키기 위해 개입하는 정도를 결정하는 유용한 기준이라고 믿었다. 탈상품화는 노동을 통한 소득의 대안이 되는 사회복지 프로그램을 통해서 성취될 수 있다.

또한 노동력의 탈상품화는 경제적 불황기에 노동시장에서 노동자 간의 경쟁을 순화시키고, 노동력 판매의 협상과정에서 자본가의 힘에 대항할 수 있는 수단을 제공함으로써 노동계급의 집단성 형성에 기여하는 기능을 수행하게 된다. 노동력의 탈상품화는 노동자들의 입지를 강화시키고, 고용주의 절대적 권위를 약화시킨다. 고용주들이 노동력의 탈상품화에 한사코 반대해 온 이유가 바로 여기에 있다.

그러므로 사회복지의 발전 정도는 국가에 의해 부여되는 사회권이 국민들의 시장에 대한 의존성을 어느 정도 줄이느냐, 즉 탈상품화의 정도가 어느 수준이냐에 달려 있다고 할 수 있다. <표 2-3>은 에스핑 앤더슨이 연구한 각국의 탈상품화 점수이다. 오스트레일리아, 미국, 뉴질랜드와 같은 국가들은 탈상품화 점수가 매우 적으며, 이탈리아 독일, 프랑스와 같은 국가들은 보통 정도이며, 스웨덴, 노르웨이, 덴마크와 같은 국가들의 탈상품화 점수는 매우 높다.

〈표 2-3〉 각국의 탈상품화 점수(1980)

국 가	탈상품화 점수
오스트레일리아	13.0
미 국	13.8
뉴질랜드	17.1
캐나다	22.0
아일랜드	23.3
영 국	23.4
이탈리아	24.1
일 본	27.1
프랑스	27.5
독 일	27.7
핀란드	29.2
스위스	29.8
오스트리아	31.1
벨기에	32.4
네덜란드	32.4
덴마크	38.1
노르웨이	38.3
스웨덴	39.1
평 균	27.1
표준편차	7.7

출처 : Esping-Andersen(1990 : 52).

(2) 계층화

사회적 계층화란 시장이나 국가 조직에서 형성된 사회계층 간 소득이나 지위의 격차가 복지국가를 통해 얼마나 완화되느냐와 관련된다. 복지국가는 서비스나 소득보장을 제공하기도 하지만 이미 형성된 사회 구성원들 간의 계층화 정도를 완화시키는 역할을 한다. 그래서 복지국가는 계층이나 사회질서를 재편하는 데 있어서 핵심적인 제도이기도 하다.

복지국가가 계층화에 영향을 미친다는 주장에 대해서는 두 가지 상반되는 견해가 존재한다. 첫째는 신마르크스주의(neo-Marxism)의 주장으로 복지국가는 단순히 현존하는 계층사회를 재생산한다는 주장이다(Offe, 1972; O'Connor, 1973; Muller & Neussuss, 1973). 오코너(O'connor)는 복지정책이 독점자본주의가 요구하는 정통성과 사회적 평온(social calm)을 제공한다고 주장한다. 피벤과 클로워드(Piven & Cloward, 1971)도 정부가 빈민들에게 구제를 제공하는 이유는 빈민의 생활을 구제하려는 이타적 목적보다는 빈곤이 사회 안정을 위협하기 때문이라고 설명한다.

복지국가가 계층화에 영향을 미친다는 두 번째 견해는 복지국가는 시장에서 형성된 계층을 완화하는 데 기여한다는 것이다(Lipset, 1960; Crosland, 1967; Parkin, 1979). 이 견해의 주된 논거는 복지정책이 계급투쟁의 핵심 원인을 제거하며, 노동계급을 포섭하고, 국가에 대한 대중의 접근권을 민주화한다는 것이다. 그래서 파킨(Parkin, 1979)은 복지는 계급갈등을 지위경쟁으로 전환시킨다고 주장한다.

복지국가가 계층화에 영향을 미친다는 것은 소득재분배의 효과와 관련된다. 복지국가의 조세-지출 관계가 소득 불평등을 완화하는 과정에서 얼마나 중요한 역할을 수행하느냐도 복지국가의 계층화에서 중요한 요소이다. 어떤 국가(독일, 프랑스)에서는 복지국가의 소득재분배 효과가 미미하게 나타나는 반면, 어떤 국가(스웨덴)에서는 복지국가의 소득재분배 효과가 크게 나타난다. 즉, 사회복지가 어떤 국가에서는 기존의 계층을 완화하는 역할을 하고, 어떤 국가에서는 별로 완화하지 못한다.

국가 간 비교연구를 고찰해 보면 복지국가에 내재되어 있는 다양한 계층화 현상들을 찾아볼 수 있다. 구빈정책의 전통, 그리고 현대적 복사판으로서의 자산조사형 공공부조는 계층화 그 자체를 목적으로 설계된 것으로 볼 수 있다. 자산조사형 공공부조는 수급자들에게 낙인을 찍음으로써 계층화 현상이 유지되도록 한다.

비스마르크와 같은 보수주의 개혁가들이 추구한 사회보험 모델 역시 계층화 유지의 방법이었다. 비스마르크가 추구한 사회보험 모델은 계층화의 측면에서 두 가지 결과를 동시에 성취하고자 했다. 첫째는 계급과 지위집단들에 따라 각기 서로 다른 프로그램들을 법제화함으로써 임금 소득자들 사이의 분열을 공고화하려는 것이다. 이렇게 되면 각각의 집단은 개인의 고유한 위상을 강화할 목적에서 설계된 각 프로그램 나름의 매우 독자적인 권리와 특권의 체계를 향유하게 된다. 두 번째 목적은 국가나 군주에 대한 개인의 충성심을 유발시키기 위한 것이었다. 비스마르크는 연금급여에 있어서 직접 국가가 보충급여를 제공하도록 하였는데, 이때 그의 마음속에 도사리고 있던 동기가 바로 이것이었다.

(3) 국가, 시장, 가족의 역할

복지국가는 가족, 시장, 그리고 국가, 이들 세 가지가 복지 제공에 있어 어떤 역할을 하느냐에 따라 체제 종류가 달라진다. 국가, 시장, 가족의 역할이란 사회 구성원들에게 복지를 제공함에 있어 국가, 시장, 가족이 각각 어느 정도의 역할을 담당하며 서로 어떤 방식으로 역할을 분담하느냐와 관련된다. 즉, 사회적 위험을 관리하는 주체는 가족, 시장, 국가이며, 사회적 위험이 이들 세 가지 주체 사이에 어떻게 분산되어 있느냐가 복지체제(welfare regime)를 규정한다고 할 수 있다.

산업사회가 등장하기 전까지 가족과 공동체가 가장 주된 복지 공급자였다. 20세기가 되기 전까지만 해도 대부분의 위험들은 사회적인 문제, 곧 국가가 해결해야 하는 문제로 간주되지 않았다. 그 이유는 19세기의 사회는 농경사회였기 때문이다. 농경사회에서 가족은 자원을 세대들 사이에 공동화함으로써 대부분의 사회적 위험들을 내부화했다. 그러나 20세기로 넘어오면서 농경사회가 산업사회로 변화하기 시작했다. 사회적 위험들은 산업화로 인해 가족이 해체되면서 가족이 사회적 위험을 제때 해결하지 못하고 시장에서 생존에 필요한 자원을 얻어야 했다. 산업사회에서는 시장 참여자 전원이 효과적으로 그들의 노동력이 상품화되지 않을 경우, 다시 말해 그들이 모두 수요와 공급에 완전히 적응하지 못할 경우, 시장이 '완벽하게' 작동하지 않을 가능성이 높아졌다. 이렇게 가족이나 시장이 실패하면서 사회적 위험들은 가족이나 시장이 해결해야 하는 문제가 아닌 국가가 해결해야 하는 문제로 인식되기 시작했다.

'사회적'인 것으로 인식되어야 할 위험의 범위라든가 혹은 보호를 받을 자격이 있는 사람들과 관련하여 국가의 역할이 잔여적이고 제한적인 것으로 규정될 수도 있고, 혹은 제도적이고 포괄적인 것으로 규정될 수도 있다. 복지가 발달한 사회민주주의 국가일수록 인간생활에 대한 국가의 책임이 많이 부과되며, 복지가 발달하지 않은 자유주의 국가일수록 개인의 생활은 국가의 지원 없이 시장에 의존하게 되는 경향이 있다. 그리고 문화적 전통에 의해 가족의 역할이 강조되는 경우도 있다.

(4) 탈상품화, 계층화, 그리고 국가, 시장, 가족 간의 역할 분산 정도에 따른 복지국가의 유형

에스핑 앤더슨은 탈상품화, 계층화, 그리고 국가, 시장, 가족 간의 사회복지에 대한 역할 분산 정도에 따라 복지국가를 자유주의 복지국가, 보수적-조합주의 복지국가, 그리고 사회민주주의 복지국가로 나누었다(Esping-Andersen, 1990, 1999).

① 자유주의 복지국가

자유주의 복지국가에서의 사회정책은 '열등처우의 원칙'이나 '자조정신'과 같은 19세기 영국의 정치경제학으로 거슬러 올라간다. 이러한 원칙과 정신은 시장의 우월성에 대한 무한한 신뢰를 바탕에 깔고 있다. 현대적 형태에 있어 자유주의 복지체제는 위험을 개인화하고, 국가를 최소화하며, 시장을 통한 해법을 장려한다. 이러한 복지체제하에서 노동자는 생존하기 위해서 자신의 노동력을 시장에서 팔아야만 하며 자신의 유일한 소득원천은 자신의 노동력일 수도 있다. 따라서 자유주의 복지국가에서는 노동력의 탈상품화 정도는 매우 미약하며, 복지수급권자의 사회권도 제한된다.

자유주의 복지국가는 사회적 보장이 전형적으로 '나쁜 위험들(bad risks)'로 한정된다는 의미에서 잔여적 복지국가로 볼 수 있다. 어떤 위험을 '사회적 위험'으로 간주할 것인가와 관련해서 보면 자유주의 사회정책은 협소한 개념화를 고집한다는 점에서도 잔여적이다. 시장실패에 대처하기 위한 접근법이라는 것도 '나쁜 위험들'에 대해서만 표적화하여 원조를 제공하는 것이다. 예컨대, 미국에서는 빈민들에게 메디케이드(Medicaid), 노인들에게는 메디케어(Medicare), 편모들에게는 TANF, 그리고 자녀가 있는 저소득층 가족에게는 조세공제를 제공한다. 그러나 미국에는 국민건강보험제도도 없고, 상병수당 및 출산수당, 가족수당, 기타 육아휴가제도 등도 존재하지 않는다. 이런 점에서 미국의 복지체제는 매우 잔여적이다. 이러한 잔여적 성격의 자유주의 복지국가는 복지수급자의 권리성이 거의 없고, 탈상품화 수준이 미미하다.

자유주의 복지국가에서는 사회복지의 대상을 편모, 장애인, 혹은 가난하다고 입증된 빈민 등과 같은 표적화된 위험 집단으로 한정한다. 이러한 접근은 사회를 '그들'과 '우리'로 구분한다. 달리 표현하면, 자유주의 복지체제는 이중구조를 조장한다. '좋은 위험들(good risks)'은 시장에서 '자조의 대상'이 될 수 있게 하고, '나쁜 위험들'은 '복지의존자'가 되도록 하는 것이다. 즉, 한편에는 사적인 수단을 통해 적절한 보험을 보유할 수 있는 자조(self-help) 능력을 지닌 대다수의 시민들이 있고, 다른 한편에는 소수이면서 의존적인 클라이언트 집단이 존재한다. 이러한 접근에서는 도움이 필요한 대상자들을 대상으로 욕구조사를 실시하며, 복지급여는 수순이 관대하지 않도록 설계된다. 왜냐하면 중산층이나 고소득층들이 자신과는 거의 무관한 사회복지급여를 위해 많은 세금을 내는 데 찬성하지 않기 때문이다.

따라서 자유주의 복지국가 체제에서는 자산조사형 공공부조, 낮은 수준의 보편적 소득이전, 낮은 수준의 사회보험 등이 사회복지를 구성하고 있다. 이 체제에서 사회복지급여는 저소득층이면서 노동계급으로서 국가복지에 의존하는 계층에게 집중된다. 이 체제에서 사회개혁은 자유주의의 전통적인 노동윤리 규범에 따라 엄격하게 제한되면서 수급권의 원칙은 엄격하고 급여수준이 낮고 낙인을 수반한다. 따라서 이 체제에서는 복지지출의 규모가 작으며, 자산조사를 전제로 한 빈곤층을 대상으로 하는 공공부조제도의 비중이 크다. 또한 노동윤리를 강조하는 자유주의 이념으로 인해 개인들은 시장을 통해 문제를 해결하도록 요구되며, 잔여적 복지개념이 받아들여진다. 이런 점에서 보면 자유주의 복지체제는 19세기 구빈정책의 유산을 물려받고 있다고 할 수 있다.

또한 자유주의 복지국가에서는 시장에서 형성된 개인 간 소득격차를 변화시키려는 노력을 별로 하지 않기 때문에 시장에서 형성된 계층화를 사회복지가 개선하는 효과도 미미하다. 그 이유는 사회복지 지원을 통해 최하위 빈곤층 내부의 소득격차는 줄어들지만 그 외의 계층의 소득수준은 주로 시장에서의 경쟁 결과에 따라 결정되기 때문이다.

자유주의 복지국가에서는 국가, 시장, 가족이라는 3자 간의 관계에서는 시장의 역할을 매우 강조한다. 이 체제에서는 국가가 시장을 활성화한다. 국가는 최저 수준의 복지만을 보장하는 전략을 통해 시장을 소극적으로 활성화하기도 하고, 민간 사회복지조직에 보조금을 제공함으로써 시장을 적극적으로 활성화하기도 한다. 그래서 자유주의 복지국가는 고전적인 자본주의의 모습에 가장 부합하는데 시장의 역할이 중심적이며, 시장을 통한 개인주의적인 연대에 방해가 될 수 있는 국가나 가족의 역할은 작은 편이다.

자유주의 복지국가는 사회주의 운동이나 기독교 민주주의 운동이 취약하거나 사실상 존재하지 않는 국가들에서 우세하게 나타난다. 또한 국제비교를 해보면 앵글로색슨 계열의 복지국가들이 표적화된 사회부조에 압도적으로 편중되어 있다는 점을 발견할 수 있다. 그래서 에스핑 앤더슨은 미국, 캐나다, 호주, 뉴질랜드 등이 자유주의 복지국가 유형에 속한다고 보았다

② 보수적-조합주의 복지국가

보수적-조합주의 복지국가에서는 노동력의 상품화 정도는 두드러지지는 않으나 시민적 권리로서의 사회복지 개념을 받아들인다.

이 체제에서는 조합주의가 강조된다. 조합주의는 위험을 지위 소속(status membership)에 따라 분산시킨다. 직업적 구분이 조합주의의 가장 전형적인 표현이 되는 이유는 두 가지이다. 첫째는 직업에 따른 지위에 따라 비슷한 위험들이 발생하기 때문이고, 둘째는 직업이야말로 '사회적 경계짓기(social closure)'가 집합적

동원의 일차적 근거가 되기 때문이다. 직업 간 경계를 명확히 하고 조합주의적 연대를 극대화하기 위해서 사회보험의 강제가입을 강조한다.

따라서 조합주의는 지위의 동질성에 기초한 형제애와 강제적이고 배타적인 소속감, 상호부조의 원리, 그리고 독점적인 이익대표 등을 근본적인 원리로 삼고 있다. 자본주의 성립 이전의 공제조합으로부터 시작되어 근대 자본주의 시대로까지 계승된 조합주의는 전형적인 경우 전통에 의해 인정된 지위 격차를 고수하려는 직업 집단들을 중심으로 구축되었다.

이러한 국가에서는 사회복지제도 중 사회보험의 역할이 크다. 사회보험제도는 전국 차원의 통일된 제도로 존재하는 것이 아니라 직업집단별로 분리되어 운영된다. 이러한 현상을 에스핑 앤더슨은 지위분절(status segmentation)로 표현했다. 그래서 이들 국가의 사회보험 체계는 조합주의에 기초를 두고 있다. 조합주의 체제에서는 지위와 소득이 비슷한 사람들끼리 모여 사회보험에 가입하게 되어 사회보험제도의 재분배효과가 약한 편이다. 조합주의 사회보험제도를 운영하는 국가에서는 사회보험 자체가 기여와 급여가 연동되어 있어 시장에서 결정된 사회적 지위와 소득에서의 격차가 사회보험제도 시행 후에도 그대로 유지되어 계층화가 별로 완화되지 않는다.

보수적-조합주의 복지국가에서는 가족주의와 보충성의 원칙이 결합되어 있다. 가족주의는 남성 주 생계원 위주로 편향된 사회적 보호와, 보호 제공자이자 가족 구성원의 복지에 최종적인 책임을 지는 가족 중심성이 결합한 합성물이다. 이 복지체제가 강조하는 '보충성의 원칙'은 가족이 그 구성원들에게 서비스를 공급할 능력이 소진되었을 때에만 국가가 개입할 것을 강조하는 방향으로 작용한다. 따라서 이 복지체제에서는 사회적 연대의 진원지는 가족이고 국가는 이러한 가족의 특성을 지원하고 보완하는 역할을 한다. 이러한 성격의 복지국가가 발달하는 데에는 가톨릭교회가 중요한 역할을 했다.

보수적-조합주의 복지국가에서는 기혼남성은 노동시장에 참여하여 가족의 생계를 책임지고 기혼여성은 전업주부로서 가사노동에 종사하는 전통적 성별 분업구조를 자연스러운 것으로 받아들인다. 그래서 가족의 생계를 책임지는 남성 가장의 임금과 사회복지의 혜택은 높은 수준에서 유지하고 취업하지 않은 기혼여성은 사회보험 혜택에서 배제된다. 기혼여성이 가정에서 아이를 양육하는 것을 장려하기 위해 가족복지정책은 잘 발달된 편이고, 여성의 취업을 지원하는 사회서비스는 발달되어 있지 않다. 또한 이 복지체제는 표준적인 남성 주 생계원 가족을 가정하고 있기 때문에 표준에서 벗어난 가정, 예를 들면 편모들을 위한 복지정책은 소홀히 취급되는 경향이 있다. 이러한 성별 분업구조를 보면 이들 국가들은 보수주의적이다.

가족서비스와 관련해서 자유주의 복지국가와 보수적-조합주의적 복지국가의 정책은 비슷할 정도로 잔여적이다. 그렇지만 그 이유는 서로 다르다. 자유주의 복지국가에서는 가족서비스 제공을 자연스러운 시장의 활동으로, 개인의 책임으로 본다. 반면 보수적-조합주의 복지국가에서는 가족서비스는 가족의 특권이 되어야 한다고 본다.

에스핑 앤더슨은 오스트리아, 프랑스, 독일, 이탈리아 등 유럽 대륙에 위치한 국가들을 보수적-조합주의 복지국가로 분류했다.

③ 사회민주주의 복지국가

사회민주주의 복지국가에서는 사회복지 프로그램들이 높은 수준으로 제도화되어 있어 매우 높은 노동력의 탈상품화의 정도를 나타낸다. 이 체제에서는 시민들은 노동시장의 의존으로부터 이탈되어 있으며, 정부란 시민들이 복지를 얻기 위해 의존하는 마지막 제도가 아닌 가장 주된 제도이다. 사회민주주의 복지국가는 사회적 연대의 진원지가 국가이며 따라서 국가의 역할이 크고 보편주의적 사회복지제도가 가족과 시장을 대체한다.

사회민주주의 복지국가에서는 좋은 위험이든 나쁜 위험이든 모든 개인적 위험들을 하나의 우산 아래에서 분산화하는 경향이 있다. 이것은 모든 국민들 간의 연대를 의미한다. 그래서 사회민주주의 복지국가에서는 사회보험은 전국 차원에서 통일적으로 운영되면서 소득재분배 효과가 많이 나타날 수 있도록 설계되어 있다. 사회복지제도는 보편적 성격을 띠면서 전체 국민을 대상자로 하며 급여수준도 높다. 또한 복지재원을 주로 조세수입으로 충당한다. 따라서 이들 국가들은 자유주의 복지국가나 보수적-조합주의 국가들보다 복지지출이 크다. 이들 국가에서는 빈곤층만을 대상으로 하는 공공부조 프로그램의 비중은 매우 적은데, 그 이유는 빈곤층의 생활 개선을 게을리해서가 아니라 재분배효과가 큰 보편적 사회보험제도 덕분에 선별적 지원을 필요로 하는 빈곤층 규모 자체가 작기 때문이다.

그래서 사회민주주의 복지국가에서는 다른 유형의 체제들이 추구하는 최저 욕구의 평등이 아니라 적정 수준의 평등을 추구하는 복지국가를 지향한다. 이러한 전략은 첫째, 서비스와 급여가 신중간계급의 취향에 맞는 수준으로까지 업그레이드된다는 것을 의미하며, 둘째, 부유층이 향유하는 수준의 권리에 노동자들이 완전히 참여하는 것을 보장함으로써 평등을 확대한다는 것을 함축하고 있다.

사회민주주의 복지국가가 추구하는 원리는 보수적-조합주의 체제가 추구하는 원리와는 달리 가족의 원조 능력이 소진될 때까지 기다리는 것이 아니라 가족의 비용을 사회화하는 것이다. 그리고 이 체제가 표방하는 이상은 가족에 대한 의존을 극대화하는 것이 아니라 개인의 자립능력을 극대화하는 것이다. 이러한 의미에서 이 모델은 자유주의와 사회주의의 독특한 융합의 형태일 수 있다. 그 결과 아동들에게는 직접 소득 이전을 제공하고, 아동과 노인, 그리고 능력이 없는 사람들에 대한 보호의 책임을 국가가 직접 떠맡게 된다. 따라서 사회민주주의 복지국가는 사회서비스의 과중한 책임을 마다하지 않으며, 사회서비스를 통해 가족의 욕구를 충족시키고 여성에게도 가정에서 살림을 하는 대신 일을 선택할 수 있는 길을 열어준다.

이러한 점에서 사회민주주의 복지국가의 가장 두드러진 특징은 복지와 일의 조화이다. 일할 권리는 소득보장의 권리와 동등한 지위를 누린다. 이것은 사회민주주의 체제의 완전고용 지향성과 연결된다. 여성들이 일자리를 갖는 것이 처음부터 봉쇄되어 있는 보수적 전통이나 젠더(gender) 문제는 시장의 신성함에 비하면 그다지 중요한 의미를 부여하지 않은 자유주의적 이상과는 달리 사회민주주의적 복지국가에서는 기혼여성의 취업을 용이하게 할 수 있도록 보육, 양로 등이 보편적 사회서비스로 제공된다. 이들 국가에서는 사회서비스 부문이 매우 발전했는데, 사회서비스 부분의 발전은 여성의 노동공급을 지원할 뿐만 아니라 여성에 대한 노동수요를 대규모로 창출한다. 예를 들면, 스웨덴의 사회서비스 부문 종사자의 대부분이 여성이다.

또한 사회민주주의 복지국가에서는 실업자의 고용을 지원하는 적극적 노동시장정책이 발달되어 있다. 완전고용은 그 자체가 중요한 가치를 지닌 정책목표이기도 하지만, 조세를 증가시킴으로써 복지국가를 재정적으로 지원하는 효과가 있다. 중산층을 위해서는 중산층의 소득수준과 연계되어 급여액이 결정되는 사회복지 프로그램들도 다수 있어 중산층의 욕구도 가능한 한 복지국가의 틀 내에서 충족되도록 설계되어 있다.

전체적으로 보면, 사회민주주의 복지국가는 사회복지제도가 촘촘하게 짜여 있고 급여수준이 높아 노동력의 탈상품화 수준이 자유주의 복지국가나 보수적-조합주의 복지국가보다 매우 높다. 또한 조세제도와 사회복지제도가 재분배효과를 극대화할 수 있도록 설계되어 있어 사회복지제도가 사회적 계층을 완화시키는 정도가 매우 크다. 국가, 시장, 가족 중에서 국가의 역할이 가장 크고 시장과 가족의 역할은 미미하다.

에스핑 앤더슨은 스웨덴과 같은 스칸디나비아반도에 위치한 국가들을 사회민주주의 복지국가로 분류했다.

에스핑 앤더슨이 유형화한 복지국가를 표로 설명하면 <표 2-4>와 같다.

〈표 2-4〉 **에스핑 앤더슨의 세 가지 복지국가 유형의 특성**

	자유주의적 복지국가	보수적-조합주의적 복지국가	사회민주적 복지국가
가족의 역할	주변적	중심적	주변적
시장의 역할	중심적	주변적	주변적
국가의 역할	주변적	보조적(subsidiary)	중심적
연대의 양식	개인주의	가족중심 조합주의	보편주의
연대의 장소	시장	가족	국가
탈상품화의 정도	매우 낮음	높음(가구주의 경우)	매우 높음
대표국가	미국, 캐나다, 호주	독일, 이탈리아	스웨덴

출처 : Esping-Andersen(1999 : 85).

chapter 03

복지국가의 발달 과정

01 복지국가 발달 이론

02 복지국가의 발전 단계

chapter

03 복지국가의 발달 과정

제2차 세계대전이 끝난 이후부터 1970년대 중반 오일쇼크로 인한 경제위기 전까지의 시기에 복지국가가 황금기를 향유했다는 점을 전제로 한다면, 복지국가는 산업화된 국가에서 정치적 공동체와 사회적 연대성을 바탕으로 사회적 보호와 보장을 위한 한 세기에 걸친 투쟁의 결과라고 할 수 있다. 대부분의 현대 산업국가의 정부는 국민의 소득과 의료보장에 대한 책임을 져야 한다는 사상을 견지하고 있다. 실제로 대부분의 현대 산업국가들은 사회복지예산이 단일 항목으로는 규모가 가장 크다. 이와 같은 면에서 본다면 대부분의 현대 산업국가들은 복지국가의 반열에 서 있다고 할 수 있다. 그러나 현대 복지국가는 그 나라의 정치·경제·사회·문화적 상황과 전통에 따라 각기 상이한 형태의 사회복지제도를 지니고 있으며, 그 발전과정 또한 그러하다. 제3장에서는 복지국가 발달을 설명하는 이론과 발달과정을 살펴본다.

1. 복지국가 발달 이론

1) 산업화이론

산업화이론에서는 사회복지 발달에 영향을 미치는 요인들은 사람들의 합의, 이데올로기, 계급 간의 갈등 또는 문화가 아니라, 산업화와 경제성장이며 산업화 수준과 경제성장의 정도가 비슷한 국가들의 사회복지 수준은 어느 한 점으로 수렴되어 비슷하다고 주장한다.[1)]

(1) 산업화이론

사회적 관점에서 산업화이론을 설명하면 다음과 같다(Sullivan, 1987 : 78-80).

첫째, 산업화되기 이전의 농경사회는 그 속성상 대규모의 실업이 발생하지 않으며, 은퇴의 개념이 존재하지 않아 노령기가 되어도 소득중단이 발생하지 않는다. 산업이 발전하지 않았기 때문에 산업재해도 발생하지 않으며, 아동들도 생산 활동에 참여하였기 때문에 아동을 위한 사회복지제도도 필요하지 않았다. 따라서 산업화되기 이전의 농경사회는 국가가 나서 사회복지제도로 문제를 해결하기보다는 대부분 가족, 친척, 이웃 등에 의한 비공식적 원조망을 통해 문제가 해결되었다.

그러나 사회가 산업화되면 농경사회의 비교적 단순한 교환관계가 보다 복잡한 산업경제로 대치된다. 산업국가는 그때까지는 존재하지 않았던 방법으로 경제관계를 조정하는 역할을 하게 된다. 산업화가 되면 자영업자, 농민 등이 산업노동자로 대치되어 임금을 위한 고용이 노동자와 사용자 사이의 경제교환관계의 주종을 이루게 된다. 이러한 산업임금노동자로의 노동세력의 변환은 일을 하고 있는 사람과 일을 하고 있지 않는 사람 간의 차이를 보다 분명히 하게 되어 질병이나 실업으로 인한 소득단절문제가 매우 심각하게 된다. 즉, 산업화는 노동인구의 속성을 변화시켜 대규모의 피고용층을 발생시켜 노동력을 팔아야만 생계를 유지할 수 있는[2] 사람들의 숫자를 크게 증가시킨다. 피고용자로서 이러한 사람들의 소득이 질병, 노령, 실업, 산업재해 등으로 중단될 때 그들의 삶은 위협받게 되고, 이들의 소득을 제도적으로 보장하기 위한 소득보장 프로그램이 도입된다.

둘째, 산업화는 보다 높은 수준의 사회해체 현상을 가져온다. 이러한 사회해체 현상은 산업화 초기단계에서 특히 분명하게 드러나는데, 도시화 등으로 인해 노동자들은 가족, 친족, 교회 등 그들의 전통적인 비공식적 원조망(informal support networks)으로부터 멀어지게 된다. 비공식적인 전통적 원조망이 제대로 역할을 하지 못하게 됨으로 인해 이를 대체하는 공식적인 사회복지제도가 도

1) 이러한 점 때문에 산업화이론을 수렴이론(convergence theory)으로 부르기도 한다.

2) 이것을 노동력의 상품화(commodification)라고 부른다.

입되는 것이다.

셋째, 산업화는 여성의 사회참여를 증가시켰다. 전통사회에서 여성의 주요 역할은 아동양육이나 노인보호였다. 그러나 여성의 사회참여의 증가로 전통적인 여성의 역할을 대신할 제도의 필요성이 증가하여 주간보호(day care) 등과 같은 사회복지제도가 발달하게 된다.

그러므로 산업화이론에 의하면 사회복지제도의 발달은 산업화의 기능적인 부산물이라고 할 수 있다. 이 이론에 의하면, 일단 산업화가 시작되면 사회복지제도의 도입은 거의 필연적이라고 할 수 있을 뿐만 아니라 정부는 단순히 산업화의 논리에 따라야 하는 것이며, 기술이 발전하면 발전할수록 사회복지는 발전하게 되는 것이라고 주장한다. 또한 산업화는 경제성장을 가능하게 만들어 국가가 사회복지에 사용할 수 있는 경제적 자원을 축적시킨다. 경제성장으로 국민들의 소득이 증가하면 국민들의 조세부담 능력도 증가해서 사회복지에 사용될 수 있는 국가의 재정능력이 증가된다(Cameron, 1978).

산업화이론에 근거한 사회복지제도의 발달과정을 그림으로 나타내면 ❙그림 3-1❙과 같다.

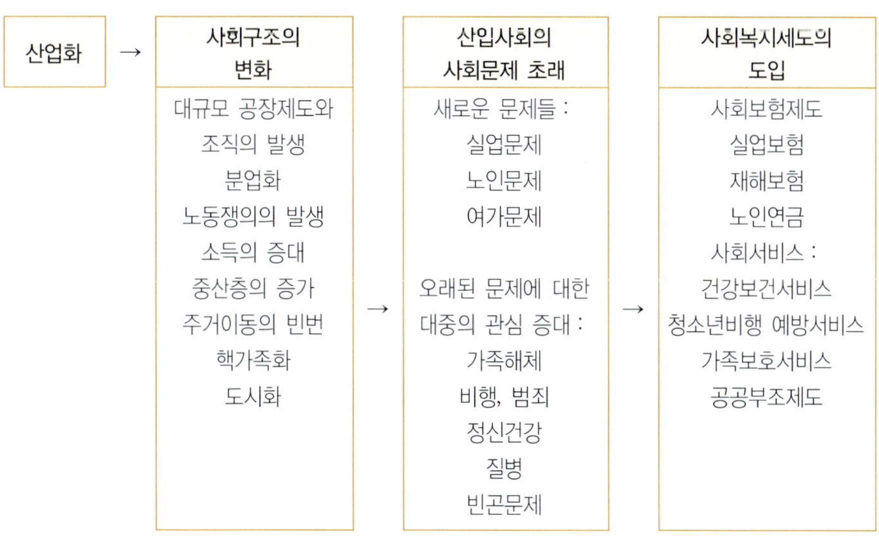

❙그림 3-1❙ 사회적 관점의 산업화이론에 근거한 사회복지의 발달

출처 : H. Wilensky & C. N. Lebeaux(1965). *Industrial Society and Social Welfare*. New York : The Free Press, p. 230의 그림을 변형하였음.

(2) 산업화이론의 실증적 근거

윌렌스키와 르보(Wilensky & Lebeaux, 1958)는 『산업사회와 사회복지(Industrial Society and Social Welfare)』에서 산업화이론을 근거로 미국의 사회복지 발달을 탐구하였다. 그들에 의하면 미국에서 초기단계의 산업화는 가족구조의 변화에 영향을 미쳤으며, 사회해체현상으로 인해 노인들이 혼자 남게 되었고, 이혼율이 높아지고, 경제적인 지지(support)구조에 변화를 일으키는 등의 사회현상들을 가져왔으며 이로 인해 사회복지정책이 발달하였다고 주장했다. 또한 후기단계의 산업화는 분업화를 초래하여 지역 간의 이동을 심화시키고 이러한 사회현상 또한 사회복지정책의 발달을 초래하였다고 주장했다.

커트라이트(Cutright, 1965)는 선구적으로 산업화이론을 입증했다. 그는 76개국의 사회보장 수준을 알아보기 위해 산업재해보상보험, 건강보험, 연금, 가족수당, 실업보험의 다섯 가지 프로그램을 대상으로 프로그램의 경험(제도의 경과연수)과 사회보장발전요인(에너지 소비량, 읽고 쓰는 능력, 도시화)과 정치적 요인(정치적 대표성 지표)의 상관관계를 분석하였는데 사회보장 수준은 에너지 소비량, 즉 경제의 발전수준과 가장 밀접하게 관계가 있으며, 정치적 요인과의 상관관계는 낮다는 연구결과를 발표했다.

커트라이트의 연구에 이어 윌렌스키(Wilensky, 1975)는 산업화이론에 관한 기념비적인 연구결과를 발표했다. 그는 60개국을 대상으로 한 연구에서 국민총생산(GNP)에서 차지하는 사회보장지출 비율은 인구의 연령구성, 제도의 경과년수, 1인당 국민소득과 높은 상관관계를 보인다는 연구결과를 발표했다. 윌렌스키는 경과분석을 이용하여 경제발전(국민소득)과 사회보장 수준과의 관계는 인구의 연령구성, 제도의 경과 년수를 매개로 하고 있다는 점, 정치적 변수(자유민주주의 국가인가 전체주의 국가인가)로는 사회보장지출을 설명할 수 없다는 연구결과를 발표했다.

경제학자이면서 사회복지정책역사 연구에 탁월한 업적을 남긴 림링거(Rimlinger, 1971)도 사회보장제도는 산업화의 부산물이라는 전제하에 유럽과 미국 사회복지 발달을 산업화의 맥락에서 분석하였다. 플로라와 알버(Flora & Alber, 1984 : 58)

도 사회복지정책 발달의 요인으로서 사회·경제적 발달을 들고 있는데, 특히 산업화 수준, 즉 제2차 산업에 종사하는 노동력의 비율을 들면서 산업화와 그에 따른 경제성장은 복지비 지출을 가능하게 한다고 보았다. 아론(Aaron, 1967), 프라이어(Pryor, 1968) 등도 산업화로 인한 경제성장이 사회보장제도의 발달에 기여하였다고 기술하고 있다.

(3) 산업화이론에 대한 비판

산업화이론이 지니고 있는 가장 큰 맹점은 복지국가 발전에 영향을 미치는 독립변수의 수가 제한되어 있다는 것이다. 예컨대, 커트라이트(Cutright, 1965)나 윌렌스키(Wilensky, 1975)는 인구구조 및 관료제 요인과 경제발전의 수준이 '부유한 국가들'에서 발견되는 복지국가 발전의 편차를 설명해 준다는 것을 밝히고 있지만, 복지국가 발전에 영향을 미치는 노동계급 동원이나 경제적 개방성과 같은 변수들은 연구에 포함시키지 않고 있어 '산업화 논리' 관점을 지지해 주는 것으로 판명된 그들의 결론은 한계를 지닐 수밖에 없다.

또한 산업화이론을 지지하는 연구들은 대부분 산업화와 경제성장의 복지국가 발달과의 강한 상관관계를 보여주고 있지만, 이러한 연구의 제한점은 이들 통계연구의 종속변수는 언제나 국내총생산(GDP)에 대한 복지지출 비율로 제한되어 있다는 점이다. 또한 특정한 경제발전수준이 특정한 복지세력의 수준과 직접적으로 정확한 상관관계를 갖는 것은 아니라는 점이다. 다시 말해서, 비록 통계적으로 의미 있는 상관관계가 검증된다 하더라도, 그것은 통계학적인 상관관계에 지나지 않는다. 실제에 있어서는 비슷한 경제발전수준에 있는 상이한 국가들이 복지비 지출에 있어서 상당한 다양성을 보여주고 있다. 가장 대표적인 국가는 미국과 일본이다. 이들 두 나라는 선진국이면서 복지후진국의 위치를 벗어나지 못하고 있다(이혜경, 1982 : 76).

콜리어와 메식(Collier & Messick, 1975)은 산업화나 경제성장은 사회복지제도 도입에 필요한 조건이기는 하지만, 산업화가 어느 특정 수준에 이르렀을 때, 달리 표현하면 어느 특정 수준으로 수렴되었을 때 대부분의 국가들이 사회복지제도를 도입하는 것은 아니라고 주장하면서 산업화이론을 부정하였다. 그들은 59개국의 사회보험제도 최초의 도입시기와 농업에 종사하는 인구비율, 산업에 종사하는 인구비율, 그리고 1인당 국민소득을 지표로 한 산업화 수준과의 관계를 연구하였다. 연구 결과 사회보험제도는 산업화가 어느 수준 이상 진전되고 난 뒤 도입되어 산업화가 사회복지제도의 필요조건은 되지만, 어느 특정의 산업화 수준에서 대부분의 국가들이 사회보험제도를 처음으로 도입하는 것이 아니라 매우 다양한 산업화 수준에서 도입하기 때문에 산업화이론은 근거가 미약하다고 주장했다.[3] 오히려 그들은 사회복지제도의 발전은 수렴이론에 근거하기보다는 후진국이 선진국의 사회복지제도를 모방하거나 인접국가의 사회복지제도를 모방하여 발전한다는 확산이론(diffusion theory)을 주장하였다.

오코너(O'Connor, 1988)도 OECD 국가들을 대상으로 연구하여 산업화이론을 뒷받침할 증거는 별로 없으며 매우 제한된 기간에만 수렴이론이 받아들여진다고 주장하였다. 우리나라의 경우도 산업화이론을 적용하여 사회복지발달을 설명하기에는 한계가 있다. 만일 산업화 논리가 우리나라에 적용되려면 산업화의 진전에 따라 점진적으로 사회복지가 발달되었어야 하지만 실제로는 그렇지 않았다.

우리나라는 1960년 이후 지속적으로 산업화, 도시화되었으나 1980년대 후반 이전까지는 사회복지제도나 정책이 발전하지 못했으며 사회복지정책이 획기적으로 발달한 기간은 1987년에서 1990년 시기의 정치가 불안했던 기간과 1998년 경제위기 이후였다.

2) 정치결정이론

(1) 정치결정이론의 내용

산업화만 되면 기술발전으로 인하여 국가의 이념과는 관계없이 복지국가의 확대는 필연적 현상이라는 산업화이론은 '복지국가 발달은 정치와 관계가

3) 영국은 농업종사인구가 10% 이하일 때, 미국은 20% 정도일 때, 프랑스는 35% 정도일 때, 독일은 48% 정도일 때, 스웨덴은 62% 정도일 때 사회보장제도를 처음 도입했다.

없다(politics does not matter)'는 입장을 견지하고 있다. 그러나 정치결정이론에서는 복지국가 발달에 '정치와 관련 있다(politics does matter)'는 관점을 견지하고 있다. 정치결정이론에서는 사회경제적 요인이 복지국가 발달에 영향을 미친 것은 사실이지만 산업화나 경제성장의 수준이 동일할지라도 복지국가의 형태는 다양하게 나타난다는 점에 주목한다.

정치결정이론 중에서 에스핑 앤더슨(Esping-Andersen), 코르피(Korpi), 스티븐스(Stephens) 등은 복지국가의 발달에 미치는 정치적 요인으로 노동운동의 힘을 들었다. 권력자원론자로 불리는 이들은 노동운동이 동원할 수 있는 조합원의 수나 자금, 의회나 내각의 의석 등을 권력자원으로 규정하고 이러한 자원이 복지국가 발달에 미치는 영향력을 분석하였다. 복지국가로 불리는 스웨덴과 같은 북유럽 국가들은 전통적으로 노동운동이 강했으며, 미국과 같이 복지국가로 발전하지 못한 국가들이 노동운동은 상대적으로 약한 편이다. 에스핑 앤더슨의 복지국가 유형론으로 결실을 맺은 권력자원론은 복지국가발달 연구에 새로운 지평을 열었다고 할 수 있다. 이러한 점에서 정치결정이론은 권력자원이론으로 설명되기도 한다.

(2) 정치결정이론의 실증적 근거

이러한 주장을 뒷받침하는 연구로는 캐슬즈와 맥킨리(Castles & McKinlay, 1979)와 알버(Alber, 1983)의 연구가 있다. 캐슬즈와 맥킨리는 16개국의 우익정당을 지지하는 투표율과 좌익정당을 지지하는 투표율이 사회복지에 미치는 영향을 분석하면서, 우익정당을 지지하는 유권자들이 많으면 많을수록 사회복지의 수준은 낮아진다고 주장하고 있다. 그들은 더 나아가 스칸디나비아반도 국가들의 사회복지수준이 높은 이유를 전통적으로 강한 노동운동에서 찾고 있다.

캐슬즈(Castles, 1982)는 1960년대와 1970년대의 18개 OECD 국가들의 교육, 소득보장 및 건강보호를 위한 사회지출과 정치적 변수들과의 관계를 연구하였는데, 어떤 성향의 정당이 집권하느냐 하는 점이 사회복지비 지출 형태에 결정적인 영향을 미친다고 하였다. 즉, 우익 성향의 정당이 집권하게 되면 사회복지비 지출에 부정적인 영향을 미치며, 사회민주당이 집권하면 사회복지비

지출이 늘어난다고 했다. 이러한 관점은 1980년대의 신보수주의 정당이 집권하면서 사회복지 감축이 늘어나는 현상과 맥락을 같이한다고 할 수 있다.

에스핑 앤더슨(Esping-Andersen, 1990)도 18개 OECD 국가들을 대상으로 연구한 결과 사회복지시스템의 접근성, 대상자 범위 및 재분배 효과는 집권당 형태와 밀접한 관련이 있다고 했다. 특히 에스핑 앤더슨은 노동력의 탈상품화(de-commodification)와 관련지어 연구하였는데, 탈상품화 점수는 경제성장과는 관련이 별로 없으며, 대상 국가들 집권당의 이데올로기적 성격과 관련이 있다고 밝히고 있다. 이러한 연구결과는 복지국가 발달이 좌파성향의 정당들을 위한 노동자 계층의 동원과 밀접하게 관계된다는 '계층동원(class mobilization)' 이론으로 기술되기도 한다.

(3) 정치결정이론에 대한 비판

정치결정이론으로 각국의 사회복지의 발달과정을 정밀하게 분석할 때에는, 캐슬즈(Castles, 1985)가 지적했듯이 강력한 노동운동의 존재 자체가 그대로 그 국가의 사회보장제도의 발달로 연결되는 것은 아니라는 것을 인식할 필요가 있다. 예컨대, 뉴질랜드나 오스트레일리아는 노동조합의 조직률과 사회민주주의 정당의 정권참가라는 면에서 노동운동이 활발한 국가였으나 선별주의적인 복지국가 전략을 고집했기 때문에 에스핑 앤더슨이 분류한 세 가지 복지국가 유형 중 자유주의 유형에 더 가깝다.

또한 복지국가의 프로그램들은 정치적 좌파 세력이나 노동운동 세력에 의해 도입되기보다는 그 반대 세력에 의해 도입되는 경우도 있다. 예컨대, 독일에서 처음 도입된 사회입법은 보수적 성향의 비스마르크 수상이 시도한 것이었다. 1900년대 초반 노동운동 세력들이 사회복지제도가 노동조합의 자율성과 통합성을 저해할 수 있기 때문에 사회복지제도 도입에 반대한 경우도 있다(Rimlinger, 1971). 따라서 노동운동과 정치적 좌파 세력이 복지국가 발달에 긍정적인 영향을 미친다는 주장은 스웨덴과 같은 일부 사민주의 복지국가에만 한정될 뿐 일반화하기에 어렵다고 할 수 있다.

또한 국가 제도의 관점에서 권력자원이론을 비판하는 경우가 있다. 스코치폴(Skocpol), 위어(Weir), 올로프(Orloff), 헤클로(Heclo) 등은 다양한 사회적 행위자의 영향력보다는 그 배후에서 행위자 개인의 영향력을 강화하기도 하고 약화시키기도 하는 국가의 제도에 주목한다(Castles, 1985; Castles & Mitchell, 1992, Orloff & Skocpol, 1984 : 729-730; Weir, Orloff, & Skocpol, 1988; 임성근, 2003).

3) 시민권이론

시민권이론은 공민권(civil right), 정치권(political right), 사회권(social right) 순서로 시민적 권리가 발전하면서 사회권이 확보될 즈음에 사회복지정책이 가장 확대되고 발전하여 복지국가가 발전한다는 것이다. 시민권 이론을 제정한 학자는 토마스 마셜(Thomas Marshall)이었다. 마셜(Marshall, 1950)은 『시민권과 사회계급(Citizenship and Social Class)』에서 18세기에 공민권이 발전하면서 법적 시민권 원칙의 기반이 이루어졌다면, 19세기에는 참정권과 같은 정치적 권리가 출현했고, 20세기에 들어오면서 사회복지급여를 받을 수 있는 사회적 시민권이 등장했다고 주장했다.

마셜은 그의 저서에서 복지국가의 정치적 차원을 설명했다. 그는 산업사회가 발달하면서 사람과 지역사회 간의 유대가 변했다고 주장했다. 산업사회 이전의 전통사회에서 인간관계는 신분제에 바탕을 두고 있었기 때문에 사회에서 개인의 위치는 출생과 동시에 결정되며 이러한 위치는 세월이 지나가도 변하지 않았다. 그러나 사회이동과 현대사회의 급격한 변화는 다른 형태의 사회적 연대감을 요구했고, 사람들에게 시민권적 권리가 부여되고 관습법에 의해 보호받는 자유인에 바탕을 둔 지역사회의 새로운 구성원이 되는 자격(membership)을 제공했다.

공민권은 임의체포로부터의 자유, 언론·사상, 신앙의 자유, 사유재산제도 및 타당한 계약체결의 권리, 법 앞의 평등권을 의미한다. 그러나 공민권은 '무엇을 하기 위한 자유(freedom to)'라는 적극적 의미보다는 '무엇으로부터의 자유(freedom from)'라는 소극적 의미로 해석되었다. 따라서 평등은 단지 사법적 관점에서 '자연적 자유(natural freedom)'에 대한 '평등한 권리(equal right)'라는 의미로 해석되었다. 이는 '조건의 평등'이나 '결과의 평등'보다는 '기회의 평등'에 더 가치를 두는 것이다. 기회의 평등이란 각 개인은 자신의 소질과 능력을 자유롭게 계발할 평등한 권리와 기회를 갖지만 동일한 업적에 대해서는 동일한 보상이 주어져야 한다는 것을 의미한다. 이는 궁극적으로 시장의 원리에 더 많은 가치를 부여하는 것이며, 국가는 그러한 시장의 기능이 순조롭게 작동하지 못할 때, 즉 빈곤, 질병 등의 문제로 인해 사회질서가 혼란스럽고 시장의 역할이 저해될 때만 개입하는 야경국가의 특성을 갖는다. 이러한 사회에서는 평등은 불평등의 제거보다는 그것을 전제로 하여 수정함으로써 획득된다(김형식, 1995 : 80). 이러한 점에서 공민권만 보장되는 사회의 사회복지는 매우 제한적이며 잔여적인 성격을 지닌다고 할 수 있다.

정치권이란 정치제도에의 참정권을 의미한다. 마셜에 의하면 18세기에 정치권은 분배에 있어서 불완전했다. 1832년의 선거법 개혁 이후에도 유권자는 여전히 성인남자인구의 1/5에 불과했으며, 투표권은 여전히 집단독재 상태에 있었다. 그러나 이러한 정치권에 대한 제한은 노동자들의 정치투쟁과 중산계층 개혁가들의 도움으로 철폐된다.

발달과정적 차원에서 본다면 완전한 시민권의 실현은 시민권 중 사회권을 달성함으로써 도달될 수 있다. 사회권은 적정수준의 경제적 복지 및 보장으로부터 사회적 유산을 충분히 공유하고, 사회의 보편적 기준에 따라 문명화된 삶을 영위할 수 있는 권리에 이르기까지 전 범위의 권리를 의미한다. 마셜은 사회권과 가장 밀접한 제도로 교육 및 사회복지를 들고 있으며, 사회복지의 원천은 공동체에 대한 멤버십과 공동체 성원 간의 기능적 유대라고 보고 있다(Marshall, 1950 : 74, 81). 이러한 사회권은 19세기 말부터 20세기에 이르기까지 다양한 사회복지정책들을 통해서 실현되고 있다. 따라서 사회권은 '복지권'으로도 해석이 가능하다. 사실상 다렌돌프(Dahrendorf, 1969)는 사회권 속에 사회보장과 의료보장을 포함시키고 있다. 시민권은 마셜이 높이 평가하면서도 명백한 약점을 갖는다고 평했던 구빈법으로부터 시작하여, 폴라니(Polanyi, 194 : 77-85)가 상당한 의미를 부여했던 스핀햄랜드제도에 이르기까지 다양한 법률과 제도 속에서 그 실체를 찾을 수 있다. 그러나 가장 뚜렷하게 시민권의 실체를 볼 수 있는 것은 복지국가의 기초가 된 베버리지보고서인 「사회보험 및 관련 서비스(Social Insurance and Allied Services)」이다.

시민권이론에 의하면 복지국가란 시민권의 세 가지 권리가 보장되고 시민이 자기의 가능성을 충분히 계발할 수 있는 기회를 보장받는 사회이다. 모든 사람들이 교육받을 권리가 있고, 적당한 주택을 공급받을 권리가 있고, 건강하게 살 권리가 있고, 국가로부터 보호받을 권리가 있다는 관점은 사회복지정책의 발달에 공헌했다. 특히 사회권의 보장은 공민권과 정치권을 향유하는 데 있어 필수적이다. 만일 어떤 사람이 교육을 별로 받지 못하고 기회가 박탈된다면 법 앞의 평등은 의미가 없다. 또한 사회권의 보장은 사회적 평등을 향상시킨다. 이것은 모든 사람이 소득이나 물질의 소유에서 평등하여야 한다는 것은 아니며, 기본적인 권리의 관점에서 평등하여야 한다는 것이다. 이런 관점에서 보면 마셜의 시민권 이론은 사회복지정책의 발달에 많은 공헌을 하였다.

그러나 재미있는 사실은 마셜 자신은 시민적 권리가 반드시 불평등을 제거하는 것은 아니라고 했다는 것이다. 마셜은 이러한 권리가 사회제도의 안정을 보장하기 위해 발달하기도 한다고 주장했다. 대표적인 예는 비스마르크가 1870년대와 1880년대에 독일 노동자들에게 사회권을 제공한 것인데, 비스마르크 행정부의 사회입법은 완전한 공민권과 정치권을 요구하는 사회주의자들의 세력을 약화시키기 위한 목표가 있었다(Gilbert & Terrell, 1998 : 35).

4) 문화영향이론

최근에 와서 경제적·사회적·정치적 요인들의 중요성을 인정한다 하더라도 문화적인 변수를 고려하지 않고는 사회복지정책이나 복지국가의 발전 배경을 설명할 수 없다고 주장하는 학자들도 많다. 어떤 사회의 구성원들이 갖는 가치, 태도, 또는 어떤 사회가 오래전부터 지녀온 관습이나 전통 등은 그 사회에 있어서의 인간의 개념, 인간생활에 대한 정부의 역할 및 범위 등에 많은 영향을 미친다. 또는 어떤 사회를 오랫동안 지배해 왔던 신념이나 가치는 자원개발, 권리분배 등의 과정을 제한하는 중요한 개입변수로도 작용할 수 있다.

예를 들면, 개인주의, 자기이윤의 추구 및 경쟁을 강조하는 사회는 생활상의 불평등을 인간생활의 자연 질서의 결과로 보게 되어 구조화된 불평등을 그대로 보존하려는 경향이 있다. 반면 집단적 가치와 협력을 강조하는 사회에서는 모든 사회 구성원들의 평등을 보장하는 사회복지제도의 발달을 촉진한다. 그러므로 이러한 전통적 가치나 문화적 배경이 각 사회의 사회복지제도의 발달에 영향을 미칠 수 있는 중요한 변수가 될 수 있다. 산업화와 그에 따른 경제발전, 사회변화 등이 사회복지서비스의 출현의 가능성을 창조한다면, 그러한 요구와 가능성에 구체적인 형상을 부여하는 것은 그 사회의 문화와 가치라는 것이다. 즉, 이러한 문화 또는 가치는 어떤 사회의 사회복지 발달을 촉진하거나 사회복지제도 발달을 억제시키는 개입변수의 역할을 할 수도 있다.

미국의 복지국가의 발달은 산업화이론이나 정치결정이론, 혹은 시민권이론으로는 설명할 수 없는 면이 있다. 미국은 사회보장제도를 처음 도입했던 1935년에 농업에 종사하는 인구가 20%가 되지 않았을 정도로 이미 산업화된 국가였다. 뿐만 아니라 미국은 서구국가들보다 대체적으로 빠른 1860년에 남성들에게 선거권을 부여했으며, 1920년에는 모든 성인들에게 선거권을 부여했다. 즉, 1935년의 미국은 세계 제일의 산업국가였으며 시민권이 오래전에 발달되었지만 사회보장제도의 발달은 다른 산업국가들에 비해 매우 늦었다.

반면에 독일은 세계에서 가장 먼저 사회보장제도를 도입했던 1880년대에 농업에 종사하는 인구는 50% 정도였다. 즉, 산업화 과정이 다른 유럽의 선진국가들보다 늦게 시작된 독일은 세계에서 가장 먼저 사회보험제도를 도입했다. 림링거(Rimlinger, 1971 : 91)는 독일에서 가장 먼저 사회보험제도가 도입된 이유로서 19세기 독일의 약한 자유주의 가치와 강한 기독교사회윤리를 들고 있으며, 미국의 사회복지정책발달이 지체된 이유로서 미국 특유의 강한 자유방임주의 가치, 개인주의 그리고 자조정신을 들고 있다(p. 62).

또한 루보브(Rubove, 1986 : 1-25)는 미국에서 복지국가의 핵심 프로그램인 사회보험제도가 늦게 도입된 이유로 미국의 전통적인 자원주의(voluntarism) 가치를 들고 있다. 미국은 개인주의가 지배하는 국가이지만, 토크빌(Tocqueville)은 미국의 사회행동과 조직을 이해하는 데 필요한 실질적인 열쇠는 자원주의 정신이라고 지적하고 있다. 민간부문에서 이루어지는 자선이나 상부상조사회는 자원주의 정신 아래에서 번창하였다. 넓은 의미에서 보면 자원협회(voluntary association)는 정부의 활동에 대한 대안을 제공하였다. 즉, 자원단체는 정부에 의지하지 않고도 구호를 제공함에 있어서 자신의 고유한 목적을 성취할 수 있었다. 자원주의는 개인과 사회를 연결시켜 주는 역할을 할 뿐만 아니라 집단적인 욕구에 반응하고 권력을 분산시킴으로써 제한된 정부를 수립하는 데 도움을 주었다. 그로 인해 자원주의 정신이 미국 사회복지정책의 대안이 되었다. 그러므로 강제적인 성격의 사회보험제도는 미국의 전통적인 가치인 자원주의와 상충됨으로 인해 그 도입이 늦어졌다고 주장하고 있다.

박병현(2005, 2008)은 인류학자 메리 더글러스(Mary Douglas)가 분류한 문화유형인 운명주의 문화, 계층주의 문화, 개인주의 문화, 평등주의 문화를 원용하여 영국, 미국, 독일, 일본, 스웨덴의 복지국가 발달과정을 분석했다. 박병현은 이 연구에서 영국과 미국이 산업화 후기단계에 비교적 늦게 사회보장제도를 도입하고 복지국가 위기의 영향을 많이 받은 것은 이들 국가들의 강한 개인주의 문화에서 비롯된 것으로 보며, 독일과 일본이 산업화 초기단계에 비교적 일찍 사회보장제도를 도입하고 조합주의적이면서 보수적인 사회보장체계를 유지하는 것은 계층주의 문화의 영향으로 보았다. 또한 스웨덴이 산업화가 진행되기 전에 사회보장제도를 도입하고 복지선진국으로 발전한 것은 평등주의 문화가 지배적이기 때문으로 분석했다.

일본이나 한국과 같은 유교권의 나라들은 전통적인 유교문화가 사회복지제도 발전에 부정적인 영향을 미쳤다고 할 수 있다. 유교는 원래 중국의 종교적 전통에서 비롯되었으나 일본이나 한국에서는 종교적인 색채는 사라지고 윤리체계나 문화로 발전하였다. 유교문화의 특징으로는 근면, 책임성, 대가족이나 지역사회 또는 회사(특히 일본) 내에서의 상부상조의 정신이다. 이러한 문화에 의해 어떤 개인이나 가족에게 위기상황이 발생하였을 때 국가가 개입하기보다는 그 개인의 가족이나 친족, 지역사회에서 도와줌으로써 그 위기상황을 해결하였다. 서구의 문화 아래에서는 쉽게 사회문제로 인식되는 상황도 동양의 유교문화에서는 사회문제화되는 데에 많은 시간이 걸린다. 예를 들면, 유교의 효(孝) 사상은 시장이나 국가를 대신하여 가족을 복지욕구 충족의 주요 주체로 만든 경향이 있어 노인문제의 사회문제화를 늦추는 데 많은 영향을 미쳤다. 그러므로 유교문화가 지배하고 있는 일본이나 한국의 사회복지 발달의 정도가 같은 경제수준의 다른 나라보다 낮은 이유를 이러한 문화적 요인에서 찾을 수 있다(Park, 1990).

홍경준(1999 : 330)은 유교문화가 영향을 미친 동아시아 국가들을 유교복지국가라고 부르면서 유교주의 복지국가를 설명함에 있어 산업화이론의 타당성이 상대적으로 적으며, 각종 연(緣)이 강조됨과 동시에 사회적 연줄망의 중요성이 크다고 보고 있다. 확대가족 또는 내집단의 역할이 중시되며 우리주의(we-ism)가 지배적이어서 비공식적 결속의 지속성과 강도가 강하다. 그래서 유교주의 복지국가에서는 뜨내기(외부자, stranger)와 토박이(내부자, native)의 구별이 심하기 때문에 뜨내기에 대한 배려가 적다고 주장한다.

홍경준은 이어서 유교주의 복지국가를 현실화하는 측면을 다음의 세 가지로 설명하고 있다.

첫째, 유교주의 복지국가는 비공식적 결속의 역할이 여전히 중시되는 사회여서 뒤늦게 근대화를 시작한 동아시아에서 비공식적 결속은 민족국가를 강화하고, 자본주의 발전을 도모하는 데 활용되었다. 즉, 족(ethnie)의 관념은 시민권을 대신하여 사회성원을 민족국가로 통합하는 수단으로 활용되었으며, 가족주의는 유교자본주의 또는 정실자본주의의 근간이었다. 여전히 중시되는 비공식적 결속은 사회성원들의 복지욕구에 대한 유력한 대응기제로 활용되며, 국가의 역할은 상대적으로 약하다.

둘째, 유교주의 복지국가에서는 노동과 자본 사이의 정치적 대립과 균열이 정치적으로 동원되기 어려우며, 계급적 정체성보다는 확대가족과 내집단에 대한 정체성이 더 강하기 때문에 정치적 동원 역시 이러한 균열에 따라 이루어진다. 종친(宗親)과 동향(同鄉), 동학(同學)이 정치적 동원에서 중시되며, 그것은 정치엘리트에 의해 재생산된다. 따라서 서구의 개입주의 복지국가에서는 문화적-민족적 동질성이 계급균열의 정치적 동원에 순기능을 한다면, 유교주의 복지국가에서는 그것은 균열정치의 정치적 동원을 저해한다. 강력한 우파정당의 역량은 그의 산물이다.

마지막으로, 유교주의 복지국가에 온존하는 비공식적 결속은 정책결정구조에 위치한 관료들의 행위에도 영향을 미친다. 상대적으로 늦게 시작한 근대화 과정에서 급속한 경제성장의 강박에 사로잡힌 유교주의 복지국가의 관료들은 비공식적 결속에 복지의 책임을 전가하는 정치적 학습과 그를 통해 누적된 정책적 유산에 제약되어 있다. 사회의 이해관계로부터 상대적으로 자율적인 국가구조 아래에서 이러한 정치적 학습과 유산은 쉽게 변화되지 않는다. 강한 국가능력이 서구의 개입주의 복지국가에서는 복지에 대한 국가책임을 강화하는 방향으로 작동했다면, 유교주의 복지국가에서 그것은 정확히 반대방향을 향해 있다.

이러한 유교주의 복지국가에 대한 비판이 있다. 조영훈(2002 : 244)은 복지국가 형성에 대한 문화의 영향을 두 가지 면에서 비판하고 있다. 첫째, 이론의 경제성에 관한 것으로, 지구상에는 상이한 문화적 전통과 다양한 역사적 경험을 갖는 수많은 국가들이 존재하고 있는데, 특수성의 관점을 따른다면 그 국가들을 위한 수많은 복지국가유형이 필요하게 될 것이다. 이렇게 될 경우, 복잡한 사회현실을 몇 개의 변수로 단순화해서 설명한다는 사회과학이론의 기본 명제가 심각하게 훼손될 것이다. 둘째, 사회변동을 가져오는 주요 원동력에 관한 것이다. 특수성의 관점은 유교적 문화전통으로 인해 동아시아 국가들의 복지수준 향상이 크게 제약받는다고 하면서, 유교적 문화전통이 존재하는 한 이들 국가에서는 서구와 같은 급속한 복지확대정책을 기대할 수 없다고 시사하는데 이것은 지나친 문화결정론이다. 또한 일반적으로 복지국가의 변화를 초래하는 것으로 여겨지는 다양한 요인 - 산업화, 세계화, 민주주의, 국가의 구조, 계급세력 관계, 계급정치 등 - 보다도 문화의 영향력이 더 크다고 주장할 근거가 없다. 정무권(2002 : 435)도 특정 복지제도의 형성에 문화적 변수는 다른 문화권의 복지제도와 차이를 보이는 것에 대한 설명변수의 하나가 될 수는 있지만, 문화적 차이를 가지고 복지제도나 복지국가의 발전 과정 전체를 설명하는 데에는 한계가 있다고 문화영향이론을 비판한다.

2. 복지국가의 발전 단계[4)]

복지국가가 발전해 온 단계는 국가마다 상이하나 크게 보면 태동단계, 정착단계, 성장단계, 침체단계, 재편단계로 나눌 수 있다.

1) 태동단계 : 1880~1920년대

피어슨(Pierson, 1991)은 복지국가의 태동은 1880년대 이후의 ① 사회보험제도의 도입, ② 시민권의 확충, 그리고 ③ 사회복지비의 증가에서부터 시작된다고 보았다.

(1) 사회보험제도 도입 측면에서 본 복지국가의 태동

복지국가 태동의 첫 번째 측면인 사회보험제도의 도입은 독일이 선도했다. 독일은 1871년 산업재해보상보험제도를 도입한 데 이어 1883년에 건강보험제도를 도입했다. 독일에 이어 영국도 1908년 노령연금제도를 도입했다. 대부분의 유럽 국가들은 제1차 세계대전 이전에 질병, 산업재해, 노령, 실업에 대비하는 사회보험제도를 도입했다.

<표 3－1>은 OECD 국가의 사회보험제도 도입연도이다.

4) 이 부분은 박병현(2015). 사회복지정책론 : 이론과 분석. 경기 : 정민사, pp. 73-88의 내용을 본 서의 내용에 맞게 보완한 것이다.

〈표 3-1〉 OECD 국가의 사회보험제도의 도입연도

	산업재해보상보험	건강보험	연금보험	실업보험	가족수당
벨기에	1903	1894	1900	1920	1930
네덜란드	1901	1929	1913	1916	1940
프랑스	1898	1898	1895	1905	1932
독 일	1871	1883	1889	1927	1954
아일랜드	1897	1911	1908	1911	1944
영 국	1897	1911	1908	1911	1945
덴마크	1898	1892	1891	1907	1952
노르웨이	1894	1909	1936	1906	1946
스웨덴	1901	1891	1913	1934	1947
핀란드	1895	1963	1937	1917	1948
오스트리아	1887	1888	1927	1920	1921
스위스	1881	1911	1946	1924	1952
뉴질랜드	1900	1938	1898	1938	1926
캐나다	1930	1971	1927	1940	1944
미 국	1930	–	1935	1935	–
한 국	1963	1963	1988	1993	–

출처 : Pierson(1991 : 108).

(2) 시민권 확충 측면에서 본 복지국가의 태동

모든 남성들에게 정치적 참정권(선거권)이 주어졌던 시기와 사회보험의 최초 도입 시기는 깊은 관계가 있다. 1894년과 1920년 사이의 25년 동안 <표 3-2>에 소개된 17개국 중 11개국이 남성들에게 선거권을 부여했으며, 1900년 이전에 남성들에게 투표권을 부여한 독일, 프랑스, 덴마크, 그리고 뉴질랜드와 같은 국가들은 복지국가를 선도한 국가들이었다. 또한 다른 국가들에 비해 한 세대 일찍 여성들에게도 투표권을 부여한 뉴질랜드가 가족수당을 다른 국가들보다 한 세대 일찍 도입했다는 사실은 많은 의미를 내포하고 있다. 즉, 정치적인 차원에서 본다면 복지국가는 선거민주주의의 발전에서 비롯되었다고 할 수 있다.

〈표 3-2〉 시민권의 확장

구 분	남성에게 선거권를 부여한 연도	모든 성인들에게 선거권을 부여한 연도	최초의 사회보험을 도입한 연도
벨기에	1894	1948	1894
네덜란드	1918	1922	1901
프랑스	1848	1945	1895
이탈리아	1913	1946	1898
독 일	1871	1919	1871
아일랜드	1918	1923	1897
영 국	1918	1928	1897
덴마크	1849	1918	1892
노르웨이	1900	1915	1894
스웨덴	1909	1921	1891
핀란드	1907	1907	1895
오스트리아	1907	1919	1887
스위스	1848	1971	1881
오스트레일리아	1902	1902	1908
뉴질랜드	1879	1893	1898
캐나다	1920	1920	1927
미 국	1860	1920	1930

출처 : Pierson(1991 : 110).

(3) 복지비 지출 측면에서 본 복지국가의 태동

피어슨(Pierson, 1991 : 107)은 어떤 국가가 국내총생산(GDP)의 3% 이상을 공공복지에 사용한다면 그 국가는 복지국가 단계에 진입한 것으로 볼 수 있다고 했다. <표 3-3>에서 보는 바와 같이 독일과 스위스를 제외하면 1900년 이전에 국내총생산의 3% 이상을 복지 분야에 지출한 국가는 없었다. 그러나 <표 3-3>에 소개된 국가의 절반 정도가 1920년 이후부터 국내총생산의 3% 정도를 복지 분야에 지출하기 시작하였으며, 1930년부터는 모든 국가들이 국내총생산의 3% 정도를 복지 분야에 지출하기 시작하였음을 알 수 있다. 또한 이들 국가의 1/3 정도는 1930년대 초반 혹은 중반에 국내총생산의 5% 정도를 복지 분야를 위해 지출하였다.

〈표 3-3〉 **복지비 지출이 GDP의 3%와 5%가 되었던 연도**

구 분	복지비지출 〉 GDP의 3%	복지비지출 〉 GDP의 5%
벨기에	1923	1933
네덜란드	1920	1934
프랑스	1921	1931
이탈리아	1923	1940
독 일	1900	1915
아일랜드	1905	1920
영 국	1905	1920
덴마크	1908	1918
노르웨이	1917	1926
스웨덴	1905	1921
핀란드	1926	1947
오스트리아	1926	1932
스위스	1900	1920
오스트레일리아	1922	1932
뉴질랜드	1911	1920
캐나다	1921	1931
미 국	1920	1931

출처 : Pierson(1991 : 111).

2) 정착단계 : 1920년대~1945년

복지국가의 정착단계는 유럽의 많은 국가들이 국내총생산의 3% 정도를 복 분야를 위해 지출하기 시작한 1920년대부터 제2차 세계대전이 종료되는 시점인 1945년까지로 볼 수 있다. 이 시기는 제1차와 제2차 세계대전과 대공황이 함께 일어났던 격동의 시기였다. 전쟁은 국민들에게 많은 희생을 강요했을 뿐만 아니라 국민생활의 광범위한 영역에 대한 국가개입을 초래했다. 또한 전쟁은 엄청난 수의 사상자와 빈민을 만들어 냄으로써 민간자선기관이나 민간보험제도로는 빈곤문제를 해결할 수 없었다(Ashford, 1986 : 107).

유럽의 국가들은 제1차와 제2차 세계대전 동안 효과적인 국민 동원을 위해 전쟁이 끝난 이후에는 보다 나은 삶이 주어지는 국가, 즉 복지국가를 건설하겠다는 약속을 했다. 이런 맥락에서 보면 제2차 세계대전 중이었던 1941년에 영국의 템플(Temple) 주교가 '권력국가(power state)'인 독일에 대비하여 자유진영의 이상적 국가를 '복지국가(welfare state)'로 구분하는 시도를 했다거나, 1942년에 복지국가를 건설하겠다는 베버리지보고서가 제출되었다는 것은 결코 역사적 우연은 아니었다(김태성 · 성경륭, 2000 : 105).

이러한 상황을 반영하듯 1914년 이전에는 <표 3-3>에 소개된 국가들 중 7개국만이 국내총생산의 3%를 복지 분야를 위해 지출했으나, 1940년에는 거의 모든 국가들이 GDP의 5%를 복지 분야에 지출하기 시작했다.

한편 대공황은 전쟁과 또 다른 측면에서 경제와 복지 분야에 대한 국가개입을 초래하였다. 1920년대 말에 시작되어 1930년대 말까지 지속되었던 대공황은 전 세계를 거쳐 광범위한 생산중단을 가져왔고 많은 실업자를 양산했다. 이러한 상황 속에서 진보적인 정당(미국의 민주당, 영국의 노동당 등)들이 자본과 노동 사이의 '뉴딜(New Deal)', '사회계약(Social Contract)' 등을 내세우고 케인스 경제이론을 기반으로 국가가 적극적으로 시장경제에 개입하면서 사회복지의 확대를 추진했다.

3) 성장단계 : 1945~1975년

역사적으로 볼 때 외형적으로 사회복지가 가장 발전한 시기는 1945년부터 1975년까지였다. 그래서 피어슨(Pierson, 1991 : 125)은 1945년 이전 단계를 '복지국가의 터를 닦는 단계(consolidation)'로 부르고 1945년부터 1970년대 중반 오일쇼크가 일어나기 전까지의 시기를 '복지국가 황금기(Golden Age)'라고 불렀다. 이 단계는 ① 시민권에 기반한 포괄적이고 보편적인 복지국가로의 이행, ②

사회보험제도 급여수준의 향상과 대상범위의 확대, ③ 혼합경제와 확대된 사회복지에 대한 정치적인 합의, ④ 경제성장과 완전고용에 대한 희망으로 요약될 수 있다.

이 시기에는 복지 분야에 대한 정부지출도 늘어나서 <표 3-4>에 소개된 국가들의 대부분이 1950년대 초반에는 국내총생산의 10%에서 20% 정도를 복지분야를 위해 지출했다. 이 비율은 더 늘어나서 1970년대 중반에는 유럽의 복지국가들 중 국내총생산의 25%에서 30% 정도를 복지 분야에 지출하는 국가도 생겼다(표 3-4 참조).

〈표 3-4〉 **복지 분야 지출(% of GDP)의 성장**

구 분	1960년	1975년
캐나다	11.2	20.1
프랑스	14.4	26.3
독 일	17.1	27.8
이탈리아	13.7	20.6
일 본	7.6	13.7
영 국	12.4	19.6
미 국	9.9	18.7
평 균	12.3	21.9

출처 : Pierson(1991 : 128).

이 시기에 복지 분야에 대한 정부지출이 늘어난 것은 복지국가 태동단계에서 도입되었던 사회보험제도들의 대상범위가 넓어지고, 급여수준이 높아졌기 때문이었다. 독일의 경우, 사회보험의 원래 대상은 공장노동자로 한정되었으나, 제정된 지 25년 만에 모든 농업, 비농업, 상업 부분 등 모든 노동자들로 확대되었다. 영국도 1911년에 도입된 실업보험의 적용대상이 처음에는 계절 실업자들만이었으나 이후 모든 노동자들에게로 확대되었다. 미국의 사회보장법도 처음에는 퇴직한 산업노동자들과 실업자들에게만 적용대상이 한정되었으나 유족(1939), 자영자(1950), 장애인(1956), 노인을 위한 의료급여(1965) 등으로 확대되었다.

❙그림 3-2❙는 서부 유럽 국가들의 산업재해보상보험, 건강보험, 노령연금, 실업보험 등 네 가지의 사회보험제도에 의해 보호되는 대상자 수의 1890년부터 1970년까지의 증가추세를 보여준다. 이 그림에 의하면 국가마다 차이는 있으나 전체적으로 1919년까지 극히 낮은 수준에 머물러 있던 사회보험 대상자의 비율이 1920년에서 1945년 사이(복지국가 정착단계)에 1차로 급격히 상승한 다음, 1945년 이후(복지국가 황금기)에 100% 수준까지 급격하게 상승하였다.

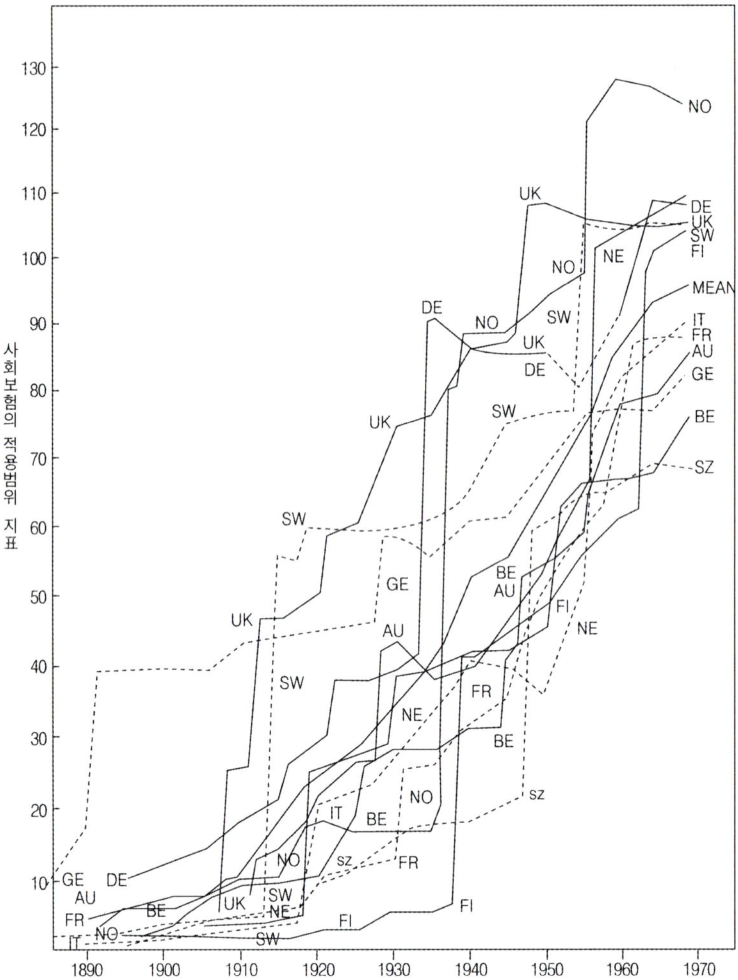

❙그림 3-2❙ 서부 유럽 국가들의 사회보험제도 적용범위의 성장

출처 : Flora & Alber(1984 : 55).

이 단계에 이루어진 내용 중에서 중요한 것은 중산층이 사회복지의 대상자로 포함된 것이다. 사회보장급여가 보편적이 되면서 모든 소득계층이 공공복지제도의 대상자가 되었다. 건강, 교육, 주택 프로그램들이 시민들의 기본적 권리로서 제공되었다. 이와 같은 사회복지지출의 급격한 증가는 부분적으로는 노인인구의 증가로 인한 자연적인 사회보험제도의 확대에 기인하기도 하고, 부분적으로는 빈민, 소외계층, 여성 등을 대상으로 하는 새로운 사회복지제도의 도입에 기인하기도 한다. 뿐만 아니라 유례없는 경제성장으로 인해 사회복지에 대한 온정주의적 태도의 확산도 사회복지지출의 증가에 기여하였다.

이러한 사회복지분야에 대한 지출의 확대 중 가장 비중을 많이 차지하는 건강보호급여와 연금의 지출 증가는 주목할 만한 것이었다. EU 국가의 경우 이 두 정책분야에 대한 지출은 전체 사회복지분야 지출의 거의 2/3에 육박한다. 연금만 보면 전체 사회복지지출 중에서 40%를 차지한다. 이러한 현상은 앞에서 언급한 바와 같이 노인인구의 증가와 사회복지 대상자의 대폭적인 확대에 기인한다.

제2차 세계대전이 끝난 1945년부터 1970년대 초반까지는 복지국가의 황금기였다. 복지국가는 저소득층뿐만 아니라 중산층을 사회복지의 대상자로 포함하였고 소득보장과 의료보장, 주택정책 등에 있어서 다양한 프로그램들을 제공하면서 거대한 규모로 팽창해 갔다. 그 결과 복지국가는 모든 선진 산업국가들의 핵심 요소로 자리 잡으면서 지속될 것으로 보았다.

그러나 1973년의 석유파동과 뒤이은 경기침체가 장기화되면서 복지국가는 위기에 직면하기 시작했다. 마침 경제침체기에 보수성향의 정당들이 집권하기 시작했으며 그들은 장기 경기침체의 원인을 복지국가에서 찾으면서 복지의 축소에 나서기 시작했다. 이런 과정을 거치면서 복지국가 황금기는 복지국가의 위기로 바뀌게 되었다.

4) 침체단계 : 1975~1990년

제2차 세계대전 이후 끝없이 계속될 것 같았던 경제호황과 복지국가로의 발전은 1973년의 석유파동으로 끝이 나고, 저성장, 불확실한 사회진보, 사회정책의 유용성에 대한 회의가 나타나기 시작했다. 미국에서는 민주당 카터 행정부하에서 인플레이션과 실업이 동시에 결합된 스태그플레이션이 확산되면서 1980년 선거에서 공화당의 레이건 후보에게 정권을 넘겨주게 되었다. 또한 영국에서는 1978년에서 1979년으로 넘어가는 유난히 추웠던 겨울[5)]은 노사분규와 파업의 속출로 사회가 혼란에 빠져들면서 제임스 캘러한(James Callaghan) 노동당 행정부는 1979년 보수당의 대처 행정부에게 정권을 넘겨주었다.

이와 같은 경제 불황과 복지국가에 대한 회의와 함께 등장한 신보수주의 사상을 배경으로 하는 정부는 사회복지에 대한 대대적인 공격에 나섰다. 특히 영국과 미국에서의 사회복지에 대한 공격은 절정에 도달했다. 영국의 보수당과 미국의 공화당은 사회복지정책의 핵심 사항들에 대해 노골적인 비판의 목소리들을 쏟아냈는데 이러한 현상은 제2차 세계대전이 끝난 이후 처음이었다. 영국의 대처 수상과 미국의 레이건 대통령은 복지국가는 단순히 초라한 경제 성적표의 희생자가 아니라 그것을 야기한 주요 원인이라고 주장했다. 그들은 성숙한 복지국가를 유지하는 데 필요한 높은 세금이 노동과 투자의 의욕을 꺾어버렸다고 주장했으며, 사회복지지출의 경기조정 효과라는 것도 사실은 안정을 가져오기보다는 불안정을, 경기부양보다는 인플레이션을 야기하는 것으로 인식하고, 개별 피용자들의 고통을 완화해 주는 사회복지 프로그램들의 완충효과라는 것도 이제는 신속한 경제적 적응을 가로막는 장애물로 보기 시작했다. 그들은 사회복지 프로그램 때문에 노동자들이 비현실적인 임금 인상 요구를 계속하게 되었으며, 그것이 결국 산업경쟁력을 떨어뜨리고 구조적 실업을 양산하게 되었다고 주장했다(Pierson, 1994 : 4).

이러한 인식하에 영국의 대처 정부는 1980년 이후 주택, 교육, 의료, 실업수당, 공공부조, 연금 등 이전 지출에 대한 대대적인 삭감을 시도하였다. 미국도

5) 영국에서는 1978년에서 1979년으로 넘어가던 겨울을 '불만의 겨울(Winter of discontent)'로 부른다.

공공부조제도에 대해 대대적인 삭감조치를 취했다. 예를 들면, 가장 대표적인 공공부조제도였던 AFDC 프로그램의 경우 1970년에서 1996년 사이에 지출규모가 절반으로 줄어들었다. 영국에 이어 미국, 덴마크, 노르웨이, 독일, 오스트리아, 스웨덴 등도 사회복지비에 대한 삭감을 시도하였다.

이러한 경향을 반영하듯 ❙그림 3-3❙에서 보는 바와 같이 1975년부터 OECD 국가의 사회복지비 지출 증가율은 감소하기 시작했다. 1960년에서 1975년 사이에는 OECD 국가들의 평균 사회복지비지출 연간 증가율은 7%에서 10% 수준이었다. 그러나 이 비율은 1975년 이후 급격하게 감소했다. 1975년에서 1981년 사이의 평균 증가율은 1975년 직전의 절반을 약간 상회한다. 1960년부터 1975년까지 유럽과 미국에서 연평균 6.5%로 증가하던 사회복지비 지출은 1975년 이후 10년 동안은 3.4%에 머물렀다.

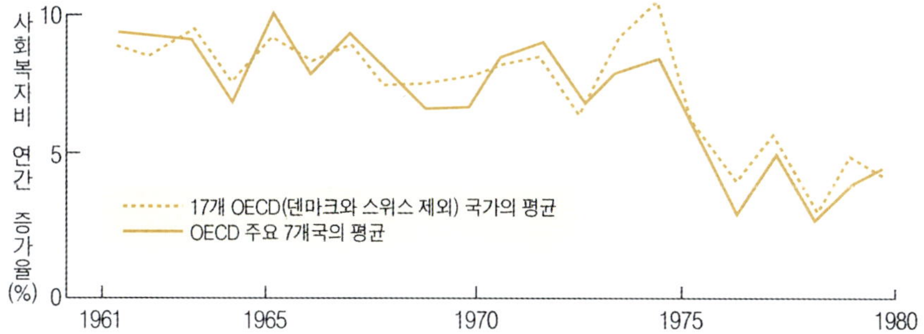

❙그림 3-3❙ OECD 국가들의 사회복지비 증가(1961~1980)

주 : 점선은 17개 OECD(덴마크과 스위스 제외) 국가의 평균이며, 실선은 OECD 주요 7개국의 평균이다.
출처 : Pierson(1991 : 139).

그러나 보수정권에 의한 지속적인 삭감에도 불구하고 1975년 이후 국가에 의한 복지비 지출은 실제로는 증가해 왔음을 인식할 필요가 있다. 「그림 3-3」은 1975년 이후 OECD 국가의 복지비 지출의 감소를 보여주고 있으나, 그 증가율이 마이너스로 내려가지는 않았다. 다시 말하면 오일쇼크 이후 보수정권에 의한 복지비 삭감은 복지비 지출의 증가율을 둔화시켰을 뿐 복지비의 절대액을 감축시키지는 못했다. 그래서 OECD 국가들의 경우 1965년 국내총생산(GDP)과 복지비를 각각 100으로 했을 때, 1973년의 지수는 150과 230이었고 1985년의 지수는 200과 370으로 나타남으로써, 1970년대 초반 이후 오일쇼크라는 외부적 충격과 보수정권에 의한 복지비 삭감이라는 부정적 요인이 있었지만 복지비의 증가율은 경제성장률보다는 크게 앞섰다고 할 수 있다(Pierson, 1991 : 133; 김태성 · 성경륭, 2001 : 118).

오일쇼크와 보수정권의 복지비 삭감에도 불구하고 복지비 자체는 증가한 이유는 ① 노령화의 진전으로 인한 노령연금지출의 지속적인 증가, ② 실업률이 증가함으로 인한 실업수당 지출과 공공부조 지출의 증가, ③ 인플레이션이 심화됨에 따라 물가와 연동된 각종 급여지출의 증가, ④ 복지국가의 발전에 따른 복지수혜자와 복지종사자의 증가로 인한 복지예산 증액에 찬성하는 친복지세력의 증가, 그리고 ⑤ 복지비 삭감이 가져올 부정적 결과로 인한 정당의 복지증진정책의 추진 등 다섯 가지 요인을 들 수 있다(Pierson, 1996, 1998; 김태성 · 성경륭, 2001).

<표 3-5>는 복지국가 발달의 태동단계, 정착단계, 성장단계, 침체단계의 정치발달, 경제발달, 주요 사회복지정책, 정부의 역할, 그리고 유럽과 미국의 주요 사회복지제도의 도입 시기 등을 보여준다.

〈표 3-5〉 복지국가의 발달과정

	태동단계 (1880~1920)	정착단계 (1920~1945)	성장단계 (1945~1975)	침체단계 (1975~1990)
정치 발달	민주주의의 성장 : 성인에게 참정권 부여, 노동운동, 사회민주주의, 현대자유주의의 발달	복지비지출 증가에 대한 정치적 합의, 유럽에서의 노동당 강세와 미국에서의 민주당 강세	소외계층, 여성, 장애인 등에 대한 사회권의 확대	보수세력의 부상 : 노동조합, 사회민주당의 쇠퇴, 복지국가 정통성의 쇠퇴
경제 발달	자본주의의 황금기, 산업화 시기	경제공황 시기 동안의 케인스경제학의 융성,	2차 세계대전 후의 고도 경제성장, 저실업률; 1973년의 오일쇼크	저속경제성장; 개인소득의 감소; 불평등의 증가; 실업률의 증가; 노령층으로부터 사회보장요구의 증가
주요 사회 복지 정책	구빈법 전통에서 사회보장제도(연금제도, 실업보험제도, 건강보험제도) 실시	GDP의 5% 정도까지 사회복지비의 증가; 사회보장제도 적용범위의 확대	소득보장제도, 건강보호제도, 사회적 서비스 프로그램의 확대; 1970년대 중반에 사회복지비가 GDP의 25%(유럽), 20%(미국)까지 증가	공공부조제도의 쇠퇴; 사회보장비 감축
정부의 역할	정부가 복지국가 발전의 주도권을 쥐기 시작; 민간제도의 쇠퇴; 지방분권화의 퇴조	정부가 복지국가의 부편화에 앞장섬	소외계층, 배제된 집단, 도시빈민 등의 사회적 및 경제적 권리를 강조하는 새로운 프로그램의 창출	복지국가에의 규모와 범위를 줄이기 위한 정부의 노력이 시작됨; 민영화; 지방분권화
영국과 유럽의 주요 제도 도입 시기	1883 : 독일의 건강보험제도 도입 1911 : 영국의 국민보험법(National Insurance Act) 도입 1921 : 오스트리아 최초의 가족수당제도 도입	1941 : 영국의 템플(Temple) 주교가 처음으로 '복지국가'라는 용어를 사용함 1943 : 베버리지보고서 발표	1966 : 영국에서 새로운 사회보장청 마련, 보충급여의 제공 1971 : 만성질환자에 대한 새로운 급여제도 마련	1979 : 영국의 대처 행정부 출범, 공공주택을 민영화하고, 연금급여를 감축함
미국의 주요 제도 도입 시기	1913 : 진보적 연방소득세제도의 도입	1935 : 사회보장법 제정	1964 : 대빈곤전쟁(War on Poverty) 선포 1965 : Medicare와 Medicaid의 도입	1980 : 레이건 정부 출범 1994 : 공화당이 미국 의회 장악 1996 : AFDC제도를 TANF 제도로 대체

출처 : Gilbert & Terrell(1998 : 27).

5) 재편단계 : 1990년 이후

최근에 와서 서구의 국가들은 베버리지식 케인지언 복지국가는 더 이상 성립되지 않는다는 전제하에 사회민주주의 정당들이 복지국가의 탈관료화, 자유시장적 실용주의 노선의 수용 등 새로운 적응과 변신을 시도하면서, 이를 통한 새로운 정치연합을 모색하고 있다. 즉, 냉전 종식, 정보화, 지구화, 탈산업화 등으로 표현되는 문명사적 대전환이 요구되는 시대에 적합한 새로운 복지모델들을 고안하고 있다. 또한 오일쇼크 이후 생산성 증가의 둔화, 높은 복지지출, 인구의 고령화, 여성들의 노동시장 참여율 증가, 낮은 출산율, 편부·모 가구의 증가, 독립가구와 노인단독 가구의 증가와 같은 가족구조의 변화 등은 복지국가를 변화하게 만들고 있다.

이러한 거시 경향적 변화를 포착하고 새로운 복지모델을 고안하려는 시도로서 기든스(Giddens)의 제3의 길(The Third Way)과 길버트(Gilbert)의 근로촉진국가론(Enabling State)이 있다.

기든스의 '제3의 길'은 영국 노동당이 신자유주의와 전통적인 사회민주주의 모두를 뛰어넘으려는 시도를 하고 있다. 그는 제3의 길로 권리와 책임을 연계하는 새로운 사회계약, 사회정책과 경제정책의 연계, 평등주의적 사회 창출, 시민사회의 중요성 인식, 정부개혁, 국가의 시장과 시민사회에 대한 개입 등을 제시하고 있다.

길버트는 그의 근로촉진국가론에서 최근 10여 년간 대부분의 산업국가들은 사회권의 확장, 직접적인 현물지급, 보편주의적 대상자 선정, 노동의 탈상품화의 원칙으로부터 권리와 의무의 연계, 현금 및 증서 형태의 간접지출의 확대, 선택적인 대상자 선택, 노동의 재상품화(recommodification)로의 복지국가의 성격을 바꾸는 패러다임적 변화를 경험하고 있다고 주장하면서 새로운 복지국가 모델로서 근로촉진국가를 제시하고 있다(표 3-6 참조).

〈표 3-6〉 **복지국가에서 근로촉진국가로의 변화**

복지국가	근로촉진국가
공공급여 • 공공기관에 의한 급여 • 직접지출에 초점을 둔 서비스 형태	민영화 • 민간기관에 의한 급여 • 현금이나 이용권(boucher) • 간접지출의 증가
노동의 보호 • 소득보장 • 노동의 탈상품화 • 무조건적 급여	노동의 촉진 • 사회적 포함(social inclusion) • 노동의 재상품화 • 노동의 동기화와 제재
보편적 권리 • 스티그마를 피함	선택적인 대상자 선정 • 사회적 공평의 회복
국민 전체의 연대감(solidarity of citizenship) • 공유된 권리의 응집(cohesion of shared rights)	집단적 연대감(solidarity of membership) • 공유된 가치와 시민적 의무의 응집 (cohesion of shared values and civic duties)

출처 : Gilbert(2004 : 44).

폴 피어슨(Paul Pierson, 2001 : 425)은 합리화(rationalization)와 최신화(updating)라는 지표를 사용하여 복지국가의 재편을 설명하고 있다. 여기서 합리화란 사회복지 프로그램의 목표를 가장 효율적으로 성취할 수 있도록 새로운 방법들을 사용하여 사회복지 프로그램을 수정하는 것을 말한다. 합리화를 위해 사회서비스 제공자들 사이에 경쟁을 강화하거나 비용을 낮추는 방법으로 복지전달체계를 재조정하기도 하고 공공부조의 수급자 선정의 정확성을 달성하기 위해 최신 정보기술을 사용하기도 한다. 합리화의 예로는 스웨덴의 질병수당 개혁을 들 수 있다. 질병수당의 목표는 사람들이 질병으로 일을 하지 못해도 생활을 유지할 수 있도록 하는 데 있다. 그러나 이 제도는 급여는 관대하고 자격기준이 엄격하지 않아 질병으로 인한 결근율을 증가시켰다. 이러한 질병수당제도의 오용이나 남용으로 이 제도를 위해 지출되는 금액이 1980년대 초반에는 GDP의 2% 미만이던 것이 1988년에는 GDP의 3%에 육박했다. 그래서 스웨덴에서는 질병수당에 대한 개혁의 필요성에 대한 의견이 모아져서 질병수당의 급여대체율을 낮추거나 수급자격을 까다롭게 하여 원래의 목표를 성취하고 불필요한 남용을 막을 수 있었다.

반면에 최신화는 사회가 변화함에 따라 발생하는 새로운 사회적 복지욕구에 맞도록 기존의 사회복지 프로그램을 수정하거나 새로운 프로그램을 도입하여 복지체제를 재편하는 것을 말한다. 현대사회는 오래된 복지국가에 새로운 사회적 위기 상황이 추가된 특징이 있다. 따라서 새로 등장하는 사회적 위험과 현재 존재하는 정부의 사회정책 사이에는 괴리가 존재하기 때문에 사회복지 프로그램의 최신화가 필요하게 된다. 일반적으로 사회복지 프로그램은 그 속성이 그대로 유지되는 측면이 있다는 점에서 최신화는 합리화에 비해 보다 근본적인 차원에서의 복지국가의 구조변화를 의미한다고 할 수 있다. 독일에서의 노인들의 수명연장에 따른 다양한 욕구 발생과 여성들의 노동시장 참여율의 증가로 인한 수발보험제도의 도입은 최신화의 한 예라고 할 수 있다.

이러한 복지국가의 재편을 에스핑 앤더슨이 나눈 복지국가의 세 가지 유형별로 살펴보면 먼저 미국, 영국, 호주, 캐나다, 뉴질랜드와 같은 자유주의적 국가는 노동력의 재상품화를 강조하면서 일을 할 수 있는 사람들이 복지수급자가 되는 조건을 까다롭게 하며 근로연계복지(workfare)를 강조하는 경향이 있다. 또한 분권화(decentralization)를 주창하면서 중앙정부가 담당해 왔던 사회복지를 지방정부로 넘겨 지방정부 책임하에 사회복지 프로그램을 만들게 하는 경향이 있다(Paul Pierson, 1994). 가장 대표적인 예가 AFDC를 폐지하고 주정부 책임하에 일을 강요하는 TANF를 도입한 미국의 1996년의 복지개혁이다.

독일, 프랑스, 네덜란드와 같은 보수주의적 복지국가에서는 사회보험 기여율이 높으면서 급여수준도 높고, 계층 간의 차이를 인정하면서 직업별로 분리된 조합주의적 성격을 띠어 직업에 따라 급여수준의 차이도 크다. 이들 국가에서는 높은 수준의 연금으로 인한 높은 복지비용, 비숙련 노동자들의 높은 실업률, 여성들의 낮은 노동시장 참여율 등이 문제가 된다. 이러한 복지국가와 관련된 문제를 해결하기 위해 사회보험 지출에서의 비용억제를 시도하고 있다.

스웨덴과 같은 사회민주적 복지국가는 광범위한 사회적 위기를 해결하기 위한 포괄적이며 보편적인 사회복지제도가 도입되어 있고 남자와 여자 모두의 노동시장 참여율을 높이기 위한 가족지원정책이나 적극적 노동시장정책이 발달되어 있다. 이러한 국가에서는 복지국가에 대한 광범위한 지지계층이 형성되어 있기 때문에 복지국가의 근간은 그대로 유지되고 있어 노동의 재상품화는 논의되지 않고 있다. 다만, 비효율적인 사회복지 프로그램 급여비용을 어느 정도 축소하거나 효율성을 강조하는 변화는 있다.

세 가지 유형의 복지국가 체제의 재편 모습은 <표 3-7>과 같다.

〈표 3-7〉 **세 가지 유형의 복지국가 체제의 재편 모습**

	자유주의적 복지국가	사회민주적 복지국가	보수적 복지국가
복지국가에 대한 정치적 지지도	보통	높음	높음
조정에 대한 압력 (adjustment pressure)	보통	보통	높음
재편 방법	재상품화 비용억제	비용억제 합리화	비용억제 최신화

출처 : Pierson(2001 : 455).

chapter 04

영국 : 원조 보편적 복지국가에서 선별적 자유주의 복지국가로

chapter 04

영국 : 원조 보편적 복지국가에서 선별적 자유주의 복지국가로

영국 복지국가는 제2차 세계대전 후에 형성되었지만 영국 복지국가의 기원은 1880년대 이후에 전개된 빈곤의 재발견과 페이비언협회 활동에 이은 일련의 사회입법에서 찾아볼 수 있다. 특히 1906년에서 1914년까지의 자유당의 집권기간 제정된 학교급식법(1906), 노령연금법(1908), 실업보험과 의료보험을 규정한 국민보험법(1911) 등은 영국 복지국가 건설에 기초가 되었다. 그래서 이 시기를 브루스(Bruce, 1961)는 "복지국가 도래의 전환점"으로, 프레이저(Fraser, 1984 : 155)는 "복지국가의 기원"으로 평가했다. 제2차 세계대전이 끝난 뒤에는 베버리지보고서를 바탕으로 '요람에서 무덤까지' 행복한 삶이 보장되는 보편적 복지국가라는 칭호도 받았다. 이런 점에서 보면 영국은 복지국가의 원조라고 할 수 있다. 그러나 영국은 1980년대 대처 정부 시기 보편적 복지국가를 가장 먼저 포기한 국가이기도 하다. 본 장에서는 원조 보편적 복지국가에서 선별적 자유주의 복지국가로 전환한 영국의 복지국가 변천과정을 살펴본다.

1. 복지국가를 향한 진보적 개혁 이전의 시기 : 1880년대 이전

흔히 영국 복지국가의 기원을 1900년 이후에 행해진 일련의 사회입법에서 찾지만 1880년대 이전의 영국에는 복지국가에서 중요하게 여기는 빈민들에게 소득을 일정 수준 보장해 주는 제도가 있었다. 그것은 1795년 도입되어 39년

동안 시행되다 1834년 신구빈법이 제정되면서 폐지된 스핀햄랜드제도이다.[1)]

1) 스핀햄랜드제도(1795)의 도입과 실패

(1) 스핀햄랜드제도의 도입

1795년 5월 6일 수요일, 영국 남부지역에 있는 버크셔(Berkshire) 카운티의 뉴베리(Newbury) 타운 근처 스핀햄랜드(Speenhamland)의 펠리컨 여관(Pelican Inn)에 모인 '지방의 유지들'인 치안판사(Justice of the Peace)들은 빈민들에게 일정 수준의 최저소득을 보장해 주는 권고문을 발표했다.[2)] 이들의 유명한 권고문은 이렇게 쓰여 있다.

> 일정한 품질을 지닌 1갤런의 빵 가격이 1실링일 때 일하는 빈민들은 모두 본인 몫의 생활비로 주당 3실링을 보장받아야 하며, 이는 그 자신이나 가족이 직접 노동을 하여 조달하든가 그렇지 못할 경우 빈민 구호 지방세(구빈세)에서 지급되는 수당에 의해서라도 보장받아야 한다. 여기에 더하여 그의 아내와 다른 가족 몫의 생활비로 한 명당 1실링 6펜스를 보장받아야 한다. 1갤런의 빵 가격이 1실링 6펜스일 때 본인 몫으로 주당 4실링, 거기에 더하여 가족 몫으로 한 명당 1실링 10펜스를 보장받는다. 빵 가격이 1실링을 넘어갈 경우 보장받는 액수가 1펜스 오를 때마다 본인 몫은 3펜스씩, 가족 몫은 한 명당 1펜스씩 올라간다(Polanyi, 1944; 78).

이 권고문에 의하면, 버크셔의 치안판사들은 남자들의 경우 일주일에 3갤런(약 1,300g), 배우자와 자녀들의 경우 각각 1.5갤런의 빵이 필요하다고 추정하고, 1갤런의 빵의 값이 1실링이라면 노동자는 임금과 구제수당을 합쳐서 총소득이 일주일에 3실링이 되도록 하고, 만일 그에게 배우자가 있다면(2인 가족) 총소득이 일주일에 4실링 6펜스, 배우자와 자녀가 각각 1명이 있다면(3인 가족) 총소득이 일주일에 6실링, 배우자와 자녀가 2명이 있으면(4인 가족) 총소득이

1) 박병현은 소득보장제도로서의 영국의 스핀햄랜드제도(1795), 미국의 가족지원계획(FAP, 1969) 한국의 국민기초생활보장제도(2000)를 비교 연구했다. 스핀햄랜드제도에 대한 내용은 박병현(2016). "영국의 스핀햄랜드제도, 미국의 가족지원계획(FAP), 한국의 국민기초생활보장제도의 비교". 「사회복지정책」, 43(2), pp. 159-190의 내용을 참조했다.

2) 이 권고문은 일반적으로 법이라고 불리기는 하지만, 이러한 내용이 법령으로 제정된 적은 없다. 하지만 이는 이내 대부분의 농촌에 걸쳐서 국법처럼 되어버렸고, 나중에는 심지어 수많은 공업 지역에서조차 그렇게 되었다(Polanyi, 1944 : 78)

일주일에 7실링 6펜스가 되도록 하는 것이었다.[3] 또한 치안판사들은 빵의 가격이 오르면 생계비를 더 인상하도록 했다. 이것은 빈민들은 가족 수에 따라 어떤 일정 수준의 부조를 받을 자격이 있다는 것을 천명한 것이었으며, 노동자들의 소득을 일정 수준으로 보장한 것이었다.

급여의 형태는 '임금에 대한 보조(aid-in-wage)'로 불렸는데 그 이유는 임금과 빵의 가격 간의 차이가 많이 나면 본당(parish)이 구빈세에서 노동자와 그의 가족들의 임금을 보조했기 때문이었다(Block & Somers, 2003 : 286). 즉, 스핀햄랜드 제도는 노동자의 임금이 생계유지에 필요한 빵의 구입에도 미치지 못하는 경우 그 부족분을 본당(parish)이 구빈세에서 지급해 주는 임금에 대한 부조 성격을 지닌 법으로 빈민들의 소득을 당시 최저생계비 수준으로 보장하는 것이었다.

(2) 스핀햄랜드제도의 의의

스핀햄랜드제도는 자본주의가 생성되어 가던 시대에 나타난 오늘날 산업화된 모든 국가에서 시행하고 있는 사회보장제도의 전조(前兆)였다.[4] 그러면 어떤 면에서 스핀햄랜드제도는 오늘날 사회보장제도의 전조인가?

① 최저소득의 보장

스핀햄랜드제도는 가족의 수와 식량의 가격을 고려하여 최저생계비를 산출하고, 노동자의 소득이 최저생계비에 미치지 못할 때 그 부족분을 본당의 구빈세 재원에서 보전해 주는 제도로, 빈민들의 소득을 4인 가족 기준으로 일주일에 7실링 6펜스 수준으로 보장했다. 이 제도로 인해 빈민들은 빈곤으로 추락하지 않고 최저수준의 생활을 유지할 수 있었다.

② 생존권 보장

스핀햄랜드제도는 세금(구빈세)에서 가족의 수와 물가 상승률까지 고려하여 빈민들에게 생활보조금을 제공함으로써 사회복지 역사에서 최초로 빈민들의

3) 영국의 화폐단위는 1파운드는 20실링, 1실링은 12펜스이다.

4) 루이 뒤몽(Louis Dumont)은 폴라니의 『거대한 전환』 프랑스어 판 서문에서 "스핀햄랜드제도는 산업혁명 시대에 갑자기 솟아난 오래된 과거의 유산인가? 아니면 오늘날의 '사회보장'의 전조(前兆)인가?"라고 말했다(홍기빈, 2009 : 72). 필자는 스핀햄랜드제도는 오늘날 '사회보장제도'의 전조라고 본다.

생존권을 보장해 주는 제도였다(Polanyi, 1944 : 78).

③ 시민권의 최초 형태

시민권(citizenship) 개념을 처음 소개한 영국의 사회정책학자 마셜은 스핀햄랜드제도는 일할 권리와 함께 최저한의 임금과 가족수당을 권리로서 보장했기 때문에 구빈법의 영역을 훌쩍 뛰어넘는 사회권의 실체로 보면서 시민권의 최초 형태로 평가했다(Marshall, 1963 : 87).

(3) 스핀햄랜드제도에 대한 비판

스핀햄랜드제도는 생존권과 최저소득을 보장하면서 빈민들도 구호를 받을 권리가 있다는 시민권 개념의 최초 형태로 볼 수 있으나 당시 고전경제학과 공리주의로부터 많은 비판을 받아 1834년 신구빈법이 제정되면서 결국 폐지되었다. 그러면 스핀햄랜드제도는 어떤 면에서 비판을 받았는가?

① 빈민들의 근로유인 감소

스핀햄랜드제도에 대한 비판 중의 핵심은 이 제도가 근로유인을 감소시킨다는 것이었다. 스핀햄랜드제도를 비판했던 사람들은 일을 해서 치안판사가 정한 기준인 일주일 3실링(4인 가족 기준으로 할 때에는 일주일 7실링 6펜스)만큼 소득이 있는 사람들은 그들보다 소득이 적으면서 임금보조를 받는 사람들보다 나은 생활을 하지 못해 근로유인이 감소되고, 일을 열심히 하지 않아도 일정 수준의 소득이 보장되기 때문에 근로유인이 감소된다고 비판했다.

② 도덕성의 파괴

스핀햄랜드제도는 빈민들의 도덕성을 파괴시키고 있다는 비판을 받았다. 이러한 비판은 구빈법 시행에 관한 실태조사를 위해 구성된 왕립위원회가 1833년에 발표한 요약문에 잘 나타나 있다. 이 요약문의 '급여(allowance)' 부분에서는 '급여체계가 노동자들을 타락시키고, 낭비벽을 심어주고, 근면성, 검약성, 정직성, 온순성 같은 덕목을 파괴하고 있다'고 기술하고 있다.

③ 구빈비용의 증가

18세기 말에서 19세기 초반에 걸쳐 구호비용의 급격한 증가는 산업화의 필요성과 스핀햄랜드제도 간에 일어난 가장 큰 갈등이었다. 스핀햄랜드제도가 시행된 이후인 1801년의 구빈지출은 1760년의 구빈지출보다 세 배나 많았으며, 1818년의 구빈지출은 1760년의 6배에 달했다. 구빈지출의 증가는 1818년에 최고조에 달했지만, 영국의 인구가 두 배로 늘어난 1832년의 경우에도 구빈비용은 1760년에 비해 5.5배에 달했다(Schweinitz, 1947 : 114). 당시의 사람들은 구호비용의 증가를 초래하는 인구증가에 대한 책임이 부분적으로는 스핀햄랜드제도에 있다고 보았다(Rimlinger, 1971 : 37-38).

④ 출산율 증가

스핀햄랜드제도는 빈민들의 조혼을 장려하여 인구증가를 초래하였다는 비난을 받았다. 특히 당시 영향력 있는 경제학자였던 맬서스(Malthus)는 그의 대표 저작인 『인구론(Essay on the Principle of Population)』에서 빈곤에 대한 정부의 구제책임을 규정하고 있는 구빈법(스핀햄랜드제도)은 인구를 증가시키고 빈민들의 생활수준을 더 낮게 만들 뿐만 아니라 빈민들의 수도 증가시킨다고 주장하면서 스핀햄랜드제도의 폐지를 주장하였다.[5] 맬서스는 스핀햄랜드제도를 폐지함으로써 인구증가를 억제할 수 있고, 자립정신이 손상되는 것을 예방할 수 있으며, 도덕적으로나 물질적으로 사회를 개선할 수 있다고 보았다(Rimlinger, 1971 : 42).[6]

⑤ 임금의 인하

스핀햄랜드제도가 시행되면서 고용주는 아무리 노동자에게 임금을 적게 지불하여도 구빈세로부터 지급되는 보조금이 노동자의 소득을 일정액으로

5) 인구가 기하급수적으로 증가할 것이라는 맬서스의 예언은 빗나갔다. 인구는 기하급수적으로 증가하지 않았다. 그 이유는 맬서스가 통계학적인 실수를 범했을 뿐만 아니라 농업과 공업, 그리고 의학의 혁명적 발달을 예언하지 못했기 때문이다(이승환, 1996 : 88). 그리고 장 지글러가 저술한 『왜 세계의 절반은 굶주리는가?』에 의하면 오늘날 생산되는 식량은 전 세계 인구의 두 배를 먹이고도 남는다.

6) 보나르(Bonar, 1885)는 맬서스를 '신구빈법의 아버지'라고 부르면서 『인구론』을 통해 스핀햄랜드법에 대한 토론이 제기되지 않았다면 1834년의 신구빈법이 제정되지 않았을 것이라고 주장했다(Rimlinger, 1971 : 51).

끌어올려 주었기 때문에 임금의 인하를 가져왔고, 이러한 현상은 구빈세의 증가를 초래했다는 비판을 받았다(Polanyi, 1944 : 79).

(4) 스핀햄랜드제도의 의미 : 사회임금을 보장하면서 노동력이 상품화되는 과정을 지체시킨 제도

엄밀한 의미에서 보면, 스핀햄랜드제도는 고용주들이나 당시 지역 유지들이 자비로운 마음에서 빈곤한 상태에 있는 사람들을 돕는 마음에서 도입한 것이 아니었고, 빈민들의 소득을 보장받기 위한 투쟁의 결과로 도입된 것도 아니었다. 그러면 왜 1795년에 오늘날의 사회보장의 전조로 볼 수 있는 스핀햄랜드제도가 도입되었는가?

폴라니(Polanyi, 1944 : 102)는 스핀햄랜드제도 도입을 봉건사회에서 자본주의사회로 변화해 가는 과정에서 노동이 상품화되는 현상과 연관지어 설명했다.[7] 영국에서 1700년대 말 초기 자본주의사회가 발전하면서 노동력을 완전히 상품화하려는 자유방임적 충동이 있었다. 그러나 스핀햄랜드제도는 농촌의 빈곤한 노동자들에게 사실상의 사회임금을 보장해 주었기 때문에 노동자들이 궁핍의 상황에서 벗어날 수 있었다. 만일 스핀햄랜드제도가 없었더라면, 빈민들의 자유로운 거주 이동을 금지한 정주법이 폐지된 상황에서, 토지로부터 유리되면서 빈곤상태로 떨어진 노동자들은 생존하기 위해 새롭게 조성된 공업도시로 향해 몰려가 자신의 노동력을 팔지 않으면 안 되었을 것이다. 이런 상황에서 산업사회 이전의 소득보장 체계로서의 스핀햄랜드제도는 노동력이 순수한 상품으로 전락하는 사태를 저지했다고 할 수 있다. 결국 스핀햄랜드제도는 1834년 신구빈법에 의해 대체될 때까지 경쟁적 노동 시장의 성립을 39년이나 뒤로 미루는 결과를 가져왔다(Esping-Andersen, 1990 : 36).

7) 자본주의사회에서 노동력이 상품화된다는 표현을 쓴 것은 폴라니의 기술이 최초이다.

2) 1880년대 이전 영국의 주된 가치와 이론

사회복지역사에서 최초로 소득을 보장해 주면서 노동자들의 비참한 궁핍을 완화해 주었던, 빈민들에게 매우 우호적이었던 스핀햄랜드제도는 다음과 같은 1880년대 이전 영국에 널리 퍼져 있던 가치와 경제이론, 사회운동과 갈등을 일으키면서 오랫동안 존속하지 못했다.

(1) 자조정신

19세기 중반까지 영국을 지배한 경사회의 최고의 덕목이자 가치는 '자조(self-help)'였다. 자조의 가치는 사무엘 스마일즈(Samuel Smiles)에 의해 아주 심도 있게 묘사되었다. 그는 '하늘은 스스로 돕는 자를 돕는다'라는 격언의 인용으로 시작되는 당시의 베스트셀러였던 1859년에 출판된 『자조』라는 책에서 자조정신이 개인성장의 근본이며 국가번영의 원천이라고 주장하였다. 그는 사람을 돕는 가장 좋은 사회제도란 그 사람 자신이 자신의 상태를 개선하고 발전시키도록 가만히 내버려 두는 것이며, 사회악은 우리가 아무리 법을 사용하여 없애려 해도 개인의 생활과 성격이 현저히 개선되지 않고서는 또 다른 형태로 다시 나타나기 때문에, 최고의 애국과 박애는 법을 고치거나 제도를 수정하는 데 있기보다는 사람들이 그들 자신의 자유롭고 독립된 개인행동에 의해 자기 자신을 향상시키고 개선시키도록 돕고 자극을 주는 데 있다고 주장하였다(Smiles, 1859).

빅토리아 시대의 사회사상가들은 빈곤을 환경의 결과보다는 성격의 결과로 경제적인 관점보다는 도덕적인 관점에서 보았다. 그들은 구걸을 하는 사람은 비도덕적이고 타락한 사람으로 보았고, 실직한 사람은 일에 관심이 없는 사람으로 보았으며, 빈곤지역에서 다른 빈민들과 함께 생활하는 사람은 '자조'의 정신이 부족한 자선을 원하는 사람으로 보았다.

비록 1849년 헨리 메이휴(Henry Mayhew)가 실시한 빈곤실태조사를 통해 빈곤의 원인을 빈민의 비도덕성에서 찾는 것이 비판되기도 하였지만, 당시의 사회사상은 빈민들을 비도덕적이고 성취의욕이 없는 사람, 즉 자조정신이 없는 사람으로 간주하여 그들에게 구호를 제공하는 것을 반대하는 입장이었다(Jones, 1984 : 262-264).

자조의 가치는 후에 사회복지제도의 도입에 반대 입장에 섰던 공제조합의 결성을 촉진시켰다. 공제조합은 17세기 영국 노동자들의 우애조합(Friendly Society)에 기원을 두고 있는데, 당시 생활이 매우 열악한 상태였던 노동자들의 생활수준을 향상시키기 위해서 조합원들끼리 돈을 갹출해서 모아두었다가 질병·노령·사망 같은 사태가 벌어졌을 때 서로 돕는 것을 목적으로 하는 공제조합을 만들었다.

공제조합에 가입한 노동자는 1872년에 400만 명, 수혜자 수는 800만 명에 이를 정도로 규모가 컸다. 공공복지제도의 대체물로 간주할 수 있는 공제조합은 노동자계층의 중심문화를 형성하였다. 비록 숙련된 남성노동자를 중심으로 하는 결점과 제한이 없는 것은 아니었으나, 이 조직체는 노동자계층의 연대의식과 상부상조문화를 구현하였다(Novak, 1988 : 54).

당시 공제조합의 의회에 대한 영향력은 매우 큰 것이어서 공제조합의 동의 없이는 어떤 제도도 도입될 수 없을 정도였다. 공제조합은 사회복지제도의 도입을 반대했다. 1878년 윌리엄 블랙리(William Blackley)가 질병과 노령에 대비하기 위한 강제적인 갹출연금제를 제안하였으나 공제조합의 강력한 반대에 부딪혀 무산되고 말았다.

(2) 고전경제학 이론

고전경제학의 창시자인 애덤 스미스(Adam Smith)는 1776년에 출간된 『국부론(Wealth of Nations)』에서 소비가 모든 생산의 목적이며 소비자의 욕구는 자유로운 경쟁하에서 운영되는 시장에 의해서만 가장 잘 충족된다고 하였다. 또한 그는 개인이 자기의 이익을 추구하게 될 때 경제성장이 극대화되며, 이것을 성취하기 위해서는 자유무역과 자유시장경제가 확립되어야 한다고 주장하였다. 즉, 고전경제학에 있어서 핵심적인 경제원칙은 완전한 자유경쟁을 바탕으로 하는 자유방임이었다.

고전경제학은 맬서스(Malthus), 리카르도(Ricardo), 시니어(Senior)로 이어져 내려오면서 더욱더 다듬어지고 세련되어졌으며 빅토리아 황금시대[8]였던 19세기의 3/4분기까지 영국의 정치와 경제를 지배하였다. 고전경제학의 영향을 받은 당시의 영국인들은 아무것도 하지 않고 될 수 있는 대로 가만히 있어만 주는 정부가 가장 좋은 정부라고 생각했다. 흔히 야경국가라고 불렸던 이 시대의 사람들은 국가란 시민의 생명과 재산을 보호하는 기능만 담당하고 그 외의 일은 하지 않고 내버려 두기를 바랐다. 산업혁명 이전의 중상주의 시대에서 정부는 국민을 위해 무엇인가 할 의무가 있다는 것이다.

그러나 빅토리아 시대에는 어떠한 분야에서도 정부의 간섭이 적으면 적을수록 더 좋다는 고전경제학에 근거한 자유방임주의 사상이 깔려 있었다. 비록 산업화와 도시화로 인해 공장법 등과 같은 자유방임으로부터의 일탈은 더러 있었지만 자유방임주의에 대한 신념은 19세기의 3/4분기가 끝날 때까지는 확고하였다(송규범, 1982 : 85-86). 이러한 사상하에서의 빈민구호는 많은 비판을 받았다.

(3) 공리주의 이론

고전 경제학자와 마찬가지로 벤담(Bentham) 역시 개인의 자기 이익 추구와 공동체의 이익 사이에 아무런 갈등이 없다고 생각했다. 왜냐하면 공동체의 이익은 단순히 그것을 구성하는 구성원의 이익의 총계이기 때문이었다. 따라서 정부가 할 수 있는 최선의 일은 가만히 옆으로 비켜서 있는 것이었다(송규범, 1983 : 88).

벤담은 '최대다수의 최대행복'이라는 공리주의의 관점에서 볼 때 다수가 행복해질 수 있다면 소수의 고통을 감내해야 한다고 주장했다. 즉, 벤담은 소수 빈민들이 고통을 받더라도 다수의 행복을 추구해야 한다고 믿었다. 그래서 다수의 행복을 저해하는 소수의 빈민들을 작업장에 보내 일하도록 강요하는 것은 당연하다고 주장하며 소수의 빈민들에게 우호적이었던 당시의 구빈법인 스핀햄랜드제도를 비판했다(박병현, 2016b).[9]

8) 빅토리아 여왕의 시대는 즉위년도인 1837년부터 퇴위년도인 1901년까지의 65년간이라고 할 수 있으나 여기서 상징적으로 언급되는 빅토리아 황금시대는 제1회 런던만국박람회가 열린 1851년부터 대불황이 불어닥친 1870년대 중반까지의 약 25년간을 말한다.

벤담은 '각 개인이 자신의 이익을 가장 잘 안다(each individual knows his own interest best)'는 신념 아래 자유방임주의를 신봉했다. 벤담은 시장의 역할을 낙관적으로 보았다. 벤담은 각 개인의 이익추구를 시장에서 이루어지는 자연스러운 현상으로 보았다. 그는 정부의 역할은 시장이 정상적으로 가동될 수 있도록 파수꾼 역할을 하는 것이며, 개인의 활동을 국가 권력이 제약하는 것은 공리주의 원칙에 어긋나는 것으로 보았다. 벤담은 구빈법을 통한 국가 복지, 공장조건을 통제하는 법률, 실업대책으로서의 공공작업장 제도를 시장의 정상적 기능을 유지하는 방법으로 보며 찬성했다. 즉, 벤담에게 있어서 진정한 사회복지는 시장기능에 의해 자연발생적으로 이루어지는 것이었고, 국가의 역할은 시장의 정상적 가동을 담보하기 위한 단순 보조활동에 그쳐야 한다는 것이었다(허구생, 2002 : 259-260).

(4) 자선조직협회

빈곤문제를 해결할 일차적인 책임이 국가에 있다고 생각하지 않았던 빅토리아 시대에 빈민 구제사업을 주로 담당했던 것은 자선조직협회로 대표되는 민간 기관이었다. 1869년에 설립된 자선조직협회의 기본 정신은 수혜자의 도덕과 가치관을 고양시키는 것이었다. 자선은 일종의 상류나 중류계층으로부터 하류계층으로의 부(富)의 재분배 기능이 있기는 하였지만 사회의 현 체계를 유지시키는 테두리 내에서 행해졌다. 따라서 자선은 본래부터 중류계층과 하류계층 또는 노동자계층 간의 사회적 차별을 미리 가정하고 있었으며, 부자와 빈자 간의 사회의 불평등을 기정사실화하는 것이었다.

정부가 개입하지 않고 빈곤문제를 해결하려는 자유시장사회의 노력을 대표한 것은 자선조직협회였다. 자선조직협회는 모든 민간자선활동을 조정하여 민간의 자발적 노력을 극대화하려고 있다. 따라서 당시 빈민층에 대한 중상류층의 여론을 결정했던 가장 중요한 집단은 자선조직협회였다(Rimlinger, 1971 : 58).

9) 빈민들에게 우호적이었던 스핀햄랜드법을 대체한 신구빈법의 원칙 중의 하나인 '열등처우의 원칙'은 벤담의 제자인 에드윈 채드윅(Edwin Chadwick)이 만든 것으로 전해지고 있다.

자선조직협회의 목적은 첫째, 자선기관 간의 협력을 통하여, 둘째, 적절한 조사와 모든 사례들에게 알맞은 조치를 보장함으로써, 그리고 셋째, 구걸을 방지함으로써 빈민의 생활조건을 개선하는 것이라고 했다. 이에 따라 다수의 난립된 자선기관들 간의 통합과 조정을 통하여 자선의 중복제공이 개선되었으며, 빈곤한 사람들의 상황을 가능한 한 깊이 있게 조사하여 원조가 필요한 사람들에게는 충분한 원조가 제공되어 자립을 도왔다(Loch, 1892 : 50).

자선조직협회의 슬로건은 '빈민에게 물고기를 주지 말고 물고기를 잡는 방법을 가르쳐 주자'였다(Fraser, 1984). 이러한 인식하에서 자선조직협회는 당시의 사회경제적인 기회와 조건이 빈곤문제에 상당한 영향을 미친다는 사실을 거의 무시했다. 자선조직협회는 빈곤의 원인을 빈민들을 둘러싸고 있는 환경에서 찾기보다는 빈민들의 성격 결함에서 찾았으며 빈민들의 성격을 변화시키지 않는다면 문제의 해결이 없다고 생각했다.

이러한 자선조직협회의 이데올로기는 당시 지배적이었던 자유방임적 개인주의의 영향을 받은 것이었다. 19세기 말까지 자선조직협회는 빈민에 대한 중산층의 여론을 주도했던 집단이었다. 정부가 개입하지 않고 빈곤문제를 해결하려는 자유방임주의의 노력을 대표한 것은 자선조직협회였다. 자선조직협회는 모든 민간 자선활동을 조정하여 민간의 자발적 노력을 극대화하려고 했다. 또한 자선이란 사회개혁의 기운을 상쇄시키는 사회통제의 수단이었고, 중류계층의 가치관 – 자조, 근검, 절약 – 을 하류계층 혹은 노동자계층에 전달하는 통로였으며, 자선의 방법으로서의 우호적인 방문(friendly visiting)[10]은 하류계층의 생활방법에 대한 중류계층의 문화적인 공격이었다고 할 수 있다(박병현, 1997 : 57).

자선조직협회는 '구제받을 자격이 있는 빈민(deserving poor)'과 '구제받을 자격이 없는 빈민(undeserving poor)'을 엄격하게 구분했다. 자선조직협회는 빈곤을 경제 혹은 사회체계의 구조적 모순으로 나타난 현상이라고 보지 않았다. 자선조직협회는 1870년대에 가장 성황을 이루었는데, 사회개혁을 추구하기보다

10) 당시 한 명의 우애방문원이 담당한 빈민은 200명 정도였다.

는 도덕개혁을 추구하였으며 빈민이 빈곤상태로부터 벗어나는 유일한 길을 자조정신으로 보아 기본적으로 1834년 신구빈법의 기본 정신을 계승했다. 자선조직협회는 지방행정청 간부들의 강력한 지지를 바탕으로 하여 정부가 추진하는 연금제도에 반대하였다. 자선조직협회는 빈민들은 자기들의 노후를 위해 마땅히 저축을 해두어야 한다고 주장하며 정부의 개입은 빈민들을 구제하기보다는 구걸하게 만든다고 주장하였다. 그러나 자선조직협회는 정부의 연금법 제정이 현실적으로 기정사실화 되어가자 연금제도의 범위를 축소시키려고 노력하였다. 자선조직협회는 빈민을 구제를 받을 가치가 있는 빈민과 가치가 없는 빈민으로 철저하게 구분하여 가치가 있는 빈민들에게만 구제를 제공했으며, 열등처우의 원칙을 철저하게 적용했다.

또한 자선이란 사회개혁의 기운을 상쇄시키는 사회통제의 수단이었고, 상류와 중류계층의 가치관 – 자조, 근검, 절약 – 을 하류계층 혹은 노동자계층에 전달하는 통로였으며, 자선의 방법으로서의 방문은 노동계층의 생활방법에 대한 상류와 중류계층의 문화적인 공격이었다고 할 수 있다.[11)] 자선조직협회는 빈곤을 경제 혹은 사회체계의 모순으로 나타난 현상이라고 보지 않았다. 자선조직협회는 1870년대에 황금기를 구가하였는데 1834년의 신구빈법의 정신을 계승하고 있었다. 자선조직협회는 사회개혁을 추구하기보다는 도덕개혁을 추구하였으며 빈민이 빈곤상태로부터 벗어나는 유일한 길을 자조정신으로 보았다(박병현, 2016b).

3) 신구빈법 제정

빈민에 대한 임금보조를 위한 수당의 제공을 법으로 규정했던 스핀햄랜드 제도가 자유주의자들로부터 비판을 받게 되자, 1832년 2월 정부는 구빈법 시행에 관한 실태조사를 위해 '구빈법의 관리와 실제 운영에 대한 조사를 위한

11) 당시 상류계층에 여성들은 사회활동의 과정으로 자선조직협회에서 우애방문원으로 활동했다. 영국의 철도 재벌가 집안의 베아트리스 포터(Beatrice Porter)는 런던자선조직협회에서 우애방문원으로 활동하던 중 자선조직협회의 철학에 회의를 느끼고 자선조직협회 활동을 그만두고 페이비언협회에 가입하여 활동하던 중 시드니 웹을 만나 결혼하면서 영국 사회의 개혁에 앞장섰다. 보다 자세한 내용은 박병현(2016). 사회복지의 역사. 경기 : 공동체, pp. 101-102를 참조하기 바람.

왕립위원회(Royal Commission for Inquiring into the Administration and Practical Operation)'를 구성했다.

왕립위원회는 1834년에 13,000페이지에 이르는 최종 보고서를 발표하였는데, 보고서의 서두에는 스핀햄랜드제도가 구빈법의 정신에 위배될 뿐만 아니라 노동계급의 도덕과 사회 전체의 이익에 파괴적인 역할을 하고 있다고 명시했다.[12)] 결국 왕립위원회의 보고서에 근거하여 스핀햄랜드법은 폐기되고 1834년 신구빈법이 제정되었다.

신구빈법의 핵심에는 '열등처우의 원칙(principle of less eligibility)'이 있다.[13)] 열등처우의 원칙은 구제를 받는 자의 생활상태는 실질적으로 또는 명목적으로, 구제를 받지 않는 최하층 독립노동자의 생활보다 '덜 바람직스럽고(less desirable)', '덜 만족스러워야(less satisfactory)' 한다는 것이다.[14)] '식객은 주인보다 형편이 좋지 않아야 한다'는 의미로도 해석할 수 있는 열등처우의 원칙은 빈곤은 개인의 나태함에서 비롯되는 것이라는 전제에서 출발했으며 빈민들의 도덕적·경제적 실패에 대한 일종의 처벌형태였다고 할 수 있다(김동국, 1997 : 14).

스핀햄랜드제도가 빵의 가격과 가족의 수에 의해 결정되는 객관적인 최저 생계비를 설정하여 운영하려 했던 것과는 달리 열등처우의 원칙은 빈민들의 생활여건을 독립노동자 계층의 생활여건과 상대적 관점에서 비교했다. 열등처우의 원칙은 당시의 빅토리아 시대의 지배가치였던 자유시장에 대한 믿음과 개인주의를 기초로 하면서 오랫동안 지속되었다. 자유시장에 대한 믿음과 개인주의가 영국사회의 지배가치로 남아 있으면서 빈곤의 주요 원인으로 성격결함이 강조되었고 치료수단으로서는 열등처우의 원칙과 작업장제 원칙이 계속되었다(박병현, 2008 : 61).

12) 왕립위원회의 최종 보고서는 1834년 2월 20일에 최종 승인을 받았고, 최종 보고서에 실린 정책제안들을 구체화한 법률안이 동년 4월 17일 의회에 상정되어 동년 8월 13일 의회를 통과하였고, 그 다음 날인 8월 14일 국왕의 재가를 받았다. 8월 14일은 아이러니하게도 사회복지 역사적으로 의미가 있다. 영국의 왕립위원회 최종 보고서가 국왕의 재가를 받아 확정된 날이 1834년 8월 14일이었고, 미국에서 루즈벨트 대통령이 사회보장법에 최종 서명한 날이 1935년 8월 14일이었으며, 미국의 대통령과 영국의 수상이 사회보장 실현을 위한 국가 간 경제적 공동 작업을 제안하는 내용의 대서양 헌장(the Atlantic Charter)에 서명한 날은 1941년 8월 14일이었다.

13) 열등처우의 원칙은 벤담의 제자였던 에드윈 채드윅(Edwin Chadwick)이 만든 것으로 알려져 있다.

14) 왕립위원회의 1834년 최종보고서에는 '덜 누릴 만한'으로 번역될 수 있는 'less eligible'로 되어 있다.

신구빈법은 빈민이 가난하게 된 것을 전적으로 빈민 개인의 책임으로 간주하였다. 사실상 신구빈법은 영국에서 가난은 범죄라는 사실을 공포한 것이었다(Monypenny, 1910 : 374). 스핀햄랜드제도 아래에서는 빈민들이 어떠한 동물보다도 보호를 받아왔다면, 신구빈법 아래에선 그들은 모든 불운을 감수하면서 스스로 자신을 돌보지 않을 수 없게 되었다(Polanyi, 1944 : 83).

1834년 신구빈법은 개인주의를 신봉하는 자유방임주의의 승리를 의미한다. 신구빈법은 빈곤에 대한 빅토리아 중기의 사회철학인 개인주의적 빈곤관과 당시 사회의 최고 덕목이자 가치였던 자조정신을 그대로 반영하고 있다고 할 수 있었다.

2. 복지국가를 향한 진보적 개혁 : 1880~1930년대

시장경제에 대한 국가의 개입을 전제로 하는 복지국가는 국가 개입의 배제를 전제로 하는 자유방임 이데올로기 체제에 대한 거부에서 시작한다. 영국의 경우 1906년에서 1914년 사이의 사회개혁 조치들은 영국이 그동안 굳건하게 유지해 온 자유방임적인 개인주의적 이데올로기에 역행하는 것이었다. 그러면 어떤 과정을 통해서 자유방임적 야경국가가 복지국가로 전환하였는가? 여기서는 영국이 1900년을 전후한 시기에 야경국가에서 복지국가의 초기 모습으로 전환하는 과정을 살펴본다.

1) 복지국가를 향한 전조(前兆)

앞에서 언급한 바와 같이. 1906~1914년 사이의 자유당 정부 시기를 브루스(Bruce, 1966)는 "복지국가 도래의 전환점"으로, 프레이저(Fraser, 1984 : 155)는 "복지국가의 기원"으로 평가했다. 왜냐하면 이 시기에 영국 복지국가의 기틀이 되는 사회개혁이 집중적으로 이루어졌기 때문이다. 이 시기에 초급학교 아동을 위한 학교급식을 규정한 교육법(1906), 학교 아동들에게 건강진단 제공을 규정한 교육법(1907), 노령연금법(1908), 1911년에 의료보험과 실업보험을 규정한 국민보험법(1911)이 도입되었다. 그러나 이러한 사회개혁이 어느 날 갑자기 이루어진 것은 아니다. 1880년대 이전까지 견고했던 자유방임 이데올로기는 서서히 허물어지기 시작하면서 국가 간섭을 전제로 하는 사회개혁이 진행되었다. 그러면 영국에서 20세기 초반 사회개혁 이전 어떤 일들이 있었는가?

(1) 신구빈법에 대한 공격

스핀햄랜드제도 아래서 빈민들은 예쁜 구석이라고는 없지만 어찔 수 없이 돌보아 주어야 할 사람으로 여겨졌다면, 신구빈법 아래에서는 빈민들은 자기 스스로 시장경제에서 온갖 난관을 뚫고 스스로 살아가라고 내팽개쳐진 것으로 볼 수 있다. 스핀햄랜드제도는 이웃, 가족, 농촌 공동체의 환경 조성 등의 가치를 추구한 면이 있지만, 신구빈법 체제에서는 사람들은 가족도 친족도 떨어져 나가고 자신의 고향과 소중한 삶의 환경을 모두 잃은 채 외톨이가 되어 버렸다. 요컨대 신구빈법 체제에서는 빈민들은 경쟁적인 세계에 내동댕이쳐져 굶어 죽는 재난에 부닥친 것으로 볼 수 있다(Polanyi, 1944 : 83). 즉, 스핀햄랜드법이 경쟁적 시장경제의 도래를 막아보려 했던 법이라면 신구빈법은 시장경제하에서 빈민들이 어떻게 행동해야 하는가에 대한 지침을 준 법이었다.

신구빈법에서는 어떤 빈곤한 남자가 구제를 요청하여 그와 그의 가족이 구제를 받기 위해서는 작업장에 입소해야만 했다. 작업장에 가족이 입소하면 가족은 각각 헤어져야 했고 부모는 정해진 시간에만 자녀를 만날 수 있었다.[15] 이러한 신구빈법은 많은 비판을 받았다. 법이 통과되기도 전인 1834년 4월 30일 「타임스(The Times)」 신문은 "이 법률들이 법전을 더럽히게 될 것"이라고 주장했으며, 새 법에 의해 아빙던(Abingdon)에 설립된 새 작업장이 문을 연 지 몇 주 지나지 않아 시설장이 피살의 위험에 처하기도 했다(감정기 · 최원

15) 작업장에 가족이 입소하면 7세에서 13세까지의 아들은 이쪽 동에 배치되고 같은 나이의 딸은 다른 쪽 동에 배치되었다. 그리고 아버지와 14세 이상의 아들은 또 다른 동에, 어머니와 14세 이상의 딸은 역시 또 다른 동에 배치되었다. 7세 미만의 자녀는 육아실에 보내졌으며, 그 어머니는 '합리적으로 정해진 시간에만 자신의 아이를 볼 수 있게 허용되었다.' 만일 그 가족에 노인이 있는 경우, 이들 노인들은 노인과 병약자를 위한 동에 배치되었으며, 이때에도 물론 남자노인과 여자노인은 서로 다른 동에 배치되었다(Schweinitz, 1947 : 133; 남찬섭, 2001 : 209).

규·진재문, 2002 : 144). 이 법을 반대하는 주된 이유는 법의 잔혹성 때문이었다. 폴라니(Polanyi)는 신구빈법의 잔혹성을 다음과 같이 기술하고 있다.

> 1834년의 신구빈법은 스핀햄랜드제도에서 시도되었던 생존권을 폐기했다. 그 잔혹성은 1830년대, 1840년대의 대중적 정서에 큰 충격을 주어 엄청난 저항을 받았다. 시설외구제(재가복지)의 폐지로 인해 더욱 곤궁해진 대다수의 빈민들은 참혹한 상태로 방치되었고, 비참하게 고생하던 사람들 중에는 수치로 가득 찬 작업장에 입소하기에는 자존심이 허락하지 않았던 '구제받을 자격이 있는 빈민(deserving poor)'들도 있었다. 아마도 근대 사상사에서 이 이상 무자비한 사회개혁이 실행되었던 적은 없었을 것이다. 진정한 빈곤의 기준을 제공하는 체하면서 작업장 입소심사를 한답시고 수많은 사람들의 생활을 짓밟았다. 심사과정에서 가난한 이들은 심리적 고문을 당해야 했지만, 이른바 자선가라는 자들은 이것을 노동의 물레방아가 잘 돌아가도록 기름 치는 수단이라고 냉정하게 옹호하고 가뿐하게 실행에 옮겼다(Polanyi, 1944 : 82; 박현수, 1991 : 107).

신구빈법의 잔혹성을 묘사한 것은 여기에서 그치지 않았다. 1837년 2월 벤틀리의 「미셀러니(Miscellany)」에 발표된 「올리버 트위스트(Oliver Twist)」에서 찰스 디킨스(Charles Dickens, 1812~1870)는 작업장에서 벌어지는 비인간적인 모습들을 묘사했다(박병현, 2016b : 90-91).[16)]

신구빈법은 노동시장에서 임금고용과 현금관계를 한 사람의 생존을 위한 선결조건으로 만들고자 하는 의도에서 고안된 사회정책이었다. 이제 나의 생존까지는 아닐지라도 나의 복지는 그 누군가가 나의 노동력을 구매해 줄 의지를 가지고 있느냐에 달려 있게 되었다. 신구빈법은 정부의 소극성을 보여주는 극단적인 사례로 볼 수 있다. 그러한 신구빈법은 복지의 배분 과정에서 시장의 헤게모니를 확립하려는 의도에서 고안된 냉혹한 사회정책이었다. 기댈 만한 재산도 없고, 인간의 욕구를 헤아려 줄 국가도 없는 상황에서 노동자에게 시장은 곧 감옥이었다. 그 감옥 안에서 노동자는 자신이 생존을 위해 하

---

16) 찰스 디킨스의 장편소설인 올리버 트위스트의 내용은 출산 중에 사망한 미혼모로부터 작업장에서 태어난 올리버가 신구빈법의 전체 체제에 도전하는 것이었으며, 같은 제목인 '올리버 트위스트'로 영화로 제작되었다. 이 영화는 사회복지역사 강의 시간에 자주 상영된다. 이 영화의 사회복지에 대한 함의에 대해서는 유동철·장명희(2008). 영화로 보는 사회복지. 경기 : 양서원을 참조하기 바람.

나의 상품으로 행동하지 않을 수 없게 되었다(Esping-Andersen, 1990 : 36).

(2) 빈곤 발견과 폭로

① 빈곤 발견의 배경

영국에서 자유방임적 이데올로기와 자조 가치에 기초한 사회사상이 쇠퇴하고 보다 적극적인 국가의 개입과 사회개혁을 요구하게 되는 변화가 마련된 주요 계기는 1873년에 시작하여 장기간 지속된 불황[17]으로 인한 사회적 위기감의 조성과 빈곤실태 조사 결과의 발표로 인한 빈곤에 대한 새로운 인식이었다고 할 수 있다.

1870년대 후반이 되자 호황이 지속될 것으로 보였던 영국의 경제에 불황이 닥쳐오기 시작하였다. 1872년에 약 2억 5천만 파운드에 달했던 영국의 수출은 점차로 감퇴해서 1879년에는 약 1억 9천만 파운드로 떨어졌다. 노동조합의 보고에 의하면 실업은 같은 기간 동안 1%에서 거의 12%까지 상승하였다. 산업의 불황은 점점 더 그 정도를 더해가서 급기야 1878~1879년에는 극에 달하여 영국의 산업을 급습한 불황 중에서도 가장 큰 것으로 평가된 불황이 되었다. 전국 곳곳의 대규모 회사가 파산하고 탄광이나 제철소의 조업이 중단되었으며 경기에 대한 불안감이 산업 곳곳에 침투했다. 이렇게 해서 거의 모든 산업에는 실업자가 늘어났으며 노동조합의 통계에 의하면 실업자의 수는 전 조합원의 25%까지 치솟았다.

이전의 불황[18]과는 성격이 판이하게 달랐던 1880년대의 불황은 사회적 위기로까지 여겨졌다. 이 위기는 보다 뿌리가 깊은 것이었으며 광범위한 것이었는데 이들 네 가지 요인이 복합된 것이었다. 첫째는 6년에서 7년 간격으로 주기적으로 찾아오는 심각한 불황이며, 둘째는 오래된 산업체의 구조적 쇠퇴이며, 셋째는 도시산업지역의 노동자계층의 만성적 주택부족 현상이며, 넷째는 전통적인 자유주의 이데올로기에 도전하는 사회주의와 집단주의의 등장이었다(Jones, 1984 : 281).

17) 1873~1896년 사이의 기간은 영국 경제사에서 대공황(Great Depression)이라고 불릴 정도로 정도가 심하였고 장기간에 걸친 불황이었다.

18) 1880년대 이전의 불황은 1866년에 있었다.

② 메이휴의 빈곤 발견과 폭로

영국의 1880년대는 빈곤의 재발견 시대로 묘사될 수 있다. 이 시기에 무한히 증가해 가는 것처럼 보였던 부와 생산력의 향상에 가려져 왔던 빈곤의 실상이 벗겨지고 빈민의 참상이 폭로되기 시작하였다. 물론 빈민들을 주제로 글을 쓰는 것은 1880년대에 나타난 새로운 장르(genre)는 아니었다. 이미 빅토리아 시대 중기인 1849년에 메이휴(Mayhew)는 사회조사를 통해 불규칙적인 고용이 비숙련 노동자에게 미치는 영향을 지적한 바 있다. 메이휴는 '단지 일시적으로만 고용이 되는 노동자들이 근면하고 절제된 생활을 하게 된다는 것은 도덕적으로 불가능한 일이다. 근면과 절제는 지속적인 고용과 일정한 소득에 의해 생겨나는 습관인 것이다. 그러므로 노동시장이 불안정한 곳에는 나태와 태만, 무절제가 있는 것은 당연하다'라고 하면서 태만, 무절제 등이 실업이나 빈곤의 원인이 아니라 오히려 그 결과임을 주장하였다.[19] 영국의 황금시대였던 빅토리아 시대의 중기였고 자유방임의 이데올로기가 맹위를 떨치던 때인 19세기 중반에 발표된 메이휴의 사회조사는 당시의 경제와 사회의 일반적인 조류에 도전하는 매우 충격적인 것이었다.

③ 먼스 목사의 빈곤 발견과 폭로

1850년대와 1860년대의 빈곤에 관한 책들은 빈곤을 묘사하는 데 그쳤으나 1880년대의 책들은 빈곤상태를 비판적으로 보면서 변화를 요구하였다. 헨리 조지(Henry George)는 1881년에 『진보와 빈곤(Progress and Poverty)』[20]이라는 책을 출판함으로써 빈곤문제에 사람들의 관심을 집중시켰다. 종교인들도 영국사회의 숨겨진 빈곤 실상에 대해 관심을 나타냈는데, 대표적인 사람은 앤드류 먼스(Andrew Mearns) 목사였다.

먼스 목사는 『버림받은 런던사람들의 비참한 절규(The Bitter Cry of Outcast London)』라는 저서에서 런던 빈민가의 비참한 생활실태를 폭로하였는데, 빈민의 도덕

19) 메이휴는 런던의 저널리스트로서 「Morning Chronicle」에 자신의 조사에 근거한 일련의 글들을 발표하였는데, 이 글들을 모아 1851년에 『런던의 노동과 런던의 빈민(London Labour and the London Poor)』이라는 제목으로 출판하였다. 이 책은 19세기 말의 대표적인 사회조사가였던 부스와 라운트리의 조사에 필적하는 것으로서, 이들보다 각각 38년, 52년 앞선다.

20) 1900년대 초반 영국 복지국가의 기초를 닦은 로이드 조지는 헨리 조지의 『진보와 빈곤』을 읽고 빈곤 문제에 눈을 뜨게 되었다.

적 타락은 그들의 열악한 주거 환경의 결과라고 주장하였다(Mearns, 1883).[21] 또 다른 종교인이었던 구세군의 창설자 윌리엄 부스(William Booth)는 부와 문명 속에 존재하는 어두운 부분을 폭로하였다. 그는 1890년에 출판된 그의 저서 『암흑의 영국과 그 출구(In Darkest England and the Way Out)』[22]에서 탈출구가 보이지 않는 어두운 정글 속에 살고 있는 영국 빈민들의 실상을 폭로하였다.

④ 부스와 라운트리의 빈곤 조사

헨리 메이휴, 헨리 조지, 앤드류 먼스, 윌리엄 부스 등의 노력에 의해 사회적·물질적 환경이 빈곤의 발생에 결정적인 영향을 미친다는 주장이 제기되기 시작되었지만, 빈곤이 얼마나 광범위하게 존재하고 있는가와 빈곤의 원인에 대한 명확한 조사결과는 없었다. 이에 대한 답을 제시한 사람들은 찰스 부스(Charles Booth)와 벤자민 시봄 라운트리(Benjamin Seebohm Rowntree)였다.

부스는 1889년에 발간된 『런던시민의 생활과 노동(Life and Labour of the People in London)』에서 런던 동부 지역의 인구를 여덟 계층으로 나누어 극빈인 A, B 계층, 빈곤상태인 C, D 계층을 합치면 동부 런던 전체의 약 35%가 빈곤에 속하며, 빈곤상태에 있는 65세 이상의 노인들 중에서 8/9은 노령 때문에 빈곤하다는 충격적인 보고를 하였다(Booth, 1890).[23]

라운트리는 1902년 요크(York)시의 빈곤 상태에 대한 조사연구를 발표하였다. 그는 부스의 사회조사의 영향을 많이 받았는데, 부스의 조사결과가 런던에만 한정되어 적용되는 것인지 아니면 다른 도시에 적용이 되는 것인지를 조사하기로 결정하고 요크시의 빈곤 정도를 조사하였다. 라운트리의 조사연구는 조사방법론적인 면에서 볼 때 부스의 것보다 더 우수하였다고 평가받는데 조사의 결과는 부스의 것과 비슷하였다. 라운트리는 노동자들의 영양욕구

21) 1883년의 초간을 1970년에 다시 펴낸 것이다. 먼스 목사의 주요 목적은 공공정책에 영향을 미치기보다는 교회정책에 변화가 있도록 하는 것이었는데, 결국은 노동자계층의 주택정책에 많은 영향을 미쳤다.

22) 1890년의 초간이 1970년에 다시 출판되었다. 윌리엄 부스(William Booth)는 찰스 부스(Charles Booth)와 아무런 인척관계가 없으며, 이 책의 제목은 정글이 너무 방대하고 조밀하여 이 안에 있는 사람은 이 정글이 끝없이 계속될 것이라고 생각할 것이라는 것이 주요 내용인, 당시 영국에서 선풍적인 인기를 끌었던 헨리 스탠리(Henry Stanley)의 『암흑 속의 아프리카(In Darkest Africa)』에서 따왔다.

23) 런던 전 지역을 조사한 결과로는 30.7%가 빈곤에 속한 것으로 나타났다.

에 근거한 빈곤선을 설정하여 1차적 빈곤과 2차적 빈곤으로 나누었다. 1차적 빈곤에 속하는 가구는 음식, 연료, 거주지, 의복 등 기본적인 생활을 하는 데 필요한 것들도 구입할 수 없을 정도의 가정이며, 위의 네 가지 기본적 항목들을 충족할 수 있는 빈곤가구는 2차적 빈곤에 속한다고 하였다. 라운트리에 의하면 요크시의 노동인구 중에서 9.91%가 1차적 빈곤에 속하며, 17.93%가 2차적 빈곤에 속하였다. 즉, 요크시의 노동인구 중 28%가 빈곤상태에 있으며 빈곤의 원인 중 52%는 저임금이었다. 이 결과는 부스의 빈곤수치에는 미치지 못하지만 빈곤이 영국에 광범위하게 퍼져 있다는 것을 보여주고 있다(Rowntree, 1902).[24)]

부스와 라운트리의 조사연구는 그때까지 영국에 존재하였던 빈곤이란 개인적 성격의 결함에서 기인한다는 통설을 붕괴시키는 데 크게 기여하였다. 빈곤문제는 '개인적 성격결함을 내포한 거지근성(pauperism)'의 문제가 아니라 경제현상인 '빈곤(poverty)'의 문제였음을 깨닫게 했다. 즉, 부스와 라운트리는 빈곤문제는 인도주의적인 자선에 의해서 해결될 성격의 문제가 아니라 보다 적극적인 국가의 개입이 있어야 해결될 수 있다는 주장을 강력하게 제기한 것이었다.

⑤ 부스와 라운트리의 차이점

그러나 부스와 라운트리는 빈곤이 광범위하게 존재한다는 사실에는 의견이 같았으나 빈곤을 보는 관점에 대해서는 의견을 달리하였다. 부스는 여러 해 동안 런던자선조직의 반대자였고 노령연금제도의 도입에 앞장섰으나 실질적으로는 자선조직의 철학에 동조하였다. 그는 1895년에 직업의 불규칙성을 해결하기 위한 유일한 방법은 개인적 신중함(prudence)이라고 주장함으로써 기존의 사상을 수용하는 편이었고(Levine, 1988 : 115), 빈곤을 도덕적인 관점에서 보았으며 징벌적인 치료를 지지하였다(Fraser, 1984 : 137). 부스는 사실상 개인주

24) 라운트리는 대학에서의 전공이 영양화학이었으며 이 조사를 실시할 때 28세였다. 최근에 와서 페이비언의 정신을 이어받은 조직들이나 아동빈곤퇴치집단 등에 의해 라운트리의 조사는 빈곤을 영양학개념을 사용한 절대적 개념으로 해석하였다는 것과 빈곤을 측정하기 위한 척도가 너무 엄격했다고 비판을 받고 있다. 비슷한 방법을 사용하였음에도 라운트리가 조사한 빈곤율이 부스가 조사한 빈곤율보다 낮은 이유는 라운트리가 조사한 1899년이 부스가 조사한 1887~1892년보다 비교적 호경기였기 때문일 수도 있다는 지적이 있다.

의 정신을 숭배하는 보수주의자였다. 그의 목적은 사회주의이론의 침투를 막기 위한 것이었다. 부스는 1834년 신구빈법의 기본 정신에 대해서 직접적으로 이의를 제기하지는 않았다. 부스는 빈곤의 원인을 현대산업구조상의 결함에서 찾는 것을 인정하지 않음으로써 빈민들을 비난하는 사람들에게 부당한 공격무기를 제공하였다고 할 수 있다(Levine, 1988 : 117). 그는 비록 1908년에 건강을 이유로 사퇴하기는 하였지만 1905~1908년 사이의 왕립위원회 회원으로 있으면서 1834년의 신구빈법의 원칙 고수를 주장하는 지방관료들과 자선조직협회의 회원들과 함께 다수파에 속했다.

그러나 라운트리는 부스와 달랐다. 그는 부스와는 달리 신구빈법의 기본 정신에 도전하였으며, 그로 인해 자선조직협회로부터 많은 비판을 받았다. 자선조직협회의 비서이던 찰스 로크(Charles Loch)[25]는 라운트리가 노예근성의 계급 − 극빈자, 노령연금수혜자, 정부에 의존하는 임금노동자 − 을 만드는 데 앞장서고 있다고 신랄하게 비난하였다. 기존의 체제를 그대로 유지하려고 하는 보수주의자들과 자선조직협회로부터 비판을 받기는 하였지만 라운트리의 조사연구는 1906년에 집권한 자유당정부의 사회개혁에 많은 영향을 미쳤다. 실질적으로 라운트리의 빈곤실태에 대한 한 권의 책이 부스의 방대한 시리즈보다는 더 가치가 있는 것이었고, 요크(York)시에 대한 조사결과가 런던시에 대한 조사결과보다 빈곤실태를 폭로하는 데 더 영향력이 있었다. 이런 면에서 보면 부스가 보수적인 빅토리아 시대의 말엽을 장식하였다면, 라운트리는 보다 진보적인 사고의 시작을 장식하고 있다고 할 수 있다.

(3) 인보관운동

영국에서의 인보관운동은 바네트(Barnett) 목사가 설립한 '토인비홀(Toynbee Hall)'[26]이 1885년 1월 10일 최초로 문을 열면서 시작되었다. 인보관은 산업화

25) 찰스 로크는 1875년 26살의 나이에 자선조직협회 비서로 임명되어 거의 40년 동안 자선조직협회운동을 총괄하였다.

26) 아놀드 토인비는 열정적이었고 두뇌가 명석한 옥스퍼드 대학원생이었다. 그는 인보관운동에 참가한 대학생들 중에서 가장 열정적이었으며 그의 따뜻한 성격과 인보관운동에 대한 헌신으로 많은 사람들로부터 존경을 받았다. 그러나 그는 불행하게도 건강이 좋지 않아 30번째 생일을 며칠 앞두고 폐렴으로 세상을 떠났다. 1885년 그를 따라 인보관운동에 참여했던 대학생들이 그를 추모하여 화이트채플(Whitechapel)에 세계 최초의 인보관을 지어 그 이름을 '토인비홀(Toynbee Hall)'이라 명명하였다. 토인비홀은

로 인해 생성된 빈부 간의 거리를 좁히고, 상호 간의 불신을 해소하고, 한 계층이 다른 계층을 무시하는 것을 줄이고, 자선을 행하는 것 이상의 무엇을 하고자 하는 목적으로 설립되었다. 바네트 목사의 지도하에 옥스퍼드와 캠브리지 대학의 젊은 학생들이 런던의 가난한 이웃과 함께 살면서 인보관을 세우기 시작하여 19세기 말에는 도시빈민가에 약 30여 개가 세워졌으며 1911년에는 46개에 이르렀다. 인보관운동은 젊은 인간주의자들에게 빈곤과의 접촉의 중요성을 일깨워 주었으며 개인주의사상의 오류를 폭로하였다.

당대 최고의 엘리트 남성들이 위주가 되었던 영국의 인보관운동은 박애보다는 법규를 더 중요하게 여겨 1900년대 초반 진행되었던 사회개혁에 지대한 영향을 미쳤다. 인보관운동의 창시자였던 바네트 목사는 비기여 연금제도의 옹호자였으며 1902년의 교육법 입법과정에 간여하기도 하였다. '토인비홀'에 참여했던 학생들이 후일 1907년의 사회입법을 초안하기도 하였고 1911년의 건강보험법 입법과정에 적극적으로 참여하였다. 이 밖에도 많은 인보관 참여자들이 사회보장을 위한 사회개혁에 참여하였다(Reinders, 1982).

(4) 페이비언협회의 결성

1880년대는 영국에서 노동자들의 삶을 개선하기 위한 사회주의 운동이 활성화된 시기로 볼 수 있다. 그중 대표적인 단체가 페이비언협회(Fabian Society)였다. 19세기 말은 영국에서 가장 불평등했던 시기로 불릴 만큼 사회문제가 극심했던 시기였다. 산업화와 함께 도시로 밀려든 노동자의 삶은 비참하였으며 이들 대부분은 투표권조차 없었고, 구빈법은 매우 열악하였다. 1884년 이러한 상황에서 당시 사무 변호사(solicitor)였던 에드워드 피스(Edward Pease)의 런던 자택에서 이루어진 소수 이상주의자들의 모임이 바로 페이비언협회의 시작이었다. 당시 시대적으로 새로운 사회모델에 대한 사고들이 많이 일어났으며 많

많은 인재를 배출해 훗날 영국 복지국가 형성에 많은 영향을 미쳤다. 20세기 초반의 4명의 수상이 토인비홀과 관계를 맺었으며 영국 복지국가를 완성한 윌리엄 베버리지도 토인비홀에서 사회사업가로 일한 적이 있다. 아놀드 토인비 가계는 유명한 학자와 언론인을 배출한 영국의 명문가로 알려져 있으며, 아놀드 토인비는 종종 "도전과 응전"으로 유명한 『역사의 연구』를 저술한 영국의 저명한 역사학자 아놀드 조셉 토인비(Arnold Joseph Toynbee, 1889~1975)와 이름이 같아 혼동되곤 한다. 역사학자 아놀드 토인비는 여기서 소개되는 아놀드 토인비의 조카이다. 두 사람을 구분하기 위해 역사학자 아놀드 토인비의 이름에는 미들네임인 'Joseph'이 있다.

은 클럽들과 협회가 많이 결성되어 있었고, 그중 하나였던 이 모임에서 한 일은 방에 모여 앉아 한 사람이 맑스나 다른 사상가의 저술을 크게 읽고 나서 그 속의 문장과 문단들에 대해서 토론하는 것이었다. 하지만 이들은 혁명적인 변화가 아닌 점진주의적 모델을 채택하면서 협회의 명칭을 파비우스의 이름을 따서 페이비언협회로 결정했다.[27] 그러나 페이비언협회는 얼마 지나지 않아 자신들의 생각을 뒷받침할 근거가 없다는 것을 깨닫고 베아트리스 웹을 빈민가인 런던 동부 지역인 이스트 엔드(East End) 지역의 방직공장, 정미공장 등에 사회조사를 위해 파견하였으며, 조사결과를 바탕으로 정책을 제안했다(김보영, 2015 : 264).

웹 부부(Sidney & Beatrice Webb)와 조지 버나드 쇼(George Bernard Shaw) 등이 주축이 된 페이비언협회는 자유시장체제로서는 빈곤이나 불평등을 감소시킬 수 없다는 것을 인식하고 있었으며 19세기에서 20세기로 넘어가는 시기의 영국의 공공정책 수립에 많은 영향을 미쳤으며 노동당의 아이디어 공장이었다. 사실상 영국 복지국가 형성에 기여한 노동당의 중요 인물들은 대부분 페이비언회 출신이었다.

(5) 1905~1909년 구빈법왕립위원회에서 소수파의 활동(박병현, 2016b : 109-113)

20세기에 접어들자 영국에서는 공적인 구빈에 관한 논쟁이 격렬해지기 시작했다. 자선조직협회의 지지를 받고 있는 지방정부의 구빈국에서는 1834년의 신구빈법의 원리가 침해당하고 있다고 주장했으며, 페이비언주의자들과 노동자들은 신구빈법에 변화가 있어야 한다고 주장했다. 이러한 상황에서 1905년 12월 4일 '구빈법과 빈곤구제에 관한 왕립위원회(Royal Commission on the Poor Laws and Relief of Distress)'가 구성되었다. 이 위원회의 연구과제는 구빈법의 빈민구제 효과와 심각한 불황으로 인한 고용부족과 이에 따른 문제들을 해결하

27) 페이비언협회의 명칭은 로마가 카르타고로부터 공격당하고 있을 때 카르타고의 한니발(Hannibal)의 대군을 지구전으로 물리친 로마의 파비우스(Fabius) 장군의 이름을 따서 만들어졌다. 이와 같이 협회의 명칭을 파비우스의 이름에서 딴 것은 올바른 방법과 정책을 성취하는 데에는 시간이 걸린다는 의지를 나타낸 것으로 볼 수 있다. 즉, 이상적인 공동체를 설립하고 구체적인 사회개량 프로그램을 추구했던 일단의 젊은이들이 그들이 정책을 공식화하기까지는 깊이 있는 토론과 검토로 인해 시간이 소요된다는 사실을 인식했다는 것을 의미한다(박광준, 1990 : 65; Cole, 1952 : 1-2).

기 위해 구빈법 범위 밖에서 추진되었던 다양한 대책들을 분석하는 것이었다.

큰 기대 속에 진행된 왕립위원회의 작업은 오래지 않아 자선조직협회와 구빈국으로 구성된 집단과 페이비언주의자들과 노동자들로 구성된 집단으로 나누어져 대립하기 시작했다. 구빈국 측 위원들과 입장을 같이한 자선조직협회에서는 찰스 로크(Charles Loch), 보상케 부인(Mrs. Bosanquet), 자선조직협회의 철학에 동의하면서 주택정책에 관심이 많았던 옥타비아 힐(Octavia Hill), 그리고 행콕 넌(Hancock Nunn) 등이 왕립위원회에 참여했다. 구빈국과 자선조직협회를 대표한 위원은 왕립위원회 전체 위원 18명에서 14명으로 다수파를 구성했는데 여러 사안에 대해 협조했다.

반면 왕립위원회의 소수파는 페이비언주의자인 베아트리스 웹(Beatrice Webb), 사회주의적 노동주의자인 랜스베리(Lansbury), 노동조합주의자인 프란시스 챈들러(Francis Chandler), 그리고 당시에는 신부였으나 후에 주교가 된 러셀 웨이크필드(Russell Wakefield) 등 4명으로 구성되었다. 왕립위원회 소수파는 남편인 시드니 웹의 조언은 받은 베아트리스 웹에 의해 주도되었다. 다수파와 소수파는 인간과 사회에 대해 기본적으로 인식이 달랐다.

1905~1909년 왕립위원회는 조사활동이 종료될 때까지 두 집단 간에 입장차이를 좁히지 못하고 결국 두 개의 보고서가 나오게 되었다. 구빈법의 집행을 담당하는 관리들과 자선조직협회의 회원들로 구성된 14명의 위원들이 그들의 보고서를 제출하였고, 베아트리스 웹이 이끄는 나머지 4명의 위원들은 다른 보고서를 제출했다. 전자를 다수파 보고서(majority report)라 부르고 후자를 소수파 보고서(minority report)라 부르는데, 이 두 보고서를 합치면 1,600페이지에 달할 정도로 방대했다.

다수파들은 빈곤의 원인과 책임을 개인적 특성과 연관시키면서 만성적 빈곤상태에 놓여 있는 빈민들은 성격상 결함을 지니고 있다는 자유주의적 사상을 그대로 유지하는 상태에서 구빈법 개선을 주장했다. 다수파는 국가는 빈곤문제 해결에 있어서 마지막 수단이 되어야 하며 시설외구제(outdoor relief, 재가복지라고 할 수 있는 home assistance)는 자원봉사기관에 의해 제공되어야 한다고 주장했다. 다수파들이 이와 같은 건의를 한 이유는 자선조직협회에 빈민에 대한 통제권을 주기 위한 것이었다(Jones, 2000 : 76).

그러나 소수파의 견해는 달랐다. 그들은 빈곤이 개인의 성격결함 때문에 생겨난 것이 아니며, 자본주의 체제의 구조적 모순에서 파생된 것으로 보았다. 그들은 계급으로 빈민의 개념을 파악하거나 거지근성(pauperism)을 문제로 보는 것은 시정되어야 하며, 구빈법은 보완되기보다는 완전 폐지되어야 한다고 주장했다. 소수파는 능력 없는 빈민과 능력 있는 빈민을 구분해서 처우할 것을 건의했다. 능력 없는 빈민은 지방정부가 책임을 지고 전문성이 있는 직원을 가진 해당 분야 위원회에서 보호해야 한다고 주장했다. 즉, 아동은 교육위원회에서 책임을 져야 하며, 질병 또는 장애가 있는 아동은 보건위원회, 정신질환자나 정신지체자는 정신병위원회에서 보호해야 한다고 주장했다. 능력 있는 빈민은 다른 방식으로 처우해야 하는데, 개인이 스스로 직업을 찾는 개인책임보다는 국가가 직장을 제공해 주는 책임이 더 강조되어야 한다고 주장했다(Jones, 2000 : 77-78).[28]

비록 왕립위원회의 다수파가 1834년 신구빈법의 고수를 주장하고 있었지만 소수파에 의한 신구빈법에 대한 공격이 단호했다는 것은 영국에서 신구빈법의 원칙이 서서히 무너지고 있다는 것을 의미한다.

이러한 격렬한 논쟁 끝에 발표된 다수파 보고서와 소수파 보고서는 모두 선반 위로 올라갔으며 수십 년 동안 먼지가 쌓였다. 그러나 소수파 보고서는 영국이 제2차 세계대전 이후 복지국가로 발전하는 데 밑거름이 되었다. 소수파 보고서는 출간된 지 40년이 지난 후인 1942년 베버리지보고서가 발간될 때 소수파 보고서에 언급된 대부분의 내용이 보고서에 들어갔으며,[29] 1940년대 노동당정부가 하원에서 다수를 차지하게 되었을 때 복지국가를 위한 입법의 기초 자료로 사용되었다.

---

28) 공식적으로 출간된 왕립위원회 보고서의 목차에는 두 종류의 보고서가 나타나 있지 않았다. 보고서는 끝 부분에 작은 문자로 의견이 다른 위원들의 이름이 명시된 채로 제출되었다. 웹 부처는 이와 같은 방식으로 보고서가 공식적으로 제출되는 것에 분개하여 소수파 보고서의 내용을 『구빈법 철폐와 작업장의 폐쇄(Break up the Poor Law and Abolish the Workhouse)』라는 단행본으로 페이비언학회를 통해 별도로 출판했다. 이 출판물에 대해 재무장관은 정부의 출판물이기 때문에 저작권이 정부에 있다고 주장했으나 시드니 웹은 소수파 보고서가 필사본이라는 점을 지적하며 자신의 저작권을 주장했다(Jones, 2000 : 78).

29) 구빈법 왕립위원회 활동 당시 소수파인 베아트리스 웹의 연구원이었던 베버리지는 후일 회고록에서 "베버리지보고서는 우리 모두가 웹 부부로부터 흡수했던 것에서 기인하고 있다"고 했다(김보영, 2015 : 170).

베아트리스 웹은 다수파와 소수파의 논쟁을 '증오스러운 마찰(hateful friction)'이라고 표현했는데, 이런 마찰은 결과적으로 1940년대 이후 영국 복지국가 형성에 귀중한 자료가 되었다고 볼 수 있다(Jones, 2000 : 79).

2) 복지 관련 제도의 입법

1880년대의 불황, 빈곤의 발견, 인보관운동, 페이비언협회의 활동은 사회적인 문제들을 정치적인 이슈로 만들기에 충분하였다. 또한 1880년대의 사회적 위기는 빈곤계층에 대한 중산층의 시각을 바꾸었다. 사회문제의 정도에 대해 심도 있는 지식이 축적되었으며 정부가 나서서 사회문제들을 해결해야 한다는 주장이 제기되기 시작하였다. 자유방임주의는 우파와 좌파 모두로부터 공격을 받기 시작하였고 자선조직협회는 빈곤논쟁에서 밀리기 시작하였다. 그러나 이러한 인식은 계속되어 1900년대 초반 복지국가의 초석이 된 사회복지 관련법들이 제정되기 시작했다.

(1) 학교급식을 위한 교육법 제정(1906)

아동에 대한 학교급식의 제공은 국가가 아동의 복지에 대하여 책임을 지기 시작한 것으로, 영국 복지국가 건설의 초석이 되었다. 학교급식이 관심을 불러일으키게 된 계기는 보어전쟁(Boer War, 1899~1902)[30]에 출정할 군인들의 신체적 결함이 발견되고 난 뒤였다.

1906년에 제정된 아동에 대한 학교급식에 관한 교육법은 기본적으로 지방 교육 당국이 공립초등학교의 아동에게 급식을 제공할 것을 요구하지 않았으며, 지방 당국에게 급식제공 권한을 허용한 것이었다. 따라서 지방 당국에게 급식제공이 강요되지 않았다. 급식비용은 가능한 한 부모나 자선단체가 지불하도록 요청되었다. 최후 수단으로 공공기금에서 지원받을 수 있었다. 그러나 비용을 지불할 수 없다는 이유로 부모들의 시민권이 박탈되지 않았다. 하지

30) 보어전쟁 남아프리카에 다이아몬드와 금광이 발견되면서 영국과 남아프리카에 정착한 네덜란드계 보어인들 사이에서 벌어진 전쟁이다.

만 부모들이 비용을 지불하는 것이 불가능한 것으로 입증되면서 학교급식은 무료로 제공되었다(임영상, 1983 : 141).

(2) 아동들에게 건강진단 제공을 규정한 교육법 제정(1907)

아동에 대한 의료서비스인 학교건강진단은 1894년 박애주의적인 조치로서 브래드포드(Bradford)에서 처음 실시되었으나, 보어전쟁으로 인해 알려진 아동의 신체적 건강에 근거한 국민적 효율 문제로 여론의 주목을 받게 되면서 학교급식과 같은 시기에 같은 차원에서 논의되면서 1907년 제정되었다. 궁극적으로 국가의 책임하에 아동에게 급식과 의료서비스를 제공하게 되었다는 것은 확실히 낡은 개인주의의 원칙이 침식되고 국가행동의 새로운 원칙이 도입되었다는 점에서 그 의의가 있다고 하겠다(임영상, 1983 : 143).

(3) 노령연금법 제정

1834년 신구빈법 원칙과 단절한 최초의 법은 1908년의 비기여 노령연금법이었다. 이 법은 연금수급자격에 필요한 기여금을 내지 않고서도 늙고 빈곤한 상황에 놓여 있다는 단순한 조건만으로도 연금이 지불되도록 했다. 중요한 것은 연금이 사회적 권리로 제공되었기 때문에 얼마나 기난한지에 대한 자산조사나 지원받을 만한 가치가 있는 사람이 되기 위해 따라야 하는 행동지침에 대한 교육을 받지 않아도 연금을 받을 수 있었다는 점이다(Rimlinger, 1971 : 59).

노령연금제도는 일시에 노동자들의 생활을 변화시켰다. 당시 노령연금으로 변화된 노동자들의 생활변화를 묘사한 플로라 톰슨(Flora Thompson)은 다음 기술에서 당시의 상황을 압축적으로 보여준다.

> 노령연금제도가 실시되자 늙은 농장노동자들의 생활이 변화되기 시작했다. 그들은 가난 걱정에서 벗어났다. 그들은 갑자기 부자가 된 느낌이 들었으며 독립적인 생활을 하게 되었다. 연금을 받기 위해 우체국에 간 첫날 그들의 뺨에는 감사의 눈물이 흘러내렸다. 연금을 손에 쥐었을 때 그들은 '신이여, 로이드 조지 경[31]에게 은총을 내리소서'라고 말했다. 그리고 그들은 단순히 연금을 건네준 우체국 여사무원들에게도 감사의 표시로 꽃과 과일을 주었다.

31) 로이드 조지(Lloyd George)는 노령연금제도 도입에 결정적 역할을 하였다.

비기여 연금제도의 도입으로 많은 노인들이 구빈법의 처우를 받지 않아도 되었다. 우체국에서 연금을 배달해 주었기 때문에 사회복지의 대상자라는 낙인감도 없었다. 연금법의 핵심 이념은 가난한 노인들에게 경멸적인 구빈법으로부터 벗어나서 기본소득을 보장해 주는 것이었다.

비기여 연금제도로 인해 영국 시민은 새로운 사회권을 가지게 되었다. 그래서 영국의 사회보호는 최근까지 지켜지고 있는 특징 중의 하나인 '최소한의, 그러나 모든 사람에 평등한 급여(minimal but equal benefit)'라는 원칙으로 새로운 지평을 열게 되었다(Rimlinger, 1971 : 59-60). 이런 점에서 보면 1908년의 노령연금법은 현대복지국가의 시작을 의미한다고 할 수 있다.

그러면 영국에서 어떤 과정을 통해 노령연금법이 제정되었을까?

노령연금제도는 로이드 조지라는 정치인의 계획하에 이루어진, 철학이 다른 여러 이익집단 간의 타협의 산물이었다. 대장성에서 연금안이 검토되는 동안 관련 단체들은 자기의 입장을 연금안에 반영시키려고 노력하였다. 그러나 어느 집단의 완전한 승리나 완전한 패배 없이 절충된 것이었다. 또한 모든 이익단체들이 찬성을 한 후에 노령연금제도는 도입되었다.

노령연금제도의 도입 시기의 논쟁 초점은 기여제 여부였다. 영국에서 최초로 제안된 노령연금제도는 1878년 수사신부 윌리엄 블랙리(Canon William Blackley)가 제안한 기여제 연금제도였다. 블랙리가 제안한 연금제도는 전 국민을 대상으로 하는 기여제의 강제가입을 원칙으로 했으며 우체국이 행정을 관리하는 것이었다(Lubove, 1968 : 121). 기여제를 선호하는 측에서는 재정상의 어려움이 없고 수혜자가 권리로서 급여를 받는 이점을 들었다.

그러나 기여제 연금제도는 많은 반대에 부딪혔다. 재무성은 오랜 기간이 소요되는 행정 절차상의 문제를 들어 반대하였다. 또한 기여제는 노령연금이 필요한 대부분의 사람들은 정규적인 수입이 없어 정기적으로 기여금을 낼 수 없는 여성들이라는 결점이 있었다.

대장성에서 연금안이 검토되는 동안 관련 단체들은 각자의 입장을 연금안에 반영시키기 위해 노력했다. 공제조합(friendly society)은 줄곧 연금제도의 도입에 반대해 왔다. 공제조합이 기여제 연금제도를 반대한 이유는 기여제 연금제도가 운영되면 공제조합의 존립에 차질이 생길 것을 우려했기 때문이었다. 공제조합은 만일 연금제도가 기여제로 운영이 된다면 같은 방법으로 운영되는 공제조합제도가 정부와 경쟁을 하게 되면서 위기에 봉착하게 될 것이라고 보았다. 그러나 공제조합은 연금제도 도입이 기정사실화되자 비기여제 연금제도 도입을 찬성하는 방향으로 선회했다.

그래서 공제조합전국협의회는 이미 1902년에 재정상의 어려움 때문에 검소한 자, 받을 가치가 있는 자에 제한한다는 조건하에 비기여제 연금 도입에 찬성했다. 1908년 공제조합 전국협의회장이었던 조지 윌드(George Wilde)는 하원에 계류되어 있는 연금법안은 비록 공제조합회원 모두가 완전히 만족하지는 않지만 환영받을 만한 시도라고 하였다(Devine, 1988 : 134). 그러나 공제조합은 1906~1908년 노령연금제도입안에 관한 논의에는 거의 참여하지 않았다.

자선조직협회는 처음부터 국가가 시행하는 모든 종류의 연금제도에 반대하였다. 자선조직협회는 지방행정청의 간부들의 강력한 지지를 바탕으로 하여 정부가 추진하는 연금제도에 반대하였다. 자선조직협회는 빈민들은 자기들의 노후를 위해 마땅히 저축을 해야 한다고 주장하며 정부의 개입은 빈민들을 구호하기보다는 오히려 구걸화시킨다고 주장하였다.

런던자선조직협회의 회장이었던 찰스 로크(Charles S. Loch)는 노령기의 빈곤문제를 다루는 최선의 방법은 남녀를 불문하고 근로가 가능한 사람들에게는 원외구호를 제공하지 않는 1834년 신구빈법 원칙으로 되돌아가는 것이라고 주장했다(Loch, 1892 : 40). 영국의 자발적 우애방문 발달의 선구자였던 옥타비아 힐(Octaiva Hill)도 자원단체에 의한 구호를 강조하면서 노령연금제도는 빈민들의 성격을 더 타락시킬 것이라고 반대했다. 그러나 자선조직협회는 정부의 연금법 제정이 기정사실화 되어가자 연금제도의 범위를 축소시키려는 방향으로 선회하였다.

노동계는 1899년부터 노동자전국위원회(National Committee of Organized Labour, NCOL)를 조직하여 노령연금의 제정을 추진해 왔다. 노동계는 노령연금이 보편적이며 비기여 연금이 되기를 원했다. 그러나 대장성에서 고려 중인 연금이 결코 보편적이 아님을 인식하였다. 동 위원회의 지도자 스테드(Stead) 목사는 대장상 애스퀴스(Asquith)에게 노동자들은 정부의 연금에 대한 미흡한 노력에 매우 실망하고 있다고 언급하면서 보편적 연금제도 도입을 주장했다(임영상, 1983 : 148).

사용자들은 연금법안이 하원에서 논의되는 동안 비기여제 연금을 지지하였다. 자유당 기업인 알프레드 몬드(Alfred Mond)는 자신의 경험을 통해 사용자들이 기여제 연금을 꺼릴 것을 알았다. 사용자들은 어떤 노동자에게도 영속적인 고용을 보장해 줄 수 없었다. 그런데 비기여제 국가연금은 이런 부담을 제거한 것이었다. 따라서 만일 비기여제 연금을 위해 재정이 요구된다면, 사용자들은 대체로 임금에 대한 일종의 세금 부과에 대단히 호의적일 것이라고 몬드는 낙관하였다. 또한 그는 연금을 근면한 자에게 제한하는 데에 찬성하였다. 그는 구제를 받을 사람에 대한 생계조사는 경제성장을 도울 것이며, 궁극적으로 연금에 대한 요구를 감소시킬 것이라고 생각하였다(임영상, 1983 : 148).

이러한 과정을 거치면서 소득이 21파운드에서 31파운드 10실링 사이에 있는 70세 이상의 노인들에게 주 1실링에서 5실링까지 제공하는 비기여 연금법이 1908년 8월에 제정되어, 1909년 1월 구빈법에 의해 구호되지 못한 매우 가난한 49만 명이 첫 번째 연금을 받았는데, 여성이 다수를 차지했다. 물론 범죄자, 주정뱅이, 외국인, 1908년 1월 이후에 구빈법에 의거하여 빈민구호를 받은 자들은 연금수혜대상에서 제외되었다. 즉, 노령연금제도는 게으르다고 비난받지 않으면서 나이가 매우 많은 빈민노인들을 위한 제도였다. 중요한 것은 노령연금은 사회적 권리로 제공되었기 때문에 연금수급자에 대한 자산조사나 지원받을 가치가 있는 자가 되기 위한 행동지침에 대한 교육이 없이도 연금이 제공되었다는 점이다. 그러나 나이 제한을 65세로 하자는 제안은 거부되었고 주 5실링의 연금은 라운트리가 설정한 최저생활에 2실링이 모자랄 정도로 매우 낮은 수준이었다.

그러나 비록 5실링은 적은 금액이지만 그 영향은 컸다. 노령연금은 그때까지 영국의 구빈정책을 주도하였던 징벌적인 성격의 1834년 신구빈법의 원칙들을 타파하고 사회보장이라는 새로운 방향의 모색일 수 있다. 중요한 점은 연금이 사회적 권리로서 제공되었다는 것이다. 연금수급이 시민원의 형태였다. 연금제도는 법적인 혹은 사회적인 낙인을 수반하지 않으며 자산조사도 행해지지 않았고 우체국을 통해서 제공되었으며 징벌적인 구빈법과는 아무 관련이 없었기 때문에 가난한 사람들을 도덕적 오명으로부터 해방시켜 대중적인 인기도 있었다.

반면에 1908년 노령연금제도는 많은 한계가 있다는 해석도 가능하다. 노령연금은 아주 나이 많으며 매우 가난하지만 존중받는 노인을 위한 연금에 머물렀다. 이런 관점에서 보면 노령연금제도는 '빈민(pauper)'이 '연금수혜자(pensioner)'로 바뀌었을 뿐 구빈법의 원칙이었던 '보호받을 자격이 있는 빈민(deserving poor)'과 '보호받을 자격이 없는 빈민(undeserving poor)' 사이의 엄격한 구분은 그대로 유지되었다고 볼 수 있다. 즉, 1834년 신구빈법의 원칙들이 사라진 것이 아니라 계속 존속하고 있으며 노동이 가능한 빈민들에게 계속 적용되고 있다고 할 수 있었다. 이러한 1834년 신구빈법의 도덕적 철학은 계속 유지되어 제1차 세계대전까지 존속하였다.

(4) 국민보험법 제정

1908년 노령연금법이 가난하면서 일을 할 수 없는 사람들을 대상으로 한 빈민구호의 결점을 치유하려 했다는 점에서 과거 지향적이었다면 1911년 국민보험법은 다른 틀에서 만들어졌다. 이 법은 일을 하고 있는 사람과 정상적으로 자신을 돌볼 수 있는 사람들에게 건강보험과 실업보험을 제공했다. 노령연금은 박애(博愛)의 성격이 있었지만 국민보험은 박애(博愛)와는 거리가 있었다. 국민보험의 주요 관심은 국가적 효율성이었다. 신자유주의 지도자들은 질병, 실업, 국가경제의 힘, 국가방위가 서로 관련되어 있다는 사실을 알고 있었다. 보어전쟁(Boer War) 중 징병과정에서 신체적인 결함으로 병역에 적합하지 않은 많은 젊은이들이 있다는 놀라운 사실이 드러났다. 로이드 조지는 독일의 건강보험제도를 연구하기 위해 방문하면서 건강보호가 국가의 생존과 능률에 영향을 미친다는 것을 확인했다. 그래서 국민최저수준(national minimum)의 보호는 기본적 사회권으로서 필수적인 동시에 현대 산업이 요구하는 희소한 인적 자원을 보존하는 방법이라는 점이 명확히 밝혀졌다(Rimlinger, 1971 : 60).[32)]

1911년 실업보험과 의료보험으로 구성된 국민보험법이 로이드 조지(Lloyd George)[33]라는 한 정치인의 강력한 정치적 지도력과 페이비언사회주의 운동의 주역이었던 웹(Webb) 부처, 윌리엄 베버리지(William Beveridge), 윈스턴 처칠(Winston Churchill) 등의 주장에 의해 도입되었다. 사실상 1908년의 노령연금제도가 여러 이익집단의 합의에 의해 도입이 되었다고 한다면, 실업보험과 의료보험으로 구성된 1911년의 국민보험법은 로이드 조지라는 한 정치인의 강력한 정치적 지도력에 의해 도입이 되었다고 할 수 있다.

실업문제는 1870년대의 경제적 침체기를 겪으면서 1880년대 중반 이후 심각한 사회문제로 대두되었다. 그렇기 때문에 노령연금제도가 도입된 이후의 첫 번째 어젠다는 실업문제였다. 1909년에 노동당은 하디(Hardie)를 위원장으로 하는 위원회를 통해 조심스럽게 실업보험제도에 대해 지지의사를 표명하였으며, 페이비언사회주의 운동의 주역이었던 웹(Webb) 부처, 당시에는 젊었던 베버리지(Beveridge), 예리하고 영향력이 있었던 처칠(Churchill) 등도 애스퀴스(Asquith)와 로이드 조지(Lloyd George)에게 실업보험제도의 실시 압력을 가하였다(Levine, 1988 : 139).

그러나 실업보험제도나 의료보험제도는 이익집단 간에 이해관계가 첨예하게 대립되는 제도였기 때문에 각 이해집단마다 감추어진 카드가 있었다. 이런 면에서 보면 국민보험법은 어떤 영향력 있는 정치인의 정치적 리더십 없이는 도입될 수 없는 제도였다.

---

32) 미국에서 루비노는 국가적 효율성 관점에서 건강보험의 도입을 주장했으나 도입되지 않았다.

33) 영국의 20세기 초반 사회복지제도 수립에 결정적인 영향을 미쳤던 로이드 조지(Lloyd George, 1863~1945)는 어린 나이에 부모를 여의고 삼촌인 리차드 로이드(Rochard Lloyd) 의해 양육되었다. 로이드 조지의 원래의 성(性)은 조지였으나 그의 성장에 많은 영향을 미친 삼촌의 성인 로이드(Lloyd)를 추가하여 로이드 조지가 되었다. 로이드 조지는 27세 때인 1890년 하원 보궐선거에서 자유당 소속으로 출마하여 19표 차이로 당선되어 국회에 입성했으며 1943년까지 55년 동안 의원으로 재직했다. 그는 부(富)나 가족의 연결 없이 자기 혼자 힘으로 정치적으로 성공한 입지전적인 인물이었다. 그는 1908년 애스퀴스(Asquith)가 수상에 취임하자 그는 대장상으로 입각하여 당시에 약관 34세이던 개혁파 윈스턴 처칠(Winston Churchill)과 함께 사회개혁에 착수했다. 로이드 조지는 의료보험제도와 실업보험제도, 그리고 사회적 약자들을 위한 사회복지제도의 재원을 마련하기 위해 세금 인상 및 토지세 신설을 포함한 획기적인 예산안을 의회에 제출했는데, 이것이 그 유명한 '국민의 예산(People's Budget)'이다. 야당인 보수당이 '국민의 예산'을 반대하자 로이드 조지는 "이 예산은 빈곤과의 전쟁에 비용을 지출하기 위한 예산"이라고 주장했다. 1909년 로이드 조지는 1911년에 제정된 국민보험법의 사전작업으로 1908년 독일로 그 유명한 여행을 떠났으며 정부가 국민 개인의 생활보장을 위해 개입하여야 한다는 신념을 가지고 있었다. 로이드 조지에 대한 자세한 내용은 박병현(2016). 사회복지의 역사. 경기 : 공동체, pp. 120-121을 참조하기 바람.

국민보험법은 하원에서 보수당과 노동당 모두로부터 지지를 받았기 때문에 실업과 질병에 대해 강제적이고 기여제 보험원칙에 반대하는 집단은 없는 것 같이 보였다. 심지어 보수파이면서 '반사회주의조합(The Anti-Socialist Union)'의 회장이던 클라우드 로우더(Claude Lowther)도 국민보험법에 대해 찬성의사를 표명하였다. 그러나 자세히 들여다보면 공제조합, 사용자집단, 민간보험회사, 의사집단, 노동조합, 페이비언사회주의자 등 각각의 집단들은 자기들의 이익을 해치는 요소에 대해 관심을 많이 기울였다.

국민보험법에 대해 가장 우려를 표명한 이익집단은 공제조합이었다. 그러나 로이드 조지는 정치력이 있는 사람이었다. 그는 사람들로 하여금 자기의 결정에 동의하도록 하는 힘을 지니고 있었다. 그는 공제조합의 우려를 불식시키기 위해 공제조합의 중요성을 인식하고 있으며 결코 공제조합에 손해가 되는 일은 하지 않겠다고 공제조합의 의회대리인에게 약속하며 공제조합을 설득하였다. 그의 복안은 조합원과 사용자의 기여금에 정부가 보조금을 제공하는 것이었다. 그리하여 1911년 10월 12일과 13일 전국공제조합회에서 멘체스트 조합의 모프레이(R. W. Moffrey)는 실업보험과 의료보험의 필요성을 역설하였으며 바로 그날 국민보험이 법률로 제정되었다(Levine, 1988 : 142).

1911년 국민보험법의 가장 논쟁의 초점이 되었던 것은 기여제로 할 것인가 아니면 비기여제로 할 것인가였다. 노동당의 좌파계열은 비기여제를 주장하였다. 그들의 주장은 왜 자본주의의 문제로 생겨난 짐을 자본주의의 희생자에게 지우느냐 하는 것이었다. 이 점에 대해서는 페이비언사회주의자들도 같은 의견이었다. 페이비언사회주의자들은 이 법의 문제점, 특히 갹출적인 면에 대해 비판하였다. 그러나 대부분의 노동당원들은 로이드 조지의 기여제에 찬성하였다(Levine, 1988 : 144).

국민보험법에 대해 가장 적대적이었던 이익집단은 의사들이었다. 영국의사협회를 사실상 운영하는 의사들은 개업의였다. 그들은 의료보험에 대해 매우 적대적이었다. 로이드 조지가 참석하여 질문에 대답한 1911년 5월 31일과 6월 1일의 영국의사협회특별회합에서 의사들은 네 가지 요구조건을 내세웠다. 첫째, 의사가 아닌 사람에 의해 의사들이 다루어지는 것을 원하지 않는다. 즉, 의료급여를 관리하는 보건위원회는 오직 의사들로만 구성되어야 한다. 둘째, 환자들은 자유롭게 의사를 선택할 수 있어야 한다. 셋째, 소득수준이 어느 수준 이하일 경우에만 보험에 가입하여야 하며 그렇지 않은 경우에는 이전과 같이 의료비를 지불하여야 한다. 넷째, 적정수준의 급여가 제공되어야 한다. 이 회합은 의료비를 낼 수 없는 사람의 의료비의 제공에 대해서는 보험의 원칙을 적용하는 것을 인정하는 해결책을 통과시켰다. 이 문제가 가장 초점이었다. 이 문제가 해결되자 다른 문제는 별로 문제의 소지가 되지 않았으며 쉽게 타협이 될 수 있었다(Levine, 1988 : 144-145).

사용자집단도 자기의 목소리를 내려고 하였다. 사용자집단은 사용자들이 기여금을 내는 것을 반대하였다. 그러나 시간이 흐를수록 그 강도는 작아졌으며 점차 적은 액수의 기여금을 내는 것으로 요구조건을 하향조정하였다. 로이드 조지는 이에 대해 독일의 기여금이 영국보다 높다는 논리로 설득하였다(Levine, 1988 : 145). 이와 같이 로이드 조지는 자신의 정치력과 설득력을 사용하여 국민보험법에 반대하는 모든 이익집단들의 마음을 돌려놓았으며, 이익집단들도 이 제도에 의해 자신들이 이익을 볼 수 있다는 생각에 국민보험법에 지지를 보냈다.

이와 같이 로이드 조지는 노동당, 노동조합평의회(Trade Union Congress, TUC), 보수주의자, 의사, 공제조합 등 모두로부터 건강 및 실업보험제도에 대한 지지의사를 받아냈다. 그 이유는 각 이익집단들이 이 제도로부터 자기 나름의 이익을 볼 수 있을 것이라는 생각을 하였기 때문이었다. 이것이 미국과 매우 다른 점이었다. 미국에서는 거의 모든 이익집단들이 건강보험이나 실업보험제도를 지속적으로 반대하였다. 그들은 어떤 종류의 사회보험제도도 자기들의 이익에 해로운 것으로 보았다. 미국에는 건강보험이나 실업보험의 도입을 주장하는 루즈벨트(Theodore Roosevelt)라는 로이드 조지와 견줄 수 있는 정치인이 있었지만 각 이익집단들의 반대를 극복할 수 없었다.

3. 복지국가의 건설 : 1940~1975년

1948년 7월 5일은 영국 복지국가의 두 가지 토대라고 할 수 있는 사회보장제도와 국민보건서비스에 관한 법령들이 효력을 발생하게 되었기 때문에 영국 복지국가가 탄생한 날로 알려져 있다. 즉, 가족수당법(1945), 재해보험법(1946), 국민보험법(1946), 국민보건서비스법(1946), 그리고 국민부조법(1948)이 1948년 7월 5일 전면적으로 시행되면서 영국에서 복지국가가 출범하게 되었다. 그러면 영국에서 복지국가가 출범하게 된 상황적 배경은 무엇이 있으며, 복지국가가 지닌 사회복지 내용은 어떤 것들이 있는가? 여기에서는 이러한 내용들을 살펴보자.

1) 영국 복지국가 건설의 배경

(1) 전쟁

영국은 제2차 세계대전이 끝나면서 복지국가의 길로 들어섰다. 사실 전쟁은 막대한 경제적 손실을 초래하기 때문에 경제적 관점에서 보면 전쟁은 복지국가 건설에 있어 긍정적인 요소는 아니었다. 그러나 전쟁은 복지국가 건설에 대한 국민들의 열망을 기대하게 했다.

1950년대와 1960년대 영국의 사회정책을 주도했던 티트머스(R. Titmuss, 1958)는 그의 저서 『복지국가에 관한 시론(Essays on the Welfare State)』에서 "제2차 세계대전이 영국 국민 사이에 전례 없는 사회적 연대감을 조성하고, 이것이 그들로 하여금 평등주의적 정책과 집단주의적 국가 개입의 대폭적인 확장을 받아들이게 했으며, 국가 지도자들도 복지국가 건설에 대한 확실한 보증을 해주는 것이 높은 사기와 민족적 단결을 유지하는 데 있어서 중요하다는 사실을 인지했다"라고 주장했다.

빅 조지(Vic George, 1968)도 오랜 전쟁에 지친 각국 정부는 전쟁이 끝나면 세상이 좀 더 살기 좋고 편안해져야 한다는 합의에 도달해 있었다고 주장했다. 예를 들면, 1940년에 발표된 '대서양헌장 제5조'는 "전쟁이 끝난 뒤 국제연합

회원국의 경제정책 목표는 만인에게 보다 나은 노동기준을 제공하고 경제 진보와 사회보장을 제공해야 한다"고 천명했다. 또한 미국의 프랭클린 루즈벨트 대통령은 1941년 1월 4일에 발표한 연두교서에서 "전후 세계는 4대 자유[34]에 기반을 두어야 한다"라고 주장했는데, 이는 미국뿐 아니라 유럽에도 큰 영향을 미쳤다(이정우, 2116 : 13).

뿐만 아니라 전쟁에 국가가 개입하면서 국가개입을 강조하는 케인스주의는 전쟁 중에 이미 자유방임의 자본주의를 대신할 대안적인 경제관리 방식으로 등장했다. 또한 거의 대부분의 국민을 직·간접적으로 전쟁에 동원했던 제2차 세계대전의 총력전적 성격은 국민들을 전쟁에 동원한 반대급부로서 복지에 대한 기대를 가지게 했다(송규범, 1983 : 215).

이러한 상황을 반영하듯 영국 복지국가를 건설하는 데 기초 자료가 된 베버리지보고서를 탄생시킨 베버리지위원회는 전쟁 중이었던 1941년 6월 발족했다.

(2) 국민들의 복지국가 건설에 대한 전폭적 지지

제2차 세계대전을 겪은 영국 국민들은 피폐된 공동체문화를 재건하려는 열망을 복지국가에 대한 지지로 나타냈고 이는 강력한 정치적 힘을 갖게 되었다. 베버리지보고서는 막대한 국가재정이 투입되는 계획이지만 이러한 사회적 요구와 정치적 합의에 의해 추진된 것이었다(김인춘, 2012 : 167).

(3) 경제호황

영국이 복지국가를 건설하고 뒤이어 발전이 계속될 수 있었던 것은 경제적 기반이 있었기 때문에 가능했다. 영국은 1950년대와 1960년대 유례없는 경제호황을 누렸다. 그 이유는 영국은 전쟁에 참전하였으나 독일, 이탈리아, 프랑스, 일본과는 달리 본토가 전쟁에 휘말린 적이 없었기 때문에 쉽게 복구가 가능했고, 이들 국가들의 일시적 후퇴에서 반사적 이익을 얻었기 때문이었다. 뿐만 아니라 전쟁 후 국제경제의 팽창과 무역의 증대로부터 경제적 이익을 얻었다.

34) 루즈벨트가 말한 4대 자유는 언론의 자유, 신앙의 자유, 궁핍으로부터의 자유, 그리고 공포로부터의 자유이다.

(4) 높은 고용률과 젊은 인구 구조

제2차 세계대전이 끝난 후 영국에 찾아온 경제호황은 높은 고용률을 가능하게 했다. 또한 1940년대에서 1970년대 중반에 이르는 기간 동안 영국 인구는 노년층보다 젊은 층이 많아 활력 넘치는 인구구조를 지니고 있었다. 높은 고용률과 젊은 인구 구조는 높은 수준의 복지국가를 유지하는 데 필요한 재정을 마련할 수 있는 구조를 제공했다.

2) 영국 복지국가의 건설

(1) 보편적 복지국가 건설의 바탕이 된 베버리지보고서

① 베버리지보고서 발간 배경

1941년 4월 영국 정부는 "산재보험 및 기타 국가보험과 그 관련 서비스의 상호 관계를 비롯한 실태를 조사하고 필요한 권고를 제시할 것"을 임무로 하는 위원회를 발족시켰고, 그 위원장에 영국의 사회보장 체계에 대해 비판적 입장을 취해왔던 윌리엄 베버리지(William Beveridge)[35]를 임명했다. 베버리지는 전쟁 중이던 1942년 이 위원회의 업적을 정리하여 「사회보험과 관련 제반 서비스에 관한 보고서(Social Insurance and Allied Services)」를 발간했다.

베버리지보고서는 발간되자마자 엄청나게 인기가 좋아 추운 겨울 날씨[36]에도 시민들이 이 보고서를 구매하기 정부간행물 출판사 앞에 장사진을 쳤으며, 1944년까지 20만 부가 팔렸다(이정우, 2016 : 14).[37]

35) 베버리지는 1919년에서 1937년까지 시드니 웹과 베아트리스 웹 부부가 창설한 런던정경대학(London School of Economics and Political Science)과 옥스퍼드대학교 유니버시티 칼리지(University College) 학장을 지낸 뒤 정부에 들어가 노동부에서 근무했는데 당시 노동부 장관 어니아린 베번(Aneurin Bevin)과 사이가 나빴다. 베버리지는 1941년 영국의 사회보장을 총괄하는 위원회의 위원장으로 임명되었지만, 처음에는 베번 장관이 자신을 노동부에서 쫓아내기 위해 위원장으로 임명했다고 크게 화를 내고 일을 하지 않았다. 그러다 영국 복지국가의 청사진을 그려야겠다고 마음을 정리하고 위원회 활동에 전념한 결과 영국 복지국가의 초석이 된 「베버리지보고서」를 발간하고 하루아침에 유명인사가 되었다. 이 보고서는 원래 11개 부처의 공동 작업으로 기획되었고, 보고서 내용도 실제로 정부의 공동 작업으로 완성되었으나 보고서가 나온 뒤에는 내용이 너무 혁신적이어서 정부 각 부처가 실행 책임을 뒤집어쓸까 봐 두려워해 모두 발을 빼면서 베버리지 단독 저술로 「사회보험과 관련 제반 서비스에 관한 보고서(Social Insurance and Allied Services)」라는 제목으로 출간되었으며, 이 보고서는 베버리지보고서로 불리게 되었다.

36) 베버리지보고서는 1942년 9월에 완성되었으나 몇몇 각료들이 내용이 너무 혁명적이라는 이유로 반대하여 12월까지 발간이 연기되었다.

37) 대중적이고 극적인 국면전환에 천부적인 재능을 지닌 윈스턴 처칠 수상은 베버리지보고서를 발표하는 시점을 북아프리카 사막 전투의 전환점이 된 엘 알라메인(El Alamein) 전투 몇 주 후인 1942년 12월 크리스마스 직전으로 택했다. 처칠은 승리를 기념하

② 베버리지보고서의 내용

㉠ 궁핍의 제거 : 베버리지의 목적은 '5대 거악(five giant evils)'의 일소였다. 베버리지가 말하는 '5대 거악'은 궁핍(want), 질병(disease), 무지(ignorance) 불결(squalor), 그리고 실업(idleness)이었다. 이 중에서 베버리지는 궁핍을 가장 시급한 문제로 보았다.

궁핍을 추방하기 위해 베버리지위원회는 먼저 궁핍의 원인을 진단하는 작업부터 시작했는데, 그 결론은 모든 궁핍의 3/4에서 5/6가 근로소득 능력의 중단이나 상실에서 오는 것이며, 나머지 1/4에서 1/6은 소득은 있지만 그것이 가족 수와 균형을 유지하지 못하는 데에서 기인한다는 것이었다. 따라서 궁핍을 추방하기 위해서는 무엇보다 소득 능력의 중단이나 상실에 대한 대비책이 필요했다. 즉, "실업, 질병, 재해 등으로 중단된 근로 소득에 대신할 소득, 노령과 퇴직에 대처할 소득, 타인의 사망으로 인한 부양자 상실에 대처할 소득, 그리고 출생, 사망 및 혼인 등으로 인한 예외적 비용을 충당하기 위한 소득의 보장"이 필요하며, 베버리지는 이것을 사회보장이라는 용어로 표현했다(송규범, 1983 : 220). 다음은 베버리지보고서의 일부이다.

> 점증하는 번영과 임금의 상승은 궁핍을 감소시켰으나 궁핍을 없애지는 못했다. 우리가 얻는 교훈은 번영을 보다 폭넓게 전파하는 새로운 수단이 필요하다는 것이다. 사회보장 계획은 바로 이러한 목적을 충족하기 위해 고안되었다(Beveridge, 1942 : 166; 이정우, 2016 : 15).

그래서 베버리지보고서는 한마디로 표현하면 궁핍에 대한 공격이며, 그 핵심적인 내용은 국민최저선의 보장이었다. 즉, 영국 시민의 어느 누구도 국민최저선의 아래로 떨어지도록 내버려 두지 않도록 최저한의 생활수준을 모든 사람에게 확보해 줌으로써 빈곤을 추방하는 것이었다.

기 위해 모든 교회의 종을 울리도록 명령했다. 1939년 9월 이후 영국에서는 독일 침공 시를 제외하고는 교회 종소리가 울리지 못하도록 되어 있었다. 승리가 가능하고 전쟁이 끝나고 평화를 위한 계획을 열성을 가지고 준비하기 시작하던 절묘한 시기에 베버리지보고서는 발표되었다(Jones, 2000 : 112).

베버리지는 사회보험과 관련 프로그램들을 '궁핍에 대한 공격'으로 규정하고, 이를 '사회진보를 위한 포괄적인 정책'의 일부로 간주했다. 그는 자신이 세운 계획이 실현 가능하다는 점과 기본적으로 옳다는 점을 확신하고 있었다. 그는 "분명히 궁핍의 제거가… 우리의 수중에 들어 있다"고 술회하였다. 나아가 그는 이것이 경제성장을 통해 자동적으로 성취될 수 없다는 자신의 확신을 다음과 같이 밝혔다. "궁핍의 제거를 위해서는 사회보험과 가족 욕구 충족을 통한 이중의 소득 재분배가 필수적이다."(Beveridge, 1942 : 6-7; Rimlinger, 1971 : 149).

ⓒ **국민최저선 설정** : 베버리지보고서의 핵심 사상은 국민최저선 개념이다. "사회보험은 생존에 필요한 최저한의 소득을 보장해 주는 데 목표를 두어야 한다." 이것이 바로 궁핍으로부터의 자유에 대한 사회권의 기본적 차원이다.

ⓒ **동일 기여와 동일 급여** : 베버리지의 접근방법은 대다수 국가들에서 널리 받아들여졌던 접근방법과 달랐는데, 그것은 급여의 수준이 대상자의 과거 기여나 소득에 따라 결정되기보다는 전적으로 급여를 제공하는 사회적 목적에 의해서만 결정되었다는 점이다.[38)]

그래서 베버리지는 소득수준과 관계없이 동액기여(flat rate contribution)와 동액급여(flat rate benefit)를 내용으로 하는 사회보험체계를 권고하였다. 동액기여의 원칙은 보험의 원리와도 밀접하게 관련되는데, 소득의 고하를 막론하고 누구나 똑같은 기여금을 내야 한다는 것이다. 이것은 첫째 원칙이 받아들여진 이상 형평의 논리에 의해 당연히 따라 나오는 것으로서, 부자이든 가난한 사람이든 모두 똑같이 내고 똑같이 받는다는 정신이다.[39)] 동액급여의 원칙은 실업이나 질병 혹은 퇴

38) 독일의 사회보험제도는 과거의 기여나 소득에 따라 급여의 크기가 정해진다. 그래서 에스핑 앤더슨(1990)은 독일 사회보험제도는 계층화를 유지하는 수단이 된다고 주장했다.

39) 균일기여의 원칙은 전쟁 기간 동안 크게 조성된 보편주의 정신의 반영으로 평등의 상징이었지만, 균일기여의 역진적인 성격은 사회보장제도의 소득재분배 기능을 제한하는 문제를 지니고 있었다. 사회보험 기금은 세 가지 재원으로 조달된다. 피고용자가 납부하는 보험료, 고용주가 납부하는 보험료, 그리고 국가에서 부담하는 보조금이다. 기여금은 저소득층들에게는 큰 부담이었기 때문에 기여 수준을 올림으로써 급여 수준을 올리는 것은 불가능했다. 보험 수리상 급여 수준은 기여 수준에 의해 결정될 수밖에 없는데, 기여가 균일하기 때문에 최저소득의 노동자가 부담할 수 있는 선에서 기여 수준이 고정될 수밖에 없다. 이렇게 기여

직으로 인한 사회보험 급여는 그것을 받는 사람의 이전 근로 소득의 크기와는 관계없이 모든 사람에게 동일하게 제공되어야 한다는 것이다. 이 원칙은 사회보장의 기본 목표가 소득 상실 이전의 생활수준을 유지해 주는 데 있는 것이 아니라, 기본적 필요를 만족시키는 최저생활을 확보해 주는 데 있기 때문이다.

베버리지는 "가난하든 부자이든 모든 피보험자들이 동일한 보장을 받기 위해서는 동일한 기여를 해야 한다. 그래야 보다 많은 여력을 가진 사람들은 보다 많은 세금을 납부할 것이고, 따라서 부자들은 사회보험재정에 더 많은 기여하게 될 것이다"고 보았다(Rimlinger, 1971 : 149-150).

㉣ **보편성** : 사회보험의 보편성의 원칙이다. 사회보험의 보편성이란 실업, 노령, 질병, 재해와 같은 사회적 위험은 어떤 사람에게도 닥칠 수 있는 위험이기 때문에 모든 사람이 사회보장의 대상이 되어야 한다는 것이다. 이러한 공통적 사회적 위험에 대한 대비는 개인적으로 하는 것보다 사회적으로 대처하는 것이 더 효과적이기 때문에 모든 사람이 보호 대상자가 된다는 것을 의미한다. 즉, 위험에 많이 노출될 수 있는 취약계층뿐 아니라 모든 국민이 사회보험의 대상자가 되어 보험료를 납부하고 위험이 발생하면 사회보장의 혜택을 받게 된다(George, 1968 : 29-31; 송규범, 1983 : 221-224).

㉤ **충분한 급여** : 충분한 급여(adequate benefits)를 제공한다는 것은 사회보험 급여는 그 액수나 기간에 있어서 충분한 정도로 제공되어야 한다는 것이다. 베버리지가 판단할 때 전쟁 전에 지급된 각종 보험급여나 연금은 모두 적절한 수준에 미달하는 것이었으며 따라서 급여율은 상향 조정되어야 한다고 보았다. 또한 지급기간에는 한계가 있어서는 안 되며 급여는 실업이나 질병 등 지급사유가 지속되는 한 무기한 제

수준에 한계가 있어 그에 따라 급여 수준에도 한계가 있을 수밖에 없는데, 이것은 결국 사회보험제도를 통해 국민최저선을 달성하려는 베버리지의 기본 목표를 위협하는 결과를 가져왔다. 이 균일기여의 원칙은 전후 노동당 정부하의 입법 과정에서 전혀 반대가 없진 않았지만 그대로 채택되었으며, 1960년대 보수당에 의해 소득연계제와 병행하여 운영되다 1975년에 최종적으로 폐지되었다(송규범, 1983 : 221-224).

공되어야 한다고 주장했다(George, 1968 : 29-31; 송규범, 1983 : 221-224).

ⓑ **포괄성** : 포괄성(comprehensiveness)이란 사회보험은 일반적인 궁핍을 모두 포괄하여야 한다. 따라서 실업, 질병, 노령 등의 모든 위험이 포함되어야 할 뿐 아니라 과부나 고아와 같이 부양자 상실의 위험, 장례 · 혼인, 출산 등과 같은 특별지출의 경우 등도 모두 단일한 사회보험 안에 포함되어야 한다. 그뿐 아니라 사회보험은 특정 계급이나 직업집단에 한정되어서는 안 되며 포괄적이어야 한다.

포괄성의 원칙은 사회보험이 그 적용 인구에 있어서나 욕구에 있어서 그 범위가 포괄적이어야 한다는 것이다. 베버리지보고서에서 제시된 원리나 사상은 이미 구빈법 소수파 보고서에서 이미 제시된 것으로 볼 수 있다. 주요 욕구의 원인과 그 각각에 대한 조치는 <표 4-1>에 나와 있다. 이들은 부스와 라운트리의 빈곤원인에 대한 작업의 연장이라고 할 수 있다(Jones, 2000 : 109).[40]

〈표 4-1〉 **여덟 가지 주요 욕구의 원인에 대한 베버리지의 제안**

욕 구	조 치
실업	실업급여
장애	장애급여 혹은 산업연금
생업상실	훈련급여
은퇴	은퇴연금
여성의 결혼	결혼지원금, 분만지원금
	분만수당, 분만급여
	과부급여, 보호자급여
장례비용	장례지원금
아동기	아동수당
질병, 장애	의료치료와 재활

출처 : Jones(2000).

40) 시봄 라운트리는 베버리지에게 많은 조언을 하였다.

㉦ **행정책임의 통일** : 베버리지보고서의 마지막 중요한 특징은 조직구조에 관한 것이다. 여기서 강조되는 것은 국민적 연대성 가치와 시민의 권리로서의 보호라는 가치가 중요한 역할을 수행했다. 베버리지는 영국의 문제는 더 이상 빈민이나 노동자를 보호하는 문제가 아니고 시민보호의 문제라고 보았다. '서로 나란히 서 있는 시민'이라는 사고방식이 전쟁 중에는 특별한 의미를 지니고 있었고, 전쟁이 끝난 뒤에는 주요한 주제가 되었다. 그것은 개인주의적 자조의 사고방식뿐만 아니라 의존과 보호라는 계급 지향적 사고방식을 대치하게 되었다는 것을 의미한다. 베버리지에 있어서 국민적 연대성은 논리적으로 사회보험 위험 분산과 보상에 대한 국민적인 위험 분산과 직결되는 것이었는데, 이것은 역사적으로 사회보험체계에 공제조합을 끌어들임으로써 발생한 다양한 정과 급여로 이루어진 다수의 개별 기금방식과는 반대되는 하나의 중앙기금과 전국적으로 통일된 급여를 의미했다(Rimlinger, 1991 : 152).

사실상 영국에서는 기존의 사회보험과 그와 관련된 각종 사업은 여러 상이한 중앙 부처, 지방, 그리고 각양각색의 공인된 조합들에 의해 운영되고 있어, 각 기관마다 상이한 원칙과 절차에 따라 처리되고, 자금과 노력의 낭비도 많았다. 베버리지는 사회보장청을 신설하여 모든 기능을 하나로 흡수·통합하여 운영하고, 그 산하에 지방마다 보장국을 두어 모든 피보험자를 관리하도록 건의했다. 기여 면에서도 모든 가입자는 단일 증서에 주 1회 인지를 첨부함으로써 모든 종류의 급여를 다 받을 수 있게 했다. 또한 모든 기여금은 단일한 사회보험 기금에 불입되어 모든 급여는 이 기금에서 제공되도록 했다(George, 1968 : 29-31; 송규범, 1983 : 221-224).

③ **베버리지보고서의 정치·사회적 의의** : 베버리지는 그의 보고서에서 다음과 같이 말하고 있다(이해영·한승수, 1980 : 25).

> 이 사회보험의 계획은 사회정책의 일반계획의 일부로서 제출되었다. 그것은 다섯 가지의 거대한 악에 대한 공격의 일부일 뿐이다. 즉, 사회보장 계획이 직접적으로 관여되고 있는 물질적 궁핍에 대한 공격, 흔히 그 궁핍의 원인이 되며 그에 따른 다른 많은 문제를 초래하는 질병에 대한 공격, 어떠한 민주주의도 그 시민들 사이에 존재하는 것을 허용하지 않는 무지에 대한 공격, 주로 무계획한 공업과 인구의 분포에서 나타나는 불결에 대한 공격, 그리고 부를 파괴하고 사람들이 다소 잘 살든 그렇지 않든 간에 그들을 부패하게 하는 나태에 대한 공격, 이 다섯 가지의 거대한 악에 대한 공격의 일부일 뿐이다. 비단 물질적인 궁핍에 대해서 뿐만 아니라 모든 형태에 있어서의 이 다섯 가지 악에 대한 안전보장을 추구함에 있어서 또 이 안전보장은 그들 자신의 생활을 위한 개인의 자유와 책임, 진취적 정신으로써 획득될 수 있다는 것을 보임으로써 영국사회와 다른 곳에서 영국의 전통을 계승하고 있는 사람들은 인류의 진보를 위해 제공할 수 있는 지극히 중요한 봉사를 하는 것이다.

이러한 베버리지의 언급에서 유추해 볼 수 있는 정치사회적 의의는 다음과 같이 요약할 수 있다(유은상, 1994 : 168-171).

첫째, 베버리지보고서는 인간적 삶을 파악함에 있어서 어느 한 단편적인 부문만을 강조하고 부분을 전체로 과장하지 않고 다면성과 다원성을 솔직히 시인하고 있다는 점이다. 사회적 유토피아를 제시하는 자들은 보통 어떤 한 가지 요인에 전체가 의존하는 것으로 말하며, 일면의 변화를 통하여 전체적 개선을 공언하고 있다. 예를 들면, 마르크스주의자들이 말하는 생산수단의 공적 소유를 통한 공산사회의 유토피아 약속을 들 수 있다. 베버리지보고서는 궁핍이라는 환경적 요인 외에도 질병이라는 육체적 요인, 무지라는 지식적 측면, 나태라는 의지적 측면 등 다면적 투쟁, 다면적 치유의 노력의 경주를 통해 사회를 개선하려고 했다.

둘째, 베버리지보고서는 누적된 영국 전통의 집결체라는 점이다. 19세기에 이미 제정된 여러 가지 입법조치들은 논외로 한다 하더라도 20세기 초에 자유당의 집권기간 동안 이루어졌던 영국의 중요한 개혁들을 베버리지보고서에 담았다. 1906년의 급식제공, 1907년의 보건의료서비스, 1908년의 노령연금, 1908년의 탄광에서의 8시간 노동시간 규제, 1909년의 노사협의, 1909년의 도시계획 및 주택, 1909년의 직업소개소법, 그리고 1911년의 건강 및 실업보험

등과 같은 일련의 개혁들이 베버리지보고서의 초석으로 자리 잡았다.

셋째, 베버리지보고서는 모든 시민에게 기여제 사회보험제도를 통해 생존에 필요한 기본적 욕구를 충족시켜 주었다는 것이다. 기여제 사회보험제도하에서 누구든지 낙인감을 느끼지 않고 자산조사 없이 권리로서 급여를 받을 수 있었다. 사회보험의 급여는 자선이나 시혜 성격이 아닌 자신의 기여에 대한 반대급부였다. 베버리지보고서가 영국 국민들의 환영을 받을 수 있었던 것은 급여의 이러한 권리 성격 때문이었다.

넷째, 베버리지보고서를 통하여 국민적 통합이 시도되었다. 가진 자와 가지지 못한 자로 나누어진 채 심각한 계급 간 갈등의 위협이 존재하던 당시 복지국가의 설계도는 계급 간 대립을 완화시키고 국민적 통합에 기여하였다. 종전의 구빈법 체계 속에서 사회부조의 수혜자들이 무능력의 빈민으로 멸시를 받았던 것과는 대조적으로 사회복지급여의 수급이 동등한 사회적 구성원으로서의 정당한 권리를 행사하는 것으로 받아들여졌다. 즉, 가난한 사람들을 자선의 대상이 아니라 사회적 구성원으로서 인식하게 되므로 베버리지보고서는 국민적 통합에 이바지하였다.

④ 베버리지보고서에 근거한 입법

베버리지보고서는 전후 영국 복지국가의 토대가 되었다.[41] 베버리지보고서 발표 후 1945년 총선에서 노동당이 단독 집권하면서 1948년까지 사회보장 체계를 완성하게 되었다. 제2차 세계대전 후 영국은 완전고용의 사회와 인간다운 사회를 실현시킬 복지국가를 최우선적으로 추구하게 되었다. 1945년 선거에서 압승한 노동당 정부는 베버리지보고서에 기반하여 1944년 교육법(Education Act), 1945년 가족수당법(Family Allowances Act), 1946년 국민보험-산업재해-법

41) 베버리지보고서가 발간된 이후 대중지들은 '요람에서 무덤까지(from the cradle to the grave)'라는 신조어를 만들어 사회보장을 이야기하기 시작했다. 베버리지보고서는 더 평등한 영국을 위한 청사진이며, 전쟁의 상처를 치유할 수 있을 것이라고 믿어지면서 베버리지는 영국의 국민적 영웅이 되었다. 그러나 베버리지는 자신이 원하는 대로 정책이 실행되지 않는 것에 대해 회의를 느꼈다. 베버리지는 자신의 자서전인 『권력과 영향력(Power and Influence)』에서 "자신은 영국 전역에서 인기를 얻었으며 국제적으로 명성이 높아지면서 영국 국민과 영국 외의 자유세계가 베버리지보고서를 접하고 환호하고 있을 때 막상 영국정부는 자신을 무시했으며 배척했다"고 기술했다. 또한 베버리지는 "정부 내에서 자신을 지지하는 사람은 공보부장관인 브렌던 브락켄(Brendan Bracken)뿐이었으며, 이전에 같이 근무한 동료직원의 협조를 요청했을 때 정부는 이러한 요청을 거부했으며, 심지어 처칠 수상은 자신의 면담요청조차 거부했다"고 기술했다. 그래서 베버리지는 자신을 기차와 달리기 시합을 하는 어린아이로 비유했다(Jones, 2000 : 113-114).

(National Insurance-Industrial Injuries-Act), 1946년 국민보건서비스법(National Health Services Act),[42] 1948년 국민부조법(National Assistance Act), 그리고 1949년 주택법(Housing Act)을 제정했다.

교육법으로 16세까지 무상교육이 제도화되었고, 국가연금제도 및 실업급여제도가 완성되었다. 또한 사회민주주의 체제로 불릴 수 있을 만큼 보편적이고 포괄적인, 국가재정(조세)에 의한 의료보장제도로 전 국민에게 무상으로 의료서비스를 제공하게 되었다. 또한 주택법에 따라 지방정부를 중심으로 공공주택을 대대적으로 보급해 주거복지를 보장했고, 보편적 아동수당제도를 도입했다. 1950년대 공공주택은 전체 주택의 40%에 달해 서유럽 복지국가 중 주거의 탈상품화 수준이 가장 높았다(김인춘, 2012 : 154).

또한 1948년 국민부조법에 제정되면서 1601년에 제정되어 산업혁명 기간을 포함하여 347년간 지속되었던 엘리자베스구빈법은 공식적으로 폐지되고, '요람에서 무덤까지'로 일컬어지는 소득보장 체계가 마련되었다.[43]

1930년대 사용되었던 '공공부조(public assistance)'라는 용어는 급여지급이 처벌로 간주되는 편견을 없애려는 노동당 정부의 의중에 따라 채택되지 않았다. 전시의 부조국(Assistance Board)은 새로운 조직인 국민부조국(National Assistance Board)로 대체되었다. 국민부조국은 최저생존수준(minimal subsistence level)에서 수혜자를 유지시키는 것뿐만 아니라 적극적으로 가난한 사람들의 복지를 추진하려 했다. 국민부조는 수혜자가 인간이고 영국에 거주해야 한다는 것 외에는 어떤 조건도 달지 않았다(Jones, 2000 : 120).

⑤ 전문사회사업의 발달 : 복지국가의 여섯 번째 장치

베버리지보고서 발표 이후 진행된 영국 복지국가의 형성은 다섯 가지 유형의 제도(사회보험, 공공부조, 국민보건서비스, 교육, 주택)를 기초로 진행되었다. 그러

42) 영국 의료서비스의 대명사로 일컬어지는 NHS 도입을 규정한 국민보건서비스법의 도입으로 인해 로이드 조지가 도입한 1911년 국민건보험법은 공식 폐지되었다.

43) 국민부조법은 사회보험제도에 의해 보호받지 못하는 가난한 사람들을 위해 도입되었다. 이 법은 '현존하는 구빈법을 종식시키는 법(An Act to terminate the existing Poor Law)'이라는 부제가 붙어 있으며, 제1장은 '현존하는 구빈법은 효력을 정지한다(The existing Poor Law shall cease to have effect)'로 시작하고 있다.

나 1950년대 들어 이러한 다섯 가지 유형의 제도만 가지고는 부족하다는 주장이 제기되기 시작하면서 복지국가가 되기 위한 여섯 번째 장치인 전문사회사업에 대한 요구가 증가하기 시작했다.

종전 직후에 런던정치경제대학(LSE)의 에일린 영허스번드(Eileen Younghusband)는 전문사회사업이 유용하나 아직 전문직종이 되지 못하고 있다는 두 개의 보고서를 발간한 적이 있는데, 이 보고서에는 의료사회복지사, 정신의학사회복지사, 보호관찰관, 아동보호관은 각각 별도의 과정에서 교육을 받아 서로 의사소통이 되지 않고 있다는 내용도 들어 있었다. 또한 당시 사회사업 분야에 종사하는 사람들은 저임금을 받고 있었으며 자격증도 없었다. 이러한 분석을 바탕으로 사회사업교육을 위한 첫 번째 과정이 1954년 런던정치경제대학에 설치되었다(Jones, 2000 : 142-143).

⑥ 베버리지보고서의 한계

베버리지보고서는 전후 영국의 복지국가 청사진을 제시한 것으로 큰 의미를 지니고 있지만 사회보장을 소극적으로 해석했다는 비판이 있다. 베버리지보고서는 사회보험은 궁핍에 대한 공약일 뿐, 질병, 무지, 불결, 나태까지 해결할 수 있는 것은 아니기 때문에 사회보험의 조직은 사회진보를 위한 포괄적인 정책의 한 부분으로 간주했다. 베버리지는 사회보장의 본질을 소득보장으로 보았는데, 사회보장의 일부라고 볼 수 있는 아동수당, 보건의료서비스, 사회복지서비스를 소득보장의 전제로 보아 사회보장을 소극적으로 해석했다고 볼 수 있다.

또한 베버리지보고서는 사회보장에 있어 국가의 역할도 중요하지만 국가가 사회보장을 조직하는 데에 있어 개인의 인센티브나 기회 그리고 책임감을 저해하지 않고 개인이 국민최저선을 초과하는 여유 있는 삶을 영위하기 위한 자원활동을 장려할 수 있는 여지를 남겨두어야 한다고 하여 사회보장에 있어 개인과 민간의 책임을 강조했다.

베버리지는 사회보장제도에 의해 제공되는 것은 단지 최저한의 생활을 보장해 주는 것이고 어떤 수준 이상의 생활을 영위하고 싶으면 각 개인이 노력해야 한다는 점을 강조했다. 이런 점에서 보면 베버리지는 자신도 인정했듯이 자유주의자였다. 베버리지가 제시한 국민최저선 원칙은 개인적 검약과 개인의 책임과 공동체의 책임의 결합을 염두에 둔 것이었다. 기여제인 사회보험을 통해 사회보장을 확립하겠다는 것도 자유주의적인 신념의 반영으로 볼 수 있다.

이런 점을 반영하듯 베버리지는 1948년 도입된 국민부조법의 기능은 최소한이 되기를 원했다. 국민부조법은 여러 가지 이유로 국민보험제도에 포함되지 못하거나 보험급여가 불충분한 사람들을 원조하기 위한 공공부소를 규정한 법이었다. 베버리지는 사회보험제도가 그 기능을 충분히 발휘하게 되면 국민부조법은 유명무실한 법이 되기를 기대했다. 그러나 실제로는 인플레이션으로 인해 보험급여 수준이 생계비를 충분히 보장하지 못하는 상황이 되어 국민부조의 기능은 오히려 더 중요시되었다. 그래서 국민부조법 시행 초기에는 수혜자의 수가 80만 명 정도였으나, 1950년 말에는 135만 명으로, 1954년에는 180만 명, 1962년에는 200만 명으로 증가했다. 또한 국민부조 수혜자 중에서 상당수는 보험급여 수급자였다(Pollard, 1962 : 399; Bruce, 1961 : 325; 송규범, 1983 : 233).

이러한 한계에도 베버리지보고서는 국민최저수준을 확립하고, 새로운 급여(장려수당)를 창출하고, 선별적인 급여를 보편화시켰다. 이후 영국의 사회복지는 전후 세계경제의 유례없는 호황국면에 힘입어 더욱 확대된다. 노령연금, 의료보험, 산재보험, 실업보험, 아동수당, 국민부조 등 사회보장제도의 수혜범위와 급여수준이 확대되고 행정적으로 체계화되었다. 특히 1951년부터 1973년까지는 영국 복지국가의 황금기였다. 이 기간 동안 영국의 연평균 실업률은 1971년과 1972년에 3%를 초과하였을 뿐 완전고용에 가까웠고, 소매물가의 연평균 상승률도 4.6%에 지나지 않았다. 국내총생산도 증가하여 사회복지를 위한 공공지출을 가능하게 했다.

(2) 빈곤의 재발견

미국 편에서 기술하겠지만 미국은 풍요로운 미국이 있는 반면 빈곤한 미국도 있으며, 빈곤한 미국은 보이지 않는 빈곤이라는 내용의 해링턴(Harrington)의

『또 다른 하나의 미국(The Other America)』이 1962년 출간되면서 미국의 빈곤정책 수립에 영향을 미쳤다.

1960년대 영국에서도 빈곤이 사회정책의 주요 주제로 등장했다. 영국에서의 빈곤의 재발견을 주도한 학자는 웨드번(Dorothy Wedderburn), 아벨-스미스(Brian Abel-Smith), 그리고 타운젠드(Peter Townsend)였다. 아벨스미스와 타운젠드가 1965년에 출간한 저서 『빈자와 극빈자(The Poor and the Poorest)』는 영국 사회에 많은 영향을 미쳐 사회보장정책을 베버리지보고서 이후 처음으로 정치의제로 등장시켰다.

1966년 런던정치경제대학의 페이비언사회주의 학자인 피터 타운젠드(Peter Townsend)와 브라이언 아벨-스미스(Brian Abel-Smith)는 빈곤연구 결과인 『빈자와 극빈자(The Poor and The Poorest)』를 발간했다. 이 저서는 베버리지보고서의 발간 이후 실행되었던 여러 가지 사회복지 관련 입법으로 사회는 풍요로워졌지만 저임금과 공공부조를 받고 있는 사람들은 여전히 빈곤 속에 놓여 있다는 것을 실증적으로 보여주었다. 이러한 주장에 힘입어 압력단체인 아동빈곤대책단(Child Poverty Action Group)은 가족수당과 최저임금 수준이 향상되어야 한다고 강력하게 주장했다(Jones, 2000 : 147).

미국의 민권운동과 케네디-존슨 시대의 '빈곤과의 전쟁'의 영향을 받은 아동빈곤대책단과 저임금 집단(Low Pay Unit)은 페이비언 방식의 연구에 기초하여 빈곤은 정복된 것이 아니며 도움이 필요한 사람들을 위해 더 많은 정책들이 개발되어야 한다는 내용의 유인물들을 계속 발표했으며, TV나 라디오, 일간신문들은 빈곤문제를 계속 보도했다. 시민단체인 '복지권리운동(welfare right movement)'은 전국에 걸쳐 지부를 설치하고 사회복지급여가 필요한 사람들에게 자세한 정보를 제공했다. 또 다른 시민단체인 '법률센터(The Law Centre)'는 법률에 무지한 사람들에게 법률자문을 제공했으며, '저임금집단(The Low Pay Unit)'은 저소득층에 대한 연구를 수행했다(Jones, 2000 : 148).

(3) 사회복지지출의 급증

1948년이 영국 복지국가 탄생의 원년이라면 이어지는 30년 가까운 기간 동안 사회복지지출의 증가가 이어졌다. <표 4-2>에서 보면 1950년에서 1975

년 사이에 GNP에서 차지하는 공공지출(중앙정부와 지방정부를 합한 것을 의미)은 지속적으로 늘어났다. 이 기간 동안 GNP 자체가 연평균 3% 정도 성장했기 때문에 공공지출의 증가는 상대적으로 더 늘어났음을 의미한다.

〈표 4-2〉 영국 공공지출의 상대적 증가(1910~1975)

	사회 서비스	경제 서비스	환경 서비스	국방	할부상환	기타 서비스	합계
1910	4.2	1.8	0.7	3.5	0.9	1.7	12.7
1938	11.3	2.9	1.0	8.9	4.0	1.9	30.0
1955	16.3	3.2	1.1	9.6	4.2	2.1	36.6
1970	23.2	6.1	4.0	5.6	4.6	3.7	47.1
1975	28.0	8.2	4.2	5.6	4.5	4.3	54.7

출처 : Sleeman(1979).

<표 4-3>은 공공지출 중에서 복지서비스가 차지하는 비율을 나타낸다. 이 표에 의하면 공공지출의 증가에는 사회복지서비스의 증가가 크게 기여하였음을 알 수 있다.

〈표 4-3〉 영국 전체 공공지출에서 차지하는 비율로서의 부문별 지출(1910~1975)

	사회 서비스	경제 서비스	환경 서비스	국방	할부상환	기타 서비스	합계
1910	33.1	14.2	5.5	27.6	7.1	13.4	100.0
1938	37.7	9.7	3.3	29.7	13.3	6.3	100.0
1955	44.5	8.7	3.0	26.2	11.5	5.7	100.0
1970	49.1	12.9	8.4	11.9	9.8	7.8	100.0
1975	51.2	15.0	7.7	10.2	8.2	7.8	100.0

출처 : Sleeman(1979).

<표 4-4>는 1955년에서 1976년까지의 전체 공공지출과 GNP에서 사회복지가 차지하는 비율의 변화를 보여준다. 이 표에 의하면 1955년에는 사회복지 지출이 GNP에서 차지하는 비율이 16.3%였으나 1976년에는 28.6%로 급증하였음을 보여준다.

〈표 4-4〉 **영국 전체 공공지출과 GNP에서 차지하는 비율로서의 전체 사회복지지출(1955~1976)**

	전체 공공지출의 %				GNP의 %			
	1955	1965	1975	1976	1955	1965	1975	1976
전체 사회복지	44.9	50.9	51.2	53.9	16.3	20.6	28.0	28.6
전체 공공지출	–	–	–	–	36.4	40.8	54.7	53.1

출처 : Sleeman(1979).

❙그림 4-1❙은 1975년까지 영국의 사회복지제도의 종류에 따른 성장 정도의 다양성을 보여준다. 이 그림은 모든 사회복지영역에서 성장이 있었음을 보여주고 있다.

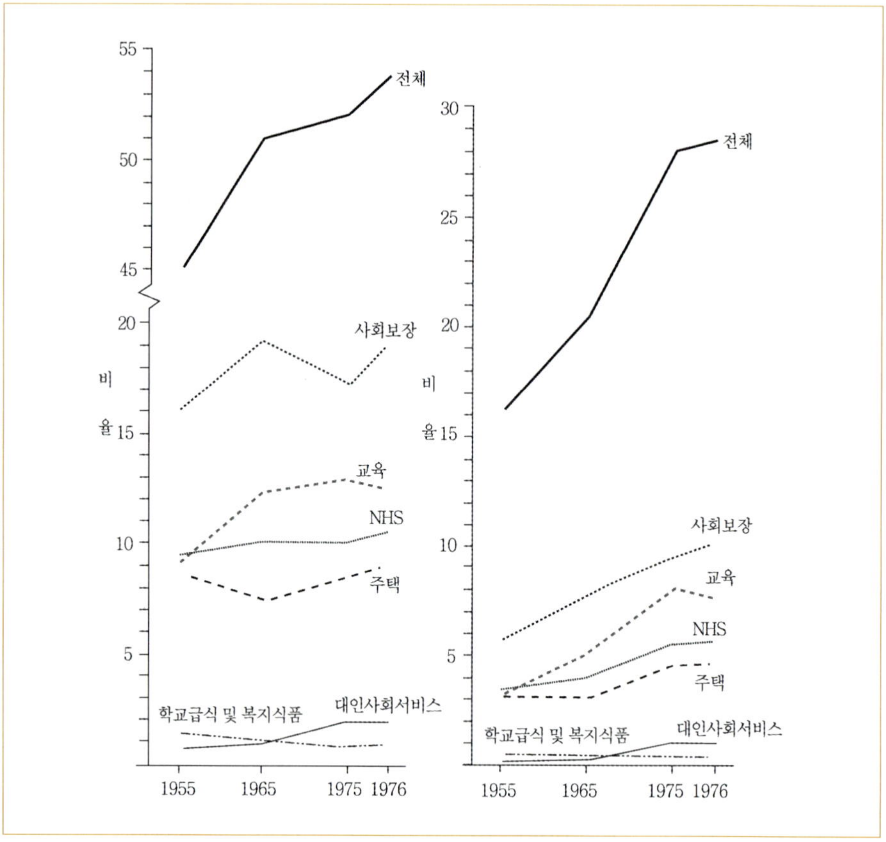

❙그림 4-1❙ **영국 사회서비스 주요 부문 지출의 증가(1955~1976)**

그러나 여기에서 언급할 필요가 있는 것은 이 시기의 사회복지제도의 성장에 필요한 재원은 주로 일반조세라는 것이다. 영국의 경우 사회복지재원은 사회보험기여금(national insurance contribution), 일반조세(직접세와 간접세), 지방세, 그리고 정부로부터 빌려오는 자금이다. 비록 고용주와 피고용인의 보험 기여금이 사회보험 급여지출의 일정 부분을 책임지고 있긴 하지만, 복지비 지출의 상당 부분은 일반조세에서 나왔다. 1960년대 중반에는 지방세와 사회보험 기여금이 차지하는 비중은 각각 16%, 15%에 지나지 않았다(Sleeman, 1979 : 67).

4. 복지국가 위기의 시대 : 1979~1996년

영국 복지국가는 베버리지보고서에 기반한 무상교육과 무상의료로 대표되는 보편적 복지제도로 대표된다. 이러한 보편적 복지제도는 국민들로부터의 광범위한 지지를 바탕으로 정치적 합의에 의한 것이었다. 이러한 영국의 복지국가는 계속 지속될 것으로 보였다. 그러나 1970년대 중반 석유가격의 인상으로 인한 경제위기를 겪으면서 복지국가 위기의 길로 접어들었다. 그러면 경제위기로 인한 복지국가 위기는 어떤 과정을 거치며 진행되었는가?

1) 보수당의 집권과 복지국가 대한 우파의 공격

1970년대 중반의 석유가격의 급등으로 초래된 경제침체는 아무도 예상하지 못한 1930년대 대공황 이후 처음으로 찾아온 경제침체였다. 저성장과 물가상승을 동반하는 스태그플레이션은 일자리를 감소시키고 빈곤을 증가시켰다. 경기침체가 더 가속화되어 가면서 공공 사회복지 지출을 줄여야 하고 복지에 대한 정부의 역할을 다시 정립해야 한다는 목소리가 나오기 시작했다.

특히 우파의 복지국가에 대한 공격은 거세었다. 우파는 자유주의적 경제 이념과 정치 원리에 근거한 비판이 주류를 이루었다. 우파는 복지국가가 국가의 과도한 분배 개입을 가져와 경제의 비효율을 낳는다고 비판했으며, 경제위기의 해결책은 시장의 역할을 회복하는 것이라고 주장했다. 실업과 질병에 대한 집단적인 정책적 대응은 개인의 자율성을 훼손하고 선택의 자유를 억압하므로 복지국가는 개인의 자유를 억압한다고 비판받았다(신광영, 2016 : 52-53).

이러한 상황에서 1978년에서 1979년으로 넘어가는 유난히 추웠던 겨울[44]은 노사분규와 파업의 속출로 사회가 혼란에 빠져들었다. 이런 상황에서 1979년 5월 총선거에서 보수당은 339석을 얻어 268석에 그친 노동당을 누르고 승리하면서 보수당 대처 행정부가 집권했다.[45]

2) 복지국가 공격에 앞장선 대처 행정부의 등장

(1) 과거와의 단절

1979년 보수당 대처(Margaret Thatcher) 행정부의 등장은 영국 사회보장 및 사회복지의 역사에 있어서 전환점을 이루는 사건이었다. 영국의 사회복지 역사를 보면 과거와 단절하면서 한 세대에서 한 세대로 넘어가는 시기가 있었다. 빈민들에게 우호적이었던 스핀햄랜드법에서 억압적이었던 신구빈법으로 넘어가던 1834년이 그러했고, 신구번법에서 탈피하여 복지국가 건설의 기틀을 놓았던 1900년대 초반의 사회개혁이 그러했다. 전후 노동당의 베버리지보고서와 뒤이은 복지국가의 건설도 시대적으로 보면 전환점을 이루는 사건이었다. 극심한 경제침체 속에 집권한 대처 행정부는 베버리지보고서로 지속되었던 보편적 사회정책을 전면 부정했다.

대처 정부는 1970년대 경제위기에 대응해 과거와 단절하면서 노조 약화, 인플레이션 억제, 전후 타협 체제의 해체, 복지국가의 축소 및 재편 등을 추진했다. 또한 국가의 경제개입을 축소하고 탈규제로 시장을 활성화하는 신자유주의 정책을 대대적으로 채택했다. 영국은 국가의 책임, 강화된 규제, 확대된 사회보장제도 등을 비판하면서 1945년에서 1970년대 중반에는 세계에서 가장 먼저 복지국가로 불렸으나 1980년대에는 복지국가를 가장 먼저 후퇴시킨 국가가 되었다(김인춘, 2012 : 180).

44) 영국에서 1978~1979년 겨울은 '불만의 겨울(winter of discontent)'로 불린다.

45) 대처 행정부는 1990년 11월 사임하기까지 11년 반 동안 수상을 역임했다.

(2) 복지국가 건설에 대한 합의 부정

제2차 세계대전 이후 1970년대 초반까지 영국의 복지국가가 지속될 수 있었던 요인 중 하나는 복지국가에 대한 높은 수준의 정치적·사회적 합의였다. 대다수의 국민들이 계급 혹은 정치적 성향과 관계없이 복지국가를 지지했으며 우파정당과 자본세력도 케인스주의적 복지국가에 대한 전후 합의 체제를 수용했다. 그 결과 보수당과 노동당 간의 정권 교체에도 불구하고 1970년대 초반까지 기존의 정책기조가 지속되었다. 그러나 대처 정부 집권 이후 보편적 복지국가 영국은 선별적 자유주의 복지국가로 전환되었다(김인춘, 2012 : 151).

대처 행정부는 보편적 복지국가에 대한 반대 논리로 "빅토리아 시대로 돌아가자"는 슬로건을 내걸었다. 빅토리아 시대(Victorian era)는 영국의 빅토리아 여왕이 통치하고 있던 1837년부터 1901년까지의 기간을 의미한다. 이 시기에는 신구빈법의 열등처우의 원칙, 작은 정부, 자유방임주의 가치, 자조정신이 주류를 이루었다. 대처 행정부는 "빅토리아 시대로 돌아가자"라는 슬로건을 내세워 빅토리아 시대에 주류를 이루었던 가치를 다시 등장시키면서 베버리지보고서 발간 이후 형성되었던 복지국가 건설에 대한 합의를 부정했다.

이러한 대처 행정부의 복지국가 건설에 대한 합의 부정에 이론적 배경을 제공한 학자들은 자유주의 경제학자인 하이에크(Hayek)였다. 하이에크는 국가나 중앙정부에 의한 관리를 가능한 한 배제하고 개인의 자유를 확대하는 것을 주장했다. 그는 소득의 인위적·강제적 재분배는 노동의욕을 약화시키며, 노력하고 일함으로써 풍요를 누리고자 하는 중산층이 중심이 되는 사회가 구축되어야 한다고 주장했다. 대처 정부 집권 이후 영국의 경제와 복지국가는 새로운 전환을 맞이했다. 대처 정부는 기존의 국가개입주의 대신 시장 원칙과 통화주의에 기반한 국유화된 산업의 민영화, 공공지출 대폭 삭감, 복지 축소, 감세, 탈규제 등을 추진했다. 이것은 보편적 복지국가가 추진하는 정책과는 상반되는 자유주의 복지국가가 추진하는 정책들이었다.

(3) 1986년 사회보장개혁 : 선별적 복지국가로의 전환

대처 수상은 사회보장에 대한 국민의 의존심을 약화시킨다는 목표를 가지고 제도개혁을 추진하기 위하여 파울러(Norman Fowler)를 위원장으로 하는 사회보장조사위원회를 조직하였으며, 이 위원회는 1985년 6월 「사회보장의 개혁(The Reform of Social Security)」이라는 그린 페이퍼를 출간하였다. 그린 페이퍼의 서두에는 다음과 같은 내용이 기술되어 있다.

> 1985년의 사회보장비는 400억 파운드를 넘어서게 될 것이다. 제2차 세계대전 이래 사회보장비는 물가의 5배 속도로, 전체 경제성장 속도의 2배로 증가되었다. 그러나 이러한 비용의 급격한 상승에도 불구하고 자원들이 반드시 그것을 가장 필요로 하는 사람들에게 제공되어 왔던 것은 아니며, 현 체제대로 가면 앞으로도 그러할 것이다. 사회보장체제에서의 단편적인 발전들은 그 명칭은 다르나 그 목적은 중첩되는 급여가 많아지는 결과를 초래하였다. 급여규칙의 다양성은 사회보장이 관리하기가 어렵고, 때로는 대중이 그것을 이해하기가 불가능하다는 것을 의미한다. 한편 사회보장과 소득세 간의 중첩은 상당한 수의 사람들이 소득세를 지불하면서도 동시에 자산조사가 전제가 된 여러 급여들을 받고 있음을 의미한다. 제2차 세계대전 후 사회보장 부문에서의 발전은 나름대로 훌륭한 동기를 가지고 있었다. 그러나 그러한 것들이 너무나도 제도를 복잡하게 만든 경우가 허다했다. 더욱이 사회보장제도가 성취되려고 하는 목표에 대한 이해도 그 명확성을 잃게 되었다. 개인으로서의 우리의 책임과 국가를 통하여 집합적으로 이루어지는 우리의 책임들이 불분명하게 된 것이 지금의 현실이다(박광준, 1992 : 150).

위의 글에서 나타나고 있듯이, 그린 페이퍼가 인식하고 있던 사회보장제도의 문제점은 제도의 복잡성과 비효율성, 사회보장비용의 과도한 부담, 그리고 개인이 국가의 사회보장급여에 지나치게 의존적이라는 것이다.

그린 페이퍼의 사상적 특징은 다음과 같이 요약할 수 있다(박광준, 1992 : 151-152).

첫째, 영국의 사회보장은 선별주의 중심이 되어야 한다는 것이다. 그린 페이퍼의 선별주의 성향은 "사회보장의 비용은 급속하게 증가되어 왔음에도 그것을 가장 필요로 하는 사람들에게 급여가 제공되어 왔던 것은 아니다"라는 문구에서 찾아볼 수 있다. 베버리지의 계획이 기본적으로 선별주의와 자산조사를 거부하고 있었다는 사실을 상기한다면, 그린 페이퍼는 명백히 베버리지로부터의 이탈을 의미한다고 할 수 있다.

둘째, 개인책임의 강조, 즉 자조의 정신의 강조이다. 자조의 정신 강조는 그린 페이퍼의 "국가와 개인의 책임 범위와 한계가 불분명하므로 그 책임을 명확히 구분하는 것이 필요하다"라는 문구에서 찾아볼 수 있다. 이것은 '노동유인(work incentive)'을 강조하는 대처 행정부의 사상과 밀접하게 연관되어 있다. 즉, 사회지출을 삭감함으로써 재정위기를 극복한다는 경제적인 측면의 목적보다는 개인의 자조를 통한 작은 정부 이념의 실현이라는 측면을 중시하는 것으로 볼 수 있다. 개인책임의 강조는 '중앙정부 역할의 지방정부로의 이양'이라는 것으로 나타났다.

셋째, 행정적 효율주의와 경제우선주의의 강조이다. 이것은 작은정부와 자조정신에 합리성과 정당성을 부여하기 위한 수단으로 사용되었다.

이러한 사상적 특징을 지닌 그린 페이퍼는 1960년대 중반 이후 영국 사회복지의 방향을 설정하는 것이었다. 그린 페이퍼에서 '자조'를 강조한 것은 대처 정부가 1800년대 중반 빅토리아 시대 때 스마일스가 강조했던 '자조정신'을 연상시키는 것이다. 사회복지에서 자조정신을 강조하면 강조할수록 국가가 시장에 개입할 여지가 좁아지게 되어 결국 복지국가가 축소되기 마련이다. 또한 사회복지의 분권화 전략은 중앙정부의 사회복지 역할을 축소하겠다는 의도가 있는 것으로 파악할 수 있다. 이러한 상황에서 1980년대 중반 이후 사회보장 부문에서 국가의 재정 부담을 줄이고, 국가 급여수급자의 경제적 부담이 강화되는 방향으로 개혁이 단행되었다. 결국 대처 정부는 영국을 원조 보편적 복지국가에서 선별적 자유주의 복지국가로 전환하는 작업을 추진했다고 볼 수 있다.

(4) 1986년 사회보장법 제정

대처 정부는 1986년 1월 7일 그린 페이퍼에 근거한 사회보장개정안을 제출하였으며, 1986년 7월 25일 「1986년 사회보장법(The 1986 Social Security Act)」이 제정되었다.

1986년 사회보장법의 내용은 기존의 사회보장 수준을 삭감하는 것이 주류를 이루고 있다. 연금부문에서는 소득비례연금의 급여산정방식을 변경하여 연금급여를 삭감하는 한편, 국가소득비례연금의 수준을 소득 25%에서 20%로 하향 조정하였다. 또한 민간연금을 장려하여 노후보장에 대한 개인책임을 강조했다(박광준, 1992 : 164).

3) 대처 행정부 시기의 사회복지지출 변화

이러한 대처 행정부의 복지에 대한 대대적인 공격으로 인해 영국의 사회복지비는 감소하였을 것이라고 생각하는 경우가 많다. 그러나 대처 행정부의 대대적인 복지삭감정책과 민영화 추진에 의한 복지주체에 있어서 민간부문의 강조에도 사회복지비 지출은 실제로 증가해 왔음을 인식할 필요가 있다.

<표 4－5>는 석유파동이 시작된 1973년부터 1995년까지의 복지비의 연간 증가율, 사회복지비가 정부지출에서 차지하는 비율, 사회복지비가 GDP에서 차지하는 비율을 보여준다. 이 기간 동안 복지지출이 1945년부터 1970년대 초반까지의 급격한 증가추세는 아니지만, 복지비 자체는 완만하게 증가하여 왔다(표 4－2, 표 4－3, 표 4－4 참조).

신보수주의의 공세가 대단했던 1980년대와 1990년대에 사회복지비가 감소하지 않고 완만하게 증가하였음을 보여주는 <표 4－5>는 시사하는 점이 많다. 그래서 르 그랑(Le Grand, 1990 : 350)은 “우리가 보고 있는 것은 복지국가는 매우 튼튼하다(robust)는 것이다. 1974년부터 1987년까지 복지정책은 1970년의 경제 허리케인(hurricane)과 1980년대의 이념적 폭풍(blizzard)에 맞서 잘 뚫고 나갔다”라고 쓰고 있다.[46]

46) 이러한 현상은 OECD 국가 전체에도 적용된다. 자세한 내용은 Pierson(1996)과 박병현(2004 : 58)을 참조 바람.

〈표 4-5〉 영국의 공공지출 경향

	복지비의 연간 증가율(%)	사회복지비가 정부지출에서 차지하는 비율(%)	사회복지비가 GDP에서 차지하는 비율(%)
1973/4	–	50.3	21.9
1974/5	12.9	50.9	24.9
1975/6	2.6	52.1	25.7
1976/7	3.6	55.3	25.9
1977/8	-4.7	55.8	24.0
1978/9	1.5	53.8	23.7
1979/80	1.2	52.9	23.3
1980/1	1.5	52.6	24.4
1981/2	1.0	52.6	24.8
1982/3	2.2	52.3	24.7
1983/4	4.2	53.8	24.8
1984/5	1.0	53.1	24.5
1985/6	1.3	54.0	23.9
1986/7	4.5	56.0	23.8
1987/8	1.3	56.6	23.0
1988/9	-1.2	57.6	21.8
1989/90	0.8	55.6	21.6
1990/1	3.3	57.2	22.4
1991/2	8.4	60.9	24.7
1992/3	6.6	61.3	26.3
1993/4	3.7	61.6	26.6
1994/5	2.0	61.6	26.1
1995/6	0.7	60.2	25.8

출처 : Glennerster(1998 : Table. 8.1).

그러면 대처 행정부의 복지삭감정책에도 불구하고 사회복지비는 왜 완만하게 증가해 왔는가?

첫 번째 이유는 인구 고령화의 진전이다. 고령화의 진전은 필연적으로 노령연금 지출의 지속적인 증가와 의료비의 증가를 가져온다. 【그림 4-2】에서 보는 바와 같이 1973년부터 1995년까지 공공복지지출은 계속 증가했다. 이러한 증가에 기여한 가장 크게 항목은 사회보장지출과 의료비 지출이다.

두 번째 이유는 실업률이 증가함으로 인한 실업수당지출과 공공부조지출이 늘어났기 때문이다. 영국에서 실업률은 1980년대 초반에 크게 증가했다가 1990년대 초반에 다시 크게 증가했다. 이러한 실업률의 증가는 이 시기의 사회복지비 증가에 일정 정도 기여했다. 이 밖에 인플레이션이 심화됨에 따라 물가와 연동된 각종 급여 지출의 증가와 복지국가 발전으로 복지수혜자와 복지종사자의 증가로 인한 복지예산 증액에 찬성하는 친복지세력의 증가도 사회복지비 증가에 기여했다고 볼 수 있다.

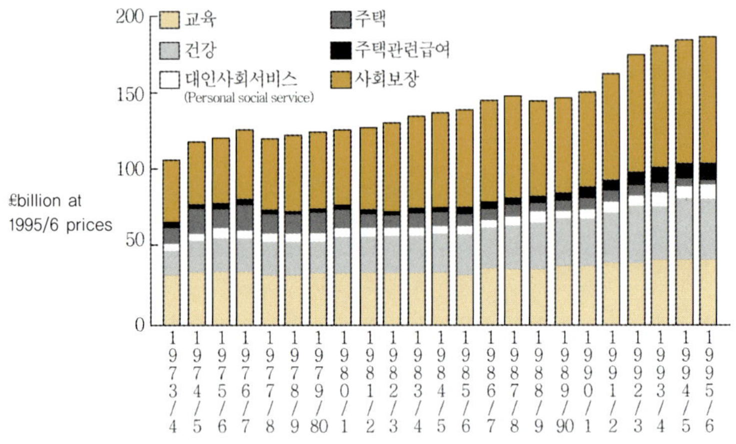

| 그림 4-2 | 영국의 부문별 공공복지지출(1973/4-1995/6)

출처 : Glennerster(1998 : Table 8.1).

5. '제3의 길'에 의한 사회보장개혁의 시대 : 1997년 이후

1) 제3의 길 등장과 복지개혁의 배경

1997년 총선에서 압도적인 승리로 집권한 노동당의 토니 블레어(Tony Blair) 수상은 저명한 사회학자이자 런던정치경제대학(London School of Political Science and Economics)의 학장인 기든스(Giddens, 1998)에 의해 제창된 '제3의 길(The Third Way)'

을 바탕으로 사회복지개혁을 추진했다.

제3의 길은 어떤 길인가?

기든스는 이념의 양극단을 전통 사회주의의 수정형인 복지국가형 사회민주주의와 전통 보수주의적 자본주의의 극단화된 변종인 신자유주의로 설명하고 있다. 그러면서 그는 앞으로의 사회형태는 사회민주주의도 아니고 신자유주의도 아닌 중도세력이 주도하는 제3의 길로 가야 하며, 제3의 길로서 급진적 중도, 적이 없는 새로운 민주국가, 활발한 시민사회, 민주적 가족, 신혼합경제, 적극적 복지, 사회투자국가, 세계적 민주주의를 들고 있다. 기든스는 신자유주의는 내적으로 모순적이고, 전통에 대해 적대적이고 곳곳의 전통을 소멸시키는 주요 요인 중의 하나이며 시장과 공격적인 개인주의 증진의 결과로 근본주의의 형태를 띠고 있다고 비판한다. 한편으로는 현재의 사회민주주의로는 미래를 헤쳐나갈 수 없다고 주장했다.

1997년 총선에서 18년 만에 어렵게 정권을 잡은 토니 블레어의 신노동당 정부가 복지개혁을 추진한 배경은 다음 두 가지로 요약될 수 있다.

첫째, 복지비용의 비약적인 증가에도 불구하고 복지 프로그램들이 제대로 역할을 하지 못하고 있다는 것이다(김영순, 1999; 강욱모, 2003; 김태성 외, 2005). 영국에서 사회보장지출은 단일항목으로 공공지출에서 차지하는 비중이 가장 높으며, 전후 15%에서 1975년까지 20%로 서서히 증가하였으나, 1970년대 중반 이후 급격히 증가하여 1986년에 30%에 도달했으며, 1996년도 30% 정도에 이르고 있다(Clark & Dilnot, 2002 : 9-10; 【그림 4-3】 참조). 그럼에도 불구하고 빈곤과 불평등은 여전히 해결되지 않은 문제로 남아 있는 현실이다. 지니계수의 경우 1979년 0.25에서 1990년에 0.34로 높아졌으며, EU 국가들 간의 비교에서도 영국의 불평등도는 높게 나타나며, 최근 들어 상대적으로 더 불평등한 국가로 나타나고 있다(Brewer et al., 2004 : 16-17). 즉, 대처의 보수당 정부 집권 후 공공지출 중 사회보장 지출 비중이 상대적으로 적게 증가한 반면, 소득불평등도는 대처 집권 후 급격히 증가하고 있음을 알 수 있다.

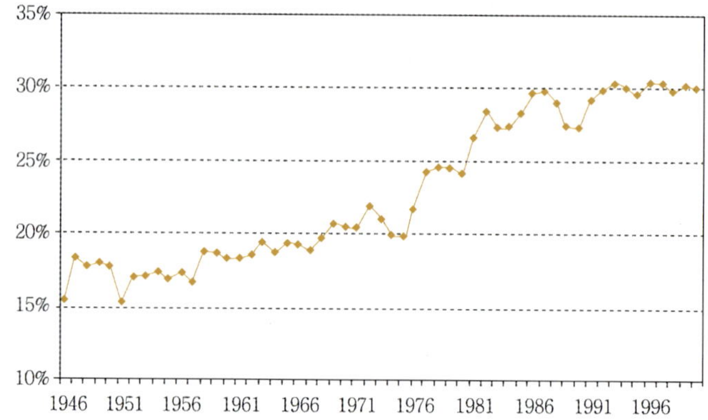

| 그림 4-3 | 영국 공공지출 중 사회보장지출 비율 추이

출처 : Clark & Dilnot(2002 : 10).

둘째, 빈곤층의 복지의존성(welfare dependency)의 심화와 사회적 배제(social exclusion)의 문제이다. 복지제도의 본래의 목적은 일시적인 사회적 위험(social contingency)으로 소득을 상실한 사람들에게 급여와 서비스를 제공하여 인간다운 생활을 영위하게 하는 것이다. 이 위험이 지나가면 그 사람들은 정상적인 시장소득을 통해 삶을 영위할 것으로 기대되었다. 그러나 1980년대 이후 구 제조업의 몰락과 지식정보사회의 등장과정에서 밀려난 뒤 다시 공식적 경제부문에 취업하지 못한 장기실업자들과 기술이 없는 청년실업자들, 그리고 부양아동을 가진 한부모(lone parents)들은 만성적인 가난 속에서 거의 항상적인 복지의존자로 살아가고 있다. 문제는 이런 빈곤 속에서 이들이 자활의지와 노동능력을 잃고 사회로부터 유리되며, 빈곤과 좌절감을 다시 그들의 자녀들에게 대물림한다는 것이다(김영순, 1999 : 206, 강욱모, 2003 : 73-75).

블레어 정부는 위에서 언급한 배경하에 '제3의 길'이라는 이념에 기반해 새로운 복지국가를 만들고자 했다. 그것은 이전 보수당 정부하에서 추진된 복지개혁을 지속하면서 노동친화적인 생산적 복지를 구축하는 것이었다. 고용정책과 연계된 복지급여를 도입하여 복지와 고용의 상호보완성을 강조했다. 보편적 복지나 부의 재분배보다 개인의 책임과 권리의 균형, 경제적 번영과 사회정의의 동시 추구, 평생교육 등이 사회정책의 기본이 되었다(김인춘, 2012 : 151).

이와 같은 '제3의 길'에 따른 복지개혁의 핵심 내용은 '일할 능력이 있는 사람들에게는 일자리를, 그리고 일할 능력이 없는 사람들에게는 사회보장을 제공'한다는 것이다. 이것은 '모든 사람에게 사회보장을 제공한다'는 베버리지보고서의 원칙에서 벗어난 것이라고 볼 수 있다.

2) 복지를 위한 새로운 계약

블레어 정부는 1998년 복지개혁의 청사진을 담은 녹서(Green Paper) 「우리나라를 위한 새로운 야망 : 복지를 위한 새로운 계약(New Ambitious for Our Country : A New Contract for Welfare)」을 발간했다. 녹서 「복지를 위한 새로운 계약」의 주요한 원칙과 정책들은 장애인, 연금, 아동보호, 실업, 부정수급(fraud)과 같은 중요한 개혁 분야에 걸친 연이은 정책 보고서에 반영되었다.

「복지를 위한 새로운 계약」에서는 복지개혁의 여덟 가지 원칙을 다음과 같이 제시하고 있다(DfEE, 1998a; Hyde et al., 1999; 강원택, 1999; 김태성 외, 2005).

첫째, 새로운 복지국가(the new welfare state)는 일을 할 수 있는 연령에 있는 국민들이 자신이 일할 수 있는 곳에서 일할 수 있도록 지원하고 이를 격려해야 한다.

둘째, 공공부문과 민간부문은 가능한 영역에서 예견할 수 있는 위험으로부터 국민들을 보호하고 그들이 은퇴한 이후를 대비할 수 있도록 협력관계를 형성하여 함께 노력해야 한다.

셋째, 새로운 복지국가는 전체 공동체에 높은 질적 수준의 공공서비스 및 현금급여를 제공해야 한다.

넷째, 장애인들은 존엄성 있는 삶을 영위할 수 있도록 필요한 지원을 받아야 한다.

다섯째, 복지제도는 빈곤아동의 고통을 해결해야 할 뿐만 아니라 가족과 아동을 지원해야 한다.

여섯째, 사회적 배제를 해결하고 빈곤에 처한 사람들을 돕기 위한 특별한 조치가 취해져야 한다.

일곱째, 복지제도는 개방성과 정직성을 높이는 것이어야 하며, 복지 수급과정은 분명하고 강제성이 있어야 한다.

여덟째, 복지전달체계는 탄력적이고, 효율적이며, 국민들이 쉽게 이용할 수 있어야 한다.

블레어 정부의 복지개혁의 핵심적 내용은 '일할 능력이 있는 사람들에게는 일자리를, 그리고 일할 능력이 없는 사람들에게는 사회보장을(work for those that can, security for those that cannot)'이라고 요약할 수 있다. 여기에서 주목할 점은 이러한 복지제도의 개혁이 기존 복지국가 체제의 기반이 되었던 '국민의 권리와 국가의 의무'라는 일방적인 구조에서 '정부뿐만 아니라 국민에게도 의무를 부과'하는 쌍무(雙務)적인 구조로의 이행이라는 점이다. 즉, 영국은 기존 복지국가 체제에 대한 패러다임 전환(paradigm shift)을 시도하고 있는 것이다(문진영, 2004 : 47).

3) 뉴딜 프로그램 시행 : 근로연계복지의 강화

이러한 복지개혁의 원칙에 기반하여 블레어 정부가 도입한 대표적인 근로연계복지 정책이 뉴딜(New Deal)이다. 뉴딜은 구직등록 의무화의 수준을 훨씬 넘어서서 수급자가 직접 프로그램에 참가하여야 급여를 지급한다는 강도 높은 조건을 부과하고 있기 때문에 기존 복지제도와는 판이한 새로운 복지제도의 출현이라고 평가할 수 있다. 즉, 영국의 사회보장제도가 '모든 사람에게 사회보장을 제공한다'는 베버리지의 보편주의 원칙에서 벗어나 '일할 수 없는 사람에게만 사회보장을 제공한다'는 선별주의 원칙을 강화하는 방향으로 바뀐다는 것을 의미한다(김종일, 2001 : 119; 신동면, 2004 : 28).

신노동당 정권하에서 영국은 노동 가능 계층에 대한 중요한 사회부조와 사회보장 개혁에 착수하였다. 복지개혁은 소위 말하는 복지의존의 대안과 빈곤에 대한 대책으로 노동의 의무를 강조하였다(Walker & Wiseman, 2003 : 3). 영국 노동당 정부는 1997년 집권 이후 저소득 근로자와 근로능력자에게 초점을 맞추어 이들에게는 각종 현금급여를 신설하거나 기존의 급여를 확대하고, 직업훈련과 교육 그리고 구직 서비스를 통해서 노동시장에 편입시키려는 시도를 하고 있다. 뉴딜(New Deal) 프로그램은 민영화된 공기업에 50만 파운드의 초과 이윤세(Windfall tax)를 부과하여 25만 명에 이르는 18~24세까지의 청년실업자들에게 일자리나 교육훈련 기회를 제공하되, 이를 거부하는 사람들은 실업급여를 박탈함으로써 노동시장으로의 복귀를 최대한 고무한다는 것이었다(DfEE, 1998b).

뉴딜은 블레어 정부의 가장 대표적인 사회정책으로서, 각 대상자별로 다른 서비스를 제공하는 특징을 가지고 있다. 즉, 뉴딜은 18~24세 청년실직자를 대상으로 하는 청년 뉴딜(New Deal for Young People), 25~49세 장기실직자 대상의 25세 이상 뉴딜(New Deal 25 plus), 50세 이상 장기실직자 대상의 50세 이상 뉴딜(New Deal 50 plus), 장애인 대상의 장애인 뉴딜(New Deal for Disabled People), 한부모 대상의 한부모 뉴딜(New Deal for Lone Parents), 실직자의 배우자를 위한 배우자(동거인) 뉴딜(New Deal for Partners)과, 2004년부터 시작된 자영업자를 대상으로 하는 뉴딜(New Deal : self-employment)과 음악가를 대상으로 하는 뉴딜(New Deal for Musicians) 등이 있다. 이 중에서도 청년 뉴딜, 25세 이상 뉴딜, 한부모 뉴딜, 장애인 뉴딜이 대표적인 사업이라고 할 수 있으며, 이 중에서 청년 뉴딜과 25세 이상 뉴딜만 참여가 의무적(compulsory)이며, 나머지 대상자를 위한 뉴딜은 개인의 판단에 따라서 참여를 결정하게 되는 자발적(voluntary) 프로그램이다. <표 4-6>은 뉴딜 프로그램의 종류이다.

〈표 4-6〉 **뉴딜 프로그램의 종류**

프로그램	강제성	주요 내용	참가자[a]	시행시기
청년 뉴딜 New Deal for Young People	있음	6개월 이상 실업상태인 18~24세 청년에게 강제 적용되는 프로그램. 초기 집중적인 구직 지원이 있고, 이후 임금보조 고용, 환경사업단, 자원주의 부문, 혹은 전일제 교육이나 훈련을 선택하게 됨	1,002,460	Pathfinder 지역 : 1998년 1월 전국 : 1998년 3월

25세 이상 뉴딜 New Deal 25 Plus	있음	25~49세의 18개월 이상 구직자수당을 청구하고 있는 사람들에게 강제 적용하며, 이들의 취업 및 취업 기회 증진을 목표로 함	596,920	1998년 6월
50세 이상 뉴딜 New Deal 50 Plus	없음	50세 혹은 그 이상의 실업자에게 적용되는 자발적인 제도로 정보와 상담, 훈련보조금을 지원함	55,500	2000년 4월
장애인 뉴딜 New Deal for Disabled People	없음	근로불능, 질병 혹은 장애를 가진 사람들에게 제공되는 자발적인 프로그램으로 취업에 대한 정보, 지원 및 상담을 제공함	158,200	시범 : 1998년 9월/10월 전국 : 2001년 7월
한부모 뉴딜 New Deal for Lone Parents	없음(단, 2002년부터 급여 신청 시 인터뷰 의무화)	한부모에게 취업, 급여, 훈련 및 보육에 대한 상담을 제공하는 자발적인 프로그램	635,000	시범 : 1997년 7월 전국 : 1998년 10월
배우자(동거인) 뉴딜 New Deal for Partners	아동이 없는 18~24세의 부부는 강제적. 다른 사람들은 자발적	특정 급여 신청자의 배우자에게 구직 지원과 훈련 기회를 확대 지원하는 자발적인 프로그램	11,700	자발적 : 1999년 4월 강제적 : 2001년 초

a) 2005년 8월 현재

출처 : Department of work and pensions(2005). http://www.dwp.gov.uk, Walker & Wiseman(2003)에서 재정리.

4) 뉴딜 근로연계복지에 대한 평가

영국의 적극적 노동시장의 대책으로서 1997년 블레어 정부의 복지정책은 사회복지 대상자의 노동시장 참여를 극대화하고 복지의존성은 최소화하는 것이었다. 이러한 정책 목표를 수행하기 위해 등장한 프로그램이 뉴딜이었다. 뉴딜은 '일할 수 있는 사람에게는 일자리를, 일할 수 없는 사람에게는 복지를'이라는 블레어 정부의 복지정책이었다. 뉴딜 프로그램은 25세 이상, 청년, 50세 이상, 장애인 등 다양한 인구집단을 대상으로 복지를 제공했다. 그러나 뉴딜 프로그램의 기본 아이디어는 최단 시일 안에 사회복지 대상자들을 강제로 노동시장에 편입시키려 한다는 점에서 미국의 TANF와 유사한 면이 있다.

이러한 뉴딜에 대해서는 상반된 평가가 이루어지고 있는데, 펙과 데오도르(Peck & Theodore, 2001)는 영국과 미국의 노동연계복지의 정책이전(policy transfer)에 대한 비판적인 분석을 통해, 최근 들어 영국 복지정책이 근로에 대한 의무를 강제화하는 미국의 영향을 받아 미국화(Americanized)되어 가고 있다고 비판하고 있다.

김종일(2001)은 영국의 뉴딜 정책이 청년실업자의 취업률 제고에는 가시적인 성과를 가지고 있으나 영국의 보편적 복지제도가 미국의 잔여적 복지제도로 수렴되는 경향을 보이고 있다고 비판하며, 영국의 성과는 경기호전에 힘입은 바가 크기 때문에 성과가 일정한 한계를 지닌다고 비판하고 있다. 김영순(2000)도 영국과 미국의 근로연계복지 정책을 비교 분석하면서 노동강요적 근로정책들은 구빈법 이래 한 번도 소기의 목적을 달성한 바 없었다고 지적하면서, 근로연계복지정책이 추진되는 이유는 정치적 효용성 때문이라고 비판하고 있다.

그러나 아네슬리(Annesley, 2003)는 1997년 이후 영국 신노동당의 사회정책의 미국화와 유럽화에 대한 연구를 통해 미국의 복지 이데올로기와 정책이 영국에 지속적인 영향을 미친 것은 부정하지 않지만, 신노동당의 뉴딜 프로그램은 미국의 근로연계복지(workfare)와는 몇 가지 점에서 다르다고 주장하고 있다. 특히 뉴딜은 미국의 근로연계복지 프로그램과는 통합대상, 강제성의 정도, 제재의 엄격성 등에서 차이를 보인다고 언급하고 있다. 신동면(2004)은 뉴딜 정책이 시행된 후 5년이 경과한 시기까지의 구체적인 성과를 토대로 뉴딜을 매우 성공적인 제도로 평가하고 있다.

그러나 영국의 뉴딜 근로연계복지정책은 스웨덴의 근로연계복지정책인 적극적 노동시장정책과는 확연히 다르다. 스웨덴의 근로연계복지정책은 빈민이나 실업자에 대해 장기적인 안목에서 직업훈련과 교육을 통해 인적 자원을 개발하여 생산적인 자원으로 만들려는 데 반해, 영국의 뉴딜 근로연계복지정책은 노동을 강요하는 취업우선전략으로 볼 수 있다. 이러한 전략은 단기적으로는 성과가 있을지 모르나 장기적으로는 실업과 빈곤을 재생산하는 것으로 볼 수 있다. 결국 이러한 영국의 근로연계복지정책은 자유주의 복지국가에서 선호하는 정책임을 감안할 때 영국은 보편적 복지국가에서 선별적 자유주의 복지국가로 선회하고 있음을 보여준다.

6. 소결 : 원조 보편적 복지국가에서 자유주의적 복지국가로

영국은 복지국가의 원조였다. 영국은 제2차 세계대전이 진행 중이던 1942년 발간된 베버리지보고서에 기반하여 모든 국민에게 동일한 복지를 제공하는 보편적 복지국가로 출범하면서 전 세계에서 처음으로 '복지국가'라는 칭호를 받았다. 이 시기에 무상의료와 무상교육이 제공되었으며 저소득층에 대한 광범위한 지원이 있었다. 이러한 보편적 복지가 가능한 데에는 1945년 노동당의 집권과 1950~1960년 기간 동안의 경제성장이 밑바탕이 되었다.

그러나 영국은 1970년대 중반을 기점으로 확연히 복지국가와는 다른 길을 가기 시작했다. 영국은 베버리지보고서를 바탕으로 완전고용을 전제로 한 복지국가를 창설하면서 노동력의 탈상품화 정도가 매우 높은 수준이었으나, 1970년대 후반부터 완전고용 전통을 계속 추진하지 못했으며, 급여수준이 낮은 정액제 급여를 적정한 소득대체율로 보완하는 데 실패했다. 본래의 궤도를 유지하는 데 실패하면서 점진적으로 민영화의 흐름이 형성되었으며, 이 흐름은 다시 1980년대에 들어 복지 축소를 주장하는 대처 행정부가 집권하면서 탈규제와 표적화의 강화, 그리고 민영화가 결합하면서 더욱 가속화되었다. 이미 대처 정부 시기에 보편적 복지국가에서 선별적 복지국가로의 전환이 이루어졌다고 할 수 있다.

1997년 신노동당 블레어 정부의 출범은 대처 정부 시기에 시도되었던 선별주의 복지국가로의 전환에서 벗어날 수 있는 기회였다. 블레어 정부는 우파의 길도 아니고 좌파의 길도 아닌 '제3의 길'을 주창했다. 그러나 '제3의 길'에 기반하여 1998년 발간한 영국 복지의 미래를 제시한 녹서 「우리나라를 위한 새로운 야망 : 복지를 위한 새로운 계약」은 '일을 할 수 있는 사람에게는 일을 하게 하고, 일할 능력이 없는 사람에게는 사회보장을 제공하는 것'을 주요 내용으로 하는 '일을 위한 복지'를 천명한 것이었다. 이것은 '모든 사람에게 사회보장을 제공한다'는 보편주의적 베버리지 원칙과는 매우 벗어나는 것이다.

이러한 블레어 정부가 제시한 '제3의 길'에 바탕을 둔 사회정책은 자유시장경제와 맥락이 닿아 있는 것이었다. 전통적인 좌파 학자들은 블레어 정부의 제3의 길을 '새로운 대처주의' 또는 '바지 입은 대처'라고 비난했으며, 독일 사회학자 울리히 벡(Ulrich Bech, 2002)은 제3의 길 정치가 전통적 좌파와 달리 지구화되는 시장경제를 적극적으로 인정하는 '신자유주의 좌파'라고 규정했다.

여기서 주목할 점은 1980년대 복지국가 위기의 시대에서 영국의 대처 정부와 미국의 레이건 정부가 신보수주의 이데올로기를 공유하면서 복지국가에 대해 지속적으로 공격했듯이, 1990년대 후반기에 영국의 블레어 정부와 미국의 클린턴 정부가 공통적으로 복지에 대한 개인책임성과 근로연계복지를 강조했다는 것이다. 1996년 미국의 클린턴 정부는 민주당의 전통적인 복지정책에서 일탈하여 주요 정책을 수정하여 개인 책임성을 강조하는 공화당 성향의 정책을 추진했다. 영국의 블레어 정부 역시 보수당 정부 성향의 복지의 개인 책임성을 강조하는 '일을 위한 복지' 정책을 추진했다. 이러한 미국의 클린턴 정부와 영국의 블레어 정부의 기회의 평등과 개인의 삶에 대한 개인 책임성의 강조는 자유주의 가치를 반영하는 것이었다.

영국의 사회복지의 역사를 살펴보면 과거와 단절하면서 새로운 방향을 모색한 경우가 있다. 구빈법의 영역을 훌쩍 뛰어넘어 사회복지급여 수급의 권리를 의미하는 사회권의 개념을 처음 도입했던 스핀햄랜드법(1795)이 그랬고, 스핀햄랜드법이 실패로 평가받을 즈음 다시 억압적인 구빈법으로 회귀한 신구빈법(1834)이 그랬다. 영국 복지국가의 기틀을 제공했다는 평가를 받는 1900년대 초반의 사회입법도 자조와 자유주의를 기반으로 한 신구빈법 원칙과 단절한 것이었다. 뿐만 아니라 베버리지보고서에 입각한 소득보장제도가 확립되면서 복지국가 원년이 된 1948년은 1601년부터 347년 동안 영국을 지배해 왔던 구빈법의 그늘에서 완전히 벗어난 해였다.

그러나 제2차 세계대전 이후 조세를 기반으로 하는 보편적 베버리지안 복지국가 모델(Beveridgean model)은 오래가지 못했다. 1979년 보수당 대처 정부가 등장하면서 복지 축소를 추진하면서 선별적 복지국가로 전환되었고, 1997년 집권한 신노동당의 '제3의 길' 또한 개인과 가족의 책임, 개인의 선택과 존엄에 기초한 계약적 관계를 강조함으로써 일을 위한 복지를 의미하는 근로연계복지를 강조하고 있다. 이런 점에서 보면 영국은 보편주의적 복지국가를 강조한 원조 복지국가에서 시장의 역할을 강조하는 자유주의 복지국가로 변화해 가고 있는 것으로 보인다.

chapter 05

미국 : 예외적인 미완성 복지국가

chapter

05 미국 : 예외적인 미완성 복지국가

통계학에서 관측된 통계 자료가 정상에서 유별나게 많이 벗어나 있는 것을 '이상치(outlier)'라고 하는데, 미국 정치학회와 사회학회 회장을 지낸 네오콘 1세대 학자 세이무어 립셋(Seymour M. Lipset)은 미국의 이런 특이성을 '미국 예외주의(American exceptionalism)'라고 불렀다. 미국은 사회복지 측면에서 보면 서구 선진국들 중 이상치의 나라다. 미국은 이웃나라인 캐나다는 물론이고 유럽과 국가들과 비교해도 사회복지 발전이 너무 늦었으며 수준 또한 매우 낮다. 그래서 마이클 캐츠(Michael Katz, 1986)는 미국을 '미완성 복지국가(incomplete welfare state)'로 규정했고, 브루스 젠슨(Bruce Jansson, 1993)은 '마지못해 하는 복지국가(reluctant welfare state)'로 불렀다. 미국은 유럽의 국가들과 비교해 볼 때 복지발전이 늦은 '복지후진국(welfare laggard)'으로 불리고 있다. 본 장에서는 '예외적인 미완성 복지국가' 미국의 복지를 살펴본다.

1. 미국의 정치 · 사회문화 · 상황적 배경

1) 정치적 배경

(1) 분권화

미국은 전통적으로 주정부의 독립성이 강하여 중앙정부의 권한이 약했다.

달리 표현하면, 미국은 건국 초기부터 분권화(decentralization)가 발달되어 있는 국가이다. 사회복지에 관한 한 분권화는 사회복지정책에 대한 권위를 지방정부에 이전하는 전략이다.

분권화가 초래한 가장 중요한 결과는 지방정부 간에 '재정경쟁(fiscal competition)'을 유발한 것이다. 이런 상황에서 지방정부들은 재분배정책을 추진하기 어렵게 되는데, 그 이유는 재분배정책을 추진할 경우에 사회복지 프로그램의 혜택을 받게 될 저소득층들이 유입되는 반면, 재분배정책에 소요되는 높은 세금으로 인해 기업과 부유한 개인들을 다른 지방으로 쫓아버리는 결과를 초래하지 않을까 두려워하기 때문이다. 또한 분권화는 국가 수준의 사회복지 수준 축소 옹호자들에게 사회복지 삭감의 책임을 지방정부의 관료들에게 떠넘길 빌미를 제공할 수 있다. 그러나 권위가 중앙정부에 집중되어 있다면 전국적으로 재분배정책을 일률적으로 실시할 수 있을 것이다. 그리고 그렇게 될 경우, 자본과 노동의 이동으로 인해 사회복지가 치명적인 위협을 당할 가능성도 그만큼 줄어들게 될 것이다. 또한 분권화는 정치적 경쟁의 장이 분산될수록 복지국가를 지지하는 이익집단들의 힘이 약화될 수 있다(Pierson, 1994 : 35).

미국이 분권화의 영향으로 사회복지 발전이 지체된 사례는 다음 절에 언급되는 도로시아 딕스(Dorothea Dix)가 제안한 주립정신병원 설립에 대한 연방정부의 지원을 당시 피어스 대통령이 '불행한 사람을 돕는 권한은 주정부에 있으며 구제를 이유로 연방정부가 주정부를 간섭해서는 안 된다'고 거부권을 행사한 것과, 1980년대 레이건 대통령이 사회복지를 축소할 목적으로 분권화와 맥락을 같이하는 신연방주의(New Federalism)를 추진한 것을 들 수 있다.

(2) 승자독식의 정치제도

미국은 '승자독식(Winer takes it all)'이라는 독특한 제도를 이용하여 대통령을 선출한다. 이 제도의 핵심은 각 주별로 직접투표를 통해 가장 많은 표를 얻은 대통령 후보가 해당 주에 할당된 일정한 숫자의 선거인단을 모두 차지한다는 점이다. 즉, 직접투표 비율에 따라 후보에게 선거인단 수가 할당되는 것이 아니라, 한 표라도 더 얻은 후보가 선거인단을 모두 차지한다. 주별 선거인단

수는 많게는 54명(캘리포니아)에서 적게는 3명(와이오밍, 버몬트, 워싱턴 D.C. 등)까지로 편차가 크다. 예컨대, 가장 많은 54명의 선거인단이 배정된 캘리포니아주의 경우 각 후보가 득표한 수만큼 선거인단을 배분하는 것이 아니라 가장 많은 득표를 한 후보가 캘리포니아주에 배정된 선거인단 54명을 모두 가져가며, 미국 전역에서 가장 많은 선거인단을 확보한 후보가 대통령에 당선된다. 그러나 이 제도는 할당된 선거인단의 수가 각 주마다 다르기 때문에 미국 전체 유권자로부터는 많은 득표를 획득했으나 상대 후보보다 적은 수의 선거인단을 확보하여 대통령에 당선되지 못하는 경우도 발생한다.[1]

그러면 이러한 승자독식제도는 미국의 사회복지 발전에 어떤 영향을 미쳤는가?

이 제도는 대통령 당선자를 배출할 수 있는 정당을 양대 정당인 공화당과 민주당에 한정시킴으로써 사회복지에 우호적인 진정한 좌파 정당의 출현을 제도적으로 불가능하게 만든다. 그래서 미국에는 전통적으로 중상류층과 백인 주류계층을 지지 기반으로 하는 공화당과 하류층과 소수인종을 지지 기반으로 하는 민주당만이 존재한다. 그러나 미국의 민주당은 공화당보다 사회복지에 우호적이기는 하나 독일의 사회민주당이나 스웨덴의 사회민주당보다는 사회복지를 받아들이는 정도가 낮은 편이다. 이를 빗대어 미국의 경제학자 제프리 삭스(Jeffrey Sachs, 2011)는 『문명의 대가(The Price of Civilization)』에서 클린턴 대통령 이후 미국에는 더 이상 중도 우파의 공화당과 중도 좌파의 민주당이 존재하지 않으며, 두 개의 중도 우파 정당만이 존재한다고 주장했다.

(3) 노동조합의 성격

미국은 노동자들의 노동조합 가입률이 유럽 국가들에 비해 매우 낮다. 또한 장인 등의 숙련공들을 위한 노조(craft union)와 비숙련 공장근로자들의 노조(industrial union)의 대립이 심하여 노조의 세력이 분산되어 사회복지제도 도입에 압력을 행사하지 못했다.

1) 2000년 대통령 선거 당시 민주당 앨 고어(Al Gore) 후보가 공화당의 조지 부시(George Walker Bush) 후보보다 전체 유권자 투표에서는 50만 표를 앞섰지만, 선거인단 투표에서 267대 271표로 뒤져 패배한 시례가 있다.

1900년대를 전후한 시기에 미국의 대표적인 중앙노동조합단체인 미국노동조합연맹(American Federation of Labor, AFL)은 이념적으로 개인을 정부가 보호하는 것에 대해 반대하는 입장이었으며, 유럽의 전국 규모의 노동조합과 같은 위치에 있지 못하였다(Levine, 1988 : 156). 이러한 점들은 영국에서 노동계가 1899년부터 노동자전국위원회(National Committee of Organized Labour, NCOL)를 조직하여 노령연금의 제정을 추진한 것과, 스웨덴의 복지국가 발전에 블루칼라 노동계급의 중앙조직이었던 노동조합총연맹(trade union federation, LO)이 큰 역할을 한 것과 비교된다. 스웨덴에서는 노동자의 80% 이상이 노동조합에 가입하고 있다.

2) 사회문화적 배경

(1) 개인주의 문화의 융성

미국은 개인주의 문화가 발달한 국가로 불린다. 미국의 개인주의는 기회균등의 역사 속에서 형성되었다. 19세기 초까지 미국 국민 대다수는 독립적 자영 농민이었으며, 개인 노력 여부에 따라 누구나 지위 상승을 성취할 수 있는 미국은 '약속의 땅'이었다. 미국은 산업화 초기에 대중교육을 강조하였다. 많은 미국의 노동자들은 평등한 교육의 기회로 그들의 자식들은 신분상승을 할 수 있다고 느껴 노동자계급의 계급의식이 약해졌다.

사회복지 프로그램은 가진 자로부터 못 가진 자로의 자원의 재분배를 수반하는데 미국에서는 개인주의의 영향으로 자원의 재분배를 받아들이지 않는 경향이 강했다. 즉, 미국은 공공경제보다는 민간경제, 집단적 선택(collective choice)보다는 개인 자치권에 가치를 더 부여하는 경향이 있다(Axinn & Stern, 2005 : 1).

이와 같은 미국의 개인주의 문화는 사회복지제도 도입을 처음에는 지연시켰고 후에는 그 범위를 제한하는 역할을 하여 미국이 복지국가로 발달하는 데 걸림돌로 작용했다. 1900년대 초반 미국의 사회문제들 – 부녀자와 아동의 취업, 비위생적인 작업환경, 직물 및 봉제공장의 저임금 – 을 살펴보거나, 또는 그 후의 실업, 노년기의 불안정, 산업재해, 직업병에 대한 논쟁을 살펴보면 미국 사회에 대한 개인주의적 이념의 영향력을 쉽게 찾아볼 수 있다. 즉, 사회문제로서의 이러한 위험들에 대해 뒤늦게 인식하게 되고 이에 대처하기 위해 선택한 방법들에서 개인주의의 영향은 명백히 드러나고 있다. 19세기의 미국은 개인주의에 기반한 자유주의 사상의 영향으로 유럽의 국가들과는 달리 1930년대 대공황이 오기 전까지는 사회보험제도를 실시하지 않았고, 대신 민간기관의 활동에 의지했다(Wilensky, 1958 : 41; 박병현, 2008).

(2) 높은 사회이동성

미국은 사회이동성(social mobility)이 높은 사회이다. 미국의 광활한 토지는 그 자체가 생활보장(life security)의 역할을 했다.[2)] 그래서 초창기 미국인들은 독립정신이 강해 주인 없는 광활한 토지를 찾아 독립적인 생활을 했다. 유럽의 국가들에 있어서 국민들은 문제해결을 국가에 요청하나, 미국은 문제를 토지로 해결했다.

이러한 초창기 미국 사회의 높은 사회이동성은 미국을 '철저한 개인주의(rugged individualism)'와 '기회의 나라'로 발전시켰다. 이러한 현상들로 인해 미국 사회에서는 결과의 평등보다는 기회의 평등이 더 합당한 평등의 개념으로 받아들여진다. 따라서 미국은 가난한 사람들을 위한 복지를 확대하기보다는 교육투자를 증가시켜 기회의 평등을 강화하는 것이 더 바람직하다고 본다. 이것은 미국 사회가 강조하는 개인주의, 자유, 기회균등, 능력주의, 프로테스탄트 정신과 맥락을 같이한다.

(3) 봉건제도의 부재

미국에서 사회복지가 발달한 시기나 발전 유형이 영국이나 유럽 국가들과 다른 이유 중의 하나는 미국에는 유럽에는 존재했던 봉건제도가 존재하지 않았다는 것이다. 봉건제도란 귀족층이 무력과 토지를 독점하는 체제로 영주가 소유한 대토지가 직접생산자들에게 배분되어 직접생산자의 소농적(小農的) 경제활동에 의해 경영되고, 영주가 직접생산자의 잉여생산물을 지대의 형태로

2) 톰 크루즈(Tom Cruise)와 니콜 키드만(Nicole Kidman)이 주연한 영화 「Far and Away」는 초창기 미국에서는 '토지' 자체가 일종의 '생활보장(life security)'이었음을 보여주고 있다.

수취하는 생산양식, 즉 농노제적 생산양식이라고 할 수 있다(배영수, 2005 : 116).

봉건사회에서 살았던 사람들은 그 지역사회의 가치들을 공유하였고 그 지역사회의 정책을 따랐다. 농노들은 봉건영주로부터 농토를 부여받아 농사를 짓고 곡물의 일부를 영주들에게 바치고 보호를 받았다. 즉, 봉건영주와 농노들 사이에는 상호 의무감이 강조되었다. 유럽 국가들에서는 봉건제도가 수세기에 걸쳐 형성되고 발전되었기 때문에 보장(security)이나 공유(sharing)정신이 작은 마을에서부터 국가에 이르기까지 존재했다.

그러나 산업화되면서 봉건사회가 무너져 가던 시기에 농노계급과 귀족계급은 갈등관계가 형성되기 시작했다. 농노계급은 그들이 오랜 기간 동안 거주하던 농촌을 떠나 도시로 이주하면서 공장근로자 계급이 되어 점차 조직화되고 세력이 확대되어 기존의 질서를 위협하는 존재가 되었다. 이러한 현상에 대해 귀족계급은 온정주의적 국가관료체제(paternalistic state bureaucracy)를 발전시키면서 노동자계급의 위협을 '복지국가'의 형태로 효율적으로 대처했다. 그래서 유럽의 경우 계층 간의 갈등을 해소하기 위한 방법으로 복지제도가 발전한 면이 있다.

그러나 유럽으로부터 이민 온 사람들로 구성된 미국은 원래부터 봉건사회가 존재하지 않았다. 산업화 이전의 유럽의 국가들에 존재했던 귀족과 농노계급이 미국에는 없어 엄격한 사회계층의 분리현상이 존재하지 않았다. 따라서 미국에는 봉건제도의 부재로 인한 계층 간의 갈등이 없어 계층 간의 갈등으로 비롯되는 사회문제에 대처하는 사회복지의 발전이 지체되었다. 또한 미국에서는 이러한 유럽, 특히 영국의 마을과는 그 양상이 달랐다. 영국과는 달리 미국은 서부로 가면 광활한 토지가 있었다. 그 토지는 일종의 소득보장 형태였다. 누구에게 도움을 받지 않아도 미국인들은 원하는 경우 개인생활을 영위할 수 있는 자원이 가까이 있었다.

(4) 다양한 인종

미국은 인종, 종교, 언어가 다양한 사람들로 구성되어 있다. 연대의식을 바탕으로 하고 있는 사회복지는 인구학적 동질성이 있을 때 발전하기가 쉬운 측면이 있다. 그러나 미국의 태생적 인종적 이질성은 미국 사회의 주류를 이루는 집단(White, Anglo-Saxon, Protestant, WASP)과 소수민족 간에 사회적 거리감을 넓혀 연대의식을 바탕으로 하는 사회복지제도 발전을 지체시키는 데 영향을 미쳤다.

3) 상황적 배경

(1) 전쟁

전쟁 중에는 정부는 국민들에게 복지확대를 약속하는 경향이 있다. 그래서 전쟁 후에는 복지가 대체로 확대된다. 영국이 자랑하는 '국민보건서비스(NHS, National Health System)'도 제2차 세계대전의 부산물이며, 베버리지보고서도 전쟁 중에 나왔지만 전쟁 후에 시행되었다. 그러나 미국은 내전은 겪었지만 본토가 외국과의 전쟁에 직접 개입된 적이 없다.

(2) 확산효과의 부재

확산이론(diffusion theory)은 사회복지정책이나 사회보장제도의 발달은 국가 간의 의사소통이나 영향력을 주고받음에 따라 이루어진다는 것이다. 확산이론의 논리적 핵심은 사회정책이나 사회보장제도의 도입을 모방과정의 결과로 인식하며, 각 나라들은 '선구적인 복지국가의 노력들을 모방한다'는 것이다. 특히 제3세계 국가들은 선진국의 사회복지정책이나 사회보장제도를 모방하여 시행한다.

확산이론에 의하면 유럽의 모든 국가들이 사회복지제도를 일찍이 도입한 이유 중의 하나는 제일 먼저 사회복지제도를 도입한 독일과 근접한 거리에 있기 때문이다. 콜리어와 메식(Collier & Messick, 1975)은 유럽 국가의 경우 독일이 최초로 사회보장제도를 도입한 이후 1922년까지 독일의 주변 국가들로 사회보장제도가 공간적으로 확산되었음을 발견했다. 그러나 미국은 유럽과 거리가 멀어 확산효과의 영향이 없다.

2. 미국형 사회복지의 시작 : 뉴딜정책과 사회복지의 발달

미국의 사회복지 발전은 대공황 시기였던 1930년대에 시작되었다. 대공황을 극복하기 위해 루즈벨트 행정부는 사회복지 확대와 공공사업의 확대를 주요 내용으로 하는 뉴딜정책을 수립하였으며, 1935년 사회보장법을 제정함으로써 노령연금제도와 실업보험, 미국의 대표적인 공공부조제도인 ADC 프로그램[3]을 도입했다. 그러면 1930년대 대공황 이전의 미국 사회는 어떠했는지, 그러한 사회에서 사회복지는 어떤 성격을 띠었는지를 살펴보자.

1) 뉴딜 이전 시대

(1) 미국의 초기 문화 : 개인주의와 자유주의의 결합

윌렌스키와 르보(Wilensky & Lebeaux, 1958)는 그들의 저서 『산업사회와 사회복지(Industrial Society and Social Welfare)』에서 미국에서 개인주의가 사회복지 발전에 미친 영향을 기술했다.[4] 그의 의하면 미국 자본주의에 있어 가장 중요한 것은 합리적이고 탐욕적이며, 자신의 이익에 충실한 개인을 크게 강조하고 있다는 점이다. 미국은 '개인의 창의성' – 고도로 발달된, 널리 퍼져 있는 취득정신 – 이 노동력이 상품인[5] 경쟁시장에서 구매되는 사회이다.

개인주의는 인간의 행동을 쾌락과 고통의 계산에 의해서 설명한다. 개인주의는 인간은 획득 본능, 또는 생물적인 욕구에 따라 자기 개인의 이익을 추구한다고 가정한다. 이때 개인의 이익은 경제적인 측면에서 고려된다. 즉, 그것은 상품을 획득하고, 소비하며(쾌락), 경제적인 손실(고통)을 피한다. 신조로서의 개인주의는, 만일 각 개인이 외부의 간섭을 가능한 한 적게 받으면서 자기

3) ADC 프로그램은 1962년 가족을 강조하는 의미의 AFDC 프로그램으로 변경되었다가 1996년 TANF 프로그램으로 대체되었다.

4) 윌렌스키와 르보의 저서 『산업사회와 사회복지』는 사회복지의 개념을 잔여적 개념과 제도적 개념으로 분류한 저서로 알려져 있다. 그러나 이 책에서 사회복지의 개념을 설명한 부분은 138쪽에서 140쪽까지 3페이지에 지나지 않으며, 대부분의 내용은 미국에서 개인주의와 산업화가 사회복지 발전에 미친 영향에 관한 것이다.

5) 1990년 에스핑 앤더슨(Esping-Andersen)은 '노동력의 탈상품화' 정도를 기준으로 복지국가의 유형을 자유주의 복지국가, 보수주의적 조합주의 복지국가, 사회민주주의 복지국가로 분류했다.

자신의 이익을 추구한다면 모두의 이익이 가장 잘 도모될 것이라는 의미를 내포하고 있다. 즉, 개인주의는 정부의 구속과 노동조합의 도전을 받지 않으면서 이윤을 추구할 수 있는 기업의 자유를 의미하게 된다. 그래서 미국 사회에서는 모두 성공할 수 있는 평등한 기회를 가지고 있고, 또 모두는 성공하기 위해 최선을 다해 노력해야 할 도덕적인 의무를 지니고 있다. 그래서 만일 누가 실패하면 그것은 그 자신의 잘못이고, 따라서 죄의식을 느껴야 한다(Wilensky, 1958 : 34).

미국에서 이러한 개인주의는 자연스럽게 자유주의(liberalism)를 정당화시켰다. 자유주의는 개인은 강요되지 않으면 일을 하지 않는 존재라는 이데올로기를 지니고 있었다. 이러한 관점은 개인의 재산을 축적할 권리에 강조를 두는 신교도 윤리(protestant ethic)와 조화를 이루었다. 자유주의 이데올로기는 소유만이 일할 유인을 가져온다고 믿었다. 따라서 자유주의자들은 사회를 자기이익을 추구하는 개인들이 모인 집단으로 보았고, 이러한 것은 자유시장에서 가능하다고 믿었으며, 이러한 이데올로기에서의 경제정책은 자유방임정책이었다(박병현, 2008 : 93).

따라서 이러한 개인주의가 반영된 미국 사회복지의 특징은 유럽 국가들과 비교해 볼 때 개별사회사업(social casework)으로 일컬어지는 개별 사례 접근법을 강조하는 사회사업전문직의 발달, 사회복지정책과 실천 양면에서 지역적 다양성(local diversity), 중앙집중식의 사회정책의 결여, 사회보험제도와 공공부조제도 간의 확연한 구별, 민간 자선단체의 역할 강조라고 볼 수 있다(박병현, 2008 : 88).

또한 미국의 현대 사회복지의 바탕이었던 자선조직협회, 구빈원(poorhouse), 시설 내 구호(outdoor relief)는 자조 가치의 산물이었다. 즉, 1929년 이전의 모든 미국의 사회정책은 자유방임주의 사상의 틀 속에서 진행된 것이었다.

(2) 공공구호는 중앙정부가 해야 하는 일이 아닌 주정부의 몫

미국의 사회복지는 연방정부의 주도가 아닌 주정부나 민간단체의 주도로 이루어져 왔다. 이러한 경향은 도로시아 딕스(Dorothea Dix, 1802~1887)[6]가 제안한 주립정신병원 설립에 대한 연방정부의 지원을 당시 피어스 대통령이 거부권을 행사한 데서 찾아볼 수 있다.

딕스는 43세 때인 1845년 정신장애인 수용시설(asylum)에 일요예배 연사로 초청되어 갔다가 감옥과 같은 곳에서 쇠사슬에 매여 비참하게 지내는 정신질환자들을 목격하고 그들에게 제공되는 서비스를 향상시키기 위해서는 주정부마다 정신병원이 건립되어야 한다는 확신을 갖게 되었다. 딕스는 자신이 목격한 수용시설에서의 정신장애인에 대한 비인도적인 처우를 다음과 같이 묘사했다.

> 나는 어느새 스스로 살아갈 수 없는 사람, 잊혀진 사람, 정신이 이상한 사람, 백치의 옹호자가 되었다. 그들은 정신장애인 수용시설에서 비참한 모습으로 방치되었다. 그들은 그들이 처한 상황에 대해 아무도 관심을 기울이지 않아 두려움으로 가득 차 있었으며, 동물우리, 벽장, 지하실에서 수갑에 채워져 옷이 벗겨진 채 방망이와 채찍으로 구타당하기도 했다(Dix, 1843).

딕스는 이러한 정신장애인에 대한 비인도적인 처우를 목격한 후 1854년까지 9년 동안 미국 전역의 수용시설을 조사하여 수용된 정신질환자의 비참한 생활상을 폭로하는 한편, 주립정신병원 건립을 위해 연방정부가 주정부에게 500만 에이커의 부지를 제공해 달라는 탄원서를 연방의회에 제출하였다.[7)] 상원과 하원에서는 원래 법안에 들어 있던 부지보다 더 많은 1,000만 에이커의 부지를 중앙정부가 제공하는 안이 압도적으로 통과되어 미국 역사상 최초의 정신건강법안이 탄생되기에 이르렀다.

그러나 1854년 당시 피어스(Pierce) 대통령은 '불행한 사람을 돕는 권한은 주정부에 있으며 구제를 이유로 연방정부가 주정부를 간섭해서는 안 된다'는 명분으로 거부권을 행사했다. 피어스 대통령의 거부권 행사가 의미하는 것은 적어도 19세기 미국에 있어서 공공복지는 연방정부가 담당해야 하는 문제가 아닌 개인의 문제이거나 주정부의 몫이라는 것을 천명한 것이었다. 이 거부

6) 도로시아 딕스의 생애에 대해서는 박병현(2016). 사회복지의 역사. 경기 : 공동체, p. 168의 내용을 참조하기 바람.

7) 이 탄원서에서 딕스는 "나는 구빈원 또는 민간수용시설에 수용된 9,000여 명의 정신장애인을 만났으며 그들의 생활은 적절한 치료와 보호를 받지 못한 채 쇠사슬에 매여 비참한 생활을 하고 있었다. 나는 보다 정확한 조사를 위해 60,000마일을 8년간 횡단하면서 30여 개 주를 조사했으며, 이 과정은 눈물 없이는 할 수 없는 슬픈 여정이었다"고 술회했다.

권 행사로 인해 미국에서는 1935년 사회보장법이 제정될 때까지 약 80년간 사회복지에 대한 연방정부 불개입 원칙이 고수되었으며 이로 인해 사회복지 발전이 지체되었다(Dobelstein, 1986 : 1-2).

(3) 민간복지를 강조하는 자선조직협회의 왕성한 활동

1900년 이전의 미국 사회복지 방향과 빈민들을 위한 사회사업실천은 국가 차원에서의 공공구호를 반대하는 이데올로기를 지녔던 자선조직협회(Charity Organization Society)가 주도했다. 1877년 영국 런던의 자선조식협회에서 자원봉사자로 일한 경험이 있던 험프리 거틴(Humphreys Gurteen) 목사가 버펄로에 처음으로 자선조직협회를 창설한 이후 자선조직협회는 미국 전역으로 퍼지기 시작하여 1890년대에는 100여 도시에 자선조직협회가 생겨났다.

자선조직협회는 세 가지의 단순한 가정에 근거하여 결성되었다고 할 수 있는데, 첫째는 빈곤의 근본적 원인은 사회구조상의 모순에 있는 것이 아니라 빈민의 도덕적 또는 성격적인 결함에 있다는 것이며, 둘째는 빈곤의 근절은 빈민들이 자신들의 성격적 결함을 인정하고 교정하려고 할 때 가능하며, 셋째는 이런 목적의 달성은 다양한 자선단체들의 협력에 의해 가능하다는 것이다(Boyer, 1978 : 144).

자선조직협회는 구호를 받고 있는 자의 생활은 구호를 받고 있지 않으면서 일을 하고 있는 자의 생활보다 덜 바람직스러워야 한다는 열등처우(less eligibility)의 원칙을 근간으로 하고 있는 영국의 신구빈법의 영향을 많이 받아서 무차별적으로 구호를 제공하는 것은 노동자들의 나태, 사치, 낭비를 조장한다는 근거로 모든 공적인 원외구호(outdoor relief)[8]의 폐지를 주장하였다. 자선조직협회는 원조방법으로 우호적인 방문(friendly visiting)을 사용하였고, 빈민을 '구호를 받을 가치가 있는 빈민(worthy poor)'과 '구호를 받을 가치가 없는 빈민(unworthy poor)'으로 구별하였으며, 타파되어야 할 대상으로 공적인 원외구호(outdoor relief)를 주장하고, 인적 자원으로는 잘 훈련된 여성 신교도들을 사용하였다. 자선

8) 원외구호란 빈민들이 자기들의 집에서 구호를 받는 현대적 의미의 재가복지라고 할 수 있으며 미국의 가장 대표적인 공공부조제도였던 AFDC의 원시적 형태라고 할 수 있다.

의 전문가였던 아모스 워너(Amos Warner)는 공적인 원외구호는 정치적 부패와 낭비를 가져오며 더 많은 공적인 구호가 주어지면 주어질수록 더 많은 수혜자들이 일을 하는 대신에 공적인 구호를 선호할 것이라고 주장하였다(Patterson, 1986 : 21).

당시 자선조직협회의 존경받는 정신적 지주 중 한 사람이었던 조세핀 쇼 로웰(Josephine Shaw Lowell)[9]은 다음과 같이 공적인 원외구호를 비판했다.

> 만약에 인간이 전 세계를 얻었으나 자신의 영혼을 잃어버렸다면 무슨 이익이 되겠느냐? 구호제공은 물질적인 것이고, 물질적인 수단을 찾는 것이기 때문에 실패할 것이다. 인간은 정신적인 동물이기 때문에 그가 도움이 필요하다면 정신적인 방법으로 도움이 제공되어야 한다. 따라서 공적인 구호는 아사 직전과 같이 극도로 궁핍한 경우에만 제공되어야 한다(Patterson, 1986 : 21).

이와 같은 로웰의 공적인 구호에 대한 언급은 자선조직협회에서 가난한 사람에 대한 구호는 정부가 제공하는 형태가 아닌 민간 차원의 자선의 형태가 되어야 한다는 것을 의미한다고 할 수 있다.

1800년대 말엽 자선조직협회가 성황을 이루고 인기를 누릴 수 있었던 것은 자선조직협회의 기본 철학이 그 시대의 지배적인 이데올로기였던 개인주의를 기반으로 했던 자유주의를 근간으로 하였기 때문에 가능했다. 이와 같이 그 시대의 지배적인 사상을 배경으로 하면서 막강한 영향력을 행사하였던 자선조직협회가 미국 사회복지의 기본 방향을 공적인 원외구호의 폐지와 민간 주체의 빈민원조로 설정하였기 때문에 중앙정부가 주체가 되는 사회보험이나 공공부조제도는 도입될 수가 없었다.

9) 1800년대 말과 1900년 초기의 자선조직협회의 가장 존경받는 인물 중 한 사람이었던 조세핀 쇼 로웰(Josephine Shaw Lowell, 1843~1905)은 사회개혁에 많은 관심을 지니고 있던 보스턴의 유수한 집안 출신으로 남북전쟁이 일어났을 때 로웰의 아버지는 남부의 흑인들을 위한 구호를 후원하였다. 그녀의 오빠인 로버트 로웰(Robert Lowell)은 미국의 첫 번째 흑인군대의 결성에 앞장섰으나 전투 중 사망했으며, 그 후 얼마 있지 않아 결혼한 지 몇 달 되지 않은 남편 찰스 러셀 로웰(Charles Russell Lowell) 역시 전쟁 중 사망하게 된다. 20세의 나이에 과부가 된 조세핀 로웰은 사회개혁에 뛰어들어 뉴욕자선조직협회를 조직하여 25년간 미국자선조직협회의 정신적 지주로 있으면서 자선조직협회 활동을 열정적으로 수행한 메리 리치몬드(Mary Richmond)에게 많은 영향을 미쳤다.

(4) 산업재해보상보험 외의 사회보험제도의 도입 시도와 실패

① 사회보장보다 사회정의에 관심을 가졌던 인보관운동

미국에서 인보관운동은 자선조직협회보다는 늦은 시기인 1886년 뉴욕에 'Stanton Coit's Neighborhood Guild'가 문을 열면서 시작되었다. 3년 뒤인 1889년 뉴욕에 '대학인보관(College Settlement)'이 세워졌으며, 1890년 제인 애덤스(Jane Addams)[10]는 시카고에 미국 인보관의 상징이라고 할 수 있는 '헐 하우스(Hull House)'를 설립했다. 인보관은 점점 더 증가하여 19세기 말에는 100개가 넘는 인보관이 생겨나 20년 전 자선조직협회가 누리던 번영을 1900년 이후에는 인보관이 누리게 되었다.

인보관운동은 빈곤의 원인이나 인간의 본성을 보는 관점이 자선조직협회와 매우 달랐다. 자선조직협회는 빈곤의 원인을 개인적 성격의 결함에서 찾는 데 비해 인보관운동은 환경에서 찾으려고 했다. 인보관운동은 자본주의의 틀 속에서 사회연대의식을 기초로 한 사회개량주의의 입장을 취했다. 그러나 미국의 인보관운동도 사회보험이나 공공부조제도의 도입에는 적극적으로 나서지 않았다.

미국의 인보관운동은 영국의 영향을 많이 받았으나 영국의 인보관운동과는 다른 점이 많았다. 미국과 영국의 인보관운동의 근본적인 차이점은 두 나라의 상이한 사회적 배경에서 비롯되었다. 영국과는 달리 미국의 인보관운동은 주로 미국생활에 잘 적응하지 못하는 유럽에서 이민 온 사람들을 대상으로 하였다. 미국 인보관운동의 주요 관심은 문화와 교육이었다. 인보관에서는 주로 유럽에서 이민 온 사람들에게 영어를 가르쳤으며, 예술전시회를 후원하였고,[11] 직업기술을 가르쳤다. 또한 탁아소를 운영하였으며, 지역사회 공립학교의 환경을 개선하려고 노력하였다. 각 인보관은 자기가 속한 시나 지역사회의 개혁에 관심을 기울였다. 그렇기 때문에 인보관에서 주로 하였던 사업은 아동노동법, 주택개량, 여성의 노동조건 완화, 공장검색, 여성들의 투표권

10) 미국 인보관운동의 상징적인 인물인 제인 애덤스의 생애에 대해서는 박병현(2016). 「사회복지의 역사」. 경기 : 공동체, pp. 180-182의 내용을 참조하기 바람.

11) 한 예로 시카고 필하모닉 오케스트라가 '헐 하우스'를 방문하여 연주하기도 하였다.

에 관한 것이었다(Katz, 1986 : 161).

윌리엄 베버리지, 윈스턴 처칠과 같은 엘리트 남성들이 주축인 영국의 인보관운동가들이 사회보장을 위한 사회개혁 과정에 적극적으로 참여하여 복지국가로의 발전에 기여한 것과는 달리, 여성들이 주축이었던 미국의 인보관운동가들에게는 질병이나 노령으로 인한 소득의 상실에 대한 대책, 사회보험 프로그램, 사회복지행정 등은 주요 관심사가 아니었다. 심지어 산업재해보상보험도 간간이 언급될 정도였다. 그들은 보편적인 사회보장보다는 여성과 아동들의 노동문제에 더 많은 관심을 가졌다. 이것이 영국 인보관운동과의 근본적인 차이점이었다. 미국의 인보관운동은 1929년 대공황으로 인한 경제위기가 있기 전까지 준자선적인 성격을 유지하고 있었다. 이러한 면에서 볼 때 영국의 인보관과는 달리 미국 인보관운동의 목적은 사회정의였지 사회보장은 아니었다고 할 수 있다.

② 민간기관의 사회보험 도입 운동 실패

20세기에 들어와서 미국에서도 정치권과 민간단체에서 사회보험 도입을 위한 논의가 있었다. 미국의 정치권에서 가장 먼저 사회보험 공약이 제시된 것은 1912년 대통령 선거에서였다.[12] 공화당의 혁신파와 진보적인 사회개혁가들이 주축이 되어 창당된 진보당의 후보였던 데오도어 루즈벨트(Theodore Roosevelt)가 '신국가주의(New Nationalism)'를 제창하면서 선거공약의 하나로 노동자재해보상보험과 질병, 실업, 노령 등의 위험으로부터 가족을 보호하기 위한 사회보험을 내세웠다. 그러나 대통령 선거에서 규제보다는 자유를 선거구호로 내세웠던 민주당의 윌슨(Wilson) 후보에게 패배하면서 정치권에서의 사회보험제도 도입운동은 수포로 돌아갔다.

비록 정치권에서는 사회보장제도의 도입을 위한 분위기가 성숙되지 않았지만 민간분야에서는 사회보험제도의 필요성을 주장하면서 이를 도입하기 위한 사회환경을 조성하는 활동이 활발하게 진행되어 갔다. 이러한 활동은 주로 정치인이 아닌 지식인과 지식인들이 모인 민간단체에서 주도하였는데,

12) 1911년에 영국은 의료보험법과 실업보험법으로 구성된 국민보험법을 제정하여 복지국가로 발전하였다.

가장 대표적인 사람은 콜롬비아대학의 교수인 헨리 시거(Henry Seager), 경제학자인 어빙 피셔(Erving Fisher), 미국 사회보험제도의 선구자로 일컬어지는 아이작 루비노(Issac Rubinow)[13]였고, 이들은 전미노동법협회(The American Association for Labor Legislation, AALL)를 결성하여 사회보험 도입을 주장하였다.

피셔는 인간 자원의 효율적 보호 문제와 관련지어서 사회보험제도의 도입을 주장하였는데, 조기사망과 예방될 수 있는 질병으로 인한 경제력의 손실은 화폐로 환산하면 1년에 15억 달러에 달하며 이것은 1910년 국민총생산의 5%에 해당되는 것이라고 하였다(Rimlinger, 1971 : 67).

1910년대에 미국에서 사회보험제도를 도입해야 한다고 가장 적극적으로 주장한 사람은 미국 사회보험제도의 아버지라고 불리는 루비노였다. 그는 질병으로 인한 경제적 손실이 국가에 미치는 영향, 노동자들이 적절한 의료비를 지불할 수 없는 현실, 유럽에 비해 뒤떨어진 미국의 사회행동 등과 관련하여 강제적 건강보험의 필요성을 역설하였다. 루비노는 자원봉사활동과 민간보험으로는 충분하지 못하며 국가의 우선적인 목적에 비추어 보아서도 적절하지 못하다고 주장하며, 이것은 개인의 이익이나 복지 문제가 아니라 전 국가의 집단적 이익과 공공복지의 문제라고 주장하였다. 루비노는 비용이 너무 많이 소요된다는 반론에 대해서는 건강보험은 국가의 건강과 행복, 효율성을 높여주는 일종의 투자라고 반응하였다(Rimlinger, 1971 : 68).

미국의 사회보험제도 옹호론자들은 사회보험제도를 정치활동을 위한 도구로는 생각하지 않았다. 이 점에서 미국은 영국이나 독일과 매우 달랐다. 그들의 사회보험제도 논의는 대부분 학술적이었고 분석적인 성격이 강했다. 그들은 지식인, 개화된 사용자, 정부나 도시 지도자들에게 사회보험제도의 필요성

13) 미국 사회보험의 선구자로 불리는 아이작 루비노(Issac Max Rubinow, 1875~1936)는 러시아에서 미국으로 1893년에 이민 와서 콜롬비아대학에 편입학하여 1895년에 졸업했다. 졸업 후 그는 현재의 뉴욕대학교인 당시의 University Medical College에 입학하여 1898년에 의학박사학위(MD)를 수여받는다. 그 후 그는 뉴욕의 빈민들을 위한 의료실습을 하는 동안 사회 및 경제 문제에 관심을 갖게 되고, 특히 노동자 계층의 여성들이 겪어야 하는 혹독한 상황을 알게 된 후에 사회보험에 관심을 갖게 된다. 1900년에서 1903년 사이에 콜롬비아대학에서 정치학 과정을 마친 그는 의사직을 포기하고 연방정부의 농림성, 상무성, 노동성에서 근무하면서 사회보험이론가로서 명성을 쌓게 된다. 1911년에 유럽의 노동자보험에 관한 연구가 노동성에 의해 출판되었으며 콜롬비아대학에서 Ph.D를 수여받았다. 전미노동법규협회의 창립멤버였던 그는 건강보험은 노동자 재해보상에 이어 반드시 제정되어야 한다고 주장하였으며 전미노동법규협회의 건강보험안을 입안한다.

을 역설하고 호소하였지만 제도 도입을 위해 대중을 동원하려고 하지는 않았다. 강력하고 조직된 정치적 배경이 없다는 것이 미국사회보험운동의 가장 취약점이었다.

루비노(1916 : 28)는 대다수의 경제학자, 사업가, 심지어 임금노동자들을 포함한 대다수의 미국인들은 미국의 조건이 유럽과 매우 다르다고 믿고 있었으며 이로 인해 사회보험조직이 불가능했다고 회고하였다. 영국에서는 강력한 힘을 가지고 있던 노동단체가 사회보험제도 제정에 앞장섰으나 노동단체의 결속력이 낮았던 미국의 경우는 달랐다. 당시의 사회보험 옹호자들은 주로 대학교수, 사회사업가, 소외된 정부 관료들이었다.

③ 경제적 효율성 제고를 위한 노동자재해보상보험제도의 도입

미국에서 1935년 사회보장법의 제정으로 노령연금제도와 실업보험제도가 도입되기 전에 도입된 사회보험제도는 노동자재해보상보험제도였다.

미국에서 사회보험의 초기 옹호론자들은 사회보험을 인적 자원을 보존하고 경제적 효율성을 높이기 위한 주요 단계로 생각했다. 능률성과 고용주 이익의 강조가 미국 사회의 사회보험 이데올로기의 주된 내용이었다. 그러므로 미국에서 고용주의 이익이 가장 잘 실현될 수 있는 부분인 노동자재해보상에서 사회보험이 빨리 진전될 수 있었던 것은 놀라운 일이 아니다. 노동자재해보상법을 도입하는 데 많은 기여를 한 커먼스(John R. Commons)는 사회적 명분 대신에 고용주의 이익에 호소하는 데 탁월했다. 그는 위스콘신주의 경험을 예로 들어 고용주들이 정부의 노동자재해보상법으로 인해 많은 이윤을 얻었다고 설명했다(Rimlinger, 1971 : 67).

사실 20세기 초반에 점점 세력을 얻어가는 무과실책임주의로 인해 고용주들은 돌파구를 찾고 있었다. 많은 고용주들은 책임보험(liability insurance)에 가입하고 있었으나 노동자가 산업재해를 당했을 경우 법률문제로 골머리를 앓고 있었다. 다른 위험과는 달리 노동과 관련된 사고는 항상 고용주 측면에서는 법률문제와 재정문제가 뒤따랐다. 이런 상황에서 노동자재해보상제도는 고용주들에게 골치 아픈 법률문제와 재정문제를 해결해 주었다. 미국에서 노동자재해보상제도는 사회적 연대성이나 가부장적 온정주의에 근거해서 도입된 것이 아니라 고용주들의 이익에 근거한 것이었다(박병현, 2008 : 124).

미국에서의 사회보험 도입 운동의 목적은 사회적 효율이었다. 사회보험 도입을 주장하는 사람들은 노동자재해보상제도는 상업의 안전을 가져오고, 의료보험은 국민의 건강을 증진시켜 생산성의 향상을 가져온다고 주장했다.

④ 건강보험제도 도입 실패

건강보험제도 도입은 의료서비스의 재정과 조직에 있어서의 혁신, 의료전문직의 지위와 사회적 책임성에 있어서의 변화, 복지부문에 있어서의 정부의 권한 확대를 수반하는 것이어서 매우 예민한 이슈이다. 미국에서 강제가입의 건강보험제도 도입 여부는 1915년에서 1920년 기간 동안 가장 논란의 대상이 된 사회적 이슈 중의 하나였다. 전미노동법규협회는 1914년 여름 잠정적인 건강보험의 기준을 마련하여 1915년 11월에 건강보험법 초안을 작성하였으며 이 초안은 1916년에 뉴욕, 매사추세츠, 뉴저지 주에 소개되었으며 1917년에는 다른 15개 주에 소개되었다(Lubove, 1986 : 66-67).

그러나 강제적인 건강보험은 많은 이익단체들의 반대에 직면하였다. 사용자 측은 노동자재해보상보험제도는 수용하였지만 건강보험제도에 대해서는 거부반응을 보였다. 전미제조업협회(National Association of Manufacturers, NAM)는 1910년 회합에서 노동자재해보상을 추인하였으나 강제가입의 건강보험은 미국의 사상에 맞지 않고 경제에도 도움이 되지 않는다는 이유로 거부하였다. 10년 뒤인 1920년 회합에서도 동협회의 산업개선, 건강 및 안전위원회는 정부의 건강보험을 "미국에 존재하고 있는 사악한 독일식의 사고 중의 하나"라고 혹평하였다. 1922년에 동 위원회는 정부가 시행하려고 하는 건강보험제도는 현명하지 못하고, 경제에도 해로우며, 건강한 사람에게 부담을 지우는 제도라고 비판하는 마지막 보고서를 제출하였다(Rimlinger, 1971 : 76).

전국시민연합(National Civic Federation, NCF)도 강제가입 건강보험에 대해 강력한 반대의사를 표명하였다. 동 연합의 대변인은 "사회보험을 주장하는 사람들은 우리들의 제도를 파괴시키려고 하는 바로 그 사람들이다. 우리들이 미국 시민들의 자유를 위해 싸워온 이때 과연 강제를 동원할 필요가 있는가?"라고 주장하였다. 「National Civic Federation Review」지는 사회개혁가라는 사기집단이 노동자들을 현혹하여 강제적인 건강보험을 도입하려 한다고 사회보험을 옹호하는 사람들을 혹평하였으며, 사회보험에 내재하는 위험요소들로서 관료주의, 공산주의, 개인독재, 개인 및 가정책임의 약화, 높은 비용, 공평하지 못한 의료행위의 결과 등을 들었다(Stone, 1919 : 58). 여기서 중요한 사실은 이 기사를 쓴 워렌 스톤(Warren Stone)은 사용자가 아니라 노동자라는 것이다. 이와 같이 미국에서는 노동자집단도 건강보험제도 도입에 앞장서서 반대하였다. 이 점이 영국과 달랐다.

건강보험에 대해 가장 반대한 이익집단은 의사들이었다. 노동자재해보상제도 실시의 경험이 미국의 의사들로 하여금 이러한 태도를 취하게 하였다. 대부분의 주에서 노동자재해보상을 담당하는 기관이 의료비를 정하는 권한을 가지고 있었으며, 노동자들이 사용자나 보험회사가 지정하는 의사들의 진료를 받도록 하였다. 의사들은 이러한 자유선택의 결여와 보험회사들의 착취를 신랄하게 비판하였다. 실제로 많은 의사들이 그들이 건강보험제도를 반대하는 이유가 노동자재해보상제도로 인해 그들이 받아야 했던 경제적인 손실에 있다고 말하고 있고 당시 미국의사협회(AMA)의 회장인 알렉산더 램버트(Alexander Lambert)도 동료의사들이 건강보험을 반대하는 이유는 노동자재해보상제도의 경험에 있다고 하였다. 또한 루비노도 건강보험을 실시함으로 인해 의사들의 경제적 · 사회적 지위에 변화가 있을지 모른다는 우려는 노동자보상제도에서 비롯된 의료행위의 경험에서 온 것이라고 지적하고 있다(Lubove, 1986 : 79-60).

1915년에서 1920년에 이르는 건강보험 제정 캠페인은 완전한 실패로 끝이 났다. 의사들 입장에서 보면 건강보험제도는 계약적 의료행위의 보편화와 의료비와 의료행위의 수준에 대한 자기결정권의 상실을 의미하였기 때문에 정치적인 힘이 있었던 의사집단들은 자기들의 이익을 추구하기 위하여 정치력을 충분히 사용하였다. 또한 건강보험은 '독일제(Made in Germany)'라는 의식이 강하여 독립적인 정신을 강조하는 미국인의 가치에도 부합되지 않았다. 1930년대의 대공황이 도래할 때까지 미국에서는 건강보험제도의 도입은 모든 이익단체의 반대를 받았으며 1935년 사회보장법 제정 때도 의사집단의 반대로 건강보험법이 제정되지 못하였다. 1965년에 건강보험제도(Medicare)가 도입되었으나 이것도 제한된 노인에게만 해당되는 것이었다.

⑤ 실업보험제도 도입 실패

미국에서 실업문제는 19세기부터 제기되었으나 본격적으로 논의가 되기는 1914년에 전미노동법규협회에 의해서였다. 사용자 측은 실업보험제도에 대해서는 다른 사회보험제도보다 더 강한 거부의사를 나타냈다. 실업보험법안은 여러 주에서 선보였으나 어디서나 사용자들의 반대에 부딪혔다. 역사적으로 진보적인 성향을 보이는 매사추세츠 주는 미국의 주들 중에서 실업문제에 대해 가장 많은 관심을 나타내었다. 이 주에서는 1916년에 실업보험법안이 제안되었으나 노동자들의 무관심과 고용주들의 적개심으로 사장되고 말았다. 1922년에 특별위원회에 다시 제안되었으나 또다시 거부되고 말았다. 이 위원회가 실업보험법안을 거부한 이유는 실업자들에게 보상을 해주는 것은 미국의 오랜 가치인 노동의 미덕을 해치며 독립정신과도 맞지 않다는 것이었다. 이러한 사고는 대부분의 고용주들이 가지고 있었으며 많은 노동자들도 이런 생각에 동의하였다(Rimlinger, 1971 : 78-79).

이러한 반대 의견에도 불구하고 이미 민간실업보험제도를 시행하고 있는 소수의 진보적인 성향의 사용자들은 공적인 실업보험제도에 대해서도 조심스럽게 환영의 뜻을 나타내고 있었다. 그들은 노동자들의 동기유발과 행위에 대해 보수적인 사용자들과는 다른 해석을 하였다. 그들은 실업은 사회적인 측면에서도 바람직하지 않을 뿐만 아니라 기업의 측면에서도 낭비적이기 때문에 실업문제가 단지 기업의 순이익에 직접적으로 영향을 미치는 기업의 문제라는 생각은 버려야 하며 강제적인 보험은 아니더라도 민간 차원의 자발적인 계획은 확립하여야 한다는 인식을 하고 있었다(Rimlinger, 1971 : 79). 그러나 1920년대에 이르렀어도 실업자에 대한 사회적 책임성을 인식하고 있는 고용주들은 소수에 지나지 않았다.

⑥ 노동자들의 사회보험제도 도입 반대

대부분의 유럽 국가에서는 노동자들의 요구에 의해 사회보험제도가 도입되었다. 그러나 미국에서는 예외적으로 노동자들도 사회보험제도 도입에 반대했다. 예를 들면, 미국의 대표적 노동단체인 전미노동연합(American Federation of Labor, AFL)[14]도 사회보험제도의 도입에 적극적이지 않았다. 미국의 노동계 지도자들은 노동자들의 복지보다는 노동단체의 복지에 더 관심이 많았다. 그들은 사회보험제도가 노동자들에 대한 자기들의 통제력을 약화시킬지도 모른다는 우려 때문에 사회보험제도에 대해 부정적인 생각을 지니고 있었다. 이 점이 영국이나 독일의 경우와는 달랐다.

독일에서는 비스마르크의 주요 목적이 사회주의의 영향력을 감소시키는 것이었기 때문에 노동계 지도자들이 처음에는 사회보험제도에 대해 부정적인 생각을 가지고 있었으나, 그들은 얼마 지나지 않아 사회보험제도가 자기들의 목적을 성취하기 위한 수단임을 깨달았다. 그러나 미국에서는 노동자들이 사회보험제도를 필요로 하고 있다는 것을 인식하는 데 매우 많은 시간이 소요되었다. 전미노동연합은 노동자재해보상제도가 아주 시급하다는 인식이 광범위하게 퍼져 있던 1909년까지도 이 제도를 추인하지 않았다(Rimlinger, 1971 : 80-82).

만일 미국의 노동자들이나 조직된 노동단체들이 사회보험제도에 대해서 전폭적인 지지를 보내고 있다면 사회보험제도의 확립은 쉬웠을 것이다. 그러나 미국의 노동자들은 영국에 비해 덜 조직적이었다. 전체 노동자 중에서 소수만이 조직되어 있었다. 더군다나 주의 법규가 대부분의 노동자들을 통제하고 있었기 때문에 전미노동연합은 유럽의 전국 규모의 노동조합[15]이나 스웨덴의 사회민주당 혹은 영국의 노동당과 같은 위치에 있지 못하였다(Levine, 1988 : 156).

14) AFL은 1890년대에 등장한 규모가 가장 크고 강력한 미국의 노동조직이었으며 이념적으로는 개인을 정부가 보호한다는 것에 반대하는 입장이었다.

15) 스웨덴의 경우 블루칼라 노동조합총연맹(LO)은 사회민주당과 연합하여 스웨덴 복지국가 탄생에 결정적인 기여를 하였다.

이와 같이 미국에서 20세기 초반의 산업재해보상보험제도를 제외한 사회보험제도 도입운동은 완전한 실패로 끝이 났다.[16] 그러나 1920년대 말 연방정부가 사회복지에 간여하지 않는 전통을 극적으로 바꾸어 놓는 사건이 발생했다. 그것은 1929년 10월 24일 증권의 폭락으로 시작되어 10년 이상 계속된 대공황이었다.

2) 뉴딜시대 : 연방정부의 사회복지에의 개입 시작

1929년 10월 24일 증권시장의 붕괴로부터 시작된 대공황은 미국의 정치, 경제, 사회적 상황뿐만 아니라 사회복지 부문도 뒤흔들어 놓았다. 대공황에서 비롯된 뉴딜정책은 사회복지에 대한 연방정부의 역할에 대해 새로운 정의를 내리는 계기를 가져왔기 때문에 사회복지정책의 패러다임 전환을 가져왔으며 연방정부가 개입하는 공공복지의 발전을 가져왔다. 그래서 브라운(Brown, 1940 : ix)은 공공복지와 구호에 있어서는 미국 건국 후 300년 동안보다 1929년에서 1939년까지의 10년 동안에 더 많은 발전이 있었다고 말했다. 공공복지의 증가는 연방정부의 사회복지에의 개입에서 비롯된 것이었다. 이것은 사회복지는 주정부의 몫이라고 하며 연방정부는 사회복지에 개입하지 않는 분권화 전통에서 벗어나는 것이었다. 먼저 대공황의 모습부터 살펴보자.

(1) 대공황의 모습

대공황은 미국경제 전반의 신용구조를 파괴시켰으며 실업을 증가시켰고 소득을 격감시켰다. 예를 들면, 1929년 대공황 이전 1,031억 달러에 달했던 GNP가 격감하여 1933년에 556억 달러로 줄어들었다. GNP는 1934년부터 증가하기 시작하여 1937년에는 904억 달러에 달했으나 그 다음 해 1938년에 847억 달러로 다시 감소하였다. GNP는 1941년이 될 때까지 대공황 이전의 수준에 미치지 못하였다. 실업률도 급증하여 1920년대에는 4%로 안정을 보이던

16) 미국에서 1910년에서 1913년 사이에 22개 주가 노동자재해보상보험법을 제정했으며, 1917년에는 39개 주, 1920년에는 43개 주가 노동자재해보상보험법을 제정했다(Leiby, 1978 : 205)

실업률이 1930년에는 9%로 증가하였고 가장 경제가 침체하였던 1933년에는 25%의 실업률을 보였다. 경기회복 프로그램에 힘입어서 1937년에 실업률이 14%로 줄어들었으나 1938년에는 다시 19%로 증가하였다. 미연방정부의 비상구호청(Federal Emergency Relief Administration)의 통계에 의하면, 가장 실업률이 높았고 소득이 격감하였던 1933년 10월에는 전 인구의 약 10%에 해당하는 300만 가구의 1,250만 명이 실업구호에 의존하였다(Axinn & Levin, 1992 : 176).

이러한 경제파탄은 특히 중산계층에 치명적인 위기를 안겨줌과 동시에 빈곤에 대한 새로운 관점을 가져왔다. 비록 1900년대 초반 진보와 개혁의 시대를 거치면서 빈곤의 원인을 개인적 성격의 결함에서 찾는 자유주의 철학이 공격을 받고 쇠퇴하였지만 이러한 자유주의 사상이 뿌리부터 흔들리는 계기가 된 것은 대공황이었다. 대공황은 개인의 결함이 아니라 사회 구조의 결함에 의해서도 가난해질 수 있고 실업상태에 놓일 수도 있다는 의식의 극적인 전환을 가져왔다. 이러한 사상을 지지하는 사례연구가 계속해서 발표되었다. 예를 들면, 전미인보관연합의 실업위원회에서 출간한 빈곤사례연구에 의하면 대부분의 실업이 개인이 게을러서가 아니라 산업구조 자체에서 비롯되었음을 보여주었다(Elderton, 1931 : xxiv).

경제위기는 점점 더 심해져서 증권시장은 계속 침체되었으며 은행은 문을 닫고 기업체와 농장들이 도산하였다. 이런 분위기가 지속되면서 많은 사람들은 경제침체를 구하기 위한 어떤 극적인 조치가 있어야 한다고 생각하기 시작하였다. 그러나 후버(Hoover) 대통령은 경제회복에 대한 지나친 낙관과 균형예산, 자유방임, 주정부의 권리를 강조하는 신념 때문에 연방정부의 새로운 책임과 권한의 추구에 소극적이었다. 후버 행정부는 공황은 이전의 불경기[17]와 같이 주기적으로 일어나는 일시적인 현상으로 조만간에 회복 국면으로 접어들 것으로 낙관하고 있었다. 후버 행정부는 대공황으로 인한 실업자 구호에도 매우 인색했다. 그로 인해 연방정부, 주정부, 지방정부를 포함한 정부의 복지지출비는 1920년대에 1억 달러이던 것이 1932년에 2억 800만 달러로 증

17) 대공황이 일어나기 이전의 미국에서의 불경기는 1893~1897년, 1907년, 1913년, 그리고 1919년에 있었으나 전부 단기간의 경기침체였다.

가할 정도로 미진하였다. 1932년의 2억 800만 달러의 복지지출비는 1인당 복지지출비로 환산하면 1.67달러이며, 이 액수는 전체 정부지출의 1.5%, 국민소득의 0.5%에 지나지 않는 것이었다(Patterson, 1986 : 56).

(2) 경제위기에 대응하지 못하는 사회보장제도

사회보장제도는 '비 오는 날(rainy days)'에 대비한 제도로 설명되기도 한다. '비 오는 날'이란 노령, 장애, 실업, 재해 등으로 소득이 단절되는 시기를 말한다. 앤드루스(Andrews)는 1919년 풍자화에서 미국의 노동자와 영국의 노동자를 비교했다(그림 5-1). 이 풍자화에 나타나는 영국의 노동자는 노령연금, 폐질보험, 건강보험, 산업재해보상보험, 실업보험이 구비된 우산을 쓰고 있어 소득단절이라는 비를 충분히 피할 수 있는 반면, 미국의 노동자는 단지 산업재해보상보험만 구비된 우산을 쓰고 있어 소득단절이라는 비를 고스란히 맞을 수밖에 없다.

앤드루스는 1919년의 미국 노동자들이 처한 상황을 창살이 구비되지 못한 우산으로 표현했는데, 대공황이 한창 진행되는 1935년 사회보장법이 제정되기 전까지 나머지 창살(노령연금, 건강보험, 실업보험)이 구비되지 못했다. 따라서 대공황에 처한 미국의 수백만 명에 달하는 실업자들은 실업보험제도가 도입되지 않아 소득의 완전 상실이라는 위험에 처할 수밖에 없었다.[18)]

18) 1930년에 약 107,000명의 미국 노동자가 실업보험의 혜택을 받은 것으로 추정된다. 그중에서 약 33,500명은 노동조합이 운영하는 보험에, 약 65,000명은 고용주 노동조합연합보험에, 그리고 단지 8,500명만이 고용주 단일보험에 가입되어 있었다. 이러한 통계는 1930년대 초반에 대부분의 노동자들이 실업보험의 혜택을 보지 못하고 있었음을 알 수 있다(박병현, 2008 : 138).

|그림 5-1| 1900년대 초반의 미국 노동자와 영국 노동자의 비교 : 왜 동등한 보호를 받지 못하는가?

출처 : Andrews(1919 : 120).

(3) 루즈벨트 대통령의 취임과 연방정부 개입을 기반으로 하는 뉴딜정책의 추진

경기침체의 지속에는 당시 후버 행정부의 경제상황에 대한 잘못된 진단과 처방이 기여했다. 경기 침체 시기에는 통화량이 절대적으로 부족한 시기였으나 후버 행정부는 통화량을 줄이는 긴축재정정책을 폈다. 후버 대통령은 전직 국제구호행정가였지만 실업자에 대한 연방정부 차원의 구제 프로그램의 시행에 대해서는 미온적이었다. 후버 대통령은 정부의 지원이 없어도 민간기관, 적십자사, 가족서비스기관 등이 실업이나 빈곤문제에 대처할 수 있을 것이라고 믿었다. 이러한 후버 행정부의 정책 결정은 약 80년 전 도로시아 딕스가 제안한 주립정신병원 건립을 위한 연방정부의 재정지원 법안에 대해 거부권을 행사했던 프랭클린 피어스(Franklin Pierce) 대통령이 주장한 "사회복지는 연방정부의 역할이 아닌 주정부의 역할"이라는 정책 판단과 연속선상에 있는 것이었다(박병현, 2016b : 206).

경제침체가 점점 심해지는 가운데 1932년 11월 뉴욕 주지사이던 프랭클린 루즈벨트(Franklin D. Roosevelt)는 대통령 선거에서 현직 대통령 후버(Hoover)를 압도적으로 물리치고 1933년 3월 4일 대통령에 취임했다. 루즈벨트 대통령은 대통령이 되기 전 프란세스 퍼킨스(Frances Perkins)[19]와 해리 홉킨스(Harry Hopkins)와 같은 사회사업가들과 친교를 맺어오면서, 경기 침체로 인해 고통받는 사람들을 인간적이며 자비롭게 다루어야 한다고 믿었다.

취임 후 루즈벨트는 신속하게 경제위기에 대응하면서 케인스(Keynes)의 유효수요 경제이론[20]을 바탕으로 정부의 과감한 재정지출을 의미하는 뉴딜(New Deal)정책을 펴나갔다. 이 정책은 전임 후버 대통령이 취했던 긴축정책과는 정반대의 정책이었다. 또한 루즈벨트 대통령은 자유방임주의 철학에서 탈피하여 연방정부가 공공복지에 더 많은 투자를 해야 한다는 정책을 추진했다.[21] 이것은 1854년 피어스(Pierce) 대통령이 '불행한 사람을 돕는 권한은 주정부에 있으며 구제를 이유로 연방정부가 주정부를 간섭해서는 안 된다'는 이유로 미국 최초의 정신건강법안에 대해 거부권을 행사한 이후 고수되어 왔던 연방정부의 사회복지 불개입 원칙에서 탈피하는 것이었다.

19) 1911년 3월 25일 뉴욕의 트라이앵글 셔트웨이스트(Triangle Shirtwaist) 공장에서 발생한 화재에서 나이 어린 여성들이 불길을 견디다 못해 창틀 밖으로 몸을 던지던 모습을 현장에서 목격한 퍼킨스는 평범한 사회복지사에서 투철한 사회복지사로 변신하여 미국의 소외받는 사람들을 위해 일하던 중 루즈벨트 대통령에 의해 미국 최초의 여성장관으로 임명된다. 퍼킨스의 생애에 대한 자세한 내용은 박병현(2016). 사회복지의 역사. 경기 : 공동체, pp. 213-215를 참조하기 바람.

20) 케인스 유효수요 경제이론은 '공급이 수요를 창출한다'는 '세이의 법칙(Say's Law)'을 부정하면서 시작한다. 세이의 법칙은 상품생산을 통해 벌어들인 돈을 다른 상품구입에 소비하기 때문에 시장 전체의 공급과 수요는 맞아 떨어지고 공급과다 현상은 발생하지 않는다는 것이다. 따라서 세이의 법칙이 사실이라면 장기간의 실업이나 대공황은 발생하지 않아야 한다. 그러나 세이의 법칙을 비웃듯 대공황은 일어났다. 대공황이 일어나기 직전인 1920년대 후반에 소비자들은 소비를 줄이고 빚을 갚으려 했으며, 하필 그때 연방준비은행은 물가상승 압력을 억제하기 위해 통화량을 감소시키는 금융긴축정책을 폈다. 케인스는 경제불황은 총수요가 총소득에 미달할 때 발생한다고 보았다. 케인스의 주장이 사실이라면 대공황을 극복하기 위해 소비를 통해 수요를 늘려야 하는데 이미 대부분의 기업들은 파산했고 개인은 직장을 잃어버려 소비할 여력이 없었다. 케인스는 이러한 시기에 소비를 늘려 생산량과 수요량의 차이를 줄일 수 있는 주체는 정부뿐이라고 보아 루즈벨트 행정부에게 정부지출을 과감하게 늘리라고 충고했다. 루즈벨트 행정부는 케인스의 충고를 받아들여 대규모 공공사업과 사회보장급여를 늘려 소비자의 구매력을 늘렸다. 케인스는 또한 '승수이론(theory of multiplier)'을 제안했다. 승수이론의 요지는 한 사람의 소비량 변화가 눈덩이처럼 불어나는 파급효과를 낳아 국가 전체의 소비량에 최종적으로 미치는 영향은 처음의 몇 배가 된다는 것이다. 케인스식의 고전적 방법은 - 만약 민간부문이 완전고용을 유지하기에 충분한 수준으로 소비하려 들지 않는다면 - 공공부문이 이 틈을 메워야 한다는 것이다. 정부가 돈을 빌려 자금을 조성한 다음, 공공투자 프로젝트를 수행하여 일자리를 창출하는 것이다. 그러면 대중들의 소비가 늘어나고 이것은 더 많은 일자리 창출로 이어진다(폴 크루그먼, 2009. 불황의 경제학. 세종서적).

21) 루즈벨트 대통령은 실업자들에게 비상구호를 제공하기 위해 1933년 5월 12일 연방긴급구제청(Federal Emergency Relief Administration, FERA)을 설립하고 5월 22일 청장에 사회사업가인 해리 홉킨스(Harry Hopkins)를 임명했다. 빈곤의 광범위함과 빈곤문제를 해결하기 위한 방안의 핵심은 구매력(purchasing power)이라는 것을 인식한 해리 홉킨스(Harry Hopkins)는 청장으로 임명받은 지 2시간도 채 지나가기 전에 5백만 달러의 구호비를 지출했다. 이러한 구호지출은 단일 시간 내 지출로서는 세계기록이다(박병현, 2016b : 208).

(4) 타운센드운동의 전개

① 타운센드운동의 내용

미국에서 민간인이 정부의 사회복지정책에 영향을 크게 미친 예외적인 경우가 있었다. 그것은 외과의사 타운센드가 제시한 공황 치유책이었다.

프란시스 타운센드(Francis E. Townsend)는 1933년 9월 30일자 캘리포니아 지역 신문인 「롱비치 텔레그램 신문(Long Beach Press-Telegram)」에 '공황의 치유(Cure for Depressions)'라는 제목의 기고문을 게재했다.

이 기고문의 내용은 "공황을 치유하기 위해 연방정부는 60세 이상의 모든 사람에게 '일하는 것을 중단하고 한 달 내에 모두 소비하는 조건'으로 매월 150달러의 연금을 지급해야 한다"는 것이었다. 이 기고문의 기본 아이디어는 "노인들이 150달러의 연금을 받으면 그것을 장롱 속에 넣어 보관하지 않고 바로 소비하게 되어 경제가 활성화된다"는 것이었다.[22] 이 제안은 대공황을 극복하는 데 결정적인 영향을 미쳤던 케인스의 유효수요 경제이론과 유사한 것이었다.

이 기고문은 기고자인 타운센드조차도 놀랄 정도로 엄청난 반향을 일으켰다. 신문의 모든 지면에 이 제안의 장점을 검토한 글들이 매일 게재되면서 타운센드운동으로 전국으로 확산되었다. 타운센드운동을 지지하는 성명서에 2,500만 명이 서명했을 정도였고, 이 운동에 동의하는 타운센드클럽에 참여한 회원의 수가 1936년에 220만 명에 달했으며, 그중 2/3는 60세 이상의 노인이었다(Holtzman, 1963 : 35).

무엇보다도 타운센드운동은 루즈벨트 대통령이 "우리는 노령연금제도를 도입하지 않을 수 없었다. 만일 노령연금제도를 도입하지 않았으면 의회는 타운센드계획의 압력을 이겨내지 못할 것이다"라고 말할 정도로 사회보장법에 노인의 소득보장을 우선순위에 포함시키는 데 많은 기여를 하였다.

22) 타운센드의 아이디어는 '기본소득' 아이디어와 맥락을 같이한다. 2000년대 들어 많은 국가에서 내수를 확대하기 위한 수단으로 소비성향이 큰 인구집단에게 조건 없이 일정 수준의 기본소득을 제공하는 방안이 고려되고 있다.

② 타운센드운동의 의미

1930년대 대공황 시기의 가장 시급한 사회문제는 높은 실업률과 일자리의 부족이었다. 대공황 시기에 일자리를 창출하는 것도 중요하지만 일자리를 찾는 사람들을 줄이는 것도 필요했다. 정부는 노인들에게 연금급여를 제공해 주면서 일자리를 찾는 노인들을 줄이고 청년층에 많은 일자리를 마련할 필요가 있었다. 타운센드는 이러한 미국의 현실을 정확히 파악하면서 제안된 것이었다. 그래서 그는 60세에 도달한 모든 노인들에게 '취업을 중단하고 한 달 내에 모두 소비하는 조건'으로 연방정부가 매월 150달러의 연금을 지불하라는 내용의 기고문을 발표한 것이었다.

한편 타운센드운동은 미국 문화를 반영하는 면도 있다. 타운센드운동은 복지와 경제를 결합한 형태로 보이지만 이 운동의 아이러니는 사회가 노령인구에 대한 부양책임을 진다는 것이 아니라 노인인구가 연금의 소비를 통해 사회를 부양하는 의미도 있었다. 타운센드는 자신의 제안이 실행되기 위한 재원은 거래세로 충당할 것을 제안했다. 거래세는 상품구입에 포함되어 있는 세금이기 때문에 부자뿐만 아니라 가난한 사람들도 부담한다. 따라서 경우에 따라 가난한 사람들이 부자를 돕는 형태가 될 수 있다. 이러한 점에서 보면 타운센드운동은 사회복지철학이 스며들어 있는 제안이기도 하지만 미국의 개인주의 문화가 반영되어 있다고 볼 수 있다(Rimlinger, 1971 : 203).

(5) 사회보장법의 제정

① 사회보장법의 내용

루즈벨트 대통령은 1935년 8월 14일 미국 사회복지의 초석이 된 사회보장법에 역사적인 서명을 했다.[23] 사회보장법에서는 고용이 가능한 사람들과 고용이 가능하지 않은 사람들을 구분하여 각각에 적합한 제도를 도입했다. 고용이 가능한 사람들에 대해서는 실업과 노령이라는 두 가지의 정형화된 위기상황에 대비하기 위해 연방정부가 사회보험 프로그램을 운영하며, 고용이 불

23) 사회보장법은 원래는 경제보장법(Economic Security Act)이었으나 후에 사회보장법으로 명칭이 변경되었다. '사회보장(social security)'이라는 용어는 1935년 사회보장법에서 세계에서 처음으로 언급되었으며 이후 보편적으로 사용되기 시작했다.

가능한 사람들을 위해서는 공공부조 프로그램을 만들어 연방정부가 주정부나 지방정부의 프로그램에 보조금을 제공했다(박병현, 2016b : 215).

이러한 기본 개념에 따라 사회보장법은 소득보장을 세 가지 방법으로 접근하고 있다. 첫째는 연방정부가 운영하는 사회보험 프로그램으로 노령연금(Old Age Insurance, OAI)과[24] 실업보험 프로그램이 여기에 속하며, 둘째는 연방정부가 재정보조하고 주정부가 운영하는 공공부조 프로그램으로 여기에는 ADC 프로그램이 있으며, 셋째는 주정부나 지방정부가 재정을 책임지는 프로그램이다.

② 개인주의에 바탕을 둔 노령연금제도 도입

1935년 8월 14일 루즈벨트 대통령이 역사적인 사회보장법에 서명하면서 미국에 노령연금제도가 도입되었다. 그러나 루즈벨트가 뉴욕 주지사 시절(1929~1932)에 보여준 노령연금제도 도입과 관련된 일련의 행위들을 보면 당시의 노령연금제도 도입 논의가 미국의 개인주의 문화라는 틀 속에서 진행되었음을 엿볼 수 있다. 루즈벨트는 그가 임명한 노령보장을 위한 뉴욕위원회의 보고서에 대해 다음과 같이 평가를 내리고 있다.

> 가장 성공적인 제도는 계층 질서에 기반하는 것이다. 이 제도에 의해, 젊은 시절에 노령에 대비해 아무것도 해두지 않은 사람은 최저수준의 노령보호만 받을 자격이 주어진다. 그러나 임금노동자들이 노년기의 증대된 소득을 기대하여 기여금을 지불한다면 또 다른 계층에 진입할 기회가 주어진다. 이것을 다른 말로 표현하면, 단순한 음식이나 주거뿐만 아니라 기본 수준 이상의 안락하고 수준 높은 생활을 위해 노동자들에게 저축동기를 부여하고 일정한 보험료를 저축하도록 하는 것이다(Roosevelt, 1938 : 217).

즉, 루즈벨트 대통령은 임금노동자에 대해 자기 자신을 부양하도록 설득함으로써 주의 부담, 즉 고소득 납세자의 부담을 줄이려고 했다. 이것이 의미하는 바는 미국의 노령연금제도는 복지적 측면보다는 개인의 기여 측면을 더 강조한다는 것이다. 달리 표현하면, 미국의 노령연금제도는 개인주의 문화를

24) 노령연금제도는 1939년 유족연금(Survivors Insurance, SI), 1956년 장애연금(Disability Insurance, DI)을 추가하여 사회보장으로 일컬어지는 OASDI가 되었다. OASDI는 한국의 국민연금제도와 거의 비슷하다.

반영하는 측면이 강했다.

미국에서 노령연금은 철저하게 공평의 원칙에 바탕을 두면서 전개되었다. 영국의 노령연금은 노인들의 최저생활을 보장하려는 목적이 강했다. 그러나 미국의 노령연금은 연금액을 퇴직자의 과거 소득과 연계했다. 노동자들은 생애평균임금의 50%에 상응하는 연금을 받았으며, 그 액수는 월 10달러에서 85달러 사이였다. 즉, 미국의 노령연금제도는 시행 초기부터 소득비례에 바탕을 두었다. 이러한 점은 미국의 연금은 최저생활보장이라는 목적이 아니라 보험의 성격을 강조하는 공평을 강조하는 것이었다. 또한 미국에서는 노령연금제도를 도입할 경우, 고용주들은 다른 사람들이 부담하는 비용으로 나이 많고 효율성이 떨어지는 노동자들을 좀 더 쉽게 퇴출시킬 수 있었다는 점도 고려되었다(박병현, 2008 : 142-144).

노령연금제도는 농촌근로자와 자영업자를 제외한 전체 노동인구의 약 절반 정도를 포함하였으며 근로자와 고용주가 각각 연 소득의 1%를 기여금으로 내었다. 연 소득 최고 3,000달러까지 기여금이 적용되었기 때문에 근로자는 연 최고 30달러를 적립할 수 있게 되었다. 퇴직급여는 1940년부터 지급되기 시작했는데 65세가 된 독신자에게는 월평균 22달러 정도,[25] 부부에게는 월평균 36달러 정도가 지급되었다. 급여는 소득수준에 관계없이 퇴직한 경우에는 권리로서 지급되었다(DiNnito, 1991 : 76).

③ 실업보험제도 도입

대공황 시기 이전에는 미국에서 실업보험제도의 필요성은 별로 언급되지 않았다. 그러나 대공황은 실업보험에 대한 사람들의 인식을 바꾸어 놓았다. 실업보험제도 도입을 반대하는 사람들은 실업보험제도를 도입하게 되면 사용자들의 부담이 늘어나며 노동자들의 근로동기가 감소한다는 것이었다. 대공황은 실업문제에 정부가 개입하지 않는다는 정책에서 적극적인 개입이 필요하다는 방향으로 바뀌게 하였다.

25) 가장 먼저 노령연금급여를 받은 사람은 법률회사비서로 퇴직한 이다 풀러(Ida Fuller)였으며 1940년 초에 22달러를 수령했다. 그녀는 100달러도 채 되지 않는 보험료를 납부하고 1975년 사망할 때까지 총 21,000달러의 연금급여를 받았다. James H. Schulz(1988). *The Economics of Aging*(Fourth ed.). Dover, Mass. : Auburn House Publishing Company, p. 121 참조.

아이러니한 사실은 대공황이 닥쳐오기 이전에는 실업보험제도는 미국의 독립심, 진취적인 기상, 자조의 정신으로 상징되는 개인주의 정신을 훼손한다고 보았으나, 대공황 시기에는 미국의 개인주의를 보존하기 위해서 실업보험제도가 필요하다는 논리가 등장한 것이다. 예컨대, 오하이오 실업보험위원회는 실업보험에 대해 다음과 같이 입장을 정리했다(Trafton, 1932 : 129).

> … 주 차원의 실업보험제도가 없다는 것은 주의 안전성, 공공기금의 지급능력, 수천 명에 이르는 시민들의 가정생활 통합, 이들 가족의 아동의 신체적 및 정신적 복지, 그리고 미국주의(Americanism)의 핵심으로 간주되어 온 독립정신, 진취적인 기상, 자립정신에 대한 위협이다.

이러한 측면은 실업보험제도가 이전에는 미국의 개인주의 문화를 훼손한다는 관점에서 개인주의를 보호하기 위해서는 실업보험제도가 도입되어야 한다는 것으로 변화된 것을 의미한다(박병현, 2008 : 146).

④ ADC 프로그램의 도입

1935년의 사회보장법에는 1996년 개인책임 및 근로기회조정법(PRWORA)이 제정되면서 TANF로 대체되어 폐지될 때까지 미국 공공부조제도의 상징으로 존속했던 ADC(Aid to Dependent Children) 프로그램이 포함되었다.[26] 현금급여가 제공되었던 AFDC 프로그램의 도입은 빈민들을 도울 책임이 연방정부에 있다는 것을 법적으로 명시한 것이었다.

사회보장법에 의하면 연방정부는 주정부의 최대 부담금인 첫 번째 아동에 대한 월 12달러와 둘째 아동에 대한 월 8달러에 대해 대응자금을 제공하도록 되어 있었다. 따라서 ADC 프로그램하에서 첫째 아동은 18달러(주정부 12달러 + 연방정부 6달러)를 받았으며, 다음 아동들은 12달러를 받았다. 1940년에 요보호 아동이 있는 가구에 제공되는 급여의 전국 평균은 월 32.10달러에 불과했다. 사회보장법에 규정된 주정부의 부담금으로 인해 주마다 ADC 프로그램의 급여수준이 달랐다. 1939년에 ADC 급여가 가장 낮았던 주는 아칸소(Arkansas)로

26) ADC 프로그램은 1962년 가족을 강조하기 위해 AFDC(Aid to Family with Dependent Children)로 명칭이 바뀌었다.

한 가구당 월 8.10달러였으며, 가장 높았던 주는 매사추세츠 주로 61.70달러였다. 보수적 성향인 남부에 위치한 주는 급여수준이 낮았으며, 진보적 성향의 북동부에 위치한 주는 급여수준이 높았다. ADC 프로그램은 처음 시행되었던 1935~1936년에는 단지 30만 명 정도의 요부양아동이 주정부에서 운영하던 '어머니 부조(mothers' aid)' 프로그램의 대상이 되었다. 그러나 1939년에는 ADC 프로그램 대상 아동은 70만 명으로 증가했다(Patterson, 1986 : 68).

⑤ 사회보장법의 의의

루즈벨트 대통령은 사회보장법상의 프로그램 중에서 '요람에서 무덤까지'의 생활을 보장하는 사회보험 프로그램이 핵심이 되기를 원했다. 그는 사회보장제도를 기획하는 참모들에게 '한 아기가 태어나서부터 일생 동안 살아가면서 겪어야 할지 모르는 경제위기로부터 평생 보호하는 보험정책을 마음에 그리고 있다'고 하였다(Altmeyer, 1966 : 2).

그러나 이러한 바람에도 불구하고 사회보험 프로그램은 매우 제한적이었다. 사회보장법에 규정된 사회보험제도는 노령이나 퇴직으로 인한 소득의 상실에 대비하는 노령보험과 실업에 대비하는 실업보험뿐이었다.[27] 또한 대상자는 정규적으로 고용되어 임금을 받고 있는 사람에게 한정되었으며, 가내공업에 종사하는 사람, 농민, 자영업자들은 직업과 임금을 규정짓기가 어렵고 고용상태도 불규칙적이어서 갹출료와 급여산정이 어렵다는 이유로 사회보험 적용대상에서 제외되었다. 또한 사회보장법에는 의료단체의 반대로 건강보험제도가 포함되지 않았다.

그럼에도 불구하고 사회보장법은 사회복지에 대한 확대된 연방정부의 책임을 법적으로 명시한 것으로, 빈곤에 대한 새로운 사회철학의 탄생 혹은 새로운 사회복지 패러다임의 등장으로 볼 수 있다. 사회보장법이 제정되기 이전의 미국은 각 주정부가 복지정책과 프로그램을 수행하도록 되어 있었다. 그러나 사회보장법의 제정은 1854년 피어스(Pierce) 대통령이 딕스(Dix)가 제안한 주립정신병원 건립에 대한 연방정부의 지원을 가능하게 하는 법안에 대해

27) 산업재해에 대비하는 노동자재해 보상제도는 주 수준에서 이미 실시되고 있었다.

'도움이 필요한 자를 돕는 책임은 주정부에 있으며 연방정부는 주정부가 하는 일에 대해 간섭하지 않는다'는 논지로 거부권을 행사한 이후 보편화된 사회복지에 대한 연방정부 불개입 원칙을 완전히 뒤엎는 것이었다. 즉, 사회보장법은 미국의 분권화 전통에서 이탈한 것이었다.

그러나 미국의 사회보장법은 미국의 불평등의 존재를 인정했지만, 한편으로는 개인의 권리를 강조하는 개인주의 문화 위에서 만들어진 것이었다. 사회보장법에 근거한 사회보장제도는 기여금에 의한 자활이라는 특징을 강조하고 있다. 사실상 미국의 사회보장제도는 부자로부터 빈자로의 소득의 재분배라는 사회복지의 철학은 반영하지 못하고 있었다. 미국의 사회보장제도는 계층의 차이를 인정하지도 반영하지도 않았다. 사회보장은 사회계층이나 소득수준과는 무관한 시민을 대상으로 하는 하나의 보험일 뿐이었다. 미국의 사회보장법은 각각 다른 주에 거주하는 사람들 간의 불평등을 인정하고 있었다. 또한 농업종사자와 가사노동자, 임시노동자, 비영리조직의 피용자와 자영업자들은 최초의 사회보장법에서 제외되었다.

사회보장법에 대해 당시 경제보장위원회 위원으로 있었던 더글러스 브라운(Douglas Brown, 1956 : 3)은 "개인이 자신의 노력으로 의존을 예방하도록 하는 기제를 정부가 제공할 것을 원했다"라고 회고했다. 이러한 설명은 사회보험의 개인주의 허상을 강제가입 요소로 감추었다는 것을 의미한다. 또한 노령연금에서 급여의 권리는 계약과 유사했다. 즉, 미국의 노령연금은 사회권에 기초했다기보다는 계약권에 기초했다. 따라서 미국의 노령연금에서는 '급여를 수급한다'라는 개념보다는 '급여를 번다(earn benefit)'는 개념으로 이해된다. 이러한 성격의 사회보장법은 개인을 지배계층의 자비심에 의존하게 해서는 안 된다는 개인주의 문화를 반영한 것으로 볼 수 있다(박병현, 2008 : 148).

또한 사회보장법에 의한 사회복지 프로그램들은 급여수준이 낮았을 뿐만 아니라 지역 간에도 차이가 많았다. 또한 의료부조나 의료보험, 공공주택정책이 발전하지 못해 미국을 오랫동안 사회복지 후진국으로 남아 있게 하였다. 그리고 대다수의 유럽 국가들이 가족, 의료, 주택, 부조를 함께 다루어 빈민이나 빈민이 아닌 사람을 함께 다루는 사회복지정책을 펴나가는 데 반해, 미국은 사회복지 프로그램을 사회보험과 공공부조로 나누어 공공부조 프로그램 대상자에 낙인을 찍고 빈민들을 '구호를 받을 자격이 있는 빈민(deserving poor)'과 '구호를 받을 자격이 없는 빈민(undeserving poor)'으로 분류하는 사회복지정책을 초래하게 되었다고 할 수 있다(Patterson, 1986 : 76).

이러한 현상은 미국이 대공황과 뉴딜시대를 거치면서 자유주의가 쇠퇴하여 지배적인 이데올로기로부터 탈피했다고 하지만 자유주의사상의 기본 철학은 계속 남아 미국의 사회복지정책의 수립에 계속적으로 영향을 미치고 있음을 보여준다고 할 수 있다.

3. 안정과 번영의 시대(1940~1960년) : 보수주의로의 회귀

1) 경제회복과 잊혀진 빈곤

대공황이 끝이 난 1940년대 초반부터 미국 경제는 성장으로 돌아섰다. 1950년대와 1960년대의 미국 경제는 더 이상 좋을 수가 없었다. 일을 하려고 하면 얼마든지 일자리도 구할 수 있었고, 근로자들은 대공황 시절보다 더 높은 임금을 받았으며, 그것도 매년 인상되었다. 미국 국민 대부분이 이전 세대에 비해 생활수준이 높아졌다고 느꼈고, 사회가 더 평등해져 소외되었다고 느끼는 사람들은 줄어들었다. 불과 20여 년 전의 대공황으로 인한 빈곤문제는 사람들의 뇌리에서 사라지기 시작했다. 스테이너(Steiner, 1966 : 190)가 "1940년대부터 1960년대 초반의 사회과학 문헌에는 빈곤을 주제로 쓴 논문이 거의 없다"고 할 정도로 빈곤문제는 연구주제에서 사라졌다. 그래서 미국의 1940년대와 1950년대는 안정과 번영의 시대로 일컬어진다(박병현, 2016b : 228).

1936년과 1946년 사이에 개인소득은 1954년 화폐단위를 기준으로 하여 볼 때, 3,343달러에서 5,159달러로 증가하였으며 1963년에는 다시 6,193달러로 증가하였다(Patterson, 1986 : 79). 경제성장은 또한 빈곤율을 감소시켰다. 통계학자 허만 밀러(Herman Miller, 1965 : 81-101)에 의하면 1929년에는 빈곤가구가 전체가구의

40%이던 것이 1935~1936년에는 48%로 증가하였다가 점차적으로 감소하기 시작하여 1940년에는 33%, 1950에는 27%, 그리고 1960년에는 21%로 감소하였다고 주장하였다. 케네디 행정부 때 경제자문위원이던 제임스 토빈(James Tobin)은 <표 5-1>과 같이 빈곤율을 추정하였다. 물론 빈곤을 어떻게 정의하느냐에 따라 빈곤율이 차이가 나겠지만, 1940년을 기점으로 절대빈곤율이 급격히 감소하여 제2차 세계대전 중에 계속하여 감소하다, 1946년에서 1956년 사이에는 서서히 감소하였다. 이러한 빈곤율의 감소는 사회복지의 팽창 때문이라기보다는 경제성장 때문이었다고 볼 수 있다.

〈표 5-1〉 **연간소득이 3,000달러* 이하인 가구의 비율(1965년 화폐단위 기준)**

연 도	비율(%)
1896	67
1918	63
1935~1936	51
1950	30
1960	20
1965	17

* 3,000달러는 1962년 경제자문협의회에서 4인 가족의 빈곤선으로 정해졌다.
출처 : Tobin(1967).

2) 보수주의의 부활

미국의 사회복지 역사를 살펴보면, 경제공황이나 정치적 불안정이 심화되던 시기에는 분권화의 전통에서 이탈하여 연방정부가 개입하여 사회복지를 확대하는 측면이 보이나, 경제가 회복되고 정치불안이 사라지만 다시 분권화의 전통으로 돌아가거나 보수주의 이데올로기가 강세를 보이면서 사회복지 발전이 지체되는 현상을 보인다. 이와 같은 현상을 반영하듯 거의 10년 이상 지속되었던 미국의 대공황이 1940년대 초반부터 극복되면서 사회복지에 대한 관점도 서서히 변화하기 시작했다.

1940년대가 되자 경제상태가 서서히 회복되기 시작하였고 아울러 정치적으로 보수적인 사람들의 영향력이 증가되기 시작했다. 1938년부터 남부지역의 민주당원과 공화당원들의 보수연합이 의회를 지배하기 시작하면서 보수와 진보 간의 균형이 허물어지기 시작했고, 초기엔 정치노선이 분명하지 않았던 아이젠하워 대통령(1953~1961)도 보수적인 노선을 분명히 표명하고 나섰다. 또한 당시의 국제적인 환경도 보수주의자들의 입지를 강화시켜 주는 방향으로 작용했다. 소련의 스탈린 사회주의가 등장하면서 냉전시대가 등장하였으며, 스탈린주의의 등장은 진보진영의 분열을 가져왔다. 이러한 냉전시대를 대비하기 위해 미국은 사회복지비는 동결시키고 국방비를 늘려야 했다. 이러한 상황에서 유럽의 국가들이 제2차 세계대전의 결과로 인해 복지국가의 방향으로 나아가는 데 비해 미국은 복지국가의 건설에는 회의적이 될 수밖에 없었다 (Leiby, 1978 : 253).

또한 제2차 세계대전은 사회복지에 대한 보수적인 관점을 더 강화시켰다. 대부분의 유럽 국가들은 전쟁 중에 많은 인명과 재산피해를 입었다. 이들 국가들에 있어서는 전쟁으로 인해 증가된 사회복지서비스의 욕구를 충족시켜 줄 수 있는 사회복지제도의 확충이 있어야 한다는 공통된 여론이 있었다. 프랑스, 덴마크, 노르웨이 등은 1940년대와 1950년대에 사회보험제도를 확충했다. 영국도 모든 시민에게 최소한의 소득이 보장되는 베버리지보고서를 승인했다. 그러나 전쟁으로 인한 직접적인 피해를 보지 않았던 미국에서는 이러한 사회복지의 발전은 일어나지 않았다. 단지 가난하지 않은 퇴역군인들을 위한 프로그램만이 만족스러울 뿐이었다. 대신에 뉴딜정책하의 구호기관을 괴롭혔던 기업, 군인 및 국회의 보수연합들의 힘이 세어졌다(Patterson, 1986 : 83).

3) 노령연금제도의 지속적인 발전

그러나 보수주의의 부활에도 불구하고 1935년 도입된 노령연금제도는 계속 변화하고 발전했다. 노령연금제도의 첫 번째 변화는 1939년에 있었는데, 유족 및 피부양자 보험이 추가되어 OAI(Old Age Insurance)가 OASI(Old Age Survivor Insurance)

프로그램이 되어 근로자가 퇴직 전에 사망하더라도 그 유족이 급여를 받게 되었다.[28]

또한 노령연금의 재정방식이 적립방식에서 부과방식(pay as you go)으로 변화되었다. 사회보장제도의 원래 재정전략은 적립방식으로 근로자들의 보험갹출금(사회보장세)으로 구성되는 신탁기금(trust fund with a reserve)을 적립하여, 이 원금과 이자를 합친 금액으로 후에 급여를 제공한다는 것이었다. 즉, 초기의 사회보장제도의 재정확보전략은 민간보험제도와 원리 면에서 같았다. 그러나 이러한 전략은 오래가지 않아 수정되었다. 제도의 시행 초기에 제도의 입안자들은 대규모의 신탁기금을 마련하는 것은 침체된 경제로부터 자금을 유출시켜 경제회복을 위한 투자가 위축되는 것을 의미하기 때문에 국가의 전반적인 재정운용에 어려움을 초래할 가능성을 인식하기 시작하였다. 또한 사회보장급여수준은 상향조정하고 사회보장세는 상대적으로 낮게 유지되어야 한다는 정치적인 압력도 행해졌다. 그 결과 1939년에 사회보장제도의 재정마련전략은 약간의 여유분만 남겨두고 그 해 사회보장세입으로 그 해 사회보장급여를 지출하는 부과방식 전략으로 바뀌었다.

이러한 재정조달방식의 변화로 인해 급여지출은 1942년에서 1940년으로 앞당겨졌으며 예정된 사회보장세의 인상은 3년 연기되었다. 이러한 변화에도 불구하고 예상보다 많은 자금이 축적되었다. 그 이유는 제2차 세계대전 기간 동안 급여지출은 예상보다 낮았고 징수된 보험료는 많았기 때문이다. 1945년에서 1950년에 이르는 기간 동안에도 이러한 현상이 계속되어 의회는 급여를 인상하고 세금인상을 또 다시 연기하였다. 그래서 1950년이 될 때까지 세율은 1%에 고정되어 있었다. 또한 1950년 의회는 부과방식을 더욱더 고정시키는 미세한 세금인상과 상당한 급여인상을 혼합한 방식을 택했다(Axinn & Stern, 1988 : 126). 결국 이러한 재정방식의 수정은 사회보장세의 인상률보다 급여수준의 인상률이 더 높은 결과를 가져와 1970년대 말엽의 사회보장의 위기를 초래하는 결과를 가져왔다.

28) 노령연금제도는 1956년에는 장애보험이 도입되어 OASDI(Old Age, Survivor, Disability Insurance)가 되었다. 그리고 1965년에 65세 이상의 노인들을 대상으로 하는 의료보험제도인 Medicare가 도입되었다.

그러면 미국에서 경제가 회복된 이후인 1940년대부터 왜 노령연금제도는 계속 발전했는가? 그 이유는 미국의 자립정신과 연관이 있다. 노령연금제도인 OASDI는 근로자들이 납부하는 보험료로 운영되는 공적연금제도이다. 따라서 미국인들은 자신들이 수입이 있는 동안 기여한 것에 대한 권리로서 노령급여를 받는다는 의식을 가지고 있다. 또한 미국인들은 자립정신이 강해서 노령기에 자녀들에게 의존하지 않는 경향이 있다. 따라서 노령기에 자녀에 의존하기보다는 자신들이 젊은 시절에 보험료를 납부한 노령연금제도에 의존하려는 욕구가 강하다. 그래서 미국에서 노령연금제도인 OASDI는 매우 인기가 좋아 수입이 있는 대부분의 사람들이 자발적으로 가입하고 있다.

4) 공공부조 팽창과 그에 대한 비판

미국의 가장 대표적 공공부조 프로그램인 ADC 프로그램은 1935년 도입 이후 해를 거듭할수록 규모가 커져갔다. 앞에서 언급한 바와 같이 ADC 프로그램이 도입된 1935~1936년에 단지 30만 명의 요보호아동들이 당시 존재했던 주정부의 '어머니 부조(mothers' aid)'에 의해 원조를 받았으나, 1939년에는 ADC 프로그램에 의해 원조받는 요보호아동들의 수는 70만 명으로, 1960년엔 300만 명으로 증가하였다. 월평균 급여액도 1940년의 33달러에서 1962년 124달러로 증가하였다. 이러한 증가는 구매력에서 보면 77%의 증가라고 할 수 있다(Patterson, 1986 : 85-86).

그러나 ADC 프로그램은 외형적으로는 대상자 규모가 팽창했지만 많은 개혁가들은 ADC 프로그램들의 낮은 급여수준을 지적했다. 그들은 1950년대에 있어서 전체 빈민들 가운데서 단지 1/5이나 1/6만이 공공부조를 받았으며, 그들에게 지급된 금액은 GNP의 1%에도 미치지 못한다고 주장하였다. 또한 많은 개혁가들은 미국의 사회복지정책이 유럽보다 인색하며 포괄적이지 못하다고 지적하고 있다.[29)]

29) 미국이 유럽의 국가들보다 사회복지 프로그램에 적은 투자를 하고 있다는 것을 보여주는 문헌으로는 Harold Wilensky & Charles Lebeaux(1965). Industrial Society and Social Welfare. New York : The Free Press, pp. 157-159; Harold Wilensky(1975). The Welfare State and Equality. Berkeley : University of California Press, Ida Merriam(1955). "Social Welfare States, 1934-1954",

1950년 전에는 ADC 급여는 아동에게만 제공되었으며 아동의 어머니에게는 제공되지 않았다. 게다가 급여액이 매우 낮았기 때문에 많은 아동의 어머니들이 집에서 아동을 보호하기보다는 노동시장을 찾았다. 그러나 대부분의 경우 임금수준이 낮은 직종이었다. 또한 많은 주들은 아버지가 집을 방문할 가능성이 있거나 때때로 집을 방문하는 가정에 대해서는 급여수급자격을 주지 않았다. 그래서 1961년 ADC 프로그램이 아버지가 실업상태에 있는 양부모 가정에도 급여를 주기로 개정될 때까지 아버지가 집에 있는지를 조사하기 위해서 한밤중에 ADC 급여를 받는 가정을 침입하는 경우도 많았다.[30] 이러한 현상으로 인해 가정에 ADC 프로그램의 수급자격이 주어질 수 있도록 아버지가 가정을 유기한다는 주장이 대두되었다.

또한 각 주마다 ADC 급여수준이 다름으로 인해 지역 간 불공평이 문제시 되었다. 사회보장법이 제정된 이후 몇 년간은 최저액은 지정되지 않고 최고액만 지정되었기 때문에 빈곤가정 1가구당 월평균 아칸소 주의 8.10달러에서 매사추세츠 주의 61.07달러에 이르기까지 차이가 심했다. 일반구호와 마찬가지로 재정이 풍부하지 못한 남부의 주들은 급여수준이 낮았으며 재정상태가 비교적 양호한 북부와 동부의 주들은 급여수준이 높았다. 그래서 진보적인 사람들은 주마다 생활비가 차이가 있기 때문에 급여수준의 지역 간 차이를 어느 정도 인정하면서도 연방정부의 보조금 배정이 재정이 풍부하지 못한 주에게 지속적으로 높게 책정되어야 한다고 주장했다(Patterson, 1986 : 69).

5) 미국에서 노령연금에 대한 호의적 태도와 공공부조에 대한 적대적 태도의 원인

미국에서는 1935년 사회보장법이 제정될 때 동시에 도입된 노령연금에 대해서는 좋은 평가를 내리고 공공부조 프로그램인 ADC 프로그램에 대해서는

Social Security Bulletin, 18(Oct.), 3-14; Kathleen Woodroofe(1968). "The Making of the Welfare State in England : A Summary of Its Origin and Development". Journal of Social History, 1 Summer, 303-324 등이 있다.

30) 이것은 소위 'Midnight Raids'로 불리는 것으로서 비윤리적인 측면이 많아 많은 비판을 받았다.

비판적인 시각이 항상 존재했다. 그 이유는 무엇인가?

그 이유를 사회복지를 담당하는 미국의 행정 관료들과 유럽의 행정 관료들의 사회복지에 대조적인 의식에서 찾아볼 수 있다. 유럽 국가들의 행정 관료들은 공공부조를 받는 사람들의 숫자는 최대한으로 늘리고 공공부조를 받음으로써 생기는 낙인을 최소한으로 줄이려고 한 반면에 미국의 관료들은 이와 반대였다. 그 대표적인 예를 ADC 프로그램의 시행과정에서 볼 수 있다. 미국에서는 공공부조 급여를 제공하는 과정은 법에 규정되어 있는 것보다 더 엄격했다. 1940년대와 1950년대에 많은 주들이 연방정부가 정한 지침을 그대로 따르기보다는 ADC 급여를 제한하는 정교한 규정을 개발하였다. 많은 주들은 어머니가 일을 하고 있는 가정에 대해서는 급여제공을 거부하였으며, 급여자격이 주어지는 데 필요한 주거기간을 1년 이상으로 늘렸으며, ADC 급여신청을 하는 사람들을 위협하기 위해 경찰을 구호사무실 밖에 배치하기도 하였다. 어떤 주들은 아버지가 가정을 꾸려나갈 수 있거나 이웃에 살고 있다고 여겨질 때는 ADC 급여제공을 거부했다.[31] 이러한 관료들의 반복지적 행태는 1940년대 초반에는 적었으나 1940년대 후반과 1950년대에는 매우 심하였다. 이러한 상황은 '양육해야 할 아동이 있고 보호받을 권리가 있는 미망인(deserving widows)'을 보호할 목적이었던 AFDC 프로그램이 나중에는 '비도덕적이고 복지를 먹고 사는 어머니(immoral welfare mother)'를 조장하는 형태가 되어버렸다(Patterson, 1986 : 87-88).

6) 전체 국민을 대상으로 하는 건강보험제도 도입 실패

개인주의 정신이 강한 미국에서는 건강은 개인의 책임으로 지킨다는 사상이 오랫동안 지배하여 왔다. 이러한 배경하에서 의료에의 연방개입에 대한

31) 이러한 점에 대해 밍크(Mink)는 비록 1935년의 사회보장법으로 인해 미국의 공공부조제도가 시행되었지만 실제로는 주정부가 복지수급자격권을 여러 가지 이유로 제한하였다고 주장한다. 그는 미국에서 공공부조가 제대로 시행되기 시작한 것은 1968년 킹과 스미스 간의 소송(King v. Smith) 때 미국 연방대법원이 주정부의 복지 관련 원칙들이 국가 차원의 법률제정 목적에 부응해야 한다고 판결내린 후라고 주장한다. 즉, 미국에서 공공부조가 제대로 시행된 것은 제도 도입 후 30여 년이 지난 뒤이다. Mink(2002). Welfare's End, 김은정 역. 복지의 종말 참조.

의사단체의 반대에 의해 루즈벨트 민주당 정부 경제보장위원회의 사회보장법 초안에는 들어 있었던 건강보험제도는 1935년의 사회보장법에는 제외되었다. 제2차 세계대전 후 트루먼 민주당 행정부와 뒤이은 아이젠하워 공화당 행정부에서도 의사단체의 반대에 의해 건강보험제도는 도입되지 못했다.

케네디 민주당 행정부에서 건강보험제도의 도입을 요구하는 여론에 힘입어 건강보험제도의 수립을 위해 노력을 하게 되고 다음의 존슨 민주당 행정부에서 메디케어(Medicare)가 도입되었다. 그러나 메디케어는 전체 국민을 대상으로 하는 것이 아니라 65세 이상의 노인들만 대상으로 하고 있다.

1940년에서 1960년에 이르는 기간은 경제적 번영과 안정으로 인해 빈곤문제가 잊혀진 시절이었다. 그러나 빈곤은 존재하고 있으나 경제상태가 호경기였고 사회가 잘 운영이 되던 시대였기 때문에 단지 눈에 보이지 않았을 뿐이었다. 그러나 1960년대에 접어들면서 많은 학자들이 빈곤문제를 새로운 시각으로 다루기 시작했다.

4. 빈곤과의 전쟁과 복지 폭발의 시대

1) 마이클 해링턴의 저서 『또 다른 하나의 미국』의 영향

마이클 해링턴(Michael Harrington)은 1962년 『또 다른 하나의 미국(The Other America)』이라는 제목의 책을 출간했다. 그는 이 책에서 대부분의 미국인들은 수백만 명의 빈민들이 처하고 있는 빈곤을 모르고 있다고 주장했다. 그는 미국은 두 개의 미국으로 구성되어 있는데, 하나는 풍요로운 사람들이 사는 미국이고, 다른 하나는 적절한 교육, 주택, 고용 및 의료급여를 받지 못함으로 인해 박탈감과 굴욕감으로 고통을 받고 있는 사람들이 사는 미국이라고 주장하였다. 그리고 두 번째의 미국을 "또 다른 하나의 미국"으로 불렀다.

해링턴은 대부분의 미국인들은 빈민들이 풍요롭게 사는 사람들과 같이 살지 않고 같이 교육을 받고 있지 않기 때문에 "또 다른 하나의 미국"에 존재하고 있는 빈곤의 실상에 대해 모르고 있다고 하였다. 그는 이러한 빈곤을 '보이지 않는 빈곤(invisible poverty)'으로 불렀다.

해링턴은 빈곤이 보이지 않는 이유를 네 가지로 분석하였는데, 첫 번째는 농촌의 빈곤 – 특히 애팔래치아 산맥 주변에 위치한 웨스트 버지니아(West Virginia)주는 농촌의 아름다운 경치에 가려서 보이지 않으며,[32] 두 번째는 예전에 비해 빈민들이 상대적으로 옷을 잘 입기 때문에 사람들이 잘 살고 있는 것처럼 보이나 실제로는 이러한 옷에 가려 그들의 매우 열악한 주택문제나 의료급여와 같은 빈곤의 실상이 보이지 않으며, 세 번째는 가난한 노인들은 그들의 나쁜 건강, 공포심, 교통시설의 결여 등으로 집에만 있기 때문에 빈민노인들이 보이지 않으며, 그리고 마지막으로 빈민들은 정치적인 힘이 없기 때문에 보이지 않는다고 하였다. 해링턴은 이 책에서 미국 빈민들의 수는 4,000만 명에서 5,000만 명에 이른다고 주장하였다.

해링턴의 『또 다른 하나의 미국』은 출간될 때에는 주목을 받지 못했다. 그러나 드와이트 맥도날드(Dwight MacDonald)가 1963년 1월 『또 다른 하나의 미국』에 대한 장문의 서평을 매우 영향력 있는 저널이었던 「New Yorker」에 게재한 이후 주목을 받기 시작했다. 이 책은 서서히 미국인의 풍요에 대한 자기만족적인 태도를 바꾸기 시작하였으며 지식층으로 하여금 빈곤에 대해 인식을 다시 하는 데 일조했다.

정치권에서도 빈곤에 대한 관심이 고조되기 시작하여 이미 대통령 선거 유세기간 중 웨스트 버지니아(West Virginia) 주에서 빈곤의 실상을 목격한 케네디 대통령은 해링턴의 책과 맥도날드의 서평을 읽고 자신의 자문위원에게 빈곤문제를 연구하라고 지시하였으며, 케네디 대통령이 암살당한 뒤 대통령직을 이어받은 존슨 대통령은 1964년 드디어 빈곤을 뿌리째 뽑아버린다는 목적을 지닌 '대빈곤 전쟁(War on Poverty)'을 선언하게 된다. 이런 드라마틱한 과정을 거치면서 해링턴의 책은 베스트셀러의 대열에 서게 되었으며 빈곤문제는 1930년대 이후 처음으로 정치권에서 관여할 정도로 가장 주목받는 사회문제

32) 미국의 컨트리 송 가수 존 덴버(John Denver)는 그의 노래 "Take Me Home Country Roads"에서 웨스트 버지니아를 '천국같이 아름답다(almost heaven West Virginia)'고 노래했다.

로 등장하게 되었다(Patterson, 1986 : 99).

미국에서 연방정부가 적극적으로 개입하여 사회복지의 확대를 추진한 시기는 1930년대 '뉴딜' 시대와 1960년대 '대빈곤 전쟁' 시대이다. 1930년대 '뉴딜' 시대와 1960년대의 '대빈곤 전쟁' 시대가 유사한 점은 1930년대는 경제공황으로 사회가 불안했던 시기라면 1960년대엔 인권운동과 베트남 전쟁 참전 등으로 사회가 불안했던 시기였다는 점이다. 그리고 두 시기가 다른 점은 1960년대는 1930년대와는 달리 경제적으로 매우 호황을 누리고 있던 시기였다는 것이다.

2) 대빈곤 전쟁의 선포

사회복지에 대한 연방정부의 책임성을 강조하였던 '대빈곤 전쟁'이 선포된 이후 많은 사회복지 프로그램이 시행되었다. 이 시기에 시행된 사회복지 프로그램은 교육, 소득보장, 일자리 창출 등으로 나눌 수 있는데, 구체적인 프로그램으로는 소수민족 자녀의 조기교육 프로그램인 Head Start를 비롯하여 VISTA, Neighborhood Youth Corps, Job Corps, 직업훈련, 성인교육, 농촌주민에 대한 부조, 그리고 법률 원조(legal aid), 보건, 주택, 소비자교육 등에서 지역사회의 자치적 활동을 권장하는 지역사회개혁사업(Community Action Program) 등이 있었다.

<표 5−2>는 빈곤과의 전쟁 시기에 시행되었던 법과 프로그램이다.

〈표 5−2〉 '대빈곤 전쟁' 시기 시행된 법과 프로그램

영 역	전 략	
교육	Head Start(1965)	취학 전 저소득층 아동에게 교육적 · 사회적 · 문화적 · 의료적 서비스를 제공하여 취학 준비 지원
	Upward Bound(1965)	저소득층 고등학생에게 대학에 갈 수 있는 희망을 심어주는 교육 프로그램 대학에서 공부할 소질을 보이나 특별한 지원 없이는 가지 않을 청소년 대상 프로그램
	Adult Basic Education (1965)	읽고 쓸 줄 모르거나 무학인 성인이 직장을 구하거나 현재보다 더 나은 직장을 구할 수 있도록 읽기/쓰기/산술 교육을 제공 직업훈련 포함

	Elementary and Secondary Act(1965)	공립학교에 대한 연방의 재정지원
	Higher Education Act (1965)	대학에 진학하고자 하는 학생에 대한 재정지원 제공
소득보장	Social Security Amendments (1965, 1967)	미국의회는 1965년과 1967년 사회보장급여를 증액하고 사회보장체계의 중대 변화를 가져오는 개정안 마련 1965년 : 프로그램을 완화 및 확대 1967년 : 복지 프로그램에 대한 새로운 제한 조치
	Revenue Act(1964)	소득세에 대한 기존의 원천징수율 18%를 14%로 줄임
	Minimum Wage Bill(1966)	연방의 최저임금 및 초과근무수당 보장을 확대하고, 최저임금을 시간당 1.23달러에서 1.60달러로 증액
	School Breakfast Program	1966년 아동영양법(Child Nutrition Act)에 근거해 시행 아동의 가구소득에 따라, 연방예산으로 아침식사 제공
	Special Milk Program	1966년 아동영양법(Child Nutrition Act)에 근거해 시행 연방에서 보조하는 다른 급식·영양 프로그램에 참여하고 있지 않은 아동보호시설이나 학교에 재학 중인 아동에게 연방 상환의 방식으로 0.5파인트 우유 제공
	Food Stamp Act(1964)	1961년 시범사업 실시 빈곤가정의 영양 개선을 지원하기 위한 식비보조 현물급여 연방정부에서 재원부담
일자리 창출	Job Corps(1964)	기초교육, 기술훈련, 직장경험의 통합적 프로그램으로, 16~21세 청년을 위한 거주센터 운영 특히 고등학교 중퇴자들에게 교육과 직장경험을 제공하기 위한 목적
	College Work Study Program(1964)	지원 없이는 대학교육을 받을 여유가 없는 대학생들을 위해 시간제 혹은 여름방학 시즌 일자리 제공
	Neighborhood Youth Corps(1964)	16~21세 저소득층 청년에게 고용, 직업상담, 보충교육을 제공 참여자들이 학업을 계속하거나 다시 시작하고, 그들의 고용 잠재력을 향상시킬 수 있도록 지원
	Work Experience Program(1964)	낮은 교육수준 및 일정하지 않은 취업이력을 가지고 있는 실직 부모 및 기타 취약계층 부모 대상 지원 기초교육, 개별상담, 직업교육, 실무훈련 제공

Manpower Act(1965)	가족부양의 책임이 있는 자로 취업경험이 있으나 기술발전에 따라 직장을 잃은 경우 재훈련 지원 읽고 쓸 줄 모르며, 재학 중도 아니고 취업상태도 아닌 16세 이상인 자에게도 지원 기초교육이 부족한 경우도 포함

출처 : 임완섭 외(2015 : 94).

3) 사회복지의 폭발적 팽창

무엇보다도 1960년대의 대표적인 복지의 변화는 AFDC[33] 수혜가정의 폭발적인 증가였다. 1950년대에는 단지 11만 세대만이 증가하여 17%의 증가율을 보였으나, 1960년 12월부터 1969년 2월까지 무려 80만 세대가 증가하여 107%의 증가율을 보였으며, 1967년부터 1972년까지는 두 배로 증가하였다. 그러나 1970년대 초부터 이러한 증가는 경제적 침체기였던 1970년대 중순과 1982년을 제외하고는 없었다. 특히 북부지방과 도시지역은 160%가 넘는 증가율을 보였다(표 5−3 참조). 이것은 '복지폭발(welfare explosion)'이라고 불릴 정도로 복지 수혜자의 엄청난 증가라고 할 수 있다.

〈표 5−3〉 지역별 AFDC 수혜자 증가율

	1950~1960년의 증가율(%)	1960~1969년의 증가율(%)	1960~1969년 중에서 1964년 이후의 증가율(%)
미국 전역	17	107	71
지역별			
북동부(North East)	26	180	69
북중부(North Central)	27	78	59
서부(West)	38	161	72
남부(South)	0	54	86

33) AFDC 프로그램은 1935년 도입 당시에는 ADC(Aid to Dependent Children)였으나 1962년 공공복지개정법인 Public Law 87-543에 의해 가족의 역할을 강조하는 의미를 담은 AFDC(Aid to Families with Dependent Children)로 바뀌었다.

121개 주요 도시지역	35	165	71
5대 대도시	26	217	75
116개 나머지 도시	41	135	68
78개 북부도시	41	175	70
43개 남부도시	13	121	89

출처 : Piven & Cloward(1971 : 186).

이 시기에 AFDC 프로그램 수급자가 급격하게 팽창한 이유는 모자가정의 급격한 증가가 주된 이유였다. 미국의 아동인구는 1945년에 4,200만 명에서 1972년에는 6,900만 명으로 증가하였다. 그러나 이보다 더 중요한 인구변화는 여성이 세대주인 모자가정의 증가였다(Levitan, 1985 : 35). 또한 사회복지이슈에 관한 대법원의 진보적인 판결도 AFDC 프로그램의 팽창에 기여했다. 1968년 대법원은 AFDC 급여를 받는 가정에 살고 있는 남자는 그 가정의 아동을 부양할 책임이 있다는 소위 “Man in the House” 규정은 위헌이라는 판결을 내림으로써 AFDC 프로그램의 수급자격요건을 확대시켰으며, 1969년에는 많은 주들이 AFDC 프로그램의 수급자격요건을 제한하기 위해 사용하고 있던 거주요건을 위헌이라고 판결[34]함으로써 수급자격요건을 확대시켰다.

이 외에도 일반인들의 사회복지에 대한 관대한 인식도 AFDC 프로그램의 팽창에 기여했다. 갤럽사의 여론조사에 의하면 1965년에는 조사대상자의 67%가 모든 미국인의 소득을 보장하는 법안에 반대하였으나, 1968년에는 반대자의 비율이 58%로 감소하였으며 1972년에는 50%로 또 다시 감소하였다. 또한 1969년의 여론조사에서는 단지 35%만이 세금의 증가를 의미하는 직업보장 프로그램(Guaranteed Jobs Programs)에 찬성하였으나 1972년에는 42%로 증가하였다.

또한 빈곤의 재발견 이후 빈곤문제에 대해 관심을 가지지 않았던 많은 저널들도 빈곤문제를 다루기 시작하였다. 예를 들면, 이전엔 빈곤문제를 거의 언급하지 않았던 「The Saturday Evening Post」지가 1960년대 중반 무렵 빈민들이 당하고 있는 빈곤문제를 동정적으로 묘사하였으며, 「Time」 저널은 1968년

34) 이 소송사건은 샤피로와 톰슨 간의 소송(Shapiro v. Thompson)으로 알려져 있다.

과 1971년 두 차례에 걸쳐 빈곤문제를 커버스토리로 게재하였다. 특히 「Time」 저널은 복지제도의 결함을 비난하면서도 빈민을 보는 부정적인 관점을 비판하였는데, AFDC 급여를 받는 가정 중에서 소수만이 불법으로 AFDC 급여를 받고 있으며, 미국은 다른 유럽의 국가들과 비교하여 볼 때 사회복지에 너무 작은 예산을 쓰고 있고, 대부분의 빈민은 주위의 상황에 의해 어쩔 수 없이 빈민이 되었으며, 대부분의 AFDC 급여를 받는 빈민들은 일하기를 원하지 복지를 원하는 것은 아니라고 주장하였다(Patterson, 1986 : 171-172). 이러한 여론조사의 결과나 여러 저널들의 빈곤문제에 대한 관심의 증폭은 그 시사하는 바가 매우 크다고 할 수 있는데, 1960년대와 1970년대 초반의 복지에 대한 일반인들의 가치관이 매우 진보적임을 보여준다고 할 수 있다.

그러나 AFDC 프로그램의 급격한 팽창에 대해 우려의 목소리가 나오기 시작하였다. 복지의 팽창에 대한 비판은 다음의 세 가지의 근거로 나왔다. 첫째는 남부의 게으른 사람들이 AFDC 프로그램에 대해 관대하고 AFDC 프로그램을 받기 쉬운 북부로 이주하였으며, 두 번째는 AFDC 프로그램은 가정을 파괴하고 혼외출산을 조장하며, 세 번째는 AFDC 프로그램은 노동윤리(Work Ethic)를 약화시킨다는 것이었다.

그러나 이러한 AFDC를 받는 가정에 대한 비판은 논리적으로 많은 허점들을 지니고 있다고 할 수 있다. 많은 조사연구들은 남부에서 북부로 이주한 주요 이유는 직장을 찾기 위해서나 인종차별을 피하기 위해서이지 복지를 얻기 위해서가 아님을 밝히고 있다. 또한 남부에서 북부로 이주가 가장 심했던 시기는 ADC 급여수혜자가 원만하게 증가하였던 1940년대와 1950년대이지 AFDC 프로그램의 수혜자가 폭발적으로 증가하였던 1960년대 말이 아니었다는 사실도 이를 입증한다고 할 수 있다. 또한 뉴욕시의 조사에 의하면 복지를 받는 사람의 3/4가 뉴욕시에서 태어났거나 뉴욕시에서 10년 이상 거주한 사람이며, 거주기간규정이 사라진 1968년 일리노이주의 AFDC 급여수혜자 조사에 의하며 95%에 해당하는 수혜자가 AFDC 급여를 받기 이전에 1년 이상 일리노이주에 거주하였으며 수혜자의 75%는 적어도 5년 이상 거주하였다는 사실(Patterson, 1986 : 173)이 보다 높은 AFDC 급여를 받기 위해 급여수준이 높은 주로 이주한다는 주장은 맞지 않음을 보여준다.

AFDC 프로그램이 가정파괴와 서출(庶出)을 조장한다는 주장은 자기 가정이 AFDC 급여를 받도록 하기 위해 아버지가 가정을 유기하며 보다 많은 AFDC 급여를 받기 위해 아이를 더 많이 낳는다는 인식에 기인한다. 그러나 이러한 이유로 가정이 파괴되는 것은 단지 1%에서 5% 정도이며 빈곤가정의 가정파괴의 주요 원인은 복지가 아니라 빈곤 그 자체라는 연구가 있다(Patterson, 1986 : 174).

4) 근로연계복지의 등장

AFDC 프로그램의 팽창을 비판한 위의 두 가지 논리보다는 더 영향력이 있고 1970년대 이후, 특히 1980년대의 레이건 행정부 때의 사회복지의 방향과 내용에 상당한 영향을 미친 논리는 사회복지제도는 노동윤리를 약화시킨다는 주장이었다. 이 주장은 많은 논란을 거듭한 끝에 '근로연계복지(workfare)'라는 신조어를 등장시키며 'WIN(Work Incentive Now)' 프로그램의 제정을 가져왔다. 이 두 가지 용어 '근로연계복지'와 'WIN' 프로그램은 1970년대 이후의 미국 사회복지에 지속적으로 영향을 미치게 된다. WIN 프로그램의 목적은 AFDC 프로그램의 수혜자를 직업 훈련시켜 고용으로 이르게 한다는 것이었다.

WIN 프로그램은 '당근'과 '채찍'의 두 가지 측면을 지니고 있었다. '당근'은 '30과 1/3(thirty plus one-third)' 규정으로 AFDC 급여는 노동으로 인한 월 소득에 대해서는 처음 30달러와 30달러 이상 되는 소득의 1/3은 복지급여총액에서 공제하지 않으며(즉, 매달 수입의 첫 30달러와 그 나머지의 1/3을 더한 액수를 소득으로 간주하지 않았다). 직업훈련을 받을 때에는 탁아비용을 정부가 부담한다는 것이며, '채찍'은 합당한 이유 없이 직업훈련에의 참가를 거부하는 AFDC 급여수혜자(부모와 16세 이상의 자녀)들을 AFDC 수혜자명부에서 제외시킬 수 있는 권한을 주정부에 부여하는 조항이다(Patterson, 1986 : 175).

그러나 당근보다는 채찍에 더 많은 초점이 주어졌다. 즉, WIN 프로그램의 핵심은 정당한 이유 없이 일을 하지 않거나 직업훈련에 참여하지 않는 부모나 16세 이상 되는 사람은 주정부가 AFDC 급여수혜자명부에서 제외하는 것을 연방정부가 인정한 것이다. WIN 프로그램은 성공하지 못했다. 무엇보다도 탁아보호에 필요한 자금이 매우 모자랐고 AFDC 급여를 받는 어머니들이 아동을 집에 남겨두고 직업훈련을 받는 것에 무관심하였기 때문이었다(Patterson, 1986 : 175).

1970년 3월까지 WIN에 등록된 167,000명 가운데 1/3 이상이 프로그램에서 중도 탈락했고 단지 2만 5천 명만이 일자리를 얻었을 정도로 WIN 프로그램은 가시적인 효과를 거두지 못했다(Levitan & Taggart, 1971).

그러나 WIN 프로그램의 겉으로 드러나지 않는 미국의 사회복지에 미친 영향은 매우 컸다. 무엇보다도 '근로연계복지'를 강조하는 방향으로 복지의 중심이 이동하고 있다는 것이다. WIN 프로그램이 제정되었다는 것 자체가 1935년에 태동한 AFDC 프로그램의 목적이 빈민들이 복지를 받으려면 일을 하도록 하는 방향으로 이동하게 되었다는 것을 들 수 있다. AFDC 프로그램의 본래 목적은 양육할 아동이 있는 빈곤가정의 어머니들(deserving mothers)로 하여금 일을 하지 않고 가정에서 아동들을 돌보게 하는 것이었다. AFDC 프로그램이 제정될 당시에는 AFDC 프로그램의 수혜자인 빈곤가정의 아동과 어머니는 '복지를 받을 자격이 있는 빈민(deserving poor)'이었다. 그러나 WIN 프로그램은 빈곤가정의 어머니들이 일을 하게 만들었다.

이것은 AFDC 프로그램의 대상인 빈곤가정의 어머니들을 '복지를 받을 자격이 없는 어머니(undeserving poor)'로 간주하고 있음을 의미한다. 이것은 1929년 대공황을 기점으로 빈곤의 원인에 대한 관점이 '빈곤의 개인적 책임 이론'에서 '빈곤의 사회 · 경제적 원인 이론'으로 변하여 1960년대 빈곤의 재발견 시기를 거쳐 1970년대 초까지 계속 지속되다가 1970년대 말부터 다시 19세기에 성행하였던 빈곤의 개인책임성을 강조하는 자유주의 가치관으로 서서히 회귀하고 있다는 것을 의미하기도 하며, 실제로 WIN 프로그램 이면에 깔려 있는 자유주의적 가치관은 1970년대 후반에 신보수주의라는 이름으로 재등장하여 미국 사회복지에 계속 영향력을 행사하였다.

5) 가족지원계획(FAP) 프로그램의 도입 시도와 실패

WIN 프로그램 제정에 앞서 미국의 사회복지에 AFDC를 대치하는 혁신적인 프로그램의 도입이 시도되었다. 1960년대 말 미국은 대폭 팽창한 복지 때문에 긍정적 의미이든 부정적 의미이든 홍역을 앓고 있었다. 특히 북부지방에서는 늘어나는 복지수요로 인해 주지사들이 골머리를 앓고 있었으며 연방정부에 재정적인 원조를 요청하였다.

이러한 '복지혼란(welfare mess)'에 대한 처방으로 닉슨 대통령은 1969년 8월 가족지원계획(Family Assistance Plan, FAP)이라는 대담한 계획을 제시하였다. 가족지원계획의 골자는 AFDC가정, 양부모가정, 무자녀가정, 65세 이하의 개인 모두를 적용대상으로 하여 4인 가족을 기준으로 연간 1,600달러의 소득을 보장하는 것이었다. 가족지원계획은 노동유인을 지속시키게 하는 요소도 지니고 있었다. 연 1,600달러라는 수준은 복지급여의 수준이 낮았던 남부 8개 주의 AFDC 급여수준을 웃도는 것이어서 만일 시행된다면 남부의 빈민 중에서도 매우 가난한 빈민들에게 많은 도움이 될 것이라고 믿어졌다. 또한 북부 주에서도 가족지원계획이 시행되면 남부에서 북부에로의 이주가 줄어들 것이라고 생각하였다. 이러한 여러 가지 이점으로 「Economist」는 "닉슨의 가족지원계획은 1930년대 중반의 루즈벨트 대통령의 사회보장입법에 필적하는 것이다"라고 할 정도로 많은 사람들이 찬성의 의사를 나타냈다(Patterson, 1986 : 192).

닉슨 대통령과 가족지원계획의 입안자인 대통령 복지담당 자문위원인 다니엘 모이니한(Daniel Moynihan)은 진보적인 민주당의 중도파와 이 계획이 시행되면 사라지게 되는 AFDC 프로그램에 대해 적대적이고 노동복지를 선호하는 공화당원들이 이 법안에 찬성할 것이라고 기대하였다.[35] 그러나 이러한 예상은 완전히 빗나갔다. 노인, 맹인, 장애자를 위한 공공부조제도인 SSI 프로그램은 의회에서 통과되었는 데 비해 가족지원계획은 통과되지 못하였다. 공화당의 보수주의자들은 최저급여를 보장한다는 이유로 반대하였으며,[36] 진보적인 민

35) 모이니한(Moynihan, 1973)은 FAP에 대해 *Politics of a Guaranteed Income*. New York : Random House에서 상세히 설명하고 있다.

36) 가족지원계획이 의회에 계류되어 있는 동안 보수주의 성향의 학자인 마틴 앤더슨(Martin Anderson)은 폴라니가 『거대한 전환』에서

주당원들은 급여수준이 낮고 근로연계복지를 강조하는 면 때문에 반대하여 가족지원계획은 입안된 지 3년 만에 폐기되었다(박병현, 2016b : 245).

그러면 왜 같은 공공부조 프로그램인 SSI는 의회에서 통과되고 가족지원계획은 거부되었을까?

첫째, 미국은 전통적인 자유주의에 기초한 '구호를 받을 자격이 있는 빈민'과 '구호를 받을 자격이 없는 빈민'을 엄격히 구별하여 왔는데 이 전통이 계속되고 있다는 것이다. 즉, SSI 프로그램의 대상인 노인들은 구호를 받을 자격이 있는 빈민들로 인식되는 데 비해 AFDC 프로그램의 대상인 요보호아동과 그들의 어머니들은 구호를 받을 자격이 없는 빈민으로 간주되었다. 빈민에 대한 이러한 전통적 구별은 1980년대에 들어와 더욱더 엄격하게 시도된다.

둘째, 사회복지는 1970년대부터 이데올로기의 차이가 핵심이 되는 정치적 이슈로 등장하였다는 것이다. 물론 사회복지는 언제나 정치적인 이슈였다. 그러나 그 강도는 1970년대 이전과 1970년대 이후는 매우 다르다고 할 수 있다. 1970년대 들어서는 사회복지의 팽창을 주장하는 민주당과 사회복지의 감축을 주장하는 양당의 정치인들의 이데올로기의 차이에 의해 사회복지의 범위와 내용이 결정되었다고 할 수 있다.

셋째, 이익단체의 정치에의 영향력을 들 수 있다. SSI 프로그램이 통과된 주요 원인은 SSI 프로그램의 주요 대상이 노인으로 그들은 상당히 규모가 크고 영향력이 있는 정치적 이익단체인 데 비해 FAP의 대상은 정치적으로 결집력이 부족한 빈민이며 아동이라는 점이 널리 작용하였다고 할 수 있다.[37)]

언급한 스핀햄랜드제도의 폐해를 인용하면서 "빈민들의 소득을 일정 수준 보장해 주었던 영국의 스핀햄랜드제도가 빈민들을 더 황폐화시켰듯이 최저소득을 보장해 주는 가족지원계획은 결국에는 빈민들을 더 황폐화시킬 것"이라는 메모를 닉슨 대통령에게 전달했다. 앤더슨의 메모를 읽은 닉슨 대통령은 가족지원계획을 기획한 모이니한에게 폴라니의 스핀햄랜드제도에 대한 저작물을 연구하도록 지시했으며, 이 일이 있은 얼마 후 가족지원계획은 의회에서 부결되었다(Moynihan, 1973 : 179-180; Block & Somers, 2003 : 284).

37) FAP 제도가 도입되지 못한 이유에 대해서는 김태성 · 류진석 · 안상훈(2005). 현대복지국가의 변화와 대응. 서울 : 나남, pp. 103-106을 참조 바람.; 영국의 1795년 스핀햄랜드제도, 미국의 FAP, 한국의 국민기초생활보장제도는 기본 소득의 보장이라는 공통점이 있다. 여기에 대한 내용는 박병현(2016). "영국의 스핀햄랜드제도, 미국의 FAP, 한국의 국민기초생활보장제도의 비교", 『사회복지정책』, 43(2), 159-190을 참조하기 바람.

6) 노령연금제도의 지속적 성장

<표 5-4>에서 보는 바와 같이 노인들을 대상으로 하는 연금제도인 OASI와 의료보장제도인 Medicare 프로그램은 1960년과 1980년 사이에 급격하게 성장했다. 반면에 빈곤가정을 대상으로 하는 AFDC 프로그램은 1960년대에는 급격한 성장을 기록하였으나 1970년과 1980년 사이에는 성장이 현저히 둔화되었다.

〈표 5-4〉 1960~1980년 주요 사회복지 프로그램의 비용(1980년 화폐가치) (단위 : 10억 달러)

프로그램	1960	1970	1980
노령·유족 연금(Old Age and Survivors)	29.2	60.7	104.7
Medicare	0.0	16.8	29.1
SSI	4.5	4.0	2.7
AFDC	2.8	10.3	12.5

출처 : Ellwood & Summers(1986 : 85).

<표 5-5>는 노인들을 위한 연금제도인 OASDI의 수급자 수와 월평균 연금급여를 보여준다. 노령연금제도의 수급자 수는 2000년 기준으로 노동자의 약 96%를 대상으로 할 정도로 성장했다. 월평균 급여도 1940년에는 23달러 수준이었지만 1960년에는 70달러로, 1970년에는 114달러, 1998년에는 780달러로 인상되었다. 연금보험료가 연방정부의 총수입 중에서 차지하는 비율도 높아졌다(이것은 계속 높아져서 1992년에는 37.9%에 해당할 정도이며 이것은 연방소득세 다음으로 큰 수입항목이다). 현재 많은 사람들은 자신의 소득세보다 연금보험료를 더 많이 내고 있다.

〈표 5-5〉 **노령연금제도(OASDI)의 성장**

	1940	1960	1970	1980	1992	1998
수급자의 수(백만 명)	222	14,854	25,312	35,600	41,500	44,200
월평균 급여($)	23	69.90	114.20	333.00	653.00	780
연금보험료가 연방수입 중에서 차지하는 비율(%)	–	15.9	22.5	32.0	37.9	–
Medicare 지출(백만 달러)*	–	–	7,149	35,025	132,256	–

* Medicare는 1965년부터 시작되었음.
출처 : DiNitto(1995 : 107).

또한 노령연금제도의 지출규모가 전체 사회복지 지출 중에서 차지하는 비율도 급증하였다. <표 5-6>에서 보는 바와 같이 1950년에는 노령연금급여 지출이 전체 사회복지지출 중에서 차지하는 비율이 불과 3.4%이던 것이 1960년에는 21.1%, 1970년에는 25.3%, 1980년에는 30.9%, 1988년에는 33.9%로 성장을 거듭해 왔다. 특히 1985년 이후로는 단일 프로그램인 노령연금제도 지출이 전체 사회복지 지출의 1/3 이상을 차지해 오고 있는 것으로 보아 그 규모가 국가 전체에 미치는 영향력을 짐작할 수 있다. 현재 노령연금제도를 위한 연방정부의 지출규모는 단일항목지출로서는 최대이다.

〈표 5-6〉 **노령연금(OASDHI) 지출과 전체 사회복지지출에 대한 노령연금 지출 비율**

(단위 : 백만 달러)

연 도	전체 사회복지 지출*	사회보험 지출**	OASDHI*** 지출	전체 사회복지지출에 대한 OASDHI*** 지출(%)	사회보험에 대한 OASDHI*** 지출(%)
1950	23,508.4	4,946.6	784.1	3.4	15.8
1960	52,293.2	19,306.7	11,032.3	21.1	37.1
1965	77,083.8	28,122.8	16,997.5	22.1	60.4
1970	145,555.1	54,691.2	36,835.4	25.3	67.3
1975	289,083.7	123,031.1	78,429.9	27.1	63.7
1980	491,986.0	229,754.4	152,110.4	30.9	66.2

1985	732,042.1	369,595.2	257,535.1	35.2	69.7
1986	782,305.2	390,770.1	271,980.0	34.8	69.6
1987	833,262.6	412,861.5	286,339.7	34.4	69.3
1988	885,766.4	432,194.8	300,048.2	33.9	69.4

* 사회복지지출의 주요 항목으로 사회보험, 공공부조, 교육 등이 포함된 것임.
** 사회보험에는 OASDHI 외에 철도공무원 연금, 공무원 연금, 실업보험, 산업재해보험 등이 포함됨.
*** OASDHI에는 Medicare와 Medicaid가 포함된 것임.
출처 : Bixby(1991 : 7).

요약하면, 1935년에서 1975년에 이르는 기간 동안 노령연금제도는 많은 발전을 하였다. 장애보험이 도입되었으며 65세 이상의 노인을 대상으로 하는 의료보험제도인 Medicare가 도입되었고 AFDC 프로그램도 팽창되었다. 노령연금제도는 적은 수의 근로자를 대상으로 하는 보험성격의 제도에서 대다수 사람들의 다양한 위기상황에 대처하는 소득재분배 성격의 제도로 변화했다. 즉, 퇴직과 실업이라는 위기상황에 대처하는 최초의 보험성격에서 퇴직 전 노동자의 사망, 장애, 질병까지 포함하는 광범위한 제도로 변했다. 초기에는 급여수준이 갹출 정도에 맞추어 책정되었으나 1975년에 이르러서는 소규모 가족에서 대규모 가족으로, 건강한 사람으로부터 병든 사람으로, 일할 능력이 있는 사람으로부터 장애자로, 근로자로부터 퇴직자나 실업자로, 그리고 상류층으로부터 저소득층으로 소득의 재분배 기능이 강화되었다(Axinn & Stern, 1988 : 126).

그러나 이러한 사회복지의 전성기는 1975년의 석유파동과 뒤이은 신보수주의의 등장으로 쇠퇴의 길을 걷게 된다.

5. 복지와의 전쟁 : 사회보장제도의 위기와 신보수주의의 시대(1975년 이후)[38)]

1975년 이전까지의 사회보장제도의 성장은 경제성장 때문에 가능했다. 경제가 번창함에 따라 프로그램도 팽창되었으며 재정상태가 나아졌다. 그러나 사회보장청에서 미래를 예측하는 관료뿐 아니라 어느 누구도 1960년대 말에는 베이비붐이 끝나고, 1970년대에는 에너지 위기가 발생하고 인플레이션이 가속화될 것이라고 예측하지 못했다. 이보다 더 중요한 것은 그 누구도 물가가 임금보다 빨리 오르는 기간이 예상보다 길어질 것이라고 예측하지 못했다는 점이다. 이러한 모든 주변 여건들은 사회보장의 위기를 가져왔다. 1900년대 초반 미국 사회복지의 사상적 배경이었던 자유주의와 이념적 기조를 같이 하는 신보수주의가 미국의 지배적인 이데올로기로 등장했다. 그리고 1980년 대통령 선거에서 공화당 후보 레이건이 승리했으며, 그와 더불어 공화당은 1954년 이후 처음으로 상원에서 과반수를 차지하는 개가를 올렸다. 이러한 정치적 기반을 바탕으로 레이건 행정부는 사회복지를 유지하는 데 필요한 높은 세금이 노동과 투자의 의욕을 꺾어버렸다고 주장하며 사회복지 축소정책을 추진했다.[39)]

1) 레이건 행정부 출현의 정치 · 경제적 배경

(1) 1970년대의 정치적 변화 : 신보수주의의 등장

신보수주의를 표방하는 문헌들이 등장하기 시작한 시기는 1970년대 초반으

38) 이 부분은 박병현(1992). "레이건노믹스와 복지개혁", 현외성 외. 복지국가의 위기와 신보수주의적 재편, pp. 181-262 부분을 수정 보완한 내용임.

39) 1980년 로널드 레이건(Ronald Reagan)이 카터(Carter) 당시 현직 대통령을 누르고 미국 대통령에 당선되었을 때 워싱턴의 공화당원들은 환호를 올렸다. 칵테일 파티와 각종 모임에서 그들은 공화당의 승리를 자축하고 '레이거노믹스(Reaganomics)'를 통한 번영의 꿈에 부풀어 있었다. 흥미로운 것은 그때 그들은 모두 하나같이 아담 스미스의 옆모습이 그려진 넥타이를 매고 있었다는 사실이다. 여기에서 레이건 행정부의 보수성을 엿볼 수 있다. Todd G. Buchholz(1996). New Ideas from Dead Economists, 이승환 역. 죽은 경제학자의 살아있는 아이디어. 서울 : 김영사, p. 31 참조; 미국의 신보수주의적 재편에 대해서는 박병현(1992). "레이건 행정부와 사회복지", 현외성 외 공저. 복지국가의 위기와 신보수주의적 재편. 서울 : 대학출판사, pp. 181-196을 참조하기 바람.

로 거슬러 올라간다. 네이슨 글레이저(Nathan Glazer)가 1971년에 발표한 논문인 「사회정책의 한계(The Limits of Social Policy)」를 필두로 하여 수잔 시한(Susan Sheehan)은 1976년 AFDC를 받는 푸에르토리코 출신 여성의 생활을 묘사한 책을 출판하였다. 당시 많은 영향을 미친 책은 마틴 앤더슨(Martin Anderson)[40)]이 1978년 출간한 『복지 : 미국 복지개혁의 정치경제(Welfare : The Political Economy of Welfare Reform in the United States)』였다. 그는 이 책에서 복지제도가 미국의 새로운 계급제도(Caste)를 만들고 있고, 미국인의 1/10이 이 새로운 계급에 속하며, 이들은 정부에 의존해야만 살 수 있다고 기술했다.

신보수주의는 전통적 보수주의와 전체적인 맥락을 같이한다고 볼 수 있으나 전략적인 면에서 보면 세 가지 점에서 크게 다르다. 첫 번째의 차이점은 전통적 보수주의가 소수 엘리트주의를 표방하는 데 비해 신보수주의는 권력이 소수의 엘리트에 집중되기보다는 많은 사람들에게 분산되는 것을 지향한다. 신보수주의는 신보주의가 보통시민들이 가치와 관심을 무시하는 소수 엘리트들의 사상적 전유물이라고 비판한다.

두 번째의 차이점은 전통적 보수주의가 강력한 국방, 정부의 국내문제에의 제한된 개입, 시장중심의 경제정책 등을 중시 여기는 데 비해 신보수주의는 집산주의를 효율적으로 성취하기 위한 방법으로 낙태, 학교에서의 기도(school prayer)문제, 도덕적 타락, 남녀평등, 범죄 등과 같은 가족과 관련된 이른바 '사회적 이슈'들을 강조한다. 신보수주의는 이러한 사회적 이슈들을 강조함으로써 미국의 전통적인 가치의 변화에 식상한 많은 사람들을 끌어들이려고 한다. 특히 '사회적 이슈'들을 강조함으로써 정치적으로는 민주당 성향의 자유주의적이지만 낙태나 도덕적인 문제 등과 같은 문제들에 대해 매우 예민한 남부의 근본주의자들과 같은 종교집단들을 끌어들이려고 하였다.

세 번째의 차이점은 전통적 보수주의가 정부의 제한된 사회복지에의 개입을 강력히 주장하는 데 비하여 신보수주의자들은 '사회적 이슈'들의 문제점

40) 마틴 앤더슨(Martin Anderson)은 1980년대 보수 성향의 후버연구소(Hoover Institution)의 수석연구원을 지내면서 레이건 대통령의 신보수주의 철학을 확립하는 데 기여한 보수 성향의 학자이다. 마틴 앤더슨은 닉슨 대통령이 1969년 제안한 저소득층에 최저소득을 보장하는 가족지원계획(FAP)이 의회에서 폐기되는 데 일조를 했다. 보다 자세한 내용은 박병현(2016). "영국의 스핀햄랜드제도, 미국의 FAP, 한국의 국민기초생활보장제도의 비교". 『사회복지정책』, 43(2), 159-190를 참조하기 바람.

의 원인을 사회복지에서 찾음으로써 사회복지를 공격한다. 전통적 보수주의자들은 사회복지가 노동유인을 약화시킨다고 단순히 주장하는 데 반해, 신보수주의자들은 여기에 덧붙여서 통계수치를 사용하여 사회복지가 사람들로 하여금 성적으로 문란하게 만들며, 마약을 사용하게 하여, 행동을 통제하지 못하는 도덕적으로 방종상태에 이르게 만든다고 주장한다. 즉, 신보수주의자들은 사회복지의 경제적 비용에 초점을 맞추면서 사회복지의 유해성을 주장한다.

(2) 1970년대 경제적 변화

미국의 1970년대는 전례 없이 높은 인플레이션과 실업률 및 낮은 생산력의 10년이었다. 1970년대 10년간의 경제 상태를 요약하면 다음과 같다(표 5−7 참조).

① 소비자물가지수(Consumer Price Index)에 의해 측정된 가격수준이 10년 동안 2배로 증가하였다. 이것은 1950년대와 1960년대에 비해 거의 4배로 증가한 것이다.

② 인플레이션을 감안하여 볼 때 전체소득은 36% 증가하였는데, 이것은 1960년대보다는 현저하게 낮은 수준이며 1950년대와 비슷하다.

③ 산출의 성장비율은 1970년대 동안 고용수준이 매우 증가하였기 때문에 비교적 만족할 만한 수준이다. 이것은 많은 여성과 청년층이 노동시장에 유입되었음을 의미한다. 동시에 시간당 생산력은 1950년대와 1960년대에 비교하면 절반에도 미치지 못하는 수준이다.

④ 실업률은 1950년대에는 평균 4.5%, 1960년대에는 4.8%를 기록하였으나 1970년대 동안은 평균 6.2%를 기록하였다. 1970년대의 실업률의 증가는 노동시장구성의 변화와 관계가 있다고 할 수 있으나 성인남자의 실업률도 1950년대나 1960년대에 비해 높다. 이러한 현상은 부분적으로는 1970년대 10년 동안 경제가 불안정하였다는 사실에서 이유를 찾을 수 있을 것이다.

⑤ 높은 비율의 인플레이션과 실업률에도 불구하고 대부분 사람들의 실질소득은 가격의 증가와 비례하였다. 인플레이션을 감안하여 볼 때 1인당

실질소득은 1950년대에는 15%, 1960년대에는 35% 증가하였음에 비해 1970년대에는 23% 증가하였다.

위의 사실을 종합하여 보면, 1970년대 10년 동안의 경제상태는 그리 나쁜 편은 아니었으나 높은 인플레이션과 실업률, 생산력의 감퇴와 같은 여러 가지 경제적 문제점들이 있었다고 할 수 있다. 그러나 이러한 1970년대 10년 동안의 경제지표보다 더 문제가 된 것은 1970년대 말부터 시작되어 대통령 선거가 있었던 1980년 전후에 가장 심했던 경제불황이었다. 10%에 달하는 실업률과 금리의 인상, 경제성장률의 둔화 등 지속적인 경제적 침체기가 1980년을 전후한 경제 상황이었다. 이러한 1970년대 말의 경제적 침체기는 카터가 현직 대통령이라는 이점이 있음에도 불구하고 1980년 대통령 선거에서 패하는 데 결정적인 요인이 되었다고 할 수 있다. <표 5-7>은 1970년대 10년 동안의 미국의 경제지표이다.

〈표 5-7〉 **1970년대 미국의 10년간 경제지표**

	1950년대	1960년대	1970년대
인플레이션(CPI의 % 증가)	20	31	112
성장(GNP의 % 증가)	38	49	36
생산력(민간 부문에 있어서 시간당 산출의 % 증가)	32	22	15
고용(고용된 사람의 % 증가)	11	20	27
실업(모든 노동자에 대한 평균율)	4.5	4.8	6.2
실업(성인남자에 대한 평균율)	3.9	3.6	4.5
생활수준(1인당 개인 실수입의 % 증가)	15	35	23

출처 : Economic Report of the President 1982 : tables B-52(p. 292), B-2(p. 278), B-30(p. 268), B-31(p. 269), b-24(p. 261).

2) 신보수주의의 사상적 배경

(1) 보호에서 경쟁으로

단순하게 기술하면, 신보수주의는 미국 경제문제의 원인을 정부가 민간기업으로부터 너무 많이 받아 빈민에게 너무 많이 준다는 것으로 보았다. 신보수주의는 사회복지사, 복지행정가, 여성운동가, 민권운동가 등이 정부로 하여금 사회적 위기를 과잉보호하게 하며 이로 인해 생산성이 줄어들어 자본주의가 위기에 처하게 된다고 주장한다. 그래서 신보수주의는 민간기업의 신뢰도를 회복시킴으로써 아담 스미스(Adam Smith)에 의해 완성된 18세기 자본주의 이데올로기를 1980년대에 회생시켜야 한다고 주장한다. 이것은 정부가 민간기업에 대한 규제를 완화하고 민간기업들이 서로 경쟁을 하도록 하며 빈민에게 주어지는 사회복지비를 감축하는 것을 의미한다.

(2) 개입에서 관리로

신보수주의는 가장 바람직한 정부란 시장경제에 가장 적게 개입하는 것이라고 생각하면서 미국정부가 경제성장을 추진하고 있지만 사실은 경제성장을 저해하고 있으며 자본주의 시장을 병들게 하고 있다고 주장하였다. 그들은 1970년대의 투자 감소와 세금과 인플레이션의 증가는 정부의 민간기업에 대한 과도한 개입과 공공부문에 대한 과잉보호에서 비롯한다고 믿었다. 그래서 재분배, 사회개발, 사회복지와 같은 부분에 정부가 활동적으로 개입하기보다는 정부는 관리와 보호만 하는 자유방임 정책을 추진해야 한다고 주장하였다. 1930년대의 경제공황시대에 있어서 지방 및 주정부의 경제상태에 대한 대책은 연방정부의 적극적 개입이었고 이 접근방법이 케네디와 존슨 행정부에까지 이어져 왔다. 그러나 신보수주의는 사회복지와 사회개발 부문은 주정부의 소관임을 주장하였다.

(3) 존엄에서 이윤으로

신보수주의는 개인의 자유를 신봉하였다. 그러나 이 개인적 자유는 존엄과 자기결정에의 권리, 일할 권리, 건강할 권리, 평화스러워질 권리, 평등해질 권리, 성적으로 혹은 인종적으로 소외당함이 없이 자기를 개발할 권리, 현재의 위기상황을 초래한 경제 메커니즘을 개혁할 권리를 의미하는 자유가 아니다. 오히려 이 자유란 돈을 벌 수 있을 만큼 벌어서 모두 자기 소유로 하면서 자기가 쓰고 싶은 곳에 쓰는 자유이다. 이것이 신보수주의나 레이건 행정부가 꿈꾸는 유토피아였다. 이와 같은 형태의 이데올로기하에서는 부자는 더 부자가 되고 힘 있는 자는 더 힘 있는 자가 되는 반면에, 가난한 자는 더 가난해지고 힘이 없는 자는 더 힘이 없는 자가 된다. 이것은 또한 빈민들은 정부로부터 보호됨이 없이 방치되는 것을 의미한다.

(4) 사회보장에서 민간기업으로

빈민, 노인, 장애인의 경제적 위기에 대한 연방정부의 확대된 역할이 보편화된 지 거의 50년 후에 등장한 레이건 행정부는 사회보장과 사회복지제도를 민간부문으로 대치시키려고 하였다. 신보수주의를 지향하는 레이건 행정부는 매우 가난한 빈민(Truly Needy)에게만 복지를 제공하려고 하였으며 빈곤은 개인적 성격결함이나 가정파괴에서 비롯되는 것이지 사회구조상의 결함에서 초래되는 것은 아니라고 주장한다. 또한 사회복지제도는 시장경제를 파괴시키며 경제가 위기에 효율적으로 대처하는 데 방해가 되며 사람들을 더 게으르게 만든다고 주장한다. 그래서 AFDC, Food Stamps, 학교급식 등과 같은 빈민에게 제공되던 많은 공공부조 프로그램들을 폐지시키거나 감축시키려고 하였다.

(5) 평등에서 억압으로

신보수주의의 사회복지에 대한 사회적 배경은 철저하게 다윈의 적자생존의 원칙에 의거하고 있다. 레이건 행정부의 첫 번째 공격 대상이었던 AFDC 프로그램은 돈의 문제가 아니었다. 1981년에 AFDC를 받는 요보호아동의 어머니는 약 360만 명이었는데 이것은 그리 많은 숫자가 아니거니와, 1981년에 85억 달러인 AFDC 프로그램에 대한 예산은 전체 정부예산의 1.1%에 지나지 않는다. 이에 비해 같은 해 국방예산은 전체 예산 중에서 25.3%를 차지하였다. 문제는 AFDC 프로그램으로 말미암아 여성에게 금전적 원조가 행해짐으로써 남자가 가정을 책임져야 한다는 전통적 통념을 약화시켰으며, 이로 인해 복지가 가정을 파괴하고 남자들이 보다 더 열심히 일하려는 의욕을 감퇴시킨 것이라고 주장한다. 그래서 신보수주의자들은 사회복지정책에 있어서 평등의 개념보다는 억압의 개념을 더 선호하였다.

3) 레이건 행정부의 사회복지정책의 방향

(1) 사회안전망 프로그램

레이건 행정부의 사회복지 철학은 대중의 복지는 개인이나 가족, 또는 그들이 살고 있는 지역사회의 책임이라는 원칙에서 시작한다. 이 철학에서는 사회복지가 필요할 때에는 그 문제와 가장 가까운 거리에 있는 공공 혹은 민간기관, 주나 지방정부의 기관, 민간 자원단체에 의해 정의되고 시행되어야 한다고 주장한다.

보험료를 지불한 사람들과 욕구가 있는 사람들을 위한 사회복지 프로그램의 안전망(safety net) 보존은 레이건 대통령의 계속된 공약이었다. 그러나 레이건 대통령은 안전망을 매우 위축시키는 정책변화를 시도하였다. 이 정책변화 시도 중의 하나가 연금제도(OASDI), 실업보험, Medicare, 퇴직군인급여, 보조적 보장급여(SSI), 학교급식, Head Start 등의 프로그램을 '사회적 안전망 프로그램(social safety net programs)'에 넣어 보호하고, AFDC나 Food Stamps와 같은 공공부조 프로그램들은 '사회적 안전망 프로그램'에서 제외시켜 예산을 삭감하는 것이다.

(2) 신연방주의

레이건 대통령은 신연방주의(New Federalism)를 내세워 연방과 주의 관계를 재구성함으로써 워싱턴에 집중된 관료조직을 분권화시키려고 하였다. 신연방주의는 현재 연방정부가 운영하고 있는 많은 사회개발이나 지역개발 프로그램들을 주정부에 이관함으로써 주와 연방과의 관계를 재정립하려는 시도였다.

신연방주의는 분권화(decentralization)와 맥락을 같이한다고 할 수 있다. 신연방주의로 인한 분권화는 사회복지정책에 대한 권위를 지방자치 정부에 이전하는 전략이다. 분권화는 지방정부들 사이에 경제적 경쟁을 유도할 수 있으며, 그로 인해 지방정부들은 재분배정책을 추진하기 어렵게 된다. 이것은 결국 분권화가 사회복지 축소를 촉진하는 방향으로 작용할 수 있음을 의미한다. 또한 복지국가를 지지하는 이익집단의 입장에서 보면 정치적 경쟁의 장이 분산화되어 그들의 힘이 약화될 수 있다. 뿐만 아니라 분권화는 사회복지의 축소 옹호자들에게 사회복지 삭감의 책임과 비난을 지방정부의 관료들에게 떠넘길 빌미를 제공할 수 있다(Pierson, 1994 : 16).

레이건 행정부의 신연방주의 제안은 다음과 같은 세 부분으로 나누어진다.

① 연방정부와 주정부 간 프로그램의 대규모 교환

현재 연방정부가 운영하고 있는 AFDC와 Food Stamps 프로그램을 주정부로 이관하고 주정부가 주관하고 있는 Medicaid 프로그램을 연방정부가 운영하도록 교환하는 방법이다. 이 방안은 결국 실시되지 않았는데 연방정부는 노인이나 장애자를 제외한 사람들에 대한 소득보조 프로그램은 전혀 관여하지 않고, 대신에 Medicare와 Medicaid 프로그램과 같은 보건 프로그램을 전적으로 부담하겠다는 것이다.

1980년대 초반 현재 AFDC와 Food Stamps 프로그램을 합친 운영비용과 Medicaid 프로그램 운영비용은 거의 비슷하나 앞으로는 Medicaid 프로그램 운영비가 AFDC와 Food Stamps 프로그램을 합친 비용보다 더 많아질 것을 감안한다면 레이건 행정부의 이 대규모 교환 방안은 주정부의 복지 부담을 덜어줄 수 있을 것이다.

그러나 이러한 시도는 궁극적인 사회복지의 후퇴를 의미한다고 할 수 있다. 역사적으로 보면 많은 사회복지 프로그램들은 주정부가 재정적인 한계로 인해 빈민들의 욕구를 충족시켜 주지 못하기 때문에 연방정부가 주관하게 되었다. 또한 비록 주정부가 빈민들을 보호하려고 하는 동기가 유발되어 있다 하더라도 주마다 다른 재정상태 때문에 보호수준 차이라는 문제점도 있다.

무엇보다도 레이건 행정부가 제안한 이 방안은 연방정부는 보건과 복지를 분리시켜 보건은 책임지되 빈민들을 위한 사회복지는 더 이상 책임지지 않겠다는 상징적인 복선이 깔려 있다고 할 수 있다.

② 주정부로의 프로그램 이관

레이건 행정부는 연방정부와 주정부 간의 사회복지 프로그램의 대규모 교환과 함께 연방정부가 담당하던 여러 가지 사회복지 프로그램들을 주정부로 되돌려 보내려고 하였다. 여기에 포함되는 프로그램으로는 여성, 유아 및 아동들의 건강보호 프로그램인 WIC, 사회서비스, 마약퇴치, 정신건강, 가족계획, 직업재활, 성인교육, 지역사회개발, 직업훈련 프로그램 등이 있다.

③ 포괄적 보조금의 시행

레이건 행정부는 포괄적 보조금(block grants)을 사용하여 신연방주의를 구축하려고 하였다. 포괄적 보조금이란 보건, 복지, 교육, 법률시행, 지역사회개발 등과 같은 일반적인 기능을 위해 연방정부가 주정부나 지방정부에게 제공하는 보조금이다.

종류별 보조금(categorical grants)이 AFDC나 Medicaid와 같이 연방정부가 미리 보조금이 사용되는 프로그램을 지정하여 제공하는 데 반하여, 포괄적 보조금은 반드시 보조금내역에 명시된 기능들을 위해 사용되어야 하지만 주정부는 명시된 기능 내에서 보조금의 구체적 사용은 자유로이 결정할 수 있다. 즉, 보건, 복지, 교육, 법률시행, 지역사회개발 등의 포괄적인 범위 내에서 보조금의 구체적인 사용결정은 주정부나 지방정부에서 내릴 수 있다.

포괄적 보조금의 주요 목적은 워싱턴 관료들의 세력을 줄이기 위한 것이었기는 하지만 많은 사회복지 프로그램들이 주정부의 포괄적 보조금으로 통합됨으로 인해 그전의 개별 사회복지 프로그램에 제공되던 보조금보다 포괄적 보조금에 의해 제공되는 보조금이 적기 때문에 정부의 사회복지 지출이 대폭 삭감되었다.

그러나 레이건 행정부의 신연방주의에 대한 주지사와 시장들의 반응은 좋지 않았다. 대부분의 주와 지방정부의 관리들은 연방정부의 지침이나 규제에 따른 구호를 원했다. 그들이 가장 두려워한 것은 재정적인 부담이었다. 주정부나 지방정부에서 원하는 것은 모든 사회복지나 보건 프로그램들을 연방정부가 책임지는 것이었다.

레이건 대통령 재임 첫 3년 동안의 사회복지 프로그램의 변화는 <표 5-8>과 같다.

〈표 5-8〉 **레이건 대통령 재임 첫 3년 동안의 주요 사회복지 프로그램 변화**

프로그램	프로그램의 목적 및 주요 변화
AFDC	목적 : 연방과 주정부가 아동이 있는 저소득층 가정에 현금을 보조함으로써 가정 해체를 방지함 변화 : ① 소득이 있는 가정의 수혜자격을 제한 ② 고등학생 이상의 자녀가 있는 가정에 대해 급여를 제한하거나 감축 ③ 아동 없이 임신한 여성에 대해 임신 마지막 3개월까지 급여의 제한
Medicaid	목적 : 연방과 주정부가 빈민들의 의료보호를 위해 의료비 지급 변화 : ① 연방정부의 주정부에 대한 Medicaid 보조금을 1982년에는 3%, 1983년에는 4%, 1984년에는 4.5%를 감축 ② 주정부가 수혜자에게 비용의 일부 부담을 요구할 수 있도록 함
Food Stamps	목적 : 저소득층 세대주에게 식품을 구입할 수 있는 식품권 제공 변화 : ① 인플레이션에 따라 상향조정되는 급여증가를 1982년에 폐지하고 이후의 상향조정은 연기 ② 노인과 장애자 외 빈곤선의 130% 이상의 소득이 있는 세대주의 수급자격 폐지 ③ Food Stamps의 분배에 있어서 실수율이 높은 주에 대해 벌칙부과
주택보조 (Housing Aid)	목적 : 저소득층 가정에 집세보조와 공공주택의 건설보조 변화 : ① 주택거주자부담률을 25%에서 30%로 점진적으로 증가시킴 ② 주택건설에 대한 대부분의 연방보조금 폐지
Title XX Social Services	목적 : 탁아, 양부모 양육, 가족계획 등과 같은 서비스를 위해 주정부에 보조금 제공 변화 : 예산의 22%를 감축
Community Services Block Grant	목적 : 저소득 개인을 위해 사회서비스를 제공하는 지방의 지역사회 기관에 보조금 제공 변화 : 이 프로그램을 시행하는 지역사회서비스형(Community Services Administration)을 폐청하고 이 프로그램을 'Block Grants'로 통합하여 예산의 39%를 감축

출처 : Editorial Research Reports 1, no.10 Congressional Quarterly, March 9. 1984.

4) 하층계급 논쟁 : '현대판 구호를 받을 자격이 없는 빈민' 개념의 등장[41)]

미국에서 1980년대에 하층계급(underclass) 논쟁이 있었다. 하층계급은 중류계층이나 근로계층이 참가하는 노동시장에 진입하거나 또는 잔류하는 데 어려움이 있는 계층에 속하면서, 빈곤 문화에 젖어 있고, 미래에 대한 희망을 갖지 않고, 일을 하려 하지 않으며 복지에만 의존하려 하고, 때로는 범죄도 저지르는 사람들을 말한다. 하층계급 논쟁은 사회복지 축소를 주장하는 보수주의 성향의 학자들이 먼저 제기했으며, 그 배경에는 주로 빈민들로 구성되는 하층계급은 빈곤문화에 젖어 있는 '보호받을 자격이 없는 빈민'이어서 그들에 대한 사회복지 지원은 제한적이 되어야 한다는 것이다.

(1) 하층계급의 개념과 등장배경

하층계급(underclass)은 일반적으로 중산층(middle class) 혹은 중산층과 근로계층(working class)을 모두 포괄하는 주류계층(mainstream)의 반의어로 정의 내려진다. 그러나 이와 같은 개념 정의는 중류계층 혹은 근로계층이 의미하는 바에 대해 의견의 통일이 이루어져 있지 않기 때문에 임의적일 수도 있다. 왜냐하면 계층의 서열을 정하는 데는 여러 가지 다른 기준들이 적용될 수 있기 때문이다. 어떤 경우에는 수입의 정도에 따라서 계층의 서열이 정해지기도 하고, 또 다른 경우에는 수입의 정도보다는 수입의 원천이나 문화적인 기술, 또는 도덕적 규범에 따라 계층의 서열을 정하기도 하기 때문이다(Jencks, 1992 : 143-144).

뮈르달(Myrdal)이 1964년 사회적 배제와 관련하여 하층계급이라는 용어를 사용한 적이 있지만, 하층계급(underclass)이라는 용어가 처음 대중적으로 등장한 것은 1977년 대중저널인 「타임(Time)」이 미국의 도심에 위협적인 하층계급이 출현했다는 기사를 게재하면서이다. 타임지는 마약, 범죄, 십대들의 임신, 높은 실업률은 '빈곤'으로 인한 현상이 아닌 '하층계급'이 됨으로 나타나는 현

41) 이 부분은 박병현(2001). "사회적 배제와 하층계급의 개념고찰과 이들 개념들의 한국빈곤정책에의 함의". 한국사회복지학, 45, 185-219의 내용을 본 서의 내용에 맞게 보완한 것이다.

상으로 정의 내렸으며, 하층계급에 속하는 대부분의 사람들은 청소년들과 소수민족이라고 했다. 타임지는 계속해서 "게토(ghetto)지역의 이면에는 일반인이 생각하는 것보다 더 심각한 정도로 제어되지 못하고, 고립되고, 호전적인 대규모 집단이 존재하고 있다. 그들이 향유하는 가치는 일반 대중들이 향유하는 가치와는 매우 다르며, 심지어 빈민들이 향유하는 가치와도 다르다. 그들이 바로 하층계급이다. 하층계급은 청소년 비행, 학교중퇴, 마약 상습복용, 복지에 의존하는 어머니, 성인범죄, 가족해체 등을 초래한다"고 보고했다(Time, 1977).

「타임(Time)」 저널이 1977년 하층계급에 관한 기사를 게재한 이후, 켄 오레타(Ken Auletta)가 1982년 하층계급이라는 용어가 도심의 병리를 상징하는 어휘로 자리 잡는 데 크게 기여한 『하층계급(Underclass)』을 출판하였다. 오레타는 그 책에서 하층계급은 네 가지 종류의 범주 – ① 오랫동안 복지에 의존하는 수동적 빈민, ② 학교를 중퇴하고 마약을 사용하는 적대적인 거리의 범죄자들, ③ 빈곤하지는 않으면서 삶의 터전을 지하경제에서 유지하는 사기꾼들이나 매춘부들, 그리고 ④ 장애를 지니고 있는 알코올중독자들, 노숙자들, 정신병원에서 퇴원한 사람들 – 로 나누어진다고 했다. 그는 이 새로운 사회계층은 빈곤과는 다르다고 했다. 오레타는 하층계급이란 문화적 · 경제적 차이를 포함하고 있지만, 기회를 부인하기보다 미국식 생활방식에 동화되지 못했거나 그런 의지가 없는 사람이라고 강조하면서 주로 도심에서 일어나는 빈곤과 관련되어 있다고 주장했다.

하층계급이라는 용어가 등장한 이래 미국에서는 많은 학자들과 정책결정자들은 하층계급에 속하는 인구의 크기는 어느 정도이며 그들이 증가하고 있는지의 여부에 대해 관심이 많았다. 비록 하층계급의 규모를 측정하기 위한 연구가 있었지만,[42] 하층계급의 크기와 범위 및 실증적인 정의에 대해서는 의견의 통일이 이루어지지 않은 상태이다.

42) Wilkerson(1987)과 Richetts와 Sawhill(1988)은 하층계급의 규모를 50만 명에서 410만 명 정도로 추산한 바 있다.

그러나 하층계급은 1970년대 말 이후 갑자기 등장한 개념이라기보다 어떤 역사적인 맥락 속에서 파악할 필요가 있다.

캐츠(Katz, 1993)는 하층계급 용어의 근원을 빈민을 분류하려는 구빈법적인 전통에서 찾고 있다. 그는 구빈법 전통에서 등장하는 '보호받을 자격이 없는 빈민'을 하층계급 용어의 원조로 들고 있으며, 이러한 '보호받을 자격이 없는 빈민'의 관점은 후에 '빈곤문화(culture of poverty)'의 관점으로 발전하고, 그리고 '빈곤문화'의 관점이 '하층계급'의 관점으로 발전했다고 주장한다. 캐츠는 하층계급이라는 용어의 출현은 한정된 자원을 제공하기 위한 기준을 만들기 위해 빈민을 보호받을 자격이 있는 빈민과 보호받을 자격이 없는 빈민으로 구분하여 "보호받을 자격이 있는 빈민에게만 구호를 제공"하기 위한 것으로 보고 있다. 즉, 하층계급이란 복지를 축소하기 위해 보수주의자들이 만들어 낸 '현대판 보호받을 자격이 없는 빈민(modern version of undeserving poor)'으로 규정하고 있다. 이러한 변천과정을 자세히 살펴보면 다음과 같다.

(2) 보호받을 자격이 없는 빈민의 등장

'보호받을 자격이 없는 빈민'이라는 용어의 등장은 빈민을 어떤 특성에 따라 분류하려는 시도이다. 엘리자베스 구빈법 제정 이후 영국과 미국의 구빈법에서는 여러 가지 방법으로 빈민들을 분류하기 시작하였다. 구빈법 역사에서 빈민을 분류하는 첫 번째 방법은 정주법(settlement act)에서 볼 수 있다. 정주법에서는 빈민을 이웃(neighbor)과 외부인(stranger)으로 분류하였다. 이웃으로 여겨지는 빈민은 구호를 받았고, 외부로부터 이주해 온 빈민은 구호대상에서 제외되었다. 이러한 빈민의 분류 뒤에 나타난 두 번째 분류는 진정으로 구호가 필요한 빈민을 거지나 부랑자 혹은 건강한 가난뱅이와 구분하는 것이었다. 이러한 분류는 후에 구호 대상자를 노동불능자로 제한하고 노동 가능한 자는 제외하는 것으로 변화되었다.

빈민을 분류하려는 이러한 시도는 후에 '빈민'과 '구호에 의존하는 거지'(pauper, improvident people dependent on relief)를 구분하려는 것으로 발전했다. 빈곤은 그 자체가 낙인을 수반하지 않았으나, 구호에만 의존하는 것(pauperism)은 낙인을 수반했다(Katz, 1989 : 11-13).

이후 빈민들은 '노동능력이 있는 빈민'과 '노동능력이 없는 빈민'으로 구분되기 시작하였다. 18세기 말에서 19세기 초반의 구빈법에서는 빈민을 노동능력이 있는(able-bodied) 빈민과 노동능력이 없는(impotent) 빈민으로 분류하였다. 이러한 구분은 도덕적 기준으로 구분했다기보다는 한정된 자원을 배분할 필요성이 있었기 때문이었다. 미국의 경우 1821년에 매사추세츠 주에서는 "현재의 빈민구호와 관련하여 나타나는 여러 가지 어려움(evil)들은 노동이 가능한 빈민과 가능하지 않은 빈민을 구분하기가 어려운 데서 기인한다"고 말하면서 구빈법 개정을 옹호하였다(Rothman, 1971 : 4).

19세기에 들어와서는 빈민을 노동이 가능한 빈민과 노동이 가능하지 않은 빈민으로 분류하던 방법에서 '보호받을 자격이 있는 빈민'과 '보호받을 자격이 없는 빈민'으로 분류하기 시작했다. 당시에는 자선이나 공공부조에 의존하는 사람들을 일컫는 구호에만 의존하는 거지들(paupers)은 보호받을 자격이 없는 빈민과 동일한 의미로 사용되었다(Rothman, 1971). 보호받을 자격이 있는 빈민은 두 가지 부류의 사람들이었다. 한 부류는 노령이나 건강 문제로 인해 자기 자신을 영위하지 못할 정도로 무력하고 병든 사람들이며, 다른 한 부류는 주 소득원인 남편의 죽음이나 불경기로 인해 부양해야 하는 사람들을 제대로 돌볼 수 없는 상황에 있지만 일할 의욕이 있다는 것을 증명한 사람들이다. 대부분의 보호받을 자격이 있는 빈민은 부양아동이 있고 소득이 별로 없으며, 매일 적은 소득이나마 얻으려고 노력해야 하는 과부들이었다.

빈민을 보호받을 자격이 있는 빈민과 보호받을 자격이 없는 빈민으로 분류하는 것은 빈곤을 도덕적인 기준으로 분류하는 것을 의미하며, 그것은 계속되는 경제적 불황 때문에 가능했다. 또한 빈민을 도덕적 관점으로 정의 내리는 것은 시장경제에 있어서 싼값의 노동력 공급을 가능하게 했다(Katz, 1989 : 14). 빈곤과 의존이 개인적 통제를 넘어선 사회적 및 경제적 상황의 복잡한 산물이라는 것을 보여주는 초기의 조사결과나 기관의 기록은 없으나 19세기 말까지 빈곤의 정의는 더 가혹해졌다. 그 결과로 공공정책과 민간자선은 인색해지고, 징벌적이 되었다.

빈곤을 도덕적인 관점에서 정의 내리려는 경향은 실천영역뿐만 아니라 학문영역에서도 행해졌다. 19세기 2/4분기에 빈곤의 원인은 개인적인 나쁜 행실에 있을지도 모른다는 가정이 대두되었다. 빈곤에 대한 이러한 관점은 정치적으로 우파 쪽인 학자뿐만 아니라 좌파 쪽인 학자에 의해서도 제기되었다. 맑시스트들은 빈민들을 '계급의식이 부족하여 혁명세력이 되지 못하는 계층(lumpen proletariat)'으로 보았으며, 심지어 1890년대에 들어서는 빈곤의 개인 책임 주장을 비판했던 진보시기의 개혁가들조차도 빈민의 도덕적인 기준에 의한 분류 – 보호받을 자격이 있는 빈민과 보호받을 자격이 없는 빈민 – 를 받아들였다(Katz, 1989 : 15).

예를 들면, 당시 진보주의를 대표했던 헌터(Hunter, 1904, 1965 : 3-4)조차도 당시의 베스트셀러였던 1904년에 출판된 『빈곤(Poverty)』에서 빈민과 구호에만 의존하는 거지(pauper)를 구분하여, 빈민은 경제제도의 희생자로 묘사하고, 구호에만 의존하는 거지들은 보호받을 자격이 없는 빈민으로 규정하면서, 자기 존중감을 상실하고, 일을 하지 않으며, 목적 없이 방황하고, 술을 자주 마시며, 자식들을 돌볼 생각을 별로 하지 않고, 자신을 영원히 의존자로 인정하면서 구빈원 생활에 기꺼이 만족하는 사람으로 묘사하였다.

19세기 초반의 입법가들은 비록 구호가 노동유인을 저하시키고 공공복지에 의존하도록 하는 면이 있지만, 농경사회의 주민이 굶어 죽는 것을 예방하기 위한 지역사회의 의무에 대해 별로 의문을 제기하지 않았다. 그래서 당시에 선호되었던 정책은 자기 집에 있는 빈민들(보호받을 자격이 없는 빈민)에게 구호를 제공하기보다는, 그들을 제도권(시설)으로 보내는 것이었다. 실제로 이것은 원외구호(outdoor relief, 현대적인 의미의 재가복지)를 구빈원(poorhouse)으로 대체하는 것을 의미했다.

그러나 구빈원은 별로 좋은 곳이 못되었다. 일을 해야만 하는 규정은 구빈원에 있는 자체를 매우 힘들게 했고 수용자들에게 제공되는 급여의 일부는 구빈원 유지비로 충당되었다. 그러나 더 중요한 것은 일하는 것이 징벌의 형태였고 도덕적 훈련이었다는 것이었다. 사실상 도덕적인 어휘로 묘사되는 한 '하층계급'은 이 전통에 속하며, 구빈원에 수용되어 있는 빈민들은 '19세기 후반 판 하층계급(the late nineteenth century's version of the underclass)'이라고 할 수 있다(Katz, 1993 : 7-10).

빈민의 도덕적 분류는 대공황 시절에까지 이어졌다. 빈곤문제는 실업률이 사상 최고의 수준까지 치솟으면서 도덕적 비난의 근거는 많이 상실되었지만, 구호를 받는다는 것은 경멸적이라는 생각은 여전히 남아 있었다. 실업자들은 모든 가능한 수단을 다 사용해 본 뒤에 가장 마지막 수단으로 정부로부터 제공되는 구호에 의존했다. 대다수의 유럽 국가들이 가족, 의료, 주택, 부조를 포괄적으로 함께 다루어 빈민이나 빈민이 아닌 사람을 함께 다루는 사회복지 정책을 펴 나간 데 반해, 미국은 뉴딜시대부터 사회복지 프로그램을 보편적인 성격의 사회보험과 욕구에 따라 제공되는 공공부조로 나누어 공공부조 프로그램에 낙인을 찍고 빈민들을 '보호받을 가치 있는 빈민'과 '보호받을 가치 없는 빈민'으로 분류하는 전통을 남겼다(Patterson, 1986 : 76).

(3) 보호받을 자격이 없는 빈민의 관점에서 빈곤문화 관점으로의 변천

1960년대에 이르러 빈곤을 문화의 관점에서 새롭게 해석하려는 시도가 나타났다. 이것은 빈곤의 증가와 지속을 행동상의 병리에서 발생하는 하위문화로 해석하려는 시도였으며, 이 시도는 빈곤문화이론으로 발전했다. 이 이론에서는 빈곤을 세대 간에 전승되는 하나의 생활방식, 즉 빈곤문화(poverty as culture)로 정의 내린다.

빈곤문화는 1961년 인류학자인 오스카 루이스(Oscar Lewis)가 미국으로 이주한 멕시코인들과 푸에르토리코인들의 속성을 『산체즈가의 아이들(The Children of Sanchez)』이라는 책에서 설명하면서 처음으로 소개되었다. 빈곤문화이론에서는 하층계급이론에서와 마찬가지로 빈곤을 단순히 경제적 자원의 결여로 보지 않는다. 오히려 빈곤은 사회의 지배적인 문화와는 구별되는 독립된 하위문화이고, 사회적 박탈이나 자원의 결여와는 다르며, 사회화를 통해 다음 세대로 전승되는 생활방식이라고 정의 내린다. 또한 빈곤문화는 농촌지역과 도시지역 모두 나타나며 다른 지역이나 국가들에도 나타난다고 주장하였다(Lewis, 1966 : xliii).

루이스는 빈곤문화를 보다 넓은 사회의 목표나 가치의 견지에서 성공할 수 없는 현실로부터 오는 무력(feeling of hopelessness)감이나 절망을 극복하는 하나의 방법이나 적응과정으로 보았다. 루이스는 빈곤문화에 빠져 있는 빈민들이 지니고 있는 지배적인 심리로 강한 무력감, 의존성, 열등감, 약한 자아구조, 성적(性的)인 혼돈, 충동통제능력의 결여, 미래 지향적이 아닌 강한 현재 지향적인 사고, 패배감, 널리 퍼져 있는 남성우월적 신념, 심리적 병리상태 등을 들고 있다(Lewis, 1966 : xlvii-xlviii). 루이스는 다른 중요한 특징으로 빈민들의 주요 사회제도에의 활동적인 참여와 통합의 결여, 계속되는 무관심, 적대감, 회의(懷疑) 등을 들고 있다. 그렇기 때문에 빈곤문화에 젖어 있는 빈민들은 자신들의 권익을 위한 조직체를 만들지도 않으며, 전체사회의 주류(mainstream)에 들어가려는 노력을 하지 않기 때문에 항상 주변인의 위치에서 맴돌게 된다고 주장한다(Lewis, 1966 : xxlv-xlvii).

빈곤문화이론은 당시의 사회심리학의 발전과 맞물려 빈곤문제에 대한 사고에 대해 많은 반향을 일으켰으며, 많은 논쟁거리를 제공했다. 비록 1970년대 이후 빈곤문화이론은 사회복지정책은 징벌적인 성격이 되어야 한다는 보수주의의 이데올로기를 뒷받침하는 개념으로 정리되었지만, 초기의 빈곤문화이론은 진보적인 지식인들의 환영을 받았다.[43] 진보적인 지식인들은 초기의 빈곤문화이론을 외부로부터의 원조가 필요한 의존적인 사람들의 절망감과 무저항성을 반영하는 것으로 보았으며, 세대에서 세대로 재생산되는 반복적인 경제적인 결여를 단절시킬 수 있는 이론으로 보았다. 빈곤문화이론은 진보적인 지식인들에게 왜 빈민들은 시위나 폭동을 일으키지 않고 가만히 있는가에 대한 설명을 제공했다(Rainwater, 1970 : 133-137).

루이스를 비롯한 빈곤문화론자들은 빈곤문제를 교육과 같은 어떤 특별한 이슈들과 접목시키려고 하였으며, 이러한 시도는 비록 잠시 동안이긴 했지만 빈곤문제는 정부가 적극적으로 개입해 공공정책으로 해결해야 한다는 정치적 진보주의와 맥을 같이했다. 사실 초기의 빈곤문화이론에서는 빈민을 '보호받을 가치 있는 빈민'과 '보호받을 가치 없는 빈민'으로 분류하지도 않았으며,

43) 맑시스트였던 루이스 자신도 자신의 빈곤문화이론이 보수주의적인 사회복지정책을 정당화하는 것으로 사용될 것이라고는 생각하지 않았다.

빈민을 다만 무력하고 수동적인 존재, 진보적 지식인들의 리더십이 없이는 그들의 생활을 결정짓는 박탈의 사이클을 깨지 못하는 존재로 보았을 뿐이다(Katz, 1989 : 17).

그러나 이후 보수주의자들이 빈곤문화론의 방향을 바꿔놓기 시작했다. 루이스의 빈곤문화에 대한 정의는 '보호받을 자격이 없는 빈민'의 현대판 학문적 명칭을 찾는 데 골몰해 있던 보수주의자들의 생각과 맞아떨어졌다. 그들은 빈곤문화이론을 보호받을 가치 없는 빈민들과 연결짓기 시작했다. 특히 당시 보수주의의 대변자였던 밴필드(Banfield, 1970)는 빈곤문화이론을 징벌적인 공공정책이 시행되어야 하는 변명으로 사용하기 시작했다.

아이러니하게도 빈곤문화를 대중적인 용어로 등장하는 데 기여했던 사람들 중 한 사람은 1962년 『또 다른 하나의 미국(The Other America)』을 출간하여 빈곤문제가 미국에 널리 퍼져 있음을 알린 마이클 해링턴(Michael Harrington)이었다. 그는 『또 다른 하나의 미국』에서 1960년대의 미국의 빈곤은 새로운 것이 아니며, 사악한 악도 아니며, 다만 분리된 문화, 빈민 그들만의 새로운 생활양식이라고 했다. 빈민은 그들만의 언어, 그들만의 심리, 그들만의 세계가 있으며, 이러한 것들은 사회의 주류와 완전히 다른 것이라고 했다(Harrington, 1962). 이 표현에서 해링턴은 19세기 초반 헌터(Hunter)가 의도하지 않게 보호받을 자격이 없는 빈민 주장을 옹호한 것처럼 보였던 것과 마찬가지로 빈곤문화를 옹호하는 것처럼 되어버렸다.

진보주의 지식인들이 빈곤문화이론을 결정적으로 멀리하게 된 계기는 1965년 존슨 대통령에게 제출된 한 젊은 비서의 비밀보고서가 유출되면서였다. 이 유출사건은 인종문제와 결합되면서 상승작용을 일으켜, 빈곤문화이론이 보수주의자들의 빈민에 대한 인식을 대변하는 방향으로 나아가는 데 결정적인 역할을 하였다. 그 보고서는 모이니한(Moynihan)이 작성한 「흑인가정(The Negro Family : The Case for National Action)」이었다. 모이니한은 그 보고서에서 흑인 지역사회의 기본 문제를 '가족구조(혼외출산, 여성가구주가정, 복지의존 등을 의미하는)'로 보았으며, 이러한 흑인 사회의 모계가족제도의 예사롭지 않은 결과를 경고하였다. 또한 그는 그 보고서에서 "우리 사회는 남성이 공적인 영역뿐만 아니라 민간

영역에서도 지도력을 발휘하는 사회이다"라고 쓰고 있다.[44] 사실 모이니한은 '빈곤문화'라는 용어만 사용하지 않았을 뿐 그가 사용하는 언어의 맥락은 빈곤문화이론이 의미하는 것과 같았다. 특히 흑인 학자인 클락(Clark, 1965)으로부터 인용하여 흑인 사회에 만연되어 있는 중복적인 문제들(실업, 마약사용, 혼외출산)을 '병리들이 뒤엉겨 있는 현상(tangle of pathologies)'으로 묘사한 부분은 특히 더 그러했다.

모이니한의 리포트는 아이러니하게도 시기적으로 민권운동이 본격적으로 시작된 시기에 나왔다. 실제로 존슨 대통령은 1965년 6월 4일 흑인이 주류를 이루는 하워드대학(Howard University)에서 흑인 빈곤의 영속성에 대해 격렬한 비난을 가했다. 그러나 민권운동의 지도자들은 모이니한의 분석이 지나치게 공격적이며, 실증적으로 검증되지 않았고, 모욕적이며, 빈곤의 원인을 빈민들에게만 돌리는 것이라고 비난했다. 대부분의 진보성향의 학자들은 모이니한이 흑인 지역사회의 문제들을 문화적으로만 해석했다고 강조했다. 사실 모이니한의 보고서는 겉으로 보기에는 개인의 선택에 영향을 주는 압박(constraint)의 중요성을 인식하고, 그러한 선택을 포괄적으로 조망했기 때문에 현대적 의미의 하층계급의 의미와 가장 가깝다고 할 수 있다.

그러나 모이니한이 실제로 시도한 것은 대부분의 비판자들이 인식하지 못한 흑인 남성의 실업상태에서의 한부모 흑인 가정의 발달을 분석한 것이었으며, 실제로 모이니한은 빈곤문화이론을 부정했다. 그러나 결과적으로 모이니한의 리포트는 민권운동지역사회, 특히 흑인 학자들의 분노를 불러일으켜 향후 20년 가까이 마약, 비행, 혼외출산 등과 같은 흑인 가족의 문제들이 다루어지는 것을 터부시되도록 하였으며, 그로 인해 이러한 문제들은 거의 20년 동안 사회과학의 의제에서 사라지는 결과를 초래했다(Wilson, 1987 : 4; Katz, 1993 : 13).

모이니한 리포트 논쟁 이후 진보주의 성향의 학자들은 보수주의 성향의 학자들이 20여 년 동안 도심의 빈곤문제의 책임을 대빈곤 전쟁(war on poverty)의

44) 이 보고서의 전문은 Lee Rainwater & William L. Yancey(1967). *The Moynihan Report and the Politics of Controversy*. Cambridge : MIT Press, pp. 39-125에 있다. 모이니한은 뉴욕 주 민주당 상원의원으로 오랫동안 재임하면서 미국의 사회복지정책 수립에 많은 영향을 미쳤으며 2000년 11월 은퇴하였다.

탓으로 돌리는 연구를 광범위하게 진행해 오는 동안 도심에서 일어나는 문제들에 대해서는 관심을 두지 않았다. 대신 1980년대 중반까지 진보주의 성향의 학자들은 빈곤문화의 이론적 기초와 방법론에 대해 공격을 가했다. 그들은 문화적인 가치들이 인간의 행동이나 성공을 궁극적으로 결정짓지 않으며, 오히려 문화적인 가치들은 어떤 사회적 상황이나 기회에서 나온다고 주장했다. 그래서 만일 하층계급의 흑인들이 미래에 대한 열망이 없다거나 미래에 대한 계획을 세우지 않는다면, 그 주된 이유는 문화적인 규범의 결과가 아니라 제한된 기회, 냉혹한 미래, 혹독한 개인적인 경험으로 인한 체념 때문이라고 보있다.

이러한 상황하에서 보호받을 자격이 없는 빈민이나 빈곤문화이론은 더 이상 거론되지 않았다. 빈곤문제를 문화적으로 해석하려는 시도는 오랫동안 행해지지 않았으며, 빈곤문화이론은 흑인권력운동, 학문적 주류에서의 이탈, 지적인 세련됨 등과 연관되면서 빈곤문제의 틀을 바꾸는 데 실패했다. 진보적인 학자들은 설득력 있는 여러 가지 연구결과들을 인용하면서 빈곤문화의 존재를 부정했으며, 이론적인 면에서도 빈곤문화이론을 입증할 수 있는 연구결과들을 제시하지 못하는 보수주의자들을 압도했다. 이로 인해 빈곤문화이론은 사회과학 영역에서 사장(死藏)되는 것처럼 보였다.

사실 빈곤문화의 존재 여부는 사회복지 프로그램의 효과성 문제와 연관되어 빈곤정책의 성격형성과 방향설정에 많은 영향을 미칠 수 있다. 만일 빈곤문화가 존재한다는 사실이 입증되면 빈곤정책은 징벌적인 보수적인 성향을 띨 것이고, 만일 존재하지 않는 것으로 입증되면 빈곤정책은 진보적인 색채를 띨 것이다. 실제로 미국에서는 1980년대에 들어와서 1960년대의 대빈곤 전쟁이 성공적이었느냐 아니면 실패했느냐를 놓고 많은 논쟁이 벌어졌을 때 실패했다고 주장하는 신보수주의자들은 실패 이유를 빈민들 사이에 팽배해 있는 빈곤문화에서 찾았으며, 빈민들에 대한 복지정책은 징벌적인 성격을 띠어야 한다고 주장했다.[45)]

45) 빈곤문화를 보수적인 사회복지정책을 정당화하는 데 사용한 가장 대표적인 사람은 에드워드 밴필드(Edward Banfield)로서, 그는 어떤 부류의 사람들은 외부적인 상황에 관계없이 가난하며 그들은 심리적으로 미래 지향적이 아니기 때문에 그들의 빈곤문화는 세습된다고 주장한다. 또한 이와 같은 빈민들에게는 외부상황이 개선된다고 해서 그들의 빈곤상태가 나아지는 것이 아니며, 심지어 소득이 증가한다고 해서 그 증가된 소득이 생활방법을 개선시키는 데 쓰이는 것이 아니라 다른 부질없는 일들을 위해서

모이니한 리포트에 대한 논쟁 이후 빈곤문화이론은 잠잠해지고, 존슨 행정부는 이미 선포된 '대빈곤 전쟁(War on Poverty)'을 통해 본격적으로 빈곤퇴치운동을 전개하였다.

(4) 빈곤문화 관점에서 하층계급으로의 변천과 하층계급에 관한 논쟁

모이니한 리포트 논쟁 이후 사장되는 것 같이 보이던 빈곤문화이론은 1970년대 후반부터 하층계급이라는 용어와 관련되어 다시 나타나기 시작했다. 1977년「타임(Time)」저널이 미국의 도심에 위협적인 하층계급이 출현했다는 기사를 게재한 이후 오레타가 1982년『하층계급(Underclass)』을 출판하면서 하층계급은 대중적인 용어가 되었다.

보수주의 정책분석가들은 오레타가 대중화시킨 하층계급 용어를 사용하면서 대빈곤 전쟁 동안의 사회복지 프로그램들이 실제적으로 빈곤을 증가시켜 하층계급의 출현을 초래했다는 주장을 펴면서 그동안 사장되어 있던 빈곤문화이론을 다시 등장시켰다. 그들은 진보주의자들이 하층계급의 존재를 부정하면서 하층계급이라는 용어의 사용에 거부감을 느끼거나, 하층계급의 정의에 대해 의견을 일치를 보지 못하고 있을 때 빈곤문화이론을 하층계급과 관련시켰으며, 도시민의 생활과 행동에 관한 논쟁거리의 개발에 하층계급 용어를 광범위하게 사용하면서 하층계급에 관한 논쟁을 주도했다. 그들은 신보수주의를 이데올로기로 하는 레이건 행정부와 일부 보수언론의 지지를 업고, 대빈곤 전쟁 프로그램들은 일을 하고자 하는 의욕을 감퇴시켰으며, 도심의 빈민들은 전통적인 미국인 가치를 훼손하였고, 마약사용, 나태, 비행 등을 조장시켰으며, 그로 인해 도심에는 하층계급들이 출현했다고 주장했다(Gilder, 1981; Murray, 1984; Sowell, 1984).

특히 머레이(Murray, 1984)는 많은 논란을 불러일으킨『Losing Ground』에서 빈곤문화와 보호받을 자격이 없는 빈민에 대해 새로운 관심을 가질 것을 주장

사용된다고 주장하면서 정부의 빈민들을 위한 사회복지 프로그램은 비효율적이었다고 주장했다. 실제로 밴필드의 이와 같은 주장은 1980년대의 사회복지에 대한 신보수주의적 관점을 정립하는 데 많은 기여를 하였다. Edward C. Banfield(1974). *The Unheavenly City*. Boston : Little Brown ; Eeward C. Banfield(1974). *The Unheavenly City Revisited*. Boston : Little Brown 참조.

했다. 그는 대빈곤 전쟁 동안 도입되었던 사회복지 프로그램들은 도심에 밀집하여 살아가는 소수민족들의 도덕심을 추락시켰고, 세대 간의 복지의존성을 재생산했으며, 주류 사회와는 다른 가치와 행동을 강화하고 있다고 주장했다. 그래서 사회복지 프로그램은 소득보다는 행동에 의해 정의되는 새로운 문화를 초래했으며, 바로 그것이 하층계급의 근원이라고 했다. 또한 미드(Mead, 1986)도 하층계급의 출현은 사회복지 프로그램의 팽창 때문이라고 주장했다. 그는 진보적인 사회복지정책 때문에 사람들은 노동할 능력을 상실했으며, 시민으로서의 의무를 수행하지 못하고 있다고 했다. 복지수혜자로부터의 탈락이 근로로 바로 연결되는 것이 아니기 때문에 강한 정부가 나서서 복지의존자들이 일을 하도록 강요해야 한다고 주장했다. 그래서 미드는 노동의 조건에 관계없이 오직 노동과 그에 따른 보상만이 도심의 사람들을 다시 활기차게 할 수 있다고 주장했다.

이러한 주장에 대해 대빈곤 전쟁을 주도했던 진보적인 성향의 경제학자들은 빈곤율이 증가한 것은 대빈곤 전쟁의 실패 때문이 아니라 경기침체로 인한 실업률의 증가 때문이라는 연구결과들을 내세우며 대응하였다. 특히 머레이의 도발적인 저서 『Losing Ground』는 진보주의자들의 대응을 촉발시켰다(Greenstein, 1985; Kuttner, 1984; Ellwood & Summers, 1985; Jencks, 1985; Danziger & Gottschalk, 1985; Burtless, 1986; Pencavel, 1986). 그러나 이러한 대응에도 불구하고 하층계급의 존재는 인정하지 않을 수 없는 현실로 인식되었다.

이러한 과정을 겪으면서 하층계급의 존재 자체에 대해 부정적이던 진보성향의 학자들은 하층계급의 실체를 인정하면서 빈곤문화이론을 하층계급과 연결시켜 사회복지를 공격하는 보수 세력들에 대해 대응하기 시작하였으며 그 구체적이고 포괄적인 첫 번째 대응이 1987년에 출판된 윌슨(William Julius Wilson)의 『The Truly Disadvantaged : The Inner City, the Underclass, and Public Policy』였다.

(5) 하층계급 논쟁의 의미

단순하게 표현하면, 하층계급이란 사회에 공헌하지 못하고 다른 사람에게 부담만 주는 인구집단을 일컫는 말이라고 할 수 있다. 그러면 왜 미국에서

1980년대에 하층계급 논쟁이 있었는가?

하층계급 논쟁이 보수주의 학자들에 의해 1970년대 말에 촉발되어 1980년대에 확대되었다는 점에 주목할 필요가 있다. 이 시기는 레이건 행정부가 사회복지의 대상자를 보호받을 자격이 있는 빈민과 보호받을 자격이 없는 빈민으로 엄격하게 구분하던 시기와 일치한다. 레이건 행정부는 노인이나 장애인 등과 같은 보호받을 자격이 있는 빈민들에게는 구호를 제공하고 보호받을 자격이 없는 빈민들에게 제공되는 사회복지급여는 축소하거나 폐지했다. 이러한 신보수주의 사상을 지닌 레이건 행정부의 사회복지 축소정책에 보수주의 학자들이 당위성을 부여하기 위해 제기한 것이 하층계급 논쟁이라고 볼 수 있다. 즉, 보수주의 학자들이 사회복지 축소 정책의 당위성을 신체 건강하면서도 가난한 빈민들은 빈곤문화에 빠져 있으면서 미래에 대한 희망을 갖지 않고, 일을 하려 하지 않으며 복지에만 의존하려 하는 하층계급에서 찾으려 했다고 할 수 있다.

6. 공공 사회복지의 종말?

1) 공공 사회복지 종말의 전조 : 1980년대 이후의 복지개혁 논의

1980년대에 들면서 AFDC 프로그램을 주요 대상으로 하는 복지개혁의 논의가 활기를 띠기 시작하였다. 그리고 이러한 논의의 시작은 AFDC 제도를 폐지하고 TANF 제도를 도입하는 것이 주요 내용인 1996년의 복지개혁으로 대미를 장식하게 된다. 이 시기의 보수주의적 복지개혁의 특성을 이해하기 위해서는 복지개혁 논의를 주도한 보수주의 이론가들의 영향을 이해할 필요가 있다.

복지개혁을 앞장서서 주도한 보수주의 이론가는 찰스 머레이(Charles Murray)와 로렌스 미드(Lawrence Mead)였다. 그중에서도 1980년의 복지개혁 논의의 단초를 제공한 것은 머레이의 『Losing Ground』였다. 머레이는 이 책에서 빈민을 하층계급과 연관시키면서 빈곤으로부터 탈피하도록 돕겠다는 명분을 가지고 출발한 미국의 복지정책이 실제로는 그들을 더 복지에 의존하게 함으로써 불행하게 만들고 있다고 주장했다. 또 다른 보수주의 이론가인 미드는 복지수급권(entitlement)의 부정, 근로와 개인책임의 중요성 강조 등으로 당시까지 복지에 대하여 무관심으로 일관해 온 대다수 공화당 의원들이 복지정책과 복지수급자 집단에서 관심을 가지도록 유도하였다. 이러한 보수주의 이론가들이 제시하는 AFDC 프로그램 공격의 이론적 배경은 다음과 같다.

(1) AFDC 프로그램으로 인한 가족구조의 변화

신보수주의자들은 사회복지의 비효율성을 여성세대주의 증가, 혼외출산율의 증가 등과 같은 사회적 이슈와 연관시켜 제기하였기 때문에 상당한 호소력을 지니고 있었다. 신보수주의자들의 AFDC 프로그램에 대한 공격의 첫 번째 이론적 배경은 AFDC 프로그램이 원래는 가족의 결합을 목적으로 하였으나, 오히려 여성이 세대주인 빈민가정의 증가를 초래하여 가족의 해체를 조장한다는 것이다. 특히 이러한 문헌들은 여성 흑인 빈민세대주의 증가에 초점을 맞추었다.

이러한 문헌에서 제기되는 주장은 다음과 같다. 1940년대와 1950년대에는 여성이 세대주인 빈민가정의 비율이 18%에 지나지 않았으며 1960년대에는 22%로 약간 증가하였다. 그러나 1970년에는 28%로 대폭 증가하였으며 1975년엔 35%로 급증하였다. 이 비율은 계속 증가하여 1983년에 백인가정 중에서 한부모가정은 12%, 스패니쉬계 가정 중에서의 한부모가정은 23%인 데 반해 흑인가정의 한부모가정은 42%에 이르렀다(표 5-9 참조). 또한 1980년 현재 10대 여성들이 출산한 아기 중 1/3이 혼외출산인 데 반해 흑인의 경우는 85%에 달하며 백인여성들에 비해 흑인여성의 이혼율이 높으며 재혼율은 낮다. 이러한 이유로 여성이 세대주인 가정이 흑인 빈민들 사이에 점점 더 압도적이 되어가고 있다.

〈표 5-9〉 여성세대주 가정의 비율(인종별)

연 도	백 인	흑 인	스패니쉬계	전체 가정
1940	10.1	17.9	–	–
1950	8.5	17.6*	–	9.4
1960	8.1	21.7	–	10.0
1965	9.0	24.9	–	10.5
1970	9.1	28.3	–	10.8
1971	9.4	30.6	–	11.5
1972	9.4	31.8	–	11.6
1973	9.6	34.6	16.7	12.2
1974	9.9	34.0	17.4	12.4
1975	10.5	35.3	18.8	13.0
1976	10.8	35.9	20.9	13.3
1977	10.9	37.1	20.0	13.6
1978	11.5	39.2	20.3	14.4
1979	11.6	40.5	19.8	14.6
1980	11.6	40.2	19.2	14.6
1981	11.9	41.7	21.8	15.1
1982	12.4	40.6	22.7	15.4
1983	12.2	41.9	22.8	15.4

* 흑인과 기타

출처 : U. S. Burean of the Census, Current Population Reports, series P-20, nos. 153. 218, 233, 246, 276, 291, 311, 326, 340, 352, 366, 371, 381, and 388, "Household and Family Characteristics"(Washington, D.C. : Government Printing Office, 1965. 1970~1984) ; and idem, Current Population Reports, series P-20, nos. 267 and 290, "Persons of Spanish Origins in the United States"(Washington, D.C. : Government Printing Office, 1974 and 1965).

신보수주의자들은 이러한 여성 세대주의 증가, 특히 그중에서도 흑인 여성 세대주 가정의 증가 이유를 1960년대의 AFDC 프로그램의 팽창에서 찾았다. 여성세대주 가정과 혼외출산율의 증가가 AFDC 프로그램 수혜가정이 급증하던 시기에 나타났다는 사실로 미루어 1960년대 중반 이후 AFDC 프로그램의 수급자격의 완화와 급여수준의 향상이 여성세대주 가정, 혼외출산, 이혼을 증가시켰다는 것이다. 즉, 여성들이 남편에게 경제적 생활을 의존하기보다는 정부의 사회복지 프로그램에 의존하게 되어 가족의 해체와 혼외출산이 증가하고 재혼을 꺼리게 된다는 것이다. 또한 AFDC 프로그램이 노동의 대안이 되어 복지가 노동을 위축시키고 장기적인 의존을 조장하게 된다고 주장했다.

(2) AFDC 프로그램과 노동유인

머레이(Murray)는 많은 논쟁을 불러일으켰던 그의 서서 『Losing Ground』에서 AFDC 프로그램의 팽창이 여성세대주 가정을 증가시킴으로 가족해체의 가장 주된 원인이 되었을 뿐만 아니라 도시 빈곤가정 세대주의 노동유인을 감소시켰다고 주장하였다.

그는 그의 책에서 해롤드(Harold)와 필리스(Phyllis)라는 가상의 미혼커플을 등장시켜 1960년과 1970년의 상황을 설명하고 있다. 필리스는 임신한 상태이기 때문에 그들은 계속적으로 미혼의 상태로 남아 있으면서 AFDC의 수급자격을 유지할 것인지, 아니면 결혼을 하여 해롤드의 최저임금으로 살아갈 것인지를 결정해야 한다. 해롤드는 1960년에는 AFDC 급여만으로는 필리스와 아기를 부양할 수 없었다. 게다가 만일 결혼 상태에 관계없이 동거할 경우에는 법적으로 AFDC 수급자격이 박탈당하였다. 이러한 상황에서 해롤드와 필리스는 결혼을 하기로 결정하게 되어 해롤드는 일을 할 수밖에 없게 되며 이 가정은 해롤드의 급료로 살아가게 된다. 그러나 1970년이 되자 상황이 변하였다. AFDC 급여의 수준이 향상되어 AEDC 급여가 해롤드의 최저임금을 상회할 뿐만 아니라 동거하더라도 법적으로 혼인한 상태만 아니면 AFDC 급여수급자격이 주어졌다. 이런 상황이 되자 이 커플은 새로운 방향을 모색하게 되는데, 새로운 방안은 법적으로 결혼을 하지 않으면서 일을 하여 그 급료로 가족을 부양하기보다는 복지에 의존하는 것이 된다고 머레이는 주장한다.

또한 신보수주의자들은 1960년대 말부터 1970년대 초반까지 AFDC 프로그램 수혜자의 폭발적인 증가의 원인은 AFDC 프로그램이 노동유인을 감소시켜 남부의 게으른 사람들이 열심히 일을 하여 살기보다는 AFDC 프로그램의 수급자격 요건이 남부보다 관대하고 급여수준도 남부보다 나은 북부로 많이 이주하였기 때문이라고 주장한다. 그래서 신보수주의자들은 1960년대 후반부터의 AFDC 프로그램 수급자격의 완화와 급여수준의 향상이 빈민들로 하여금 노동에의 유인을 감소시켜 계속적으로 복지에 의존하게 되어 대빈곤 전쟁과 같은 대규모 빈곤정책에도 불구하고 빈곤의 악순환이 계속되었다고 주장한다.

머레이의 주장은 1994년 당시 상원과 하원 모두에서 다수당으로 군림하던 공화당 중심의 의회 권력구도하에서 사회복지개혁의 필요성을 인식시키는데 기여하였고, 결국 1992년 민주당 출신 대통령인 클린턴이 '기존 복지체제의 종식(end of welfare as we know it)'을 선언하는 데 일정 정도 영향을 미쳤다.

2) 클린턴의 '기존 복지체제의 종식' 공약

미국에서는 수급자격권리(entitlement)를 의미하는 노령연금제도인 '사회보장(social security)'과 AFDC로 지칭되는 '복지(welfare)'를 엄격하게 구분하는 전통이 있다. 미국에서는 노령연금제도(OASDI)를 의미하는 '사회보장제도'는 대중적 인기가 있으나 공공부조제도인 AFDC는 언제나 공격의 대상이 되어 왔다. 또한 미국에서 '복지'는 흑인 젊은 여성, 마약중독 여성, 복지수혜에 의존하여 자신의 아이를 키우는 여성, 범죄 집단을 부양하는 것, 하층계급(underclass) 등을 연상시키는 경향이 있다(Handler, 2004 : 76).

따라서 미국에서 '복지'는 수급자격 권리인 시민권 개념과는 거리가 멀며, 주로 부정적이고, 나약하며, 질이 떨어지는 것 따위의 의미로 이해된다(Handler, 2004 : 77). 이러한 '복지'의 핵심에 AFDC 프로그램이 있다. 사실 미국에는 AFDC 프로그램 외에 공공부조제도로서 빈민들에게 식료품을 제공하는 Food Stamp, 의료서비스를 제공하는 Medicaid, 주거보장을 제공하는 주거부조(housing assistance), 노인들에게 소득을 보장하는 SSI 등이 있다. 그러나 이러한 프로그램 중에서 가장 논란의 대상이 되어 온 프로그램은 AFDC였다.

1992년 클린턴 대통령은 '기존 복지체제의 종식'을 선언했다. 클린턴 대통령의 이 선언은 복지 수급기간의 제한과 근로연계 복지로 방향을 바꾸는 매우 획기적인 것이었다. 이 선언은 4년 뒤 1996년 개인책임 및 근로기회조정법(Personal Responsibility and Work Opportunity Reconciliation Act, PRWORA)의 제정으로 연결되었다.

3) 의료보험제도 도입의 실패

1992년 민주당 클린턴 후보의 대통령 당선은 미국 의료보호 개혁에 관한 논의 재개를 가져왔다. 미국에는 공공의료보험제도가 없다. 1935년 사회보장법을 제정할 당시 루즈벨트 행정부는 의료보험제도를 도입하려 했으나 미국의사협회(AMA)의 반대로 도입하지 못했으며, 트루먼 대통령은 페어딜(Fair Deal) 정책의 일환으로 전 국민 의료보장을 1948년 선거공약에 포함시켰으나 역시 미국의사협회와 상공회의소의 조직적인 반대에 부딪혀 뜻을 이루지 못했다. 1965년 존슨 대통령은 '위대한 사회'를 제창하여 연방 기금으로 빈민층과 노인층에 의료보험을 제공하는 Medicaid(빈민층에 대한 의료보장제도)와 Medicare(65세 이상의 노인에 대한 의료보험제도)를 만들었으나 전 국민을 대상으로 하는 공공의료보험제도 도입에는 실패했다. 사실 미국이 항상 미완성 복지국가로 불리는 이유 중의 하나는 공공의료보험제도의 부재였다.

공공의료보험제도가 없는 미국에서 많은 사람들은 민간의료보험에 가입하고 있다. 그러나 클린턴이 대통령에 당선된 1990년대 초반 대부분 노동자와 그 자녀인 3,700만 명의 미국인이 의료보험에 가입되어 있지 않았다. 1990년대 초반에는 매달 10만 명의 미국인이 의료보험 혜택을 잃고 있었고, 직장을 바꿀 때 일시적으로 보험 혜택을 받지 못하는 사람도 200만 명에 달했다. 영세기업은 폭발적으로 늘어나는 의료보험료 때문에 종업원들에게 의료보험 혜택을 제공하지 못하고 있었다.

클린턴 대통령은 1993년 1월 의료개혁특별위원회를 만들고 위원장에 그의 아내인 힐러리 클린턴을 임명했다. 의료개혁특별위원회는 전 미국인을 대상으로 하는 공공의료보험제도를 주축으로 하는 의료보험제도 개혁안을 제출했으나 1994년 폐기되었다. 클린턴 대통령의 의료개혁이 실패한 이유는 정치

전략의 문제, 정부에 대한 불신, 의료계, 보험업계, 사용자 집단의 효과적인 로비활동 등이 거론되었다. 그러나 스코치폴(Skocpol, 1997)은 의료개혁의 실패는 의료개혁안은 보다 관료화되고 정부의 간섭을 부추기는 '큰 정부(big government)'의 연장이라는 공화당 우파들의 비난공세가 먹혀들었다고 주장한다.

4) 개인책임 및 근로기회조정법(PRWORA)의 제정 : 근로연계복지의 강화

(1) PRWORA의 내용

미국은 1996년 개인책임 및 근로기회조정법(Personal Responsibility and Work Opportunity Reconciliation Act, PRWORA)에서 미국 공공부조제도의 상징이었던 60년 역사의 AFDC 프로그램을 폐지하고, 대신 '빈곤가구에 대한 일시적 지원 제도(Temporary Assistance to Needy Families, TANF)'를 도입했다. TANF는 빈곤계층의 복지수급권(entitlement)을 박탈하고, 제한된 시기에 한해서만 급여를 지급한다는 점에서 AFDC와는 본질적으로 다른 제도이다.

PRWORA의 주요 내용은 ① 총액보조금(block grant)을 도입하여 사회복지에 관한 권한을 주정부로 대폭 이양하는 것, ② 평생 수급기간을 5년으로 제한하는 것, ③ 모든 수급자에게 근로 관련 활동에 참여가 강제되고, 훈련이나 교육보다 직접 노동시장에서의 취업을 강조하는 것, ④ 근로 관련 활동 불참에 대한 통제를 강제하는 것, ⑤ 취업을 촉진하기 위해 아동보육 및 아버지의 보호 의무를 강화하는 것이다(황덕순 · 이바르 뢰드멜 · 히더 트릭키, 2002 : 97).

<표 5-10>은 AFDC와 TANF를 비교한 것이다.

〈표 5-10〉 AFDC와 TANF의 비교

항 목	AFDC	TANF
재 원	• 대응보조금(matching grant)	• 포괄보조금(block grant)
자격기준	• 한부모로부터 지원을 받지 못하는 아동 또는 저소득 양부모 가구의 아동(AFDC-UP)	• 저소득가정의 아동(주에서 규정) • AFDC-UP 폐지 • 미성년모의 경우 부모와 함께 살아야 하며, 학교에 재학해야 함
이민자	• 불법체류자 적용 제외	• 외국인의 경우 입국 후 5년간은 적용 제외, 그 이후에는 주의 신택에 따라 결정
지원방식	• 거의 대부분 현금급여	• 서비스 및 비현금급여 제공에 대해 주정부가 자율적으로 결정
급여수준	• 주정부 결정	• 동일
수급권 지위	• 전체 수급자 비중에 따라 연방정부가 보조금 지급	• 개별 수급권 보장하지 않음
소득한도	• 가구소득이 총소득 상한액을 초과할 수 없음	• 관련 규정 부재
재산한도	• 연방 한도	• 관련 규정 부재
근로소득 공제	• 취업한 지 4개월 후 아동양육 비용과 함께 90달러 일괄 공제 • 12개월 이후에는 공제 적용 안함	• 관련 규정 부재
수급기간 제한	• 부재	• 연방재원으로는 성인의 경우 60개월을 초과하여 지급할 수 없음
JOBS 프로그램	• 주정부는 연방법에 부합하는 프로그램을 제공해야 함	• JOBS 프로그램 폐지
근로요건	• 3세 미만 아동이 없는 부모는 JOBS에 참여해야 함	• 근로요건에 대한 면제 축소 • 근로요건에 부합하는 활동 제한 및 사전 명시 • 근로시간은 편모인 경우 주당 20시간에서 상향조정되어 30시간 이상이어야 함
근로참여 요건	• JOBS 참여	• 2002년 회계연도까지 근로요건에 부합하는 참여율을 50% 수준으로 상향 조정
아동양육	• 모든 JOBS 참여자들에 대해 보장	• 아동양육을 보장하지는 않으나, 주정부에 아동보육 관련 기금 증가

제재조치	• 일반 규정	• 근로요건, 아동양육비 집행, 학교출석, 기타 활동기준을 충족하지 못했을 경우 제재조치를 강제하는 특별규정
아동보조	• 주정부는 어머니가 받은 자녀양육비 중 50달러는 허용함으로써 급여가 줄지 않도록 해야 함	• 관련 규정 부재

출처 : 임완섭 외(2015 : 114).

(2) PRWORA의 핵심 쟁점

① 총액보조금제도 도입

PRWORA에서는 총액보조금제도를 도입했다. AFDC 프로그램은 연방정부가 수급자격 기준을 설정하였으나, 이제 각 주정부는 총액보조금을 이용해서 연방정부의 지침을 크게 벗어나지 않는 범위 내에서 자율적으로 아동이 있는 빈곤가구에 대한 복지제도를 설계하고 운영할 수 있게 되었다.

정액보조금제도의 도입이 의미하는 것은 각 주정부는 자율적으로 빈곤가구에 대한 복지제도를 운영할 수 있게 되었을 뿐만 아니라 수급자 수 감축 및 복지지출 절감에 매우 강한 유인을 갖게 되었다. 그 이유는 과거에는 수급자 수와 복지급여가 증가할 경우 자동적으로 연방정부로부터 지원액이 증가되었으나, PRWORA에서는 총액보조금 외의 더 이상의 연방정부로부터 지원은 엄격하게 제한되었고, 복지지출을 절감할 경우 나머지는 주정부의 여유자금으로 보유할 수 있게 되었기 때문이다(황덕순 · 이바르 뢰드멜 · 히더 트릭키, 2002 : 98).

또한 주정부가 빈곤계층에 대한 지출을 확대할 경우 사회복지 프로그램의 혜택을 받게 될 저소득층들이 유입되는 반면, 빈곤정책에 소요되는 높은 세금으로 인해 기업과 부유한 개인들을 다른 지방으로 쫓아버리는 결과를 초래하지 않을까 두려워하기 때문이다.[46)]

46) 한국의 경우 2005년 노무현 정부가 사회복지의 재정분권을 추진할 때 원칙 중의 하나가 총액보조금제도였다.

② 평생 수급기간 제한

과거의 AFDC 프로그램에서는 연방정부가 설정한 수급자격 요건을 충족하는 빈곤가구는 주에 대해 수급권을 가지고 있었다. 그러나 TANF 프로그램에서는 누구에게도 수급권이 보장되지 않으며, 주정부가 설정한 자격 기준을 충족하는 경우에만 한시적으로 급여가 제공된다. 연방정부가 지침으로 설정한 기간은 평생 60개월(5년)이며, 각 주정부는 수급기간을 더 짧게 할 수 있다. 이에 따라 일부 주에서는 평생 수급기간을 더 짧게 하거나, 일정 기간 이상 연속적으로 수급하는 것을 금지하는 조항을 신설하기도 했다. 주에 따라서는 60개월 이상으로 수급기간을 연장할 수 있으나, 이 경우에는 주정부가 재원을 부담해야 한다(황덕순 · 이바르 뢰드멜 · 히더 트릭키, 2002 : 99).

실제 많은 주들이 연방법에 규정되어 있는 것보다 TANF 수혜 기간을 더 줄였으며 더 엄격한 근로규칙을 정했다. 어떤 주들은 자기 주로 이주해 오는 사람과 오랫동안 자기 주에 거주한 사람들을 동일하게 취급하지 않았다.

③ 근로활동의 참여 강제와 취업우선정책

근로연계 복지정책으로서 TANF 프로그램의 쟁점은 근로능력이 있는 모든 수급자에게 근로 관련 활동에 대한 참여가 의무화된다는 점과, 근로 관련 활동 가운데 빠른 시간 내에 직접 노동시장에 취업하는 것을 강조한다는 점이다. 근로 관련 활동에 대해 한부모가구는 주당 20시간 이상, 양부모가구는 주당 30시간 이상 취업하거나, 근로경험, 지역사회서비스, 12개월을 상한으로 하는 직업훈련, 지역사회서비스에 참여하는 가구에 대한 보육서비스 제공에 참여해야 한다. 또한 직접 노동시장에 참여하는 것을 촉진하기 위해 수급자의 20% 이상이 훈련이나 교육에 참여하는 것은 허용되지 않는다(황덕순 · 이바르 뢰드멜 · 히더 트릭키, 2002 : 101).

미국의 TANF로 대표되는 근로연계 복지정책은 스웨덴의 근로연계정책인 적극적 노동시장정책과 비교된다. 스웨덴의 적극적 노동시장정책에서는 실업자들이 이전 직장보다 더 좋은 직장에 취업할 수 있도록 충분한 시간을 가지고 직업훈련을 갖도록 하는 인적 자원 투자에 집중한다. 그러나 미국에서는 인적 자원에 대한 투자보다는 취업우선정책을 강조한다.

④ 연방정부와 주정부 간의 관계 변화 : 분권화의 부활

PRWORA의 제1장은 AFDC 급여를 삭제하고 TANF로 대체하는 것을 주된 내용으로 하고 있지만 핵심 내용은 연방정부와 주정부의 관계의 변화에 대한 규정이다. AFDC 제도가 존속했던 과거에는 주정부는 연방정부가 정의한 원칙과 조건들의 범위 안에서 AFDC 행정을 실천하는 제한적인 역할을 수행했다. 이러한 면은 1935년 사회보장법이 제정될 때 도입된 AFDC 프로그램은 연방정부의 사회복지 역할 강화라는 측면에서 지속되었다.

그러나 PRWORA에서는 연방정부 차원에서 정한 원칙과 지침의 범위 안이라는 조건이 있지만 주정부가 독자적으로 TANF 정책과 프로그램을 수립하고 집행하는 것이 가능하도록 주 정부의 역할과 기능을 강화하였다. 예를 들면, 캘리포니아에서는 급여는 학교 출석과 관련이 있으며, 미시건에서는 요구받은 아동양육비를 주지 않는 아버지들은 운전면허증과 다른 전문직종 자격증을 잃게 된다. 이것은 1935년 사회보장법이 제정될 때의 중앙집중 방식의 사회복지에서 분권화된 방식의 사회복지로 변화된 것을 의미한다. 즉, 1996년 PRWORA의 도입은 연방정부가 주정부에 사회복지와 관련된 권한을 이양하는 점에서 사회복지에 있어서 분권화의 부활을 의미했다.

(3) PRWORA로 인해 초래될 주요 정책 변화

PRWORA로 인한 정책 변화는 다음의 세 가지로 요약할 수 있다.

첫째, PRWORA로 인해 개인 및 가족의 독립을 위한 기초로서 복지보다는 일이 더 중요시되었다. 이 법으로 인해 복지 명부에 등록된 사람들의 숫자가 줄어들고 복지를 받는 어머니들이 일을 찾으러 나서게 되었다. 그러나 연방정부나 주정부는 그들에게 일자리를 찾아줄 의무는 없다. 이 법 속에는 TANF 급여는 어느 시점에서는 2년까지만, 일생을 통해서 5년을 초과할 수 없다는 내용으로 '개인책임'의 개념이 매우 엄격하게 해석되고 있다.

프란세스 폭스 피벤(Frances Fox Piven, 1998)은 이러한 복지개혁으로 인해 여성들은 저임금이면서 안정적이지 못한 직종에 종사하게 될 것으로 주장한다. 또한 핸들러(Handler, 1995 : 42)는 급료 수준도 문제이지만 전일제 일자리에서 일시적 일자리로 직업 패턴이 변화하게 될 것이라고 지적한다. 많은 근로자들이 시간제, 일시적, 계약제로 일을 하게 되어 직업 안정을 얻지 못하고 있다. 특히 복지수혜 대상자들이 다른 일자리를 찾지 못할 경우에 투입되는 '지역사회 봉사(community service)' 일자리의 경우에는 더욱더 그러하다.

PRWORA가 초래하는 두 번째 정책 변화는 합법적으로 결혼한 양부모가정의 형성과 유지에 대한 지원이다. PRWORA 제101조에는 ① 결혼은 성공적인 사회의 기초가 된다, ② 결혼은 아동의 이해관계를 증진시키는 성공적 사회의 가장 기본적인 제도이다, ③ 책임 있는 부모 역할의 증진은 성공적인 아동의 교육과 복지의 총체이다 라고 언급함으로써 아동 양육에 있어서 부모의 결혼 및 부모 역할의 중요성을 언급하고 있다. 결혼은 사실상 가난한 어머니들에게는 고용의 확실하고도 유일한 대안일 수 있다. 또한 전통적인 가부장제 가족은 복지를 제공하는 조건으로 주정부가 장려하는 형태이다(Mink, 1998 : 37; 김은정, 2004). 이 법은 가구형태의 다양성, 독신 가구, 여성의 경제적 독립성을 공격하고 있다.

PRWORA가 초래하는 세 번째 정책 변화는 연방정부, 주정부, 그리고 시민들 간의 관계의 변화이다. 밍크(Mink)는 이 법이 가져올 부정적인 영향을 아래와 같이 기술하고 있다.

> PRWORA는 주에 일정 정도 권리를 부여해 주었다. 다양한 '주의 선택권들(state options)'이 주의 자유재량권을 회복시켰다. 주의 구체적인 선택권에 따르면, 주는 연방법이 요구하는 것보다 더 빨리 어머니들이 시장노동에 참여하도록 강제할 수 있으며, 생애복지수급 가능 기간을 더욱 엄격하게 정할 수 있고, 자녀의 생부를 밝히지 않는 경우 어머니들의 복지수급 자격을 박탈할 수 있으며, 복지수급 기간에 출생한 자녀는 복지수급 대상자에서 제외할 수 있다. 또한 51세 이하의 성인들 중에서 고등학교 졸업장을 가지고 있지 않거나 졸업장 취득을 위해 노력하고 있지 않은 사람이 가족원으로 있는 경우에는 벌칙을 가할 수 있으며, 미국 시민이 아니면 공공부조의 대

상에서 제외시킬 수 있고, 복지수급자들의 약물 테스트를 의무화할 수 있으며, 자녀가 무단결석을 하는 경우 어머니들의 복지혜택을 삭감할 수 있고, 새로 이주한 사람들의 경우에는 이전에 살던 주의 법에 따라 복지수급 조건들을 결정하고 현금혜택은 전혀 제공하지 않을 수 있다(Mink, 1998 : 62; 김은정, 2004 : 107)

사실상 PRWORA는 AFDC에 대한 연방정부의 보조를 주정부에 대한 총액보조금제도로 변화시킴으로써 뉴딜 시대에 형성된 연방정부와 복지가 필요한 시민들과의 관계를 종식시키고 있다.

아이러니한 것은 이러한 변화가 빈곤층이 지지하는 민주당 클린턴 행정부 시기 일어났다는 점이다. 이러한 상황은 제프리 삭스(Jeffrey Sachs)가 『문명의 대가(The Price of Civilization)』에서 설파했듯이 미국에는 클린턴 정부 이후 더 이상 중도 우파의 공화당과 중도 좌파의 민주당이 존재하지 않으며, 두 개의 중도 우파 정당만이 존재한다는 것을 의미한다.

5) 미국의 공공 사회복지는 종말을 향하고 있는가?

미국 복지정치를 연구하는 진보 성향의 학자들은 PRWORA를 강력하게 비판하고 있다. 밍크(Mink, 1998)는 PRWORA는 가난한 아동과 그들을 돌보는 사람들에게 경제적 보장을 약속했던 사회보장법의 규정을 철회함으로써 사회복지의 종말을 가져왔다고 주장한다. 그에 의하면 1935년 사회보장법 제정 이후 30년 가까이 주정부는 복지수급 자격권에 다양한 제한 규정들을 부여함으로써 AFDC 급여수급권을 제약하였다. 그러나 1963년의 킹 소송에 대한 대법원의 판결[47] 이후 30여 년 동안은 법적으로 보장된 수급자격권이 주정부의 다양한 수급자격 제한 조치들의 실행을 저지하였다. 이러한 전통은 미국의

47) 1963년 킹과 스미스 간의 소송(King v. Smith)은 아동의 어머니가 아동의 생부가 아닌 남자와 살고 있는 것과 관계없이 피부양 아동은 AFDC를 받을 권리가 있다고 연방대법원 판결을 내린 것을 말한다. 즉, 이 소송은 앨라배마 주의 대체 아버지 원칙(substitute father rule)을 만장일치로 무효화시킨 것을 말한다. 앨라배마 주에서 남자와 함께 살고 있는 경우 복지수급 대상에서 제외시키는 원칙(man-in-the-house rule)과 마찬가지로, 가난한 어머니들과 함께 사는 근로능력이 있는 모든 남성들을 아동들의 사실상의 아버지로 규정하는 대체 아버지 원칙을 공포하여 이 가정의 AFDC 수급권을 박탈했다. 이러한 대체 아버지 원칙이 처음 공포되었을 때 16,000명 정도의 아동들이 AFDC 수급자에서 제외되었는데 그들 중 90%가 흑인이었다. 연방대법원은 앨라배마 주의 이러한 규정은 연방법에 부합하지 않는다고 판단하고, 주정부가 피부양자녀에 대한 AFDC 지급을 그 어머니의 비도덕성에 근거해서 거부하거나 혹은 혼외자녀의 출산을 막기 위해서 거부할 수 없도록 규정하였다(Mink, 1998; 김은정, 2004).

사회복지를 발전시켜 왔다. 그러나 1996년 PRWORA는 복지수급권에 관한 절차적 · 행정적 · 재정적 부담을 주정부에 전가했다. 그로 인해 연방정부가 1935년 사회보장법 제정 이후 책임져 왔던 가난하고, 집이 없고, 배가 고픈 사람들에 대한 보호책임은 사라졌다.

TANF의 도입 이후 공공부조의 사례 수는 27% 감소했다. 1998년 공공부조를 받는 미국인의 비율은 1969년 이래 최저였다. PRWORA가 공공부조를 수령하는 숫자를 줄이는 것이 목표였다면 TANF의 도입은 성공적이라고 할 수 있다. 그러나 문제는 TANF를 받기 위해 찾는 일자리는 대체로 시간제이거나 급여수준도 매우 낮다는 것이다. 1997년에 TANF를 받지 않게 된 사람들의 50~60%가 3개월 이내에 일자리를 찾았지만 그 숫자는 계속 감소하고 있다. 예를 들면, 위스콘신 주에서는 1996년 1/4분기에 취업한 사람들 중에서 단지 60%만이 다음 분기에서도 일을 하고 있었다(Burtless, 1998 : 3).

또한 공공부조 수급에서 벗어난 사람들 가운데 취업한 경우는 수급 중단 이후 분기별로 60~75%에 달한다. 그러나 이들 취업자가 주로 종사하고 있는 직종에 비추어 볼 때 임금 및 소득수준과 직업 안정성은 만족스러운 상태가 아니다. 산업별로 보면 취업자의 약 절반가량이 서비스업에, 그리고 1/4가량은 판매업에 종사하고 있는 반면, 상대적으로 임금수준과 직업 안정성이 높은 제조업 분야에는 불과 10% 정도만이 취업하고 있다(김환준, 2003 : 144).

프란세스 폭스 피벤(Frances Fox Piven, 1998 : 22)은 'AFDC는 매우 작은 규모의 프로그램이었다. 500만 명이 채 안 되는 성인들이 대상자이며 프로그램의 비용도 연방정부 예산의 약 1%에 해당하는 적은 편이다'라고 지적한다. 그러면 왜 AFDC 프로그램을 폐지했어야 했는가?

AFDC가 논쟁의 초점이 되는 이유 중의 하나는 AFDC로 인해 미국에 내재해 있는 인종, 성(gender), 가족형태, 그리고 주정부의 역할 등과 같은 사회적 갈등이 정치적 쟁점으로 부각되기 때문이다. 또한 AFDC는 여러 가지 미국 사회정책 중에서 손쉬운 공격 대상이기도 하다. <표 5-11>은 1965년에서 1975년 사이에는 복지지출이 매우 늘었으나, 1980년대와 1990년대에는 복지지출이 감소되거나 후퇴하고 있음을 보여준다. 이 표에 나타나 있지는 않지만 추측할 수 있는 내용은 어떤 특정 프로그램 수혜자격, 조건 급여 내용에 있어서 상당한 변화가 있었다는 점이다.

〈표 5-11〉 미국의 사회복지지출(% of GNP)

1965	1970	1975	1980	1985	1990	1995
11.0	14.3	18.2	18.1	17.8	18.5	20.9

출처 : U.S. Social Security Bulletin, Annual Statistical Supplement, 1999, Table 3A.1.

1990년대에는 신보수주의자들이 AFDC를 비롯한 공공부조 프로그램뿐만 아니라 연금제도(OASDI)에 대해서도 공격했다. 사회보험을 근간으로 하는 미국의 사회보장제도는 중산층의 지지를 받고 있는 인기 있는 복지제도이다. 그러나 신보수주의자들은 중산층들에게 인기 있는 연금제도를 조심스럽게 공격하고 있다. 스코치폴(Skocpol, 1995 : 7)은 다음과 같이 지적하고 있다.

> 정부의 사회복지 프로그램에 대해 비판적이었던 보수주의자들은 연금제도는 중산층의 지지를 받고 있는 한 축소시킬 수 없다는 점을 잘 알고 있었다. 그래서 최근의 보수주의자들이 연금제도를 축소시키려는 전략을 수립하고 있는 것은 우연한 일이 아니다. 그들은 젊은 중산층 세대들에게 연금제도는 경제적으로 '이익이 생기지 않는 거래(bad deal)'임을 주지시키면서 퇴직을 대비한 민간투자로 전환할 것을 권유하고 있다. 또 다른 전략은 전 미국인들에게 제2차 세계대전 직후의 베이비 붐 세대가 퇴직할 때가 되면 연금제도는 파산할 것이라는 예감을 심어주어 연금제도에 대한 자신감을 상실하게 만드는 것이다. 이러한 전략하에 보수주의자들은 연금제도를 빈곤한 노인들만을 위한 제도로 전환시키면서 중산층의 사회보장제도 참여를 줄이려고 하고 있다. 어떤 보수주의자들은 솔직하게 이러한 전략은 단지 '재정책임(fiscal responsibility)'의 문제라고 믿고 있으나, 많은 보수주의자들은 '연금제도는 중산층의 참여와 지지가 있었기 때문에 존속되고 확장되어 왔다'는 정치적 역사로부터 교훈을 얻고 있다. 따라서 만일 중산층이 연금제도로부터 멀어진다면 이 제도 또한(AFDC 제도와 마찬가지로) 빈민을 위한 복지 프로그램으로 전환될 것이며, 그렇게 되면 연금제도는 미래에 쉽게 삭감될 수 있을 것이다.

스코치폴의 이러한 지적은 복지정치의 중요한 단면을 보여준다. 가장 인기 있는 복지 프로그램은 모든 시민들이 대상자가 되어 권리로 급여를 받는 보편주의적 제도이다. 이러한 프로그램은 대중적인 인기가 있기 때문에 재정면에 있어서도 문제가 없다. 반대로 빈민을 대상으로 하는 제도는 수급자격에 조건을 달기 마련이며 결국에 가서는 축소된다. 만일 연금제도가 보편성을 상실하게 되면 머지않아 이 제도도 반복지정치(anti-welfare politic)의 희생물이 될지도 모른다.

7. 소결 : 복지국가로 진입하기 위해서는 투쟁이 필요한 나라

산업화이론은 사회복지제도는 산업화 과정에서 파생되는 사회적 위험이나 사회문제들을 해결하기 위해 도입된다는 이론으로 복지국가 발달을 설명하는 매우 강력한 이론이다. 그래서 산업화이론에서 발전한 수렴이론은 산업화 수준이 비슷한 국가들의 사회복지발달 수준은 비슷한 수준으로 수렴한다는 것이다. 미국은 산업화이론이나 수렴이론을 무색하게 만드는 국가이다. 미국은 영국, 독일, 스웨덴과 비교하면 산업화 과정에서 나타난 사회적 위험이나 사회문제를 해결하는 노력이 더디게 발전되었으며, 산업화 수준이 비슷한 유럽 국가들과 비교하면 사회복지 수준이 낮은 편이다.

그래서인지 미국의 사회복지 발달과정을 설명한 저서에는 '투쟁(struggle)'이라는 단어가 들어간 경우가 많다. 로이 루보브(Roy Lubove)는 미국 사회복지 역사를 '사회보장을 위한 투쟁(The Struggle for Social Security)'으로, 제임스 패터슨(James Patterson)은 '빈곤 퇴치를 위한 미국의 투쟁(America's Struggle Against Poverty)'으로 묘사했다. '투쟁'이라는 단어의 이면에는 다른 국가들과 비교해 볼 때 미국에는 사회보장제도가 도입되기 위해 오랜 기간 동안의 투쟁이 필요했음을 알 수 있다. 이러한 표현은 산업화 수준이나 경제성장 수준만 보면 복지국가로 발전할 여건이 되나 실제로는 복지국가로 발전하지 못했음을 암시하고 있다.

유럽의 국가들은 대부분 20세기 중반을 지나면서 복지국가로 발전했지만 미국은 언제나 미완성 복지국가로 남아 있다. 사실상 미국은 복지국가 형태를 가진 적이 역사상 한 번도 없었다. 그래서 마이클 캐츠(Michael Katz, 1986)는 미국을 '미완성 복지국가(Incomplete Welfare State)'라고 불렀다. 또한 미국은 공공부문과 민간부문이 엄격하게 분리되는 국가이다. 그래서 해커(Hacker, 2002)는 미국을 '공공과 민간이 분리된 복지국가(Divided Welfare State)'라고 불렀다.

현재까지 미국은 잔여적인 복지국가로 계속 남아 있다. 미국이 잔여적 복지국가인 모습은 시장의 역할을 장려한다는 데 있다. 미국의 사회복지에 대한 잔여적 접근은 이중구조를 조장한다. 즉, 좋은 위험들은 시장에서 자조의 대상이 될 수 있게 하고, 나쁜 위험들은 복지의존자가 되도록 하는 것이다. 미국에는 전 국민 건강보험도 없고, 상병수당, 출산수당, 가족수당, 육아휴직제도가 존재하지 않는다. 이러한 영역에서 시장실패를 대처하기 위한 접근방법은 나쁜 위험들에 대해서만 표적화하여 원조를 제공한다. 예컨대, 빈민들에게는 메디케이드(Medicaid), 노인들에게는 메디케어(Medicare), 편모들에게는 TANF, 그리고 자녀가 없는 저소득층에게는 조세공제를 제공한다(Esping-Andersen, 1999 : 75).

그러면 미국은 왜 잔여적이며 자유주의적 복지국가로 남아 있는가?

첫째, 건국 초기부터 현재까지 유지되고 있는 연방주의 정치체제가 미국이 복지국가로 발전하는 데 걸림돌이 되었다. 미국은 전통적으로 주정부의 독립성이 강하여 중앙정부의 권한이 약한 국가였는데, 이것은 달리 표현하면 미국은 건국 초기부터 분권화(decentralization)가 발달되어 있는 국가라고 볼 수 있다. 사회복지에 관한 한 분권화는 사회복지정책에 대한 권위를 지방정부에 이전하는 전략이다.

그러면 분권화는 미국 사회복지발전에 어떤 영향을 미쳤는가? 그것은 연방정부가 사회복지에 개입하지 않는 전통을 유지하는 데 기여했다고 할 수 있다. 이러한 측면은 미국 역사에서 두 번에 걸쳐 나타났다. 첫 번째는 1854년 도로시아 딕스(Dorothea Dix)가 제안한 주립정신병원 설립에 대한 연방정부의 지원을 당시 피어스 대통령이 '불행한 사람을 돕는 권한은 주정부에 있으며 구제를 이유로 연방정부가 주정부를 간섭해서는 안 된다'고 거부권을 행사한 것이다. 이 거부권 행사는 미국 정치에 있어서 분권화 전통을 유지하는 것이기도 했지만 결과적으로 연방정부의 사회복지 발전 개입 불가 원칙을 가져와 1935년 사회보장법이 제정될 때까지 81년 동안 사회복지가 발전하지 못하는 결과를 초래했다.

다음으로는 1980년대 레이건 대통령이 사회복지를 축소할 목적으로 분권화와 맥락을 같이하는 신연방주의(New Federalism)를 강조한 것을 들 수 있다. 레이건 대통령은 집권 후 '신연방주의(New Federalism)'를 내세우면서 분권화를 추진했다. 사회복지의 신연방주의 정책은 연방정부가 담당해 왔던 사회복지 프로그램을 주정부로 이관시키는 것이 주요 내용이었다. 이러한 정책의 목적은 사회복지에 관해서 보면 1935년 사회보장법이 제정되면서 시작된 연방정부의 사회복지 개입을 폐기하는 것이었다. 결과적으로 레이건 대통령의 분권화 유지 정책은 사회복지가 축소되는 결과를 초래했다. 뿐만 아니라 클린턴 행정부 시기 제정된 사회복지에 관한 중앙정부와 주정부 간의 관계를 재조정한 개인책임 및 근로기회조정법(PRWORA)도 분권화의 맥락에서 시행된 것으로 볼 수 있다.

둘째, 미국의 강한 개인주의 문화가 미국이 복지국가로 발전하는 데 방해요소가 되었다. 복지국가에 대해 가장 강력한 반기를 들고 있는 사람들의 이데올로기는 극우파의 개인주의자들과 극좌파의 마르크스주의자들이다. 미국의 개인주의적인 문화의 단적인 면을 자선조직협회운동에서 볼 수 있다. 미국의 자선조직협회는 그 종주국인 영국보다 더 활발하고 사상적인 면에서 더 자유주의적인 색채가 강하였다. 미국이 영국보다 개인주의적 정신이 강한 예로서 영국은 1908년에 비기여 노령연금제도를 도입하였으나 미국은 1935년에 기여제의 노령연금제도를 도입한 것을 들 수 있다. 기여제란 개인주의 정신이 가미된 계약제이다.

개인주의문화는 개인의 문제에 중앙집권적인 정부가 나서기보다는 개인이 해결하거나 그렇지 못한 경우에는 자원단체의 역할에 의존하였다. 미국은 자원단체는 자유주의의 쇠퇴에도 불구하고 계속 강력한 힘을 지니고 있으며 현재도 자원주의가 미국의 주도적인 가치로 여겨지고 있다. 이 점이 영국과는 매우 달랐다. 영국의 자원단체의 역할은 미국의 자원단체의 역할에 비하면 미미하였다. 영국의 가장 강력한 자원단체였던 공제조합은 사회보험법안에 대해 처음에는 반대하였으나 얼마 지나지 않아 찬성하였다. 그러나 미국의 자원단체는 미국의 전통적인 가치가 정부에의 의존이 아닌 독립이라는 점을 내세워 끝까지 사회보장을 향한 개혁을 반대하였다. 미국의 사회보험운동은 미국의 전통적 가치인 자원주의운동에 의해 도전을 받았다. 즉, 미국에서는 이러한 전통적인 가치와 문화 위에서 산업화와 정치적인 요인들이 결합되어 사회복지제도의 발달이 지체되었다고 할 수 있다. 복지의 종말을 예고하는 듯한 1996년의 개인책임 및 근로기회조정법도 엄밀히 이야기하면 개인주의를 반영하고 있다.

셋째, 사회복지 발전에는 정치, 경제, 사회적으로 큰 변화가 있는 시기가 있어야 하는데 미국의 경우 1930년대가 되어서야 큰 변화를 겪게 되어 사회복지 발전이 늦었다고 할 수 있다. 사회가 효율적으로 잘 운영되고 있고 사람들이 그 사회체계 내에서 잘 살아가고 있다고 믿어지면, 빈곤을 개인적인 성격의 결함에서 비롯된 것으로 생각하고, 빈곤문제를 해결하기 위한 사회복지정책의 방법으로 잔여적이며 치료적인 방법을 동원했다. 뿐만 아니라 사회복지정책의 여러 가지 면들 – 서비스 수혜 자격요건, 제공범위, 전달방법 – 이 엄격하게 적용되었다. 미국의 경우 사회가 효율적으로 잘 운영되지 않고 있다고 여겨지는 시기는 1930년대 대공황 시기와 1960년대 정치사회적으로 불안했던 시기 외에는 없었다고 할 수 있다.

그러면 미국의 미래 사회복지는 어떤 모습을 띠게 될까? 미국의 사회정책학자 데이비드 질(David Gil, 1992 : 3)은 사회정책이란 "사회문제에 대한 지속적인 사회적 대응을 추구하는 집단적 투쟁"을 의미하며, 투철한 개인주의(rugged individualism)와 반대되는 의미로 사용되기도 한다고 말하고 있다. 유럽 국가에 있어서는 사회정책을 평등을 투쟁과 연관지어 개념을 설정하는 경우는 거의 없다. 질의 이러한 사회정책의 개념에 대한 언급에는 미국은 여전히 사회복지발전을 위해서는 투쟁이 필요하다는 것이 포함되어 있다. 따라서 미국이 진정한 복지국가로 진입하기 위해서는 여전히 투쟁이 필요하며, 그렇지 않으면 계속해서 미완성 복지국가로 남아 있을 것으로 보인다.

chapter 06

독일 : 위기 속의 보수적 복지체제

01 독일 사회복지의 배경

02 세계 최초의 사회보험제도 도입 : 전통적 권위 수호 수단

03 제1차 세계대전과 나치스 시기의 사회복지

04 전후 독일에서의 개혁논의 : 1945~1974년

05 복지국가 위기기의 서독 복지모델 : 1975~1990년

06 통일 이후의 독일 사회복지 : 1990년 이후

07 소결 : 독일 모델의 미래

chapter 06

독일 : 위기 속의 보수적 복지체제

티트머스(Titmuss, 1974 : 31)는 독일의 사회복지체제를 근로실적이 사회복지급여 제공의 기준인 '산업적 업적 달성(industrial achievement performance)' 유형으로 분류했으며, 에스핑 앤더슨(Esping-Andersen, 1990 : 27)은 독일의 사회복지체제는 사회보험이 기여와 급여가 연동되어 있어 시장에서 결정된 사회적 지위와 소득에서의 격차가 사회보험제도 시행 후에도 그대로 유지되어 계층화가 별로 완화되지 않으며, 가족이 그 구성원들에게 서비스를 공급할 능력이 소진되었을 때에만 국가가 개입하는 보충성의 원칙이 적용되는 보수적-조합주의 복지체제로 분류했다. 본 장에서는 독일의 사회복지체제를 살펴본다.

1. 독일 사회복지의 배경

1) 가부장적 전통

전통적으로 독일은 가부장적 국가관이 존재한 국가로 알려져 있다. 독일의 가부장적 전통은 1794년 7월 발효된 프러시아 시민법(Landrecht, Civil Code)에 잘 나타나 있다(Rimlinger, 1971 : 94).

1. 스스로의 힘으로 생계를 유지할 수 없는 시민들을 구호하고 원조를 제공하는 것은 국가의 의무이다.

2. 자신과 가족의 생계를 유지할 수 있는 기회와 방법을 지니지 못한 사람들에게는 그들의 능력에 맞는 일이 주어져야 한다.
3. 나태나 비정상적인 성격으로 인해 생계를 유지할 수 있는 방법을 지니지 못한 사람들은 강제나 처벌과 같은 적절한 통제가 주어지면서 유용한 노동에 처해져야 한다.
6. 시민들이 빈곤으로 전락하거나 지나치게 방종하게 되는 것을 방지하기 위해 국가는 위와 같은 수단들을 사용해야 하며, 또 그렇게 할 자격이 주어진다.
15. 모든 지역의 경찰기구는, 다른 방법으로 생계를 유지할 수 없는 모든 빈민들을 구호해야 한다.

위의 조항에 의하면 보호를 받을 법적인 권리를 갖는 것은 아니지만 국가는 그들을 보호해야 하는 의무를 분명히 천명하고 있다. 이것은 독일의 전통적 가부장적 국가관을 분명하게 보여주고 있다. 또한 게으른 자나 부랑자들은 처벌 또는 강제노동의 위협에 처해지고, 일하기 싫어하는 빈민들을 위한 최종적인 책임은 경찰기구에 주어진다고 규정함으로써 가부장적 국가의 훈육적인 면을 보여주고 있다.

산업화되는 기간 동안 영국과 독일의 차이는 자조정신의 확산 여부에서 찾아볼 수 있다. 스마일스(Smiles)가 1800년대 후반 영국에서 자조정신을 강조했다면, 독일에는 프린스-스미스(Prince-Smith)가 있었다. 1864년 프린스-스미스는 노동자들에게 자유주의적 충고를 보냈다. 그는 노동자들에게 "일하고 저축하라, 너 자신의 욕구와 더 나은 미래에 대한 기대가 자극이 되고 유인이 되어서 경제적 빈곤으로부터 탈출하기 위한 첫발을 내디딜 수 있는 의지의 힘을 키워라"라고 설파했다. 그에 의하면 빈곤으로부터 탈출 여부는 의지에 달려 있기 때문에 풍요를 향한 길은 그렇게 노력하고자 하는 모든 사람에게 열려 있다는 것이었다. 이것은 스마일스가 영국에서 설교했던 복음과 같은 것이었다(Rimlinger, 1971 : 103).

그러나 영국과 달리 독일은 산업화 과정에서 자유주의자들이 활동할 수 있는 입지가 좁았다. 프린스－스미스의 교리는 독일 노동자들에게는 호소력이 없었다. 여러 세대에 걸쳐 국가 또는 상류계급으로부터 보호를 받아 온 독일 노동자들은 자조가치를 받아들일 자세가 되어 있지 않았다. 자유주의자들이 개인적 책임이나 자조를 강조할 경우에도 거기에는 조합주의적(corporate)이고 집합주의적(collective)인 성향이 스며들어 있었다. 영국에서는 개인적 노력을 통해 산업화가 만들어 내는 사회문제들을 극복할 수 있다는 스마일스의 단순하면서도 고무적인 메시지가 받아들여졌으나 독일에서는 수용하기 어려운 것이었다. 어쩌면 스마일스가 칭송했던 근면이나 성실, 끈기와 같은 덕목들이 독일에서 인정받지 못했다기보다는 그러한 가치관이 모든 사람들을 번영으로 이끄는 길이라는 신념이 독일에는 없었다고 할 수 있다(Rimlinger, 1971 : 91).

독일에서 자유주의가 취약하다는 것은 이 나라가 적어도 이념적으로 개인에 대한 사회적 보호라는 사상에 경도되어 있었다는 것을 의미한다.

2) 조합주의적 사회보험

독일에서는 비스마르크 시대부터 지위에 따라 분화된 조합주의 성격 사회보험제도들을 구축하는 전통이 출현했다. 그 이유는 국가가 지위에 기초한 특권을 인정했기 때문일 수도 있고, 어떤 집단들은 지위의 차이를 초월한 포괄적인 사회보험에 포함되기를 거부했기 때문일 수도 있다. 이유가 무엇이든 독일의 사회보험제도들은 각기 고유한 규정과 재원, 급여 제공 구조를 가지고 있을 뿐만 아니라, 각 제도마다 수급자의 상대적인 지위 차이가 있도록 설계되었다. 그렇기 때문에 비스마르크가 도입한 노동자들을 대상으로 하는 조합주의적 연금제도는 광부들을 대상으로 하는 연금과 뒤섞여 있지 않으며, 노동자들은 공무원이나 화이트칼라 근로자를 대상으로 하는 사회정책 속에 통합되어 있지 않다(Esping-Andersen, 1990 : 61). 이러한 점은 독일에서는 사회보험이 계층화(stratification)를 유지하는 수단이 된다는 것을 의미한다.

조합주의는 중세의 도시경제에서 사회경제적 삶을 조직했던 신분과 길드, 각종 공제조합의 전통에 그 뿌리를 두고 있다. 18세기와 19세기에 접어들면서 길드는 해체의 길을 걷고 있었지만, 그 바탕을 이루던 원리는 조합 내 협조주의와 상호부조주의라는 이데올로기로 전환되어 계속 존속했다. 조합주의는 시장과 산업이 창출해 내는 사회적 파편화와 개인화를 막기 위한 보수주의의 주된 대응책으로 발전하였다(Esping-Andersen, 1990 : 60).

비스마르크가 도입한 조합주의적 사회보험은 계층화의 측면에서 다음의 두 가지 목적을 동시에 청취하고자 했다. 첫째는 계급과 집단들에 따라 각기 서로 다른 프로그램들을 법제화함으로써 임금 소득자들 사이의 분열을 공고화하려는 것이다. 이렇게 되면 각각의 집단은 개인의 고유한 위상을 강화할 목적에서 설계된 각 프로그램 나름의 매우 독자적인 권리와 특권의 체계를 향유하게 된다. 이것은 비스마르크가 노동자들의 연대를 원하지 않았다는 것을 의미한다. 또한 비스마르크를 비롯한 절대주의적 전제주의자들은 새로이 부상하는 노동운동을 제압할 수 있는 묘안을 조합주의에서 찾아냈다고 할 수 있다. 두 번째 목적은 국가나 군주에 대한 개인의 충성심을 유발시키기 위한 것이었다(Esping-Andersen, 1990 : 24).

독일에서 조합주의적 사회보험은 다음과 같은 형태로 나타났다. 사회보험은 사용자와 피고용인 모두 보험료를 지불하는데 보험료의 수준은 임금소득에 연계해서 차등화된다. 질병, 실업, 재해, 노령으로 사회보험의 급여를 받게 되었을 때에는 급여의 수준은 납부한 보험료의 수준에 따라 차이가 난다. 따라서 독일의 사회보험 급여는 소득의 수준에 따라 차등화된다. 이것이 독일 사회보험의 '등가(等價)원칙(equivalence principle)'이다. 독일 사회보험은 공무원과 자영업자를 제외한 주당 18시간 이상 일하고 있는 모든 근로자들이 대상자이며 강제가입의 원칙을 적용하고 있다. 거의 모든 남성 근로자를 사회보험의 대상자로 가입시키고 있는 점은 시장 실패에 대한 보상의 목적도 있지만 소득 유지 체제를 통해 현재의 지위를 유지시키려는 목적도 있다. 평균적으로 화이트칼라 출신 근로자들은 자신들의 소득의 약 60%를 보험급여로 수령하나 블루칼라 출신 근로자들은 약 40%에 지나지 않는다(Clasen, 1994). 또한 조합주의적 특성은 사회보험이 직능별 조합에 의해 유지된다는 것을 의미하기 때문에 사회보험이 탈중앙화되어 있다.

조합주의 전통을 반영하는 다른 사례로는 독일에서 공무원 집단에게 특권적인 복지 급여를 제공한 것이 있다. 이것은 공무원들의 국가에 대한 충성에 보답하는 수단이었으며, 공무원 집단의 독특한 사회적 지위를 선망의 대상으로 부각시키기 위한 방법이기도 했다.

조합주의적인 지위분화 모델은 주로 오랜 길드(guild)의 전통에 그 뿌리를 두고 있다. 비스마르크 같은 신절대주의적 전제주의자들은 새로이 부상하는 노동운동을 제압할 수 있는 묘안을 이러한 전통에서 찾아냈던 것이다(Esping-Andersen, 1990 : 24). 따라서 독일에서는 사회복지가 시장이 만든 계층화를 완화하는 정도는 미미하다.

독일에서 조합주의가 뿌리내릴 수 있었던 이유 중의 하나는 가톨릭교회의 영향이었다. 19세기 말에 공표된 로마 교황의 회칙(Papal Encyclical, 回勅) '새로운 사태(Rerum Novarum)'[1]는 국가주의와 조합주의의 혼합을 옹호한 바 있으며, 1931년의 교황 회칙이었던 '사십주년(Quadrogesimo Anno)'은 조합주의의 원리를 훨씬 더 강력한 어조로 표명하였다. 로마 가톨릭교회는 전통적인 가족을 보존하기 위해 부심하였고, 사회주의와 자본주의를 동시에 대체할 수 있는 실행 가능한 대안들을 모색하고 있었으며, 사회계급들을 조화로운 관계로 조직할 수 있는 가능성이 있다고 믿었다. 이런 점을 감안할 때 가톨릭교회에 있어 조합주의는 자연스러운 대안이었다(Esping-Andersen, 1990 : 61).

3) 보충성의 원칙

에스핑 앤더슨(Esping-Andersen, 1999)은 독일을 조합주의적－보수주의 복지국

1) 1891년 교황 레오 13세는 '새로운 사태(Rerum Novarum)'라는 제목의 회칙을 내렸다. '새로운 사태'는 당시의 사회문제에 대한 포괄적인 견해를 제시한 최초의 교황 문헌이다. 교황은 당시 유행하던 사회주의의 환상과 함께 자본주의의 문제점 역시 강력히 비판하였다. 18세기 이후 산업화가 빠르게 진행되면서 극소수의 사람들이 대부분의 부를 소유하고 국민 대다수는 빈곤에서 허덕이는 현상을 목도하면서 교황은 '새로운 사태'라는 제목의 회칙에서 교회는 노동자들을 착취하는 계급의 동맹이 아니며, 노동자들의 정당한 임금과 노동조합을 결성할 권리보장 등 노동자의 적법한 요구를 지지한다고 언명했다. 그래서 '새로운 사태'는 '노동헌장'으로 불리기도 한다.

가 유형으로 분류하면서, 이 유형은 '나쁜(bad)' 유형은 아니지만 '보기 싫은(ugly)' 유형으로 보았다. 이렇게 본 이유 중의 하나는 가족의 보호 기능이 실패할 경우에만 국가가 개입하는 보충성의 원칙(principle of subsidiarity)이다.

보충성의 원칙이란 가족의 능력이 소진되었을 경우에만 규모가 더 크고 상위에 있는 단위의 사회적 집합체가 개입해야 한다는 것이다. 독일에서 보충성의 원칙은 가톨릭교회의 영향을 많이 받았다. 19세기 산업자본주의가 등장하면서 국가의 역할에 대한 새로운 조명이 이루어졌다. 경제성장은 새로운 상품뿐 아니라 야경꾼을 넘어서는 국가의 역할을 요구하는 부정적인 외부효과를 창출하였다. 이러한 상황에서 국가와 사회의 관계 및 역할을 새로이 규명하는 데 가톨릭의 사회윤리는 보충성의 사상으로 공헌을 하였다(Stein, 2009 : 98; 김상철, 2010 : 274).

명시적으로 보충성 원칙을 표명한 회칙은 1931년 교황 비오 11세(Pius XI)에 의해 발표된 회칙 '40주년(Quadragesimo Anno)'이다. 회칙의 79번에 보충성 원칙에 대해 기술되어 있다. 이 회칙에 의하면, 높은 차원의 사회적 단체는 작은 공동체를 지원하고 보조해야 한다. 하지만 높은 차원의 단체가 작은 공동체를 흡수하거나 개별적 능력을 파괴하여 이들의 권리를 침해해서는 안 된다. 따라서 국가의 권한을 실현하는 것보다는 보충성의 개념에 주목하면서 단계별 질서를 유지하는 것이 중요하다(Stein, 2009 : 101; 김상철, 2010 : 275).

독일 사회복지체제에 깊이 반영되어 있는 보충성의 원칙은 가족을 첫 번째 구호 제공자(가족이 구호를 제공하게 되면 정부는 간여하지 않는다)로 인정한다는 것을 의미한다. 사회문제에 대해 1차적으로 가족, 지역공동체, 직업집단 조직체들이 책임을 지고 수행해야 한다. 그러나 그것이 여의치 않을 경우, 최후의 방법으로 국가에 의해 보충적으로 수행되어야 한다. 보충성의 원칙은 두 가지 차원을 제시하고 있는데, 첫째는 수행능력을 가지고 있는 작은 단위체에 행동의 우선권이 주어진다는 것이고, 둘째는 작은 단위체의 수행능력을 초과하는 경우 상위 단위체는 작은 단위체가 그것을 수행할 수 있도록 지원할 의무가 있다는 것이다. 가톨릭교회는 보충성의 원칙을 강조함으로써 집단주의 체제에 대항해서 인격성의 원리를 내세웠고, 집단적 책임에 대항해서 개인적 책임을 강조했다. 그러므로 가톨릭의 사회적 가르침은 국가지상주의와 급진적 자유주의를 모두 피해가는 길을 제시한 것으로 볼 수 있다. 이렇게 함으로써 가톨릭 단체들과 사회시설들은 국가의 간섭으로부터 벗어날 수 있었다(차성환 · 김덕환, 2007 : 60). 따라서 보충성의 원칙의 반영은 독일의 사회복지체제가 국가의 소극적 참여라는 보수적인 성향을 띠고 있다는 것을 보여준다.

보충성의 원칙은 복지서비스와 사회부조의 급여 제공에 명확하게 반영되어 있다. 급여제공과 관련해서 책임소재는 가장 낮은 수준에서부터 단계적으로 높은 수준으로 올라간다. 보충성의 원칙은 급여제공의 책임은 사회조직의 가장 낮은 수준, 즉 개인이나 가족에게 1차적으로 주어진다. 만일 개인이나 가족이 급여를 제공하지 못하면 지역사회, 민간단체, 혹은 자원단체가 급여 제공의 책임을 지게 된다. 따라서 보충성의 원칙으로 인해 개인이나 가족이 위기에 처했을 때 교회와 같은 대규모 자원단체가 급여제공자로서 중요한 위치를 차지하게 된다. 자원단체는 주정부의 보조를 받을 수 있으며 교회 재정이나 보험재정으로부터 재정적인 보조를 받을 수 있다. 만일 민간단체 차원에서의 급여 제공이 충분치 못할 경우에는 개인이나 가족은 주정부에 부조를 요청할 수 있다. 중앙정부는 급여 제공자의 마지막 단계이다. 그러나 개인이 가장 낮은 수준의 사회조직 단계의 급여제공이 고갈되었을 경우에만 부조를 요청할 수 있지만 주정부에 급여제공을 요청하는 권리는 보장되어 있다(Jarre, 1991).

4) 지역자치제의 복지 책임

전통적으로 독일은 가부장적인 국가관이 널리 퍼져 있는 국가이다. 일찍이 1794년 7월 발효된 프러시아 시민법(Landrecht, Civil Code)은 “스스로의 힘으로 생계수단을 획득할 수 없는 시민들을 구호하고 원조를 제공하는 것은 국가의 의미이다”고 규정했다. 그러나 국가는 빈민구호의 운영을 직접 담당하지는 않았다. 국가는 그 책임을 지역자치제(local community)에 떠맡겼다. 비록 떠돌이들을 구호하는 지구 단위의 구호기관은 있었지만, 지역자치제들은 자신의 재원으로 자기 지역의 빈민들을 돌보아야 했다(Rimlinger, 1971 : 94).

지역자치제가 복지의 책임을 지는 독일의 복지체제는 '전쟁'이라는 특수한 역사적 사건에서 기인한다고 볼 수 있다. 독일은 두 번씩이나 전쟁을 일으키고 패전했고, 그 과정에서 나치즘이라는 전체주의를 경험했다. 이러한 경험은 전후 독일의 정치・경제・사회에 많은 영향을 미쳤다. 먼저 정치적으로 보면, 유럽의 많은 국가들이 개인주의적인 자유주의를 탈피하여 집합주의 성격의 국민 전체의 복지를 강조하는 경향으로 나갔으나 독일은 패전의 원인이라고 생각하는 집합주의를 거부하고 중앙집권형 정치체제보다는 지방분권형 정치체제를 택했다. 이러한 현상은 전쟁 직후인 1949년에 실시된 총선거에서 집합주의적 이데올로기를 지닌 사회민주당(SPD)보다는 개인주의적 이데올로기를 지닌 기독교민주당(CDU)이 승리한 데서 볼 수 있다. 선거에서 승리한 아데나워 기민당 정권은 국가개입을 최대한 줄였으며, 복지정책보다는 경제정책을 우위에 두었다. 이러한 정치성향은 사회복지에도 영향을 미쳐 케인스주의적인 계획경제나 혼합경제가 독일에서 활발하게 진행되는 데에 방해요인이 되었다(김영화, 1988).

2. 세계 최초의 사회보험제도 도입 : 전통적 권위 수호 수단

1) 비스마르크의 정치 성향

독일은 1883년 질병보험을 도입함으로써 세계 최초로 사회보험을 도입한 국가이다.[2] 영국과 프랑스에 비해 산업화의 출발이 늦었던 독일은 1871년 비스마르크가 통일국가를 이룩한 이후 경이로운 발전을 이룩하여 제1차 세계대전이 시작되었을 때는 프랑스와 영국을 제치고 유럽 제1의 경제대국이 되었다. 경제성장에 따라 경제규모가 확대되었고, 노동자 수가 급격하게 증가하면서 빈곤과 불공평한 분배, 도시화에 따른 주택난과 물가불안 등이 사회문제로 등

2) 사회경제적 발전 단계에 따라 사회보험제도가 발전한다면, 독일보다 영국, 벨기에, 스위스, 프랑스의 순서로 국가주도의 사회보험 체계가 도입되었어야 한다. 그러나 이들 국가들에서는 20세기 초에 들어서야 비로소 국가주도의 사회보험이 독일의 영향을 받고 시행되기 시작했다.

장했다.

이러한 상황에서 정치 · 경제 · 사회 등 모든 영역에서 소외되고 차별당하던 노동자들이 계급의식에 눈뜨기 시작하고 노동운동은 사회주의운동으로 변화되면서 정치세력과 결탁하여 정치적 문제로 부상했다. 그래서 학자, 성직자, 노동운동가, 관리 및 정치가들 사이에서 새롭게 전개되는 산업사회에 노동자계급을 어떻게 통합시키느냐 하는 문제에 대한 논의가 활발했다. 이들 중에는 독일 사회정책학회를 창립한 슈몰러(Schmoller)와 바그너(Wagner), 기독교 사회정책의 선구자인 케텔러(Ketteler) 주교와 토드(Todt) 목사, 노동운동의 이론적 지도자이면서 독일노동자총연맹 창설자였던 라살레(Lassalle), 그리고 프로이센에 이어 독일제국의 첫 재상이 된 비스마르크(Bismarck) 등이 있었다. 그중에서 1800년대 말엽의 사회정책에 절대적 영향력을 미친 사람은 비스마르크였다(유광호, 2001 : 136-137).

비스마르크는 모든 문제들을 "그것이 국가에 영향을 미치거나 혹은 위협을 줄 것인가? 만일 그렇다면 어떤 방식으로 영향을 미치고 위협을 줄 것인가?" 하는 관점에서 바라보았다. 수단의 문제에 있어서 그는 매우 융통성 있는 사람이었으나, 목적에 있어서는 '확고한 군주제를 정점으로 하는 강력하고 중앙집권적 권력을 갖는 국가'에 대한 확고한 신념을 가지고 있었다(Rimlinger, 1971 : 116).

1880년대 이전의 비스마르크는 주로 제국의 외형적인 통합을 위해 노력하였다. 그러나 1880년대에 이르자 그는 노동자들을 사로잡는 사회주의자들의 위협을 목격하고 제국의 내적인 통합을 위해 모든 정력과 의지를 집중했다. 비스마르크는 이러한 목적을 달성하기 위해서는 단순히 노동자들의 불만을 해소하는 것 이상이 필요하다고 생각했다. 단순하게 노동자들의 불만을 해소해 주면 그들이 국가에 대해 호의적인 중립적 태도를 유지할 수 있을 것이다. 그러나 그는 국가에 충성하고 복종하는 동맹자로서의 노동자를 원했으며, 이를 위해서는 노동자들의 이해관계가 국가와 밀접히 연결되어야 했다. 즉, 국가는 노동자들의 보호자가 되어야 했다. 이러한 목적을 달성하는 주요한 수단은 공장법, 노동입법, 그리고 사회보장이 있을 수 있으나, 이 중에서 비스마르크가 매력을 느낀 것은 오직 사회보장뿐이었다. 즉, 사회보장제도만이 노동계급을 국가에 결속시킬 수 있다고 믿었다(Rimlinger, 1971 : 116).

가부장적인 국가관의 소유자였으며 군주국가 체제의 열렬한 옹호자였던 비스마르크는 당시 왕실과 대립관계에 있던 자유주의자와 대항하기 위해 집권 초기에는 '적의 적'인 노동자 계급에 대해서는 비교적 우호적인 태도를 취했다. 그러나 노동운동이 격화되면서 비스마르크는 노동운동에 대해 당근과 채찍 정책으로 대응했다. 그는 채찍정책으로 1878년 '사회주의 금지법'[3)]을 제정하여 사회주의적인 정당, 협회, 모임, 출판 등을 탄압하면서 제국의 보수성을 강화하였으며, 당근정책으로 사회주의 통합운동에 가담하지 않는 노동자에 대해서는 복지향상을 약속함으로써 경제적 약자에 대해 국가가 보호자로 나섰다. 이런 맥락에서 보면, 비록 비스마르크는 빈곤은 완화되어야 한다는 점을 인식하고 있었고 따라서 그가 추진한 사회보험의 도입은 경제적 불평등을 완화시키는 목적이 있었지만, 그가 채택한 수단들의 전체적 맥락은 정치적 불평등의 유지였다.

2) 세계 최초의 사회보험제도 도입 : 전통적 권위 수호 수단

비스마르크는 사회주의 금지법이 효과를 거두지 못하자, 1881년 11월 17일 의회 개원식에서 황제로 하여금 조합주의적 관리구조를 갖는 3중 보험체계 – 산업재해보상보험, 질병보험, 노령연금 – 를 제시하는 역사적 선언을 하도록 한다. 다음은 그가 의회에 보낸 메시지의 일부이다.

> 사회적 질병은 사회민주주의적 일탈을 억제하는 방법만으로는 치료되지 않으며, 노동계급의 복지를 적극적으로 증진시키는 방법이 동시에 취해져야 한다. 우리는 이러한 과업을 의회에 부여하는 것을 우리의 의무로 생각한다. 만일 우리가 우리 조국의 내적인 평화를 위해 새로우면서도 영속적인 안전장치를 마련했고, 도움을 필요로 하는 사람들에게 그들의 권리에 입각한 보다 큰 안정과 자유를 제공했다고 생각할 수 있다면, 우리는 정부에 대한 신의 축복과 함께 그 모든 성공들에 대해 만족스럽게 회상하게 될 것이다. 우리는 이러한 방향을 향한 우리의 노력을 연방 내 모든 정부들

3) 이 법은 비스마르크가 재상에서 물러난 1890년까지 존속했다.

> 이 지지할 것을 확신하며 정파를 초월한 의회의 지지를 기대한다. 이러한 이상을 실현시키기 위하여 산업재해에 대비한 노동자재해보장보험 법안이 제일 먼저 제출될 것이며, 이어서 질병보험 법안이 제출될 것이다. 또한 노령이나 폐질로 일을 할 수 없는 노동자들은 현재보다 더 국가에 의존할 수 있는 권리를 갖게 된다. 이를 위한 적절한 수단을 찾아내는 것은 매우 어려운 과제이지만, 이는 기독교적 윤리를 바탕으로 하는 모든 사회의 지고한 의무 중의 하나임에 틀림없다. 국가를 구성하는 모든 사회세력들의 밀접한 연합과 그것들의 조합주의적 협회(corporate association)라는 형태로의 결합, 그리고 이와 관련된 국가의 후견과 원조를 통해, 우리는 정부만이 이제까지 해결할 수 없었던 문제들을 해결할 수 있다고 희망한다.[4)]

비스마르크 자신이 함께 작성한 황제칙서로 알려진 황제의 연설문에 포함된 법안들은 의회에서 거센 반발에 부딪혔다. 비스마르크의 사회보험 도입 계획에 대한 반발은 주로 그가 사회보험을 정치적 통제의 수단으로 활용하려는 데 대한 반발이었다. 또한 자유주의자들은 보험을 통해 국가의 재정 규모가 커지는 것을 원하지 않았으며, 이 법인들이 독일의 전통적인 가족관계를 붕괴시키고, 자기 책임성을 약화시키며, 저축 의욕을 감퇴시킬 것이라고 보았다.

그러나 비스마르크는 의회를 상대로 한 집요한 설득 끝에 원안에서 약간 수정된 형태로 법안을 통과시켰으며, 이 법들이 세계 최초의 사회보험인 1883년의 질병보험법(오늘날의 건강보험법)과 1884년의 재해보험법(오늘날의 산업재해보상보험법)이다. 비스마르크는 이어서 1889년에는 장애 및 노령연금법을 통과시켰다.

1880년대에 독일에서 최초로 도입된 사회보험을 새로운 사회적 권리의 창출로 본다면, 비스마르크에 있어서 이러한 권리는 위로부터 주어진 것, 즉 국가의 의무라는 가부장적인 관념으로부터 주어진 것이었다. 그의 정치적 사상은 시민권에 의거한 새로운 사회적 권리를 창설하는 것이 아니라, 국가와 개인 간에 전통적으로 유지되어 왔던 관계를 지속시키는 것이었다. 어떤 의미에서 보면 사회적 권리는 정치적 권리의 확대를 저지하기 수단이었다. 물론 비스마르크가 빈곤의 완화를 원했던 것은 분명하지만 그가 도입을 추진한 사회보험의

4) 이 메시지의 원문은 Gesammelten Werke, Vol. XII, pp. 270-273에 있으며, 영문번역은 William H. Dawson(1912). Social Insurance in Germany 1883-1911. London : Scribner's, pp. 16-17을 보기 바람(Rimlinger, 1971 : 114에서 재인용).

전체적 기조는 전통적인 정치적 불평등을 유지하는 것이었다(Rimlinger, 1971 : 112).

그러나 비스마르크는 원래 의도했던 국가와 사회의 연대성 달성이라는 목적을 달성하지 못했다. 그 이유로는 첫째, 입법과정에서 지방분권적 조직화와 노사에 의한 자주적 관리가 강조됨에 따라 원안과는 달리 보험의 조직이나 운영에 국가가 개입할 수 있는 여지가 줄어들었다. 둘째, 비스마르크는 단일형의 균일 급여 보험 체제를 통해 국가와 사회의 연대성을 달성하려 했으나, 균일 급여 보험 체제에 대해 노동자 대표들은 숙련된 노동자들을 비숙련 노동자들과 한 묶음으로 취급하는 것이라며 반대했다. 이러한 상황이 되자 비숙련 노동자들은 불만을 갖게 되어 사회주의 세력에 동화되어 갔다. 결국 독일의 사회보험은 소득에 따라 급여가 차별화되는 조합주의적 형태를 띠게 되었고 이러한 형태의 보험체제는 사회보험을 통해 국가와 개인의 연대를 목적으로 했던 비스마르크의 의도가 빗나가게 했다. 셋째, 사회보험의 대상자인 노동자 자신들이 사회보험에 대해 호의적이지 않았다. 당시의 노동자들은 사회보험이 빈곤을 예방하며 시민들이 법적인 권리로서 급여를 수급한다는 점을 미처 인식하지 못했다. 그들은 사회보험보다는 노동조건이나 노사관계에 관한 국가의 보호나 지원, 자신들의 정치적 지위 향상에 더 많은 관심을 가지고 있었다(유광호, 2001 : 140).

1880년대 독일의 사회보험 입법은 개인들 사이의 사회경제적 관계들을 국가 운영상의 문제로 변화시킨 것이었다. 그것은 노동자의 복지를 위한다기보다는 국가 이익의 관점에서 본 것이었다. 그래서 보수주의 엘리트들에 의해 추진된 비스마르크 시대의 사회정책은 평등주의와는 아무런 관계가 없었으며, 도덕적 훈육과 사회 안정, 그리고 국가 건설 등 구질서를 유지하려는 목적을 가지고 있었다(Flora & Alber, 1984).

그러나 이러한 비스마르크의 사회입법의 한계에도 불구하고 이 법들이 갖는 역사적 의미는 매우 중요하다. 세계 최초로 사회보험이 도입되었다는 점도 중요하지만 이 법들은 이웃 국가로 확산되어 유럽의 많은 국가의 사회보험제도 도입에 많은 영향을 미쳤다.[5)]

5) 예를 들면, 영국의 로이드 조지는 1907년 영국에 사회보험제도를 도입하기 전에 독일의 사회보험제도를 연구하기 위해 독일을

3. 제1차 세계대전과 나치스 시기의 사회복지

1) 바이마르 공화국 시기의 사회복지

비스마르크 시대에 도입된 사회보험이 계속 시행되던 중 제1차 세계대전(1914~1918)이 일어났다. 전쟁과 전쟁 이후의 대량 실업으로 사회보장의 재정 수입은 줄어든 반면, 실업자, 부상자, 유가족들을 위한 재정 지출은 급격하게 증가했다. 이런 상황에서 1919년 1월 19일 총선거에서 민주공화파(사회민주당·민주당·중앙당) 3당의 연립내각이 성립되고, 동년 8월 11일 바이마르 헌법, 즉 독일민주공화국 헌법이 선포됨에 따라 바이마르 공화국(Weimar Republic)이 출범했다. 바이마르 공화국은 가부장적인 옛 전통을 밀어내고 오랫동안 억제되어 있던 사회적 평등을 추구하기 시작했다. 1919년 7월 31일 의결되고, 8월 11일 공포된 헌법 제151조는 인간의 존엄성, 정의 및 개인적 자유를 기반으로 한 사회질서를 약속하였다.[6)]

바이마르 공화국은 출범 후 사회보장체제에 변화를 주기 시작했다. 1920년 제국원호법을 제정하여 전쟁희생자와 유족들을 위한 보훈제도를 확립했다. 이것은 프로이센 시대 이후 시행된 각종 국가보훈사업을 체계화한 것으로 1928년에는 약 210만 명이 이 제도의 혜택을 받게 되었다. 이어서 1923년에는 제국광산업종업원법이라는 특별보험법을 제정하여 주별로 실시되던 광산업조합원에 대한 노령, 장애, 질병에 대한 사회보험을 전국적으로 통일하였다. 1924년에는 현행 사회부조의 전신인 공적보호법을 제정하여 기존의 각종 빈민구제도를 전면 재조정하여 단순화시키고 통일시켰다. 또한 부정적 이미지를 가지고 있던 종전의 빈민구호라는 용어 대신에 공적보호라는 표현을 사용하였다. 이 공적보호에는 소액연금 수령자, 산재피해자, 구호가 필요한 미성년자까지 새로운 보호대상으로 추가하여, 1929년에는 각종 급여의 대상자가 약 280만 명에 이르렀다(유광호, 2001 : 143).

방문했다.

6) 바이마르 헌법 제151조는 "경제생활의 질서는 모든 사람들에게 인간다운 생활의 보장을 목적으로 하며, 정의의 원칙에 적합하여야 한다"고 선언하고 있다. 이 조항은 세계 최초로 생존권적 기본권을 천명한 것으로 평가되고 있다.

바이마르 시대에 행해진 사회보장 측면에서의 최대 업적은 1927년에 제정된 실업보험으로 알려진 「직업보도 및 실업보험에 관한 법률」이다. 바이마르 공화국이 공략해야 할 첫 번째 문제는 실업자에 대한 보호였다. 처음에는 제1차 세계대전 이후 심각한 사회문제로 등장한 실업문제에 대처하는 몇 가지 실업부조 프로그램들이 시행되었다. 이러한 노력들은 노동시장의 기능을 향상시켜 실업을 감소시키는 목적을 갖는 공공직업소개소의 발전과 결합되면서 1927년 마침내 실업보험제도가 도입되었다. 실업보험은 산업화 이후 개별 노동조합, 협동조합, 개별 기업에서 시행되어 오던 실업부조와 1918년 이후 제국노동부에서 시행해 오던 실업부조제도를 전국적 보험제도로 전환시킨 것이었다. 실업보험제도의 도입으로 독일은 4대 사회보험의 체계를 갖추게 되었다.

그러나 이러한 진전에도 공화국 창설자들이 추구했던 희망의 실현은 요원했다. 인플레이션과 실업이 기존 프로그램들의 시행을 어렵게 했으며, 새로운 프로그램들을 위한 재정부담은 여러 진영 간에 이해의 대립을 가져왔다. 역설적인 것은 과거의 가부장적 상황하에서도 원칙적인 반대자들이 거의 없었던 사회적 보호가 민주적인 국가에서 정치적 쟁점이 되면서 균열의 근원이 되었다는 사실이다. 그리고 비극적이게도 경제적 위기가 계속되면서 사회보험급여를 위한 부담이 1930년 사회민주당·민주당·중앙당 3당의 연립내각의 붕괴를 촉발하는 이슈가 되면서 나치스 전체주의로 연결되었다(Rinliger, 1971 : 132).

2) 나치스 시대의 사회복지

1933년 1월 극심한 경제 침체로 독일 사회의 거의 모든 영역에서 혼란을 겪던 시기에 '독일국가사회주의노동자정당(NSDAP)'의 히틀러(A. Hitler)가 제국의 수상으로 선출되었다. 히틀러가 수상으로 선출된 1933년은 실업자가 500만 명을 상회하는 등 대공황이 절정으로 치닫던 시기였다. 따라서 그가 당면한 최대 현안은 독일 경제를 대공황으로부터 탈피시키는 것이었다.

히틀러는 집권 후 철도와 도로 등 사회간접자본과 군수산업에 대한 과감한 공공투자정책을 통해 경기회복과 실업자 감소를 위해 많은 노력을 기울였다.

그 결과 1933년 10월에는 2년 만에 처음으로 실업자의 수가 400만 명 이하로 줄어들었으며, 6년 후 제2차 세계대전 직전에는 실업자의 수가 40만 명으로 줄어드는 경이로운 업적을 달성했다. 이 동안 독일 경제는 침체 국면에서 완전히 벗어나 호황 국면으로 접어들었다(유광호, 2001 : 142).

그러나 경제는 침체 국면에서 벗어났지만 사회보장제도는 나치스의 정치이념에 따라 급격한 구조 변화를 겪게 되었다. 히틀러 시대(1933~1945)의 사회보장정책은 전체주의 국가의 목표에 따라 변화되었다. 정치・경제에서와 마찬가지로 나치당의 결정에 따라 사회정책의 제도나 운영이 '지도자원칙'에 따라 개편되었다.

노동정책과 사회정책은 나치스의 정치적 통치 체제를 위해 이용되었다. 직업보도 및 실업보험 공단에는 노동력을 군사화하는 과업이 맡겨졌다. 그 과업은 노동력 공급에 대한 통제권을 장악하여 그 배분과 배치를 지휘하는 것이었다. 민간 차원의 직업보도 기관들은 폐쇄되었고 국가기관이 그 기능을 대신했다. 히틀러는 오랜 자치의 전통인 사용자와 노동자의 경영 참여를 폐지하였으며, 모든 영역에 지도 원리를 도입하였다. 기존의 자치원칙, 즉 사회보험에 관한 모든 결정을 노동자와 사용자의 자주적 결정에 맡기는 원칙이 거부되고, 모든 사회보험 조직체에는 지도자원칙을 업무에 충실히 반영할 수 있는 관리자가 임명되어 지휘하고 통솔하게 되었다.

사회정책과 관련된 용어까지도 나치스의 정치 이념에 따라 변경되었다. 노동자는 '노동전사', 노동조합과 노동자협회는 '독일노동전위대', 직업알선은 '노동배치'라는 용어로 대체되었다. 즉, 사회정책이 철저하게 정치적 목적에 종속되었다(유광호, 2001 : 145).

나치스 정권은 사회복지서비스 전달체계를 중앙집권화하여 독재정권 유지의 도구로 사용했다. 비영리 민간복지단체는 활동의 자율성 때문에 바이마르 공화국 시대를 거치면서 민주적인 사회의식을 형성하는 데 기여했다. 이런 의미에서 볼 때, 비영리 민간복지단체의 존재는 히틀러 정권의 이해와 일치하지 않았다. 그래서 나치스 정권은 '국가사회주의 민족복지연맹'을 내세워서 기존 비영리단체가 하던 사회복지서비스의 방향을 다음과 전환했다. 먼저, 바이마르 공화국에서 제공했던 공공보호 수준이 너무 높고 생계보호 배분이 잘못되었다고 주장하였다. 그리고 '사회적 부적격자'로 판단된 빈민의 급여가 급격히 축소되었다. 둘째, 대인복지서비스 전달의 방향이 개인 욕구에서 민족 전체의 욕구 충족으로 바뀌었다. 따라서 급여를 주어도 소용없다고 판단되는 장애인에 대한 급여를 폐지하고, '유전적으로 건강하고 가치 있는 가족'을 대상으로 하는 사회복지서비스 개념을 도입했다. 셋째, 궁극적으로 사회복지서비스 제공을 통해 달성해야 할 목표를 '건강하지 않은 유전자'로부터 독일 민족과 문화를 지키는 것으로 설정했다(정재훈, 2007 : 110-111).

이러한 나치스의 사회복지에 대한 관점으로, 나치스 집권 시대의 사회정책은 약자와 정치적으로 '바람직하지 못한' 자들에 대한 강한 부정적 편견을 반영하고 있었음을 알 수 있다. 편견은 사회복지 급여는 나치스 판단 기준으로 '선천적으로 건전'하거나 '잠재적으로 사회에 유용한' 사람들만으로 제한되었다. 반면 정치적으로 바람직하지 못한 사람들은 파멸에 직면했다. 이러한 변화는 사회보장제도가 나치스 정권의 정치적 목적을 위해 사용되었음을 의미한다.

4. 전후 독일에서의 개혁논의 : 1945~1974년

1) 제2차 세계대전과 사회복지

나치스 정권이 일으킨 제2차 세계대전의 패전으로 독일은 심각한 인적·물적 손실을 경험했다. 전쟁 중 약 700만 명이 사망했으며 교통 및 산업시설이 대부분 파괴되었다. 국민총생산은 1945년, 1946년 모두 전년도에 비해 각각 30.8%, 42.1% 감소했다. 뿐만 아니라 주택의 20%가 파괴되었다. 따라서 당시 독일은 의식주(衣食住)의 제공이 급선무였다. 이 외에 1,200만 명의 이주자와 400만 명의 전쟁피해자가 있었다(정연택, 1999 : 150).

따라서 제2차 세계대전 종전 후 독일은 나치스 시대의 권위주의적 통치가 갑작스럽게 사라짐과 동시에 경제사회적 재건이라는 근본적인 문제에 봉착해 있었다. 나치스 집권 시기에 고향 땅에서 쫓겨난 수많은 사람들도 그러한 문제 중의 하나였다. 나치의 정착정책과 전쟁 및 동독지역의 공산정권의 등장으로 많은 사람들이 고향을 떠났다. 많은 사람들이 유랑생활을 하게 되었으며 전쟁으로 많은 가족에서 주 수입원이 상실되었다. 따라서 전후 독일의 가장 시급한 과제는 전쟁희생자 원호와 국민들의 생계유지를 위한 부담조정[7] 이었다.

그러나 전쟁 후의 사회보장제도는 제 기능을 발휘할 수 없었다. 사회보험을 관리하던 제국노동부가 유명무실해졌으며, 무엇보다도 치명적인 것은 사회보장의 재정적 기반이 붕괴되었다는 사실이다. 독일 사회보장의 재정적 기반이 붕괴된 이유는 1938년 이래 모든 독일의 사회보장조직체는 자산의 70~90%를 국가채권의 형태로 보유하고 있었는데 제국의 해체와 함께 채권이 무효화되었기 때문이다. 이런 상황에서 서부지역에 주둔한 미국, 영국, 프랑스 등 서방진영 3개국은 지금까지의 사회보장의 골격을 유지하면서 약간의 변화를 시도했다. 그러나 동부지역을 점령한 소련은 여러 조직으로 분리되어 있던 기존의 사회보험제도를 포기하고 새롭게 단일 보험제도를 채택하였다. 1948년과 1954년에 서독과 동독 지역에 각각의 독립된 정부가 들어설 때까지 사회보장제도는 4개국의 연합국 군사정부에 의해 상이한 형태를 띠면서 과도적으로 실시되었다(유광호, 2001 : 146-147).

1948년 7월 서방진영의 군사령관과 정부수반은 서독 연방국가의 건국을 위한 의회를 소집하였고, 같은 해 11월에는 영국 주둔지역의 기독교민주당(기민당) 의장이던 아데나워(K. Adenauer)를 연방의회 의장으로 선출하였다. 그리고 1949년 5월 8일 독일연방공화국의 기본법을 제정했다. 독일 헌법으로 볼 수 있는 기본법이 제정됨으로써 서독은 법치국가가 되었고 하나의 사회국가가 되었다.

7) 평상시의 부담조정의 의미는 저소득층을 위해 집세나 여러 종류의 세금을 조정해 주는 것을 말하나, 여기에서의 부담조정이란 전쟁 시나 전후에 나타나는 국민들의 이주와 전쟁의 피해로 인해 생기는 손실과 피해에 대한 보상, 그리고 화폐개혁의 결과 나타나는 손해를 국민들이 되도록 적게 받도록 만드는 것을 말한다(김영화, 1988).

서독이 건설되면서 기민당과 사민당은 사회보장 개혁에 대한 논의를 해왔으나 양당 간에는 이데올로기 면에서 차이를 보여 왔다.[8] 양당 모두 자유와 기회의 평등을 강조하고 있었다. 그러나 개인을 위한 진정한 자유와 기회의 평등을 보장하기 위해 국가가 무엇을 해야 하는지에 대해서는 정당 간에 견해가 달랐다.

먼저 기민당은 경제사상으로 현대의 경제적 자유주의로 재해석할 수 있는 '사회시장경제(Socialist Market Economy)'를 채택했다. 사회시장경제 사상은 복지정책에 대해 신중하게 접근했다. 이 사상은 중앙집중적 계획이나 통제경제정책을 거부하고, 완전고용보다는 통화안정에 주안점을 두었다. 기민당은 무절제한 자유주의에 경도된 것은 아니나 개인의 경제적 보장을 성취하기 위한 수단으로 개인저축을 장려한 것은 개인주의적 편향을 보여준다.

반면에 사민당은 경제사상으로 현대의 사회주의 사상의 재해석으로 볼 수 있는 '사회적 시장경제(Social Market Economy)'를 채택하여 욕구를 해결할 뿐만 아니라 욕구를 발생하게 하는 조건의 발생을 예방하기 위해서도 정부개입이 필요하다고 보았다. 또한 사민당은 사회적 보호의 목적과 수단에 대한 '포괄적인 사회계획'을 강조했다. '포괄적인 사회계획'이란 원조는 욕구가 발생했을 때에만 제공되어서는 안 되며, 욕구가 발생하는 것을 예방하기 위해서 사회와 개인이 가지고 있는 자원들이 모두 동원되어야 한다는 것이다. 이러한 사민당의 사회계획은 포괄적인 사회정책 청사진으로 볼 수 있다. 이러한 사민당의 당론은 자유방임과 법 앞에서의 평등이 스스로를 책임지는 시민권 수립을 위한 수단이라고 보았던 19세기 자유주의에 대한 분명한 거부를 의미한다(Rimlinger, 1971 : 159).

8) 현재 독일의 정당을 이데올로기적으로 좌파계열에서 우파계열로 배열하면 민주사회주의당(PDS), 녹색당(Grune), 사회민주당(사민당, SPD), 기독교민주당(기민당, CDU), 기독교사회당(기사당, CSU), 자민당(FDP) 순서이다. 민주사회주의당은 동독의 사회주의통일당의 후신으로 사회주의를 지향하는 정당인데, 동독 지역에서만 득표율이 20% 이상이나 전국적 영향력은 적다. 녹색당은 1980년대 초반 사민당에서 이탈한 세력이 주축이 되어 환경에 대한 보호를 적극적으로 주장하며, 의회민주주의나 자본주의의 대안을 모색하며 진보적 색채를 띠고 있다. 득표율은 전국적으로 5~10% 정도로 청년층에게 인기가 높지만 사회정책적 대안은 제한적이다. 사회민주당은 독일 노동운동의 역사와 관계가 깊으며 약 40%의 득표율을 지니고 있으며 기민당보다 진보적이다. 기민당과 기사당은 자매정당으로서 기독교 사회윤리와 관계가 깊으며, 약 40%의 득표율을 지니면서 자본주의의 병폐를 인식하면서 개혁하려는 의지는 가지고 있지만 보수적인 색채를 띠고 있다. 자민당은 약 5~10%의 득표율을 지니며 자영업자를 주 득표 대상으로 삼고 있으며 자유주의적 색채가 매우 강하고 사회정책보다는 경제정책에 치중하는 경향이 있다(정연택, 1999 : 150).

제2차 세계대전이 끝난 후 사회보장의 전개를 보면, 영국과 독일 사이에는 차이가 있다. 영국의 베버리지보고서는 대부분의 사회적 위험에 대비해 보편적 복지로 접근했다. 이것은 개인의 경제적 상황에 무관하게 보호는 모든 시민의 사회적 권리라는 개념에 기초했다고 할 수 있다. 그러나 독일의 전통은 '보호란 주로 경제적으로 취약한 자'를 위한 것이라는 다소 온정주의적 이념에 그 뿌리를 두고 있다(Rimlinger, 1971 : 160). 즉, 독일에서는 노동자들은 경제적으로 취약하며, 그들은 특별히 보호될 필요가 있다는 고전적 사회보험의 근본 개념을 거부하는 보수적 성격이 있었다.

독일의 뿌리 깊은 사회민주주의 전통에도 불구하고 전후 독일의 사회복지에 대한 보수적인 접근은 '전쟁'이라는 특수한 상황의 영향을 받은 측면도 있다. 독일은 두 번씩이나 전쟁을 일으켰으나 패전했고, 그 과정에서 나치즘이라는 전체주의를 경험했다. 이러한 경험은 독일이 패전의 원인이라고 생각하는 집합주의를 거부하고 중앙집권형보다는 지방분권형을 택하게 하여 전쟁 직후인 1949년에 실시된 총선거에서 개인주의적 이데올로기에 가까운 기독교민주당(CDU)이 집합주의적 이데올로기를 지닌 사회민주당(SPD)에 승리하게 했다. 선거에서 승리한 아데나워 기민당 정권은 국가개입을 최대한 줄였으며, 복지정책보다는 경제정책을 우위에 두었다(김영화, 1988).

2) 기민당 정부하의 사회복지

1949년 9월 기민당이 승리하고 아데나워 수상[9)]이 이끄는 기민당과 기사당 연립정부가 출현하면서 사회시장경제가 공식적인 경제정책의 프로그램으로 채택되었다. 그러면서 독일에서 기본적으로 국가에 의한 사회화 계획과 같은 사회주의적 요소는 거부되었다.

제2차 세계대전 후 독일의 경제는 급속한 발전을 이룩했다. 경제의 발전을 주도한 이론적 기초는 기민당과 기사당이 채택한 신자유주의였다. 신자유주

9) 아데나워 수상은 1949년부터 1963년까지 14년 동안 독일 수상으로 있으면서 패전국 독일의 경제를 회복시켜 '라인강의 기적'을 만드는 데 크게 기여했다.

의의 특징은 자유를 최대한으로 실현하기 위한 경제질서정책을 전개하는 데 있었다. 신자유주의자의 기본적 입장은 국가의 적절한 질서정책에 의해 시장경제가 유효하게 기능하면 사회문제는 발생하지 않는다는 것이다. 이런 입장을 따를 경우, 생존경쟁에서 탈락한 사람에게만 사회보장을 통한 인도주의적 구조가 필요하게 된다. 이것은 기민당 정부하의 사회복지 방향은 잔여적 복지였다는 것을 의미한다. 1948년 통화개혁에 따른 경제의 자유화 조치를 취하면서 아데나워 수상이 "훌륭한 경제정책이 최선의 사회보장정책이다"라고 한 말은 바로 이 점을 압축해서 표현한 것이다. 따라서 서독 경제를 특징짓는 사회적 경제는 시장경제를 중심으로 하면서 사회보장이 가미된 것이라고 할 수 있다(유광호, 2001 : 149).

그러나 이러한 신자유주의적 경제정책 실현을 추진하면서도 기민당과 기사당 연립정부는 긴급한 사회문제와 사회보장에 대한 시민들의 욕구를 외면할 수는 없었다. 경제발전이 어느 정도 순조롭게 진행되어 재정적으로 여유가 생기면서 사회보장을 확충하기 시작했다.

1950년 12월 전쟁희생자 유족과 전상자의 부조에 관한 연방원호법을 제정하고, 1952년에는 피난민과 피추방자의 재산손실을 부분적으로 보상하며 서독 국내에서 자립기반을 조성해 주기 위한 부담조정법을 제정하였다. 그리고 나치스 정권에 의해 부정되었던 사회보험의 자치원칙이 1951년부터 회복되어 피용자와 사용자가 사회보험의 관리 및 경영을 자주적으로 담당하게 되었다(유광호, 2001 : 149).

전후 경제가 회복되고 성장이 궤도에 오르자 사회보장 연구자들이 목소리를 내기 시작했다. 그들은 영국의 사회보장제도에 비하여 서독의 사회보장제도는 그 대상이 노동자 계층 등 특정 사회집단에 한정되어 있기 때문에 상당수의 국민이 혜택에서 제외되어 있다고 주장하면서 포괄적인 사회보장제도 추진을 주장했다. 이러한 주장의 결실은 1957년에 단행된 제1차 연금개혁으로 나타났다.

가톨릭 사회과학자인 슈라이버(W. Schreiber)의 구상에 따라 시도된 연금개혁은 다음의 두 가지로 요약할 수 있다(유광호, 2001 : 150).

첫째, 연금 수준을 임금상승과 연계시키는 '슬라이드 제도'를 채택함으로써 연금의 실질가치를 확보할 수 있게 했다. 이것은 인플레이션에 따라 연금의 실질가치가 감소되는 것을 보전해 주고, 임금상승에 의해서 현역 노동자들과 연금수령자 간에 발생하는 생활수준의 격차를 줄일 수 있었다.

둘째, 연금의 재정방식이 적립방식(accumulation of funds)에서 부과방식(pay-as-you-go)으로 변경되었다. 엄밀한 의미에서 보면, 이러한 변화는 수정부과방식으로의 변경이었다. 수정부과방식은 연금재정을 10년을 단위 기간으로 정해 그 기간에 지급될 연금 총액을 현역 피보험자의 보험료로 충당하고, 기간 말에 가서 향후 12개월분의 연금지급액에 상당하는 필요적립금을 남겨두는 것이다. 그 후 1969년에 개정된 연금법에서는 10년의 단위 기간은 폐지되고 최소한의 필요적립금도 3개월로 축소되었다. 더 나아가 1977년의 연금법 개정에서는 적립금이 1개월분으로 인하됨으로써 완전부과방식으로 전환되었다.

연금재정방식이 적립방식에서 부과방식으로 변경된 것은 필요한 연금지급액을 적립금에서 확보하기가 어려워졌고, 임금상승에 연계된 슬라이드형 연금제도의 도입으로 연금지급액이 크게 증가했기 때문이었다. 부과방식 도입으로 세대 간 계약 원칙이 연금보험의 이론적 기초가 되었다. 이것은 일하고 있는 노동자가 과거의 노동자로서 국가 경제발전에 공헌하고 은퇴한 노령자의 소득을 보장하는 것을 의미한다.

3) 사민당 정부 시기의 사회복지

1960년대 중반에 이르게 되자 서독의 경제는 물가가 상승하고 성장률이 둔화되는 현상에 직면하면서 기민당·기사당 연립정부는 국민의 지지를 잃게 되고 사민당의 세력이 증가하기 시작했다. 마침내 1966년 전후 최초로 사민당이 기민당, 그리고 기사당과 대연립정부를 구성했고, 1969년에는 자민당과 함께 소연립정부를 구성했다. 독일에서 케인스주의가 받아들여진 것은 계속된 경제불황으로 기민・기사 연립정부가 국민들의 지지를 잃어가면서 등장한 사민・기민・기사 연립정부 시기였다. 이 시기에 정부는 경제에 개입하기 시작했고, 경제독점을 배제하고 재분배정책을 확대했다.

사민당 경제정책의 이론적 기초는 신사회주의였다. 신사회주의는 신자유주의의 경쟁일원론과는 달리 시장과 계획, 자유와 평등, 개인과 공동체 등의 이질적 요소의 조화를 통해 혼합경제질서를 구축하는 것이다. 따라서 사민당은 기민당과 기사당보다 사회정책이나 사회보장의 추진에 있어서 더 적극적이었다(유광호, 2001 : 151).

사민당은 이미 1957년에 신사회주의적 경향을 띤 사회정책학자 19명에게 위탁하여 '경제를 위한 사회개혁'을 작성하여 사회보장체계에 대한 정책 구상과 장래의 전망을 발표하게 했다. 종래의 마르크스주의 노선에서 크게 이탈한 '고데스베르크(Godesberg) 기본 강령'을 중심으로 한 이 계획에서 사회정책은 개인의 사회에서 자유롭고 자기를 실현하고, 자기 책임에 따라 생활을 영위할 수 있는 기본적 조건을 창조하는 데 있다고 주장했다. 사민당의 사회정책과 사회보장에 대한 적극적인 구상화 태도는 정권에 참가한 이후에는 그 실현을 위한 노력으로 나타났다(유광호, 2001 : 152).

1967년 기징어(K. G. Kiesinger) 대연립 정권하에서 사민당은 '경제안정성장촉진법'을 제정하는 데 주도적 역할을 하였다. 이 법의 제정은 심각한 불황에서 탈출하기 위해 서독에서 최초로 케인스주의를 도입했다는 것을 의미한다. 이 법에 따라 중기 경제계획과 중기 재정계획의 기초 위에서 1968년부터 해마다 「사회보고서」가 발표되었다. 이 「사회보고서」를 통해서 사회보장의 전체 구조와 장래의 동향을 개관하는 것이 가능해졌다(유광호, 2001 : 152).

5. 복지국가 위기기의 서독 복지모델 : 1975~1990년

1) 정치 · 경제 · 사회적 변화

1970년대 이후 독일에서는 출산율이 낮아지고 노인인구가 증가하기 시작했다. 이러한 인구학적 변화는 사회보험 급여의 지출을 늘렸으며 그로 인해 노령연금제도와 의료보험재정의 안정성 문제가 등장했다. 뿐만 아니라 여성들은 지속적으로 노동시장에 참여하기 시작했다. 가부장적 핵가족 형태가 지배적이긴 했으나 단독가구가 서서히 증가하였으며 가구구성이 다양화되었다. 이러한 변화로 인해 서독 사회복지 모델의 핵심이었던 보수적인 가정(assumption)들이 도전받기 시작했다.

이 시기에 무엇보다 독일 사회복지 모델에 영향을 많이 미친 것은 1973년의 석유파동이었다. 석유파동은 수출의존도가 높은 독일 경제에 심각한 타격을 주었다. 탈산업화는 노동조합의 조직률 하락으로 이어졌으며, 노동시장에서 고용의 양과 질에 있어서 변화가 발생했다. 1960년부터 1973년까지 1% 정도이던 실업률은 1970년대 후반에 3~4%대로 올라갔다가 1980년대에 이르러 6~8%까지 치솟았다. 고용의 질적 면에서도 표준 고용 관계에 의한 정규직 고용 이외에 비정규직, 기간제 고용 형태가 지속적으로 증가했다. 경제성장률이 둔화되면서 '노동시장-노사관계-복지제도'의 관계가 과연 제대로 작동할 수 있을 것인지에 대한 의문이 발생했다(황규성, 2011 : 47).

석유파동이 유발한 경제침체로 인해 공공지출의 통제가 서독의 경제정책 우선순위가 되었다. 그 결과로 GDP에서 차지하는 사회지출의 비중은 점점 더 줄어들었으며 이러한 경향은 1990년 독일 통일 때까지 계속되었다.

또한 1980년대에 이르자 정치에 변화가 나타나기 시작했다. 1982년 10월 사민당과 연립정부를 구성하고 있던 자민당은 사회정책의 방향에 대해 사민당과 견해를 달리하면서 13년 동안 계속되어 온 사민당과 자민당 정권은 붕괴위기에 이르렀다. 마침내 1983년 3월 총선거에서 사민당은 야당으로 밀려나고, 기민당, 기사당, 그리고 자민당이 연립한 정부가 탄생했다.

이 정권 교체는 독일 사회정책 방향에 많은 변화를 가져왔다. 다시 집권에 성공한 기민당은 사회정책보다는 경제성장과 고용창출에 우선을 두는 정책을 추진했다. 이러한 정책 추진에는 사회정책은 경제정책에 종속된 것이라는 기민당의 기본 인식이 작용한 것이었다. 이러한 정책에 의해 사회보장급여 수준은 동결되었다.

기민당 정부의 효율을 강조하는 경제정책은 자조정신과 개인책임을 다시 강조하였으며, 이러한 경향은 '보충성의 원칙'과 맥을 같이하는 것이었다(Clasen & Freeman, 1994). 복지국가는 복지 의존과 일할 의욕을 감퇴시키는 것으로 묘사되기도 했다. 이러한 반복지 주장들은 복지 축소를 정당화하는 데 사용되었고 사회부조에의 의존을 감소시키기 위해 재훈련 프로그램들이 등장했으며 이러한 현상들은 서독 복지체제의 시장순응적 속성으로 비쳐졌다(Lawson, 1996; Wilson, 1993).

또한 당시에는 가족에 대한 전통적 사고에 대해 갈등이 생겨나기 시작했다. 한편으로는 아동보호 서비스의 불충분, 아동보호 수당의 인상, 그리고 어머니는 아동을 양육하고 보호하기 위해 가정에 머물러 있어야 한다는 도덕적인 기대가 결혼한 여성으로 하여금 집에 머물도록 했다. 그러나 다른 한편으로는 사회부조에 의존적인 독신 어머니들은 일자리를 찾아 나서야 했으나 그들이 받는 급료는 남성가구주가 없는 상황에서 아동을 양육하기에는 매우 불충분했다. 이러한 현상으로 인해 독신 여성들의 취업률은 다른 여성들보다 높았다.

간헐적인 경기침체는 1980년대 동안 계속되었으며 1990년대까지 지속되었다. 따라서 실업문제는 1990년대에 이르는 동안 계속 독일의 중요한 이슈가 되었다(Poole, 2001 : 168). 이 기간 동안 남성들은 점점 실업의 위기에 처해졌다. 특히 쇠퇴하는 산업에 종사하는 남성근로자들과 소수인종들의 경우는 더 심각했다. 전통적으로 안정적이며 영구적으로 지속될 것으로 보였던 산업분야에 종사하는 사람들의 증가하는 실업과 양극화 현상으로 인한 신빈곤(new poverty) 문제는 심각한 사회문제로 등장했다.

2) 노동정책의 변화

경제침체가 지속되는 상황에서 실업문제 해결을 위한 노동정책이 1970년대 후반기와 1980년대 주요 사회정책의 핵심 분야였다. 노동정책 중에서 가장 특징적인 것은 조기퇴직제도 도입이었다. 조기퇴직제도는 1970년대 중반부터 시행되었는데, 1986년에는 「고용촉진법」 105조에 58세 이상 고령 실업자는 연방고용청의 직업 알선을 받아들이지 않더라도 실업급여나 실업부조를 받을 수 있도록 하는 규정을 추가했다. 조기퇴직제도는 퇴직 연령에 이른 노동자를 퇴직 연령 전에 물질적 보상을 제공해 일자리에서 물러날 수 있게 하는 점에서 임금 대체 급여라는 성격을, 고령자가 물러간 자리에 청년들이 진입할 수 있도록 한다는 취지에서 적극적 노동시장정책의 성격을 동시에 지닌 것이었다(황규성, 2001 : 48).

그러나 고령자의 조기퇴직을 유도하는 정책은 성공적이지 못했다. 경제성장이 둔화되어 대규모 고용 창출이 불가능해지자 노동 공급을 감축하는 전략을 선택했지만, 이는 남성에게는 실업급여 또는 연금수급 의존도를, 여성에게는 남성 소득자에 대한 의존도를 높이는 결과를 가져왔다. 결국 노동시장에 남아 있는 노동자에게는 고용 안정에 대한 요구를 강하게 하여, 노동시장의 경직성은 높아지고 고용창출이 어려워지는 결과를 초래했다. 즉, 실업상태에서도 소득을 유지하는 사회정책 접근에 초점을 둔 독일 모델은 실업상태를 방조했거나 심지어 실업상태에 머무르게 했다. 이를 두고 일부 논자들은 '독일 복지국가의 고용 위기'에 대한 '잘못된 적용'이라고 평가하면서 독일 복지국가를 '일자리 없는 복지국가'로 부르기도 했다(황규성, 2001 : 48).

1985년 4월에는 「취업촉진법」을 제정하여 실업예방 조치를 강화하였다. 이 법은 비정규직 증가에 따른 노동시장의 유연화를 시도하는 법이었다. 이 법에 의하면, 계약 기간이 2년을 초과하지 않거나 3회에 걸쳐 연장된 계약 기간이 2년을 초과하지 않는 경우에는 객관적인 사유 없이도 기간의 정함이 있는 근로계약을 체결할 수 있게 했고, 단기간 노동에 대해서는 차별을 금지한다는 내용이 골자였다(황규성, 2001 : 49).

3) 연금정책의 변화

비록 기민당 정부가 경제우선정책을 추진했지만 연금정책에 있어서 진전된 부분은 있었다. 먼저 1974년 유족부양에 있어 남녀불평등을 제거하라는 연방재판소의 판결에 부응하여 1985년 연금보험법상 자녀양육기간을 인정하는 법이 제정된 것이다. 또한 자녀를 양육하는 부모를 위해 1~3년간의 양육기간을 인정하여 연금청구의 기간연장 근거를 마련하였을 뿐만 아니라 연금급여액을 증대시키는 데 기여했다. 이러한 사회정책의 혁신으로 인하여 1985년 12월에는 육아수당 및 육아휴직제가 신설되었다. 그리고 질병보험에서도 35세 이상인 가입자에 대한 심장·순환기 검진의 실시 등이 새로운 급여로 추가되었다(유광호, 2001 : 154).

통일 이전에 1957년 연금 개혁 이래 가장 중요한 연금 개혁은 1989년 베를린 장벽이 무너진 바로 그 날 의회에서 통과되고 1992년부터 시행되도록 한 '1992년 연금 개혁'이었다. 개혁의 가장 핵심적인 내용은 연금액 산정 기준과 연금 수급 개시 연령 조정이었다. 연금수령액은 ① 개인별 점수, ② 연금 종류별 적용률, ③ 실질 가치 유지액을 곱해 산정하도록 했다. 1957년 연금 개혁에서 연금 수급액을 명목 임금 상승률에 연동했다면, 1992년 연금 개혁에서는 보험료 납부자의 제세 부담률이 증가하면 그에 상응하는 만큼 연금 수급액의 인상을 제한하는 한편, 전년도 연금 수급자의 제세 부담률이 높아질 경우 그만큼 수급액이 상향 조정될 수 있도록 했다. 이는 조세 및 사회보험료 부담의 세대 간 형평성을 유지하기 위해서였다(황규성, 2001 : 51).

1992년 연금개혁은 1957년 연금개혁과 논리는 동일하나 세부 사항에서는 차이가 있다. 첫째, 산식에 들어가 있는 소득 연계 연금이라는 논리는 동일하되 수급액이 명목 임금 상승률을 반영하는 것이 아니라 실질 임금 상승률을 반영하는 조정 계수를 도입한 것이다. 둘째, 연금 수급 개시 연령을 늦추었다. 1972년 개혁에서 65세 이외에도 탄력적으로 연금 수급 개시 연령을 선택할 수 있도록 했는데, 1992년 개혁에는 장기 가입자, 실업자, 장애인, 여성 등의 연금 수급 개시 연령을 65세로 점진적으로 연장했다. 그 밖에 분할 연금 제도가 도입되어 60세 이상 노동자가 정상 연금 수급 개시 연령인 65세가 되기까지 파트 타임으로 일하게 될 경우 소득 상실분에 따라 정상 연금 수령액의 1/3, 1/2, 2/3를 지급할 수 있도록 했다. 또한 아동 양육을 위해 유직 또는 퇴직한 경우에도 자녀 1인당 3년을 가입한 것으로 인정하고, 연금보험 지출 총액 가운데 연방의 국고보조금이 20%가 되도록 했다(황규성, 2001 : 52).

4) 사회적 지출의 증가

1980년대에 사회적 지출은 계속 증가했다. 1979년에 4천 450억 마르크이던 사회적 총지출이 1989년에는 6천 600억 마르크로 증대되었다. 지출규모의 증대는 무엇보다 급격한 연금지출의 증대와 국민보건제도에서의 지출팽창, 그리고 노동시장정책을 위한 지출 등이 크게 증대한 데서 원인을 찾을 수 있다(유광호, 2001 : 155).

5) 영국과 미국과의 비교

1973년 석유파동으로 인한 경제위기는 1980년대 복지국가의 위기로 이어졌다. 영국에서는 대처 행정부가 집권하면서 복지축소를 추진했으며, 미국에서는 레이건 행정부가 복지축소를 추진했다. 그러나 독일에서는 영국이나 미국에서처럼 본격적인 복지축소는 나타나지 않았다.

독일에서는 1970년대 중반 이후 사회복지의 기반이 흔들렸음에도 불구하고 노동시장정책, 연금정책 분야에서 정책 목표는 크게 흔들리지 않았다. 조기퇴직제도의 도입과 연금제도의 개혁이 있었으나 노령자 조기퇴직제도는 고령자를 노동시장에서 은퇴시키려는 노동력 공급 축소전략이었으며, 연금제도 개혁은 남녀 불평등 해소와 자녀양육을 위한 전향적인 개혁이었다. 1980년대 영국의 대처 행정부나 미국의 레이건 행정부에서 추진한 신보수주의적 사회정책으로의 전환은 독일에서는 일어나지 않았다.

그 배경에는 탄탄한 기술을 바탕으로 하여 세계 시장에서 차지하는 수출 점유를 높게 유지할 뿐 아니라 표준 고용 관계에 의한 고른 소득분포 등 독일

복지국가의 지탱에 결정적인 사회, 경제적인 요인들이 크게 흔들리지 않았다는 점이 배경으로 작용했다. 무엇보다 독일 복지국가가 영미 국가들과 같이 급격히 보수주의적으로 재편되지 않았던 이유는 '사회적인 것'에 대한 비교적 강고한 사회적 함의가 존재했기 때문이었다(이호근, 2004 : 88).

6. 통일 이후의 독일 사회복지 : 1990년 이후

1990년 10월 1일 독일은 다시 하나의 국가로 통일되었다. 1990년 5월 18일에 체결된 통화・경제・사회통합의 창출에 관한 조약에서 동독은 서독에서 실시하고 있는 ① 노동법의 기본 원칙, ② 사회보장의 원칙, ③ 취업촉진법의 규정, ④ 사회부조체계를 그대로 도입하기로 결정했다. 그래서 사회보장의 모든 분야에 있어서 구동독 주민들은 구서독 사회보장의 법규의 적용을 받게 되었다(유광호, 2001 : 155).

1) 통일 이후의 사회문제

(1) 실업

서독과 동독이 통일되던 1990년 가을, 동독에는 2백만 명이 넘는 사람들이 실업상태 또는 비정상적 고용관계에 있었음에도 불구하고 통화-경제-사회연합 실시 후 첫 몇 달 동안에는 낙관과 희망이 줄지 않았으며, 동독 시민들은 대체로 미래를 낙관하면서 독일 통일을 맞았다. 그러나 연방정부의 많은 약속들이 실현 불가능하다는 것이 곧 드러났다. 통일 특수에 힘입은 특별 호황이 지나간 뒤에는 독일의 경제도 더 이상 전 세계적인 경기 침체를 벗어날 수 없었으며, 깊은 경기 후퇴에 빠져들게 되었다. 동독 지역에 1992년 중반까지 60%의 제조업 일자리가 유실되었다. 동독 지역은 제조업 황무지로 변했으며, 유럽 연합 국가들 중에서 가장 산업구조가 취약한 지역이 되었다(박장현, 1999 : 71-72).

그중에서도 통일 독일에 대한 동독 주민들의 기대를 가장 벗어났던 상황은 실업이었다. 통일 당시 동독의 상황은 낡은 주택, 낙후된 기술, 오염된 환경, 열악한 주거시설 등으로 많은 어려움에 직면해 있었다. 「Economist(1998)」 저널에 의하면 이러한 상황을 개선하기 위해 통일 이후 5,510억 달러의 공적 기금이 동독으로 투입되었다. 그럼에도 불구하고 1998년 6월의 동독 실업률은 17.2%이며 이것은 서독의 2배 이상의 비율이었다. 생산성은 1/3 정도로 낮아졌고 수출이 약화되고 동독 회사들의 파산이 증가하였다.

독일은 통일된 이후 구동독 지역의 산업붕괴로 인해서 엄정난 노동시장의 혼란을 경험했다. 통일 직후 구동독의 공식적 실업률은 17%에 달한 것으로 발표되었지만 실제 실업률은 그보다 훨씬 높았다. 이와 같은 높은 실업자 수에도 불구하고 실업률이 낮게 계산된 이면에는 잘 발달된 독일의 노동 시장 기제에 기인된 바 크다. 예를 들어, 통일 초기에는 단축근로시간제, 조기정년제도, 직업훈련제도 등 모든 형태의 노동시장 시스템에 의해서 실업자의 대책이 마련되었다. 여기에 실업자가 되었을 때 생계유지를 위한 각종 사회보장제도를 준비하였다.

그러나 사회안전망을 마련했음에도 동독의 실업률은 서독의 실업률에 비해 항상 높았고 그로 인한 빈곤 문제와 사회환경적 불평등의 문제는 강화되었으며 이의 해결을 위한 사회보장비의 이전도 예상된 이상으로 지출되었다. 동독 기업의 불황, 수많은 기업 도산과 그로 인한 단축 근로자 및 실업자의 급증은 사회보험조합의 지출 증가뿐만 아니라 수입 감소라는 큰 부담을 안겨주었다. 그 결과 사회·노동정책적 조치를 위한 재원 역시 고갈되었다. 또한 상이한 사회보험제도의 일원화 과정은 기술적·조직적 문제를 야기하기도 하였다.

(2) 불평등

통일의 성패는 법과 제도의 통합보다 이질적인 사회체제 속에서 오랫동안 살아온 사람들이 한 체제 속에 뒤섞이면서 얼마나 융합할 수 있느냐 여부에 달려 있다고 할 수 있다. 일부 동독인들은 동독 시절의 친밀한 인간관계, 낮은 범죄율, 보조금 제도를 그리워하기도 한다. 이러한 현상들은 옛 동독체제하에서라면 당연히 자신들이 받아야 할 거의 무료에 가까운 대학교육 비용, 그 부모들이 동독 시절에 누렸던 사회보장 혜택, 생필품 지급 등이 영향을 미쳤을 것으로 보인다. 동독 주민들은 통일 이후 경제적 불안감을 가지고 있었으며 줄어든 보장제도와 높은 실업률, 자본주의 사회에 대한 두려움, 동・서 간 빈부격차 등에 대해 불안감을 느꼈다(배화숙, 2005).

서독과 신설 주, 즉 구동독 사이의 심각한 경제적 사회적 차이가 있다는 증거들은 많다. 웰펜스(Welfens, 1992 : 177)가 1992년경의 동독의 상황을 설명한 것에 따르면, 동독의 전체 경제는 스스로가 비극적인 조건이라는 것을 발견하고, 경제적 상황은 급격하게 나빠지고 있었으며, 실업은 불규칙하게 높아갔다. 명목임금이 크게 상승했음에도 불구하고, 1992년의 소득 수준은 서독 주에서의 그것의 절반 정도였다. 사회정책은 재정적 경제의 대변동이 가져온 최악의 결과를 완화시키고 있으나, 동독과 서독 간의 차이를 안정화시키는 방법이 쉽게 발견되지 않았다. 동독과 서독 간의 빈부 차를 직접적인 평등화의 노력은 두 사회 간 더 많은 차이가 있다는 사실을 말해주었다.

돈버그(Dornberg, 1999)는 권력, 부, 경험 등의 불평등으로 인해 구동독인들이 고통을 겪고 있음을 지적하였다. 동독의 생활수준이 서독보다 낮으며 임금은 낮고 실업은 세 배에 이르러 경제적 불평등이 심화되어, 결국 이것은 심리적 불만족을 가중시켰다는 것이다. 물리적 벽은 사라졌지만 사람들 머릿속의 새로운 벽이 있다고 지적하며 동서독이 심리사회적 수준에서는 더 분리되었다고 할 수 있다.

구서독인들은 그들 자신과 과거에 대해 고민하거나 적응할 필요가 없었다. 그러나 동독인들은 그들이 생활하고 살아왔던 40년이 가치 절하되고 있다고 느끼며 서독의 시스템에 적응하고 극복해야 하는 부담을 가짐으로써 열등의식을 갖거나 자존감을 낮게 갖게 되는 결과를 가져왔다. 1990년에 동독인의 87%가 이등 시민이라는 느낌을 가진다고 응답했으며, 1995년에는 점점 줄어 65%가 그렇게 응답했으나 그 이후 다시 증가하여 1999년에는 80%가 그렇게 느낀다고 응답했다(Dornberg, 1999).

(3) 이주민 문제

독일은 동독주민에 대하여 일시에 높은 소득보장을 통하여 구서독과의 생활격차를 해소함으로써 대규모 인구이동억제 효과와 사회안정을 정책적으로 유도하였으나 이로 인한 막대한 통일비용지출을 부담하여야 했다. 독일 통일 과정에서 통일 전후에 이동한 인구규모는 동독 전체 인구의 8.6%에 이른다. 그리고 <표 6-1>에 의하면, 1990~1993년까지 동독 지역에서 서독 지역으로의 이주규모는 987,637명에 달했다.

〈표 6-1〉 통일 전후 독일 이주자 변화추이 비교(동유럽 중심)

연 도	소 계	유고 슬라비아	루마니아	불가리아	구소련	구동독 지역
1985	1,785	750	887	97	43	
1990	63,637	22,144	35,345	3,841	2,337	395,343*
1991	133,104	74,854	40,504	12,056	5,690	243,800
1992	268,828	122,668	103,737	31,540	10,883	189,964
1993	195,035	96,626	73,717	22,547	21,458	158,530

* 동독지역에서 외국인 이주자를 제외한 순수 독일인 이주 숫자임(단, 1990년은 독일인과 동독거주 외국인 포함)

출처 : Statistisches Bundesamt Bundesministerium Innen(1994). Wiesbaden(김진수, 1996 : 255. 재인용).

2) 통일 이후 사회문제에 대한 대응

(1) 사회복지재정의 확충

독일 사회정책은 사회적 위험에 대한 보장을 통해 통독 과정에서 경제정책 및 고용정책의 문제와 사회적 불평등을 완화하였을 뿐 아니라, 대부분의 사회보장급여와 서비스를 서독 수준에 적용함으로써 급여수준을 상승시켰으며, 상당 규모의 이전지출로 체제전환으로 인한 불만을 약화시켜 체제수용을 강화하였다. 사회정책은 따라서 적어도 초기에는 체제전환의 부수적인 부분이 아니라 체제수용을 강화하고 삶의 질을 개선하는 가장 효과적인 방법이었으며(오정수 · 정연택, 1999 : 344), 이러한 목적의 사회정책을 확대하기 위해서는 사회복지재정의 확충이 필요했다.

<표 6-2>에서와 같이, 통일 이후의 동독 지역에 대한 지원은 주로 공공재정 차원에서 이루어졌다. 통일 후 1995년까지 그 규모는 총액 개념으로 약 8,543억DM(약 478조 원)에 달하고 있다. 여기에 연방정부가 동독 지역으로부터 징수한 각종 조세수입을 공제할 경우 순 재정이전 규모, 즉 통일비용은 6,645억DM으로 매년 서독 지역 GNP의 4~5% 수준이었다(이용하 · 이정우, 2002 : 129). 이전된 재정은 노동시장정책과 고용보험, 연금보험 등 동독의 사회보장에 대한 비용도 포함된 것이다. 이것은 통일로 인해 발생한 문제 해결과 제도의 통합을 위해 어떤 형태로든 연방정부가 책임지고 진행한 것임을 보여주고 있다.

〈표 6-2〉 **동독 지역에 대한 공공부문의 재정지원 규모(1991~1995)** (단위 : 10억 DM)

재정지원 내역	1991	1992	1993	1994	1995
연방정부의 재정지원	75.7	95.9	117.8	120.4	156.5
지방자치단체 간 재정지원	5.0	5.0	10.0	14.0	17.0
독일통일기금	35.0	33.9	35.2	34.6	9.5
유럽연합 재정지원	4.0	5.0	5.0	6.0	7.0
사회보험 간 재정지원	30.2	50.8	56.4	49.8	51.5
총재정지원액	134.4	164.1	170.8	173.5	211.5
순재정지원액	105.7	131.0	135.9	130.9	161.0
순재정지원액/서독지역 GNP	3.8	4.5	4.6	4.2	5.0

출처 : Sachverständigenrat(1995). Begutachtung der gesamtwirtschaftlichen Ent-wicklung(이용하 · 이정우, 2002 : 129에서 재인용).

사회복지재정만 살펴보면, 1991년부터 1995년까지 구서독 지역에서 구동독 지역으로 이전된 금액은 총 9,810억DM이었다. 구서독 지역에서 구동독 지역으로 이전된 금액 중 광의의 사회보장과 관련된 항목은 노동시장정책에 사용된 2,150억DM과 사회보장에 관련된 1,390억DM, 총 3,540억DM으로, 이는 1991년부터 1995년까지 구동독지역으로 이전된 총액의 36.1%에 달했다. 또한 독일의 소득분배를 포함하는 사회복지급여 비용은 구동독지역의 경우 1991년 1,106억DM에서 1992년의 경우 전년도 대비 45.1%가 증가한 1,605억DM이었으며, 그

후 평균적으로 구서독 지역보다 높은 수준에서 증가하여 2000년의 경우 2,293억DM이었다. 그래서 독일 전체의 사회복지급여비용에서 구동독 지역의 비용이 차지하는 비율은 1991년 13.2%에서 1992년에는 17.0%, 1994년부터 2000년까지 18% 수준에 이르렀다. 이러한 구동독에 대한 구서독의 지원으로 인해, 1991년 구동독 지역 인구 1인당 사회복지급여비용은 6,956DM으로 구서독 지역의 11,328DM의 61.4%였으나 1992년 이후 지속적으로 증가하여 2000년의 경우 15,084DM으로 구서독 지역 15,411DM의 97.9% 수준까지 도달했다(김진수, 2003 : 135).

(2) 연금개혁

독일의 연금제도는 인구층이 젊고, 퇴직 전까지 남자 부양자는 종일제 직업을 가지고 있으며, 부유한 자는 소수이고 대중은 가난하다는 전제하에 만들어진 것이다. 그러나 통일로 인한 고령화로 연금수령자의 증가, 실업의 증가, 그리고 시간제 근로의 증가는 연금제도를 운영하는 데 이중적인 부담을 초래했다. 1994년의 경우 사회보장에 GDP의 1/3을 사용하였고, 사회보험 기여가 총 임금의 40%를 차지하였다. 통일 후 독일이 직면한 문제는 경제력이 낮은 동독의 1,700만 명의 인구, 1945년 이후 최고의 경기 침체(실업 400만), 인구 노령화로 인해 연금급여 대상자가 증가한 것이다.[10)]

독일의 연금개혁의 기본 성격은 전체적인 사회보장의 틀에서 벗어나지 않는 범위 내에서 재정절감을 위한 노력을 기울였다는 것이다. 즉, 그동안 지속적으로 제기되어 온 공적연금의 기초연금으로의 개혁이나 의료보험을 민영화하는 조치는 없었다. 이러한 점은 사회보장의 역사가 길수록 근본적인 변화는 사실상 어렵다는 것을 보여준다.

독일에 있어서 연금개혁은 총 세 번의 개혁이 있었는데 사회복지 재정과 관련하여 개편된 경우는 앞서 언급한 1992년에 시행된 연금개혁이 있으며, 최근

10) 그러나 이 전제가 변화했음을 인식하지 않으면 개혁은 실패할 것이라고 지적되었다(Economist, 1994). 비정규직과 실업의 증가는 사회보험형태의 구조에서는 그 재원의 공급에서는 안정성이 부족해지고 사회보험 급여의 부담은 증가하는 것이다. 이 점은 통일로 인한 실업에 덧붙여 전체 경제구조의 변화로 인해 기존 사회보장의 형태의 유지가 어려울 것임을 보여주고 있으므로 향후 사회보장제도의 모형 결정에서 유의해야 할 중요 요소이다.

에 새로 도입된 수발보험을 들 수 있다.

1992년에 단행된 연금개혁의 내용은 전반적인 제도 개혁이었다. 그런데 이러한 연금개혁은 대부분 상대적으로 관대했던 여성에 대한 급여조건의 제약이나 급여수준의 하향 조정 등과 직접적으로 관련 있는 것이 사실이다. 연금법 개정 내용 중 가장 눈에 띄는 것은 장기실업자와 여성에게 유리하게 적용되었던 조기연금제도의 폐지이다. 즉, 그동안 65세 이전에 지급되도록 하였던 연금지급 개시연령이 2001년부터 연장되어, 남녀 차별 없이 65세부터 지급되도록 한 것이다(김진수, 2003 : 152-153).

현재 독일 연금 제도는 이러한 한계 근로자와 1년을 기준으로 2개월 혹은 50일 이하의 근로자는 강제 적용에서 제외시키고 있는 실정이다. 별도의 법을 통해 이러한 근로자를 보호하고자 하는 조치가 실시되고 있지만 연금제도 자체만을 가지고 볼 때, 적용 대상의 엄격성을 보이고 있는 것이 사실이다. 그리고 정상적 연금수령을 위해서는 남녀 모두 45년의 기여 납부를 조건으로 하고 있는 점, 그리고 최저 수준의 연금이라도 수령을 위해서 60개월 이상의 기여 납부 기간을 정해놓고 있는 점, 최저 연금보증제도가 실시되고 있는 영국과는 달리 연금 하한선이 없는 점 역시 비정규직 근로자에게는 불리한 규정이다. 특히 연금 기여 납부와 무관한 한계 일자리에 고용되어 있을 때 해당 근로자는 퇴직 시 저소득 위험에 빠질 가능성이 많으며, 이러한 위험은 주로 여성에게 많이 발생할 수 있다(심창학, 2005 : 298).

연금보험과 고용보험의 경우, 동독지역의 생산 및 고용의 급속한 감소에도 불구하고 재정이 동서독 분리 없이 충당·지출되어 동서독 간 상당한 규모의 이전지출이 있었다. 그러나 의료보험의 경우 동서독 간의 재정이 분리되어 직접적인 이전지출이 없었지만, 실업자나 연금 수급자의 의료보험료에 대하여 연방고용청이나 연금보험자가 부담하였기 때문에 간접적인 이전지출이 있었다고 볼 수 있다(오정수·정연택, 1999 : 340).

(3) 수발보험제도[11]의 도입

통일 후 독일 사회보장제도에 대한 획기적인 개편 중 하나는 1995년 도입된 수발보험이다. 수발보험은 의료보험과는 달리 질병은 없으나 노령으로 인하여 거동이 불편하거나 또는 일상생활에 지장이 있는 경우에 대한 보장으로서 노후생활에 있어서 수발을 개인적으로 사용하고자 하는 경우에 발생하는 비용을 사회보험에서 보장하도록 한 조치이다. 이러한 조치는 새로운 사회보험의 영역을 개척한 것처럼 보일 수도 있지만 노후보장에 대한 현금급여뿐만 아니라 현물급여까지 보장하는 공적연금의 입장에서 볼 때 지속적으로 늘어나는 노인에 대한 수발비용을 새로운 사회보험을 통하여 별도의 재정조달체계로 전환함으로써 공적연금의 국가부담을 배제하고 가입자가 부담하는 재정으로 보장이 이루어지게 한 것으로 볼 수 있다(김진수, 2003 : 153).

(4) 의료보장 개혁

독일은 실업의 증가, 동서독 간 경제사회적 수준의 차이, 급증한 이주민 문제, 그리고 무엇보다 의료보장제도의 상이성으로 인한 제도 통합과정상의 문제가 전환과정에서 가장 큰 과제였다. 특히 동독의 기존 의료시스템에서 새로운 제도로의 전환이 시작되면서, 환자들은 더 훌륭한 급여를 원하고 의사들은 개업하기를 원하게 되어(Henke, 1990 : 354) 통합과정에서 상당한 조정이 요구되었다.

먼저 서독으로 이주한 난민에게 일시적 보호조치를 하였으며 서독 질병보험법에 따라 급여를 제공하였다. 그리고 신연방주가 된 동독 지역에 공적 자금을 투입하여 결과적으로 1995년부터 2001년까지 589개의 새로운 시설이 가동될 수 있었는데 최소한 공적 투자자금의 20%가 주정부 혹은 지방자치체에 의해서 조달되었고 연방정부가 80%를 부담하여 재정 원조가 이루어졌다(통일부, 2003).

11) 수발보험제도는 한국에서는 노인장기요양보험제도로 불린다.

실업 등으로 인해 보험료를 납부하지 못한 이들을 위한 조치를 취하였는데, 제1차 통일조약의 내용을 토대로 하여 종래 동독의 법규에 따라 의료보험에서 지급되었으나 서독 법규에 의해서는 의료보험의 급여 형태에 속하지 않는 급여는 우선 동독 국가재정에서 지급하고 연금생활자들 또한 의료보험에 가입되며 연금생활자의 의료보험료는 연금에서 의료보험으로 일괄 공제하였다. 또한 동독 지역의 상설 및 아동보건소 시설투자는 의료보험의 보험료에 의하지 않고 국가재정으로부터 충당하였다(손명세 · 이용갑 · 박종연, 1999 : 43). 동독 지역의 본인 부담금은 1992년 6월 30일까지 서독 지역의 50% 수준으로 부담하도록 하였으며, 1993년 6월 30일부터 동서독 본인 부담분은 동일한 규정을 따르게 되었다(오정수 · 정연택, 1999 : 286).

이주민 정착지원의 한 부분으로서 의료보장을 보면, 독일의 공적의료보험에 가입하지 않은 이주민에게도 기존 제도가입자에 상응하는 의료혜택이 부여되었다. 수혜 조건으로는 출신지역을 떠나 2개월 이내에 독일에 입국한 자로서, 정식 거주허가를 받은 이후 3개월 이내에 발생한 질병에 대해 보호를 제공하였다. 기타의 이주민에 대해서는 공적의료보험에 임의 가입할 수 있는 자격이 부여되며, 이 경우 독일 이주 후 6개월 이내에 가입신청을 하도록 하고 있다. 그리고 실업으로 인해 정착금 또는 실업부조를 받고 있는 이주민의 경우 해당 기간 동안 연방정부가 당사자의 의료보험 가입에 따른 보험료를 부담하도록 하였다. 의료 및 상병급여 업무는 해당 지역의 지역의료보험조합에서 수행을 하며, 이에 따른 행정 관리비는 주정부에서 부담하며, 일괄금의 형태로 당사자에 대한 의료 및 상병급여 지출액의 8%가 지원되었다(통일부, 2002).

실업의 증가 등으로 인한 재정이 문제가 되었을 때 실업자의 의료보험료를 연방 고용청에서 부담하였다는 것은 사회보장체계에서 의료보험의 수급자가 되지 못했을 때의 파생적 문제에 대해 예방하려 한 의도라고 할 수 있다. 이것은 통일의 원칙으로 만들어진 통일조약을 통해서도 확인할 수 있다.[12)]

12) 국가 협약 제22조 제1항에는 동서독 모두에게 의료보장과 인간의 건강보호가 특별한 관심사항임을 분명히 했다. 이 외에 통일협약에서 문제가 된 것은 동독 당시 설립된 복수병원과 진료실 등 의료시설 문제였는데, 1990년 의료부문 조정회의에서 국가가 통제하는 시설이 시장경제체제로 전환되어야 하지만 이 과정에서 의료시설이 갑자기 축소될 경우 의료공급의 문제가 발생할 수 있음을 확인하였다(오정수 · 정연택, 1999 : 290).

(5) 비정규직 근로자를 위한 사회보장 제도 및 조치

한편 연금 분야에 있어서 비정규직 근로자를 위한 보호와 관련하여 첫째, 1999년의 비정규직 근로자 관련법의 내용에 주목할 필요가 있다. 즉, 사회보장의 사각지대에 놓여 있었던 한계적 고용 근로자들을 보호하기 위해서 독일은 1999년 3월 관련 법안을 통과시켰는데, 한계 근로 시간의 전국적 표준화 및 동결(15시간과 월소득 630마르크), 연금 분야에 있어서 한계적 근로자의 임의 가입 권유 및 고용주의 사회보장 기여금 납부(소득의 12%) 등을 주요 내용으로 하고 있다(심창학, 2005 : 299). 한편 임의 가입이었음에도 불구하고 이 법에 의한 한계고용 근로자의 사회보장 가입 효과는 매우 컸던 것으로 나타났다(정연택, 2001 : 62).

둘째, 독일은 최저연금보증제도는 실시되고 있지 않다. 대신 저수준의 기여금으로 인해 연금 수준이 낮은 저소득 근로자의 소득 보장과 관련된 규정은 실시되고 있다. 예컨대, 장기간(35년) 최저 보험료 납부 저소득 근로자에 대해서는 전체 근로자 평균 소득의 최고 75%에 상응하는 기여금을 납부한 것으로 간주하는 제도가 도입되어 시행 중에 있다. 뿐만 아니라 25년 기여금 납부 근로자가 기여금 납부 기간 중 일정 기간이 10세 미만 아동의 양육기간과 겹친 경우에는 전체 근로자 평균 소득에 상응하는 기여금을 납부하는 것으로 간주하고 있다.

저소득 근로자의 상당수가 비정규직 근로자가 될 수 있음을 고려할 때 이러한 규정 역시 비정규직 근로자 보호와 관련된 것으로 볼 수 있을 것이다. 셋째, 사회보험 크레딧 제도의 실시를 들 수 있다. 영국과 마찬가지로 독일 역시 비자발적인 근로 공백기간을 기여기간으로 인정하고 있는데, 예컨대 상병, 재활, 급여 수혜기간 중의 실업, 17세 이후의 학교 교육, 양육 기간(최초 36개월) 등이 바로 그것이다(Vielle, Walthery, 2003 : 45, 심창학, 2005 : 299에서 재인용).

(6) 사회보장제도의 재원 조달 및 관리

통일 독일의 사회보장제도의 운영에 필요한 재원의 조달 및 관리와 관련된 특징들로는 다음과 같은 것들이 지적되고 있다(이정우, 1997 : 50). 첫째, 국가의 일반재정으로부터 분리되어 제도별로 독립적인 재원의 조달과 관리가 이루어졌는데, 이에 따라 개별 사회보장제도 재정운영의 투명성과 자율성이 제고되었다. 둘째, 사회보험제도의 경우 노사절반부담의 원칙이 적용되었으며, 보험료 수준은 서독지역과 동일하게 책정되었다. 셋째, 동·서독 지역의 개별 사회보험제도 간 재정조정제도와 연방정부의 재정지원을 통해 통일 과도기 동안 동독 지역 사회보험제도의 적자요인을 완화하였다.

결과적으로 통일 후 몇 년 동안 이루어진 동독지역 의료보험재정 안정, 특히 수입 측면의 안정은 실업자에 대하여는 연방 고용청이 전액을, 연금 수급자에 대하여는 연금보험자가 절반을 부담하는 '의료보험료'라는 간접적인 이전지출형태로 인해 가능하였다(오정수·정연택, 1999 : 293). 이를 통해서 볼 때 의료보험 부분에서 동서독 간 직접 이전지출은 없었다고 하여도 적자 해결과 재정안정을 위한 정부의 다른 기관 주체들의 부담이 일정 부분 있었기에 가능한 것이라는 것을 설명해 주고 있다.

의료보장 통합과정에서 특이한 사항이며 또한 가장 직접적인 효과를 이끌어 낸 정책은 '병원재정조달법'에 의한 동독의 병원 시설의 개수와 설립에 대한 투자이다. 병원 시설 문제는 주정부 소관임에도 불구하고 동독 주가 열악하여 연방정부가 이를 위해 직접 투자할 수 있도록 하였던 것이다. 또한 주의 깊게 볼 것은 동독 지역의 의료 인력의 확보와 의료 서비스 수준을 제고하기 위한 재교육을 위하여 연방정부, 의료보험사, 병원대표, 의사협회 등 다원화된 비용부담 주체들이 합의를 통해 그 비용을 담당하였다는 것이다(배화숙, 2004).

3) 독일 사회복지예산[13]의 현황과 변화

(1) 전체 사회복지예산 현황

독일 사회복지는 범위를 넓게 보면 사회보험, 가족수당, 특수집단을 위한 사회보장, 자산조사제도, 공공서비스, 종류별 보상, 사용자 급여, 간접적 조세보조금 등 8개 부문으로 나눌 수 있다. 이러한 사회복지 프로그램을 위해

13) 독일에서 사회복지와 관련된 예산은 'Social Budget'으로 표현하나 본 서에서는 '사회복지예산'으로 기술한다.

1998년에 GDP의 33.58%가 지출되었다.[14] 이 비율은 1960년에는 22% 수준이었으며 이후 계속 증가하여 1975년에 33% 수준까지 증가했으나, 1975년 이후 이 비율은 약간씩의 변화만이 있었을 뿐 33% 수준에 머물러 있다.

이 중에서 서독 복지국가의 핵심은 전체 사회복지예산의 약 2/3를 차지하는 5개 종류 – 공적연금, 의료보험, 실업보험, 재해보험, 수발보험 – 의 사회보험이다. 사회보험 중에서 공적연금과 의료보험이 전체 사회복지예산의 절반을 차지할 정도로 가장 규모가 크다. 공적연금제도는 1889년 폐질 및 노령보험법으로 출발하여 현재에 이르고 있으며 노동자연금제도, 직원연금제도, 광부연금제도 등 세 가지 종류가 있다. 이러한 면은 독일 복지국가가 근로와 연계된 보험 프로그램(work-related insurance program)이 주축을 이루고 있다는 것을 보여준다. 사회보험료는 2000년 현재 공적연금 19.3%, 의료보험 13.5%, 실업보험 6.5%, 수발보험이 1.7%이다.

가족수당 또한 적용범위가 광범위하다. 만일 보편적 아동수당에 아동양육을 위해 일을 하지 않게 된 부모에게 2년 동안 제공되는 아동양육수당을 합치면 가족을 지원하기 위해 지출되는 비용은 전체 사회복지예산의 5%에 달한다. 농민, 공무원 및 전문직 종사자와 같은 특수집단의 사회보장을 위해 전체 사회복지예산의 8%가 지출된다. 이들 중에서는 공무원을 위한 사회보장이 가장 규모가 커서 전체 사회복지예산의 7% 정도가 공무원을 위해 지출된다.

대부분의 중산층이 제외되는 자산조사를 통해 수급자격을 결정하는 제도들은 독일 복지국가에서 차지하는 비중은 그리 크지 않다. 여기에는 사회부조, 주택수당, 교육수당, 재산형성지원 프로그램 등이 있는데 이러한 프로그램들이 전체 사회복지예산에서 차지하는 비중은 5%를 약간 상회할 정도이다. 독

14) 독일에서는 전통적으로 교육과 주택 부문은 사회정책에 포함시키지 않는 경향이 있다. 사회정책과 교육정책을 엄격하게 구분하는 전통은 독일의 역사와 관련이 있다. 독일에서 사회복지제도가 도입된 것은 19세기 말엽이었으나 의무교육이 시행된 것은 그보다 50년이나 빠른 프러시아(Prussia) 시대였다. 이러한 전통으로 인해 독일의 학교등록률은 유럽에서 가장 높으며, 독일에서 교육기회를 늘려야 한다는 것은 산업화와 관련된 '사회적 문제(social question)'가 아니었다. 따라서 독일에서는 오늘날에도 사회복지예산에는 청소년부조에 포함되어 있는 유치원생을 위한 지출이나 저소득층에 지출되는 교육수당만 있다. 교육과 마찬가지로 주택정책도 사회정책에 포함되지 않으며 사회복지예산은 단지 주거지출(housing expenditure)만 포함하고 있다. 독일에서는 주택수당은 극빈자들에게만 제공되고 있다는 점에서 보면, 공공주택(public housing)은 별로 중요시여기지 않는 경향이 있다(Alber, 2003 : 12-13).

일에는 전쟁과 관련되어 손해를 입은 사람들에게 제공되는 급여가 있는데 이 급여는 전체 사회복지예산의 약 1%를 차지한다. 이 밖에 청소년지원서비스와 공공건강서비스를 포괄하는 공공서비스가 있는데 여기에는 전체 사회복지예산의 약 3% 정도가 지출된다.

사회복지예산은 공공부문에 의한 지출 외에 사용자에게 제공되는 부문이 있다. 여기에는 근로자가 질병에 걸렸을 때 6주 동안 제공되는 임금보조가 있으며, 이 외에 사용자에게 제공되는 급여를 합치면 전체 사회복지예산의 7%에 달한다. 마지막으로 독일 사회복지예산에는 다양한 형태의 조세지출[15]이 있는데, 여기에는 전체 사회복지예산의 6% 정도(GDP의 2%)가 지출된다(표 6-3 참조).

〈표 6-3〉 독일 사회복지 예산의 구성(1998)

제도와 1998년 지출	전체 사회복지 예산에서 차지하는 비율(%)	적용범위/수급자격기준
사회보험	65.1%(21.8% of GDP)	
- 공적연금제도(3종류)	31.3	모든 근로자
- 의료보험	19.3	모든 국민
- 실업보험/고용촉진	10.5	모든 근로자
- 재해보험	1.6	모든 근로자와 학생
- 수발보험	2.4	실질적으로 보편적
가족수당	4.5%(0.2% of GDP)	
- 아동수당	3.9	미성년자의 부모
- 아동양육수당	0.6	중산층을 포함한 저소득층
특수집단을 위한 사회보장	8.1%(2.7% of GDP)	
- 농민노령부조	0.5	모든 자영 농민
- 전문직연금	0.3	특수전문인 연금
- 공무원 대상 제도 - 연금 - 가족수당 - 질병비용	 5.0 1.1 1.2	종신공무원

15) 조세지출(tax expenditure)은 정부가 납세자에게 받아야 할 조세를 감면 또는 면제해 줌으로써 조세금액이 감소된 것을 말한다. 감면 또는 면세해 줌으로 인해 정부의 입장에서 보면 조세와 관련된 정부의 지출이 늘어난 셈이 된다. 소득공제, 면제, 비과세, 세액공제, 우대세율, 납부의 연기 등은 모두 조세지출을 가져올 수 있다. 그래서 이것을 조세지출이라고 부른다.

자산조사 제도	5.4%(1.8% of GDP)	
− 사회부조	3.9	소득이 최저생계비 수준에 미달하는 모든 개인
− 주택수당	0.6	소득이 일정 수준에 미달하는 저소득층
− 교육수당	0.1	소득조사에 의한 학생 수당(중산층 포함)
− 재산형성지원	0.8	중산층에 대한 저축지원
공공서비스	2.7%(0.9% of GDP)	
− 청소년 지원 서비스	2.4	일반서비스
− 공공건강서비스	0.3	일반서비스
종류별 보상	1.2%(0.4% of GDP)	
− 사회적 보상	−	전쟁 원호대상자
− 전쟁부담 균일화	−	내전 원호대상자
− 나치 희생자 보상	−	홀로코스트(Holocaust) 생존자
− 기타 보상	−	독일태생 이민자
사용자 급여	7.1%(2.4% of GDP)	
− 임금보조	3.4	질병에 걸린 근로자(6주 동안)
− 직업연금/공공부문	1.2	공공부문 근로자
− 직업연금/민간부문	2.2	자원봉사/상호협약
− 기타 고용주 급여	0.3	자원봉사부문
간집직 조세 보조금	5.8%(2.0% of GDP)	주택건축업자와 같은 특수집단에 대한 간접지원, 조세공제
1998년의 전체 사회복지예산 : 1,272 bio DM = 33.5% of GDP		

출처 : Alber(2003 : 11).

(2) 기능에 따른 사회복지예산 구성의 변화

<표 6−4>를 보면 독일의 사회복지예산이 기능에 따라 비중이 변화하고 있음을 알 수 있다. 노령 및 유족을 대상으로 하는 항목은 비록 전체 사회복지예산에서 차지하는 비중이 감소하고 있음에도 불구하고 가장 큰 항목이다. 그러나 건강을 위해 지출되는 예산의 비율은 1960년에는 1/4 정도였으나 1998년에는 1/3 정도 수준으로 증가했다. 고용과 관련된 예산도 1960년에는 3% 수준이었으나 1998년에는 12% 이상으로 증가했다. 결혼이나 가족을 위해 할당되는 예산은 1969년 이후 약간씩 감소하고 있고, 주택이나 전쟁 관련 보상도 1960년 이후 감소하고 있다.

〈표 6-4〉 기능에 따른 사회복지예산 구성의 변화(전체 사회복지지출 중에서 차지하는 비율)

(%)

	1960	1975	1990	1998
노령 및 유족	44.3	39.8	40.3	37.0
건강(폐질 및 재활)	27.3	29.9	34.2	32.8
고 용	2.7	6.9	8.5	12.5
결혼 및 가족	16.3	15.6	12.7	13.7
기타 기능(주택, 전쟁 관련 보상)	8.9	7.8	4.3	3.9

출처 : Alber(2003 : 16).

(3) 사회복지지출 재정구조의 변화

<표 6-5>에서 보는 바와 같이 독일 사회복지지출을 위한 재정구조를 보면 전체 수입 중에서 연금수령자들과 사용자들이 부담하는 비율이 1960년 이후 점점 증가하여 1998년에는 2/3 수준이 되었다. 보조금 형태로 정부가 부담하는 비율은 1/3 수준이다. 전체적으로 보면 연금수령자들이 보험료 지출로 부담하는 비율은 1960년 이후 지속적으로 증가한 반면, 사용자들이 부담하는 비율은 일정하며, 정부에서 보조금 형태로 부담하는 비율은 점점 감소하는 추세이다. 그러나 통일 이후 독일의 재정구조는 적자를 보이고 있다.

〈표 6-5〉 사회복지지출 재정구조의 변화(전체 수입 중 차지하는 비율)

(%)

	1960	1970	1975	1980	1990	1998
연금수령자 부담	20.7	22.6	24.3	25.2	28.8	30.9
사용자 부담	34.4	35.8	34.5	37.4	38.6	33.4
보조금(연방정부 부담)	42.6 (25.1)	39.7 (23.6)	39.2 (24.4)	36.0 (22.3)	30.9 (18.6)	34.4 (20.0)
기타 수입	2.3	1.9	1.9	1.4	1.7	1.3

출처 : Alber(2003 : 17).

(4) 사회보험료율의 변화

<표 6-6>에서 보는 바와 같이 사회보험료율은 1975년 이후 점진적으로 증가하여 전체 사회보험료율은 1975년 이후 10% 이상 증가하여 1998년에 42%로 최고에 이르렀다가 이후 약간 낮아지고 있다. 독일정부의 목표는 사회보험료율을 40% 이하로 낮추는 데 있다.

〈표 6-6〉 사회보험료율의 변화 (%)

	1975	1980	1985	1990	1995	1998	2000
공적연금	18.0	18.0	19.2	18.7	18.6	20.3	19.3
의료보험	10.4	11.4	11.8	12.6	13.2	13.6	13.5
실업보험	2.0	3.0	4.1	4.3	6.5	6.5	6.5
수발보험	–	–	–	–	1.0	1.7	1.7
전체	30.4	32.4	35.1	35.6	39.3	42.1	41.0

출처 : Alber(2003 : 18).

(5) 전체 사회복지지출의 변화

독일 사회복지지출은 ❙그림 6-1❙에서 보는 바와 같이 여섯 단계에 걸쳐 변화가 있었다. 첫 번째 단계는 비스마르크의 사회보험제도 도입 이후 1933년까지의 시기로서 사회복지지출은 가파르게 증가했다. 두 번째 단계는 1933년 이후부터 제2차 세계대전이 끝난 1945년까지의 시기로서 이 시기에는 사회복지지출이 급격하게 감소했다. 세 번째 단계는 제2차 세계대전이 끝난 이후부터 1950년까지의 시기로서 급격한 사회복지지출의 증가가 있었다. 1950년 독일의 GDP에서 차지하는 사회복지지출 비율은 19.2%로 서구 국가들 중에서 가장 많았다. 네 번째 단계는 1950년부터 1970년대 중반까지로서 사회복지지출이 지속적으로 증가했다. 그러나 다섯 번째 단계인 1970년대 중반 이후부터 통일되기 전인 1990년 이전까지는 사회복지지출이 감소되었다. 마지막 여섯 번째 단계는 통일 이후로서 사회복지지출이 늘어났다. 이 시기에 사회복지지출이 늘어난 가장 큰 이유는 1992년에 사회복지지출 비율이 65%에 달했고 1998

년에도 56%에 달했던 동독 지역에서의 과도한 사회지출의 증가 때문이다(Alber, 2003 : 18).

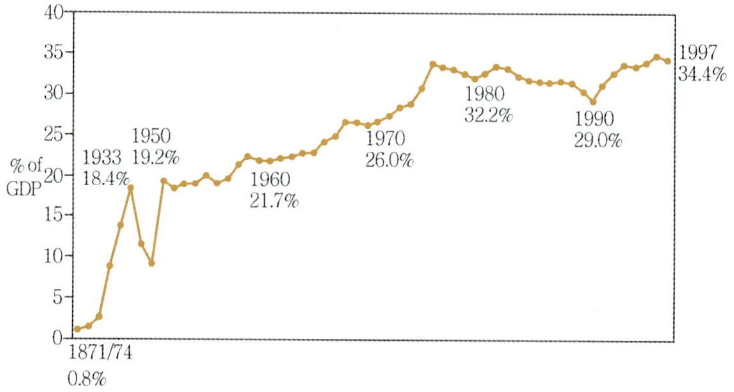

[그림 6-1] 독일 사회복지지출 비율의 변화(GDP에서 차지하는 비율)(1871~1997)

출처 : Leisering(2001 : 165).

4) 통일 이후 사회정책의 변화

(1) 노동시장정책의 변화

1990년 통일 이후 독일 노동시장정책에는 변화가 나타났다. 노동시장정책의 핵심인 실업급여는 통일 당시 실업 시 생활수준을 보장하는 것을 목표로 했다. 그러나 실업급여의 정책 목표는 생활수준 보장이 아니라 구직독려로 바뀌었다. 통일 이전 최장 32개월이었던 실업급여 수급 기간은 12개월(55세 이상은 18개월)로 대폭 단축되었다. 2003년 노동시장 개혁 이후 실업급여 수급 기간은 6개월에서 12개월로 또다시 단축되었다. 실업급여 수급액도 1994년 이후 부양가족의 존재 여부에 따라 직전 순임금의 60퍼센트 혹은 67퍼센트였던 것이 53퍼센트 혹은 57퍼센트로 낮추어졌다. 이러한 변화를 겪으면서 원래 독일의 실업급여제도가 지닌 의미가 퇴색되면서 베버리지형 기초 생계 보장으로 약화되었다(황규성, 2001 : 348).

이와 같이 실업급여 수급 기간을 단축하고 수급액을 줄이면서 실업자 개인이 일자리를 찾도록 압력을 가하는 것은 실업에 대한 전통적인 접근방법에서 크게 벗어난 것이며 노동시장정책에서 국가 역할이 축소되고 시장 기능이 강화되는 결과를 가져왔다. 즉, 실업의 책임이 사회의 책임에서 개인의 책임으로 인식되어 구직은 실업자 개인이 알아서 저임금 직종이라도 찾아야 한다는 관념으로 변화한 것이라고 할 수 있다.

(2) 연금정책의 변화

독일의 연금정책은 통일 이후 정책 목표 측면에서 변화가 있었다. 독일에서는 통일 이전까지는 공적연금만으로 안정적인 노후생활을 누릴 수 있었다. 통일 당시 공적연금제도는 노후 생활 보장을 위해 확정급여형으로 운영되었다. 즉, 연금 수급자에 대한 연금 지급 수준을 정해놓고 연금 보험료를 조정했던 '지출중심 수입정책'이었다. 그러나 인구 고령화가 진행될수록 연금 보험료가 인상되어야 하나 인상 반대 여론이 힘을 얻으면서 연금재정 안정화가 연금정책의 최우선 목표가 되면서 연금 수령액이 조절되는 '수입중심 지출정책'으로 전환되었다. 이에 따라 연금제도의 성격이 확정급여형에서 확정기여형으로 바뀌었으며, 안정적인 노후 생활을 누릴 수 있게 했던 소득 연계성도 떨어졌다(황규성, 2001 : 354).

또한 통일 이후에는 공적연금에 민간연금을 결합하는 방식이 시도되었다. 통일 이전만 하더라도 공적연금만으로 안정적인 노후생활을 할 수 있었다. 그러나 통일 이후 공적연금의 재정 안정화를 모색하면서 연금수급만으로는 노후생활을 누릴 수 없게 되자 독일 정부는 노후소득의 공백을 적립방식의 민간연금으로 메우고자 했다. 이제 독일에서는 공적연금과 민간연금을 결합해 수급해야만 통일 이전의 노후 소득을 기대할 수 있게 되었다(황규성, 2001 : 354).

연금정책의 이러한 변화는 통일 이후 독일 연금제도의 최우선 과제가 안정적인 노후생활 보장에서 안정적인 연금재정 유지로 전환되었음을 의미한다. 또한 노후생활에 대한 책임성이 국가에서 개인으로 이전되었음을 의미한다. 이러한 변화는 독일 사회보장제도 기저에 깔려 있는 개인이 해결할 수 있는 것은 개인이 해결하고 모자란 부분에 대해서는 국가가 책임을 진다는 보충성의 원칙이 계속 유효함을 의미한다.

7. 소결 : 독일 모델의 미래

에스핑 앤더슨(Esping-Andersen, 1990, 1999)은 독일을 조합주의적 보수주의 복지국가로 분류했다. 독일의 입장에서 보면 보수주의로 인식되는 것이 불만일수도 있지만 독일은 초기의 사회정책은 군주제적 국가주의의 영향과 보수주의적 가톨릭의 영향을 받으면서 보수주의적 색채를 띠었고, 제2차 세계대전 이후 독일이 복지 자본주의로 이행해 간 과정을 주도한 세력이 주로 기독교 민주주의 혹은 보수연합 세력이었기 때문에 독일의 복지체제는 줄곧 보수주의적 기조에서 벗어나지 못했다.

보수적인 독일의 복지체제는 조합주의와 가족주의를 결합한 체제로 볼 수 있다. 먼저 조합주의적 전통에 따라 독일의 사회복지 체제를 지배하고 있는 원리는 지위격차를 유지하고 보존했다. 따라서 독일에서는 권리들이 계급과 지위에 부착된다. 이러한 원칙은 기여와 급여가 밀접하게 연계되어 있는 조합주의 성격의 사회보험에서 잘 나타나 있다. 독일의 사회보험이 조합주의 전통을 따르고 있다는 것은 '지위에 따른 차등(status differential)'을 유지하겠다는 것을 의미한다. 따라서 독일에서는 민간보험과 기업의 부가급여가 단지 주변적인 역할에 머문다. 국가가 나서서 지위격차를 유지하는 원리를 강조한다는 것은 독일의 사회복지제도는 재분배 효과가 미미하다는 것을 의미한다.

독일의 가족주의는 독일 사회복지체제에 스며들어 있는 보충성의 원칙에서 찾아볼 수 있다. 보충성의 원칙은 가족을 첫 번째 구호 제공자(가족이 구호를 제공하게 되면 정부는 간여하지 않는다)로 인정한다는 것을 의미한다. 이러한 원칙으로 인해 독일의 노동시장은 남성 주 부양자 중심이며, 여성은 직장과 가정 중에서 양자택일을 해야 하는 구조이기 때문에 저출산의 가능성이 있다. 이러한 면 때문인지 에스핑 앤더슨은 조합주의적 보수주의 복지국가 모형을

'나쁜(bad)' 모형은 아니지만 '보기 싫은(ugly)' 모형으로 보았다.

독일의 조합주의적 보수주의 복지국가 모형에 대해 오페(Offe, 1994)는 가부장적이고 고용과 연계된 사회보험은 서부 유럽의 노동 패턴을 더 이상 반영하지 못하기 때문에 독일 모델은 계속 지속되기에는 어려움이 많을 것이라고 주장했다. 이러한 주장을 반영하듯 최근에 와서 이러한 독일의 보수적 사회복지체제는 위기를 맞고 있다. 현재 당면하고 있는 사회복지체제의 위기의 핵심은 통일 이후 등장한 공적연금부문의 재정적자의 발생 및 누적 현상이다. 공적 노후보장체계의 재정적자는 앞으로도 지속될 가능성이 많다. 독일은 1970년대에 등장한 복지국가 위기론에도 불구하고 사회보장에 대한 개선책을 마련하는 데 노력하지 않았다. 개선책 마련에 소홀했던 이유는 어느 정치집단도 사회복지의 축소에 대한 국민 반감을 감당하려 하지 않은 데서 찾을 수 있다. 이런 과정 중에 맞이했던 통일은 사회복지재정을 더 압박했다. 또한 정치적 우파세력들도 복지제도의 고비용과 재정적자를 이유로 들어 독일식 사회복지제도의 영속성에 회의를 나타내고 있다.

이러한 상황에서 독일 복지국가 모델이 통일을 기점으로 2000년 이후부터 보수주의적 복지 모형에 자유주의 복지국가 모형이 결합된 형태로 변화하고 있다. 노동시장정책은 소득평등보다는 고용증대에 초점을 두는 방향으로 선회했다. 최근에 와서는 저임금 서비스업 중심으로 민간부문의 일자리를 창출하는 방향으로 고용을 증대하는 전략이 추진되고 있다. 저임금 일자리를 늘리기 위해서 노동시장 유연화를 추진하고 있으며 비정규 노동시장을 확대하고 있다. 이러한 노동시장정책의 선회는 완전고용을 핵심으로 하는 전통적 독일 복지국가 모형이 변화하고 있음을 보여준다.

chapter 07

스웨덴 : 신이 버린 가난한 농업국가에서 복지국가로

01 스웨덴 복지국가의 발달에 대한 시각

02 스웨덴 복지국가의 탄생 : 1930~1940년

03 스웨덴 복지국가의 발달 : 1940~1960년

04 고부담 – 고복지 체제의 스웨덴 모델 완비 : 1960~1975년

05 스웨덴 복지국가의 변화 : 1976년 이후

06 복지국가 스웨덴의 모습

07 소결 : 실패해도 재기할 수 있는 기회가 있는 복지국가

chapter 07

스웨덴 : 신이 버린 가난한 농업국가에서 복지국가로

에스핑 앤더슨은 스웨덴을 사회민주주의 복지국가로 분류했다. 사회민주주의 복지국가 체제에서는 보편적 사회복지 프로그램들이 높은 수준으로 제도화되어 있어 매우 높은 수준의 노동력의 탈상품화 정도를 나타내며, 노동자들의 시장의존을 최소화한다. 따라서 스웨덴에서는 시민들은 살기 위해서 노동시장에만 의존하지 않으며, 정부는 시민들이 복지를 얻기 위해 의존하는 마지막 제도가 아닌 가장 주된 제도여서 국가의 역할이 크고 보편적 사회복지제도가 가족과 시장이 제 역할을 잘 할 수 있도록 돕는다. 본 장에서는 복지국가 스웨덴의 모습을 살펴본다.

1. 스웨덴 복지국가의 발달에 대한 시각

1) 스웨덴 복지국가 발달의 조건

(1) 연대의식의 발달

스웨덴에서는 봉건제도가 없었다. 따라서 장원 영주나 농노가 없었으며 중세기부터 현대까지 줄곧 자유농민들이 존속해 왔다. 이들은 역사적으로 보면 과거에 강대국 간의 패권쟁탈전쟁 시기에는 자주적으로 단결하였으며 외국의 침략에 대항하고, 평화로운 시기에는 정치참정권을 요구했다. 또한 스웨덴은 종교개혁 이후 국교로서 개신교를 받아들여 종교적 통합을 이룩했다. 따라서 종교로 인한 갈등이 없어 스웨덴을 하나로 연대하는 데 용이했다(천세충, 2001 : 93).

복지국가 스웨덴의 기초가 된 '국민의 집'은 1890년대에 물질적으로 별로 혜택을 받지 못한 계층을 대상으로 보급한 지역사회도서관을 가리키는 말이었다. 책이나 잡지, 신문 등을 갖춰놓고, 아이가 많아 집에 책 읽을 공간이 없는 시민이 적은 비용으로 이용하거나 책을 빌릴 수 있게 한 곳이었다(강내영 외 공역, 2013 : 37). 이런 점에서 보면, '국민의 집' 개념은 스웨덴의 전통적 가치들인 협력, 상호이해, 연대에 뿌리를 두고 있다고 할 수 있다.

(2) 복지국가를 설계한 학자의 존재

스웨덴에는 복지국가를 설계한 존경받는 학자가 존재했다. 대표적인 학자는 뮈르달 부부였다. 남편인 군나르 뮈르달(Gunnar Myrdal)은 스톡홀름학파의 경제학자였고 부인인 앨바 뮈르달(Alva Myrdal)은 사회심리학자 겸 교육학자였다. 군나르 뮈르달은 빈곤이 빈곤을 낳는 현상을 해결하기 위해서는 국가가 경제 사회적 문제 등에 개입해야 한다는 이론적 틀을 제공하면서 스웨덴이 복지국가로 발전하는 데 크게 기여했다. 앨바 뮈르달은 스웨덴 정부가 핵보유 의지 포기선언을 공포하는 데 중요한 역할을 했다.

(3) 청렴한 정치 문화

스웨덴은 세계에서 조세 부담률이 가장 높은 국가 중 하나이다. 스웨덴의 부유층은 소득의 60%를 세금으로 내고, 저소득자도 29%의 세금을 납부한다. 사회보장세는 고용자가 피고용자당 31.42%를 부담한다. 특별소비세도 높은 편이고, 유류세는 57%에 달한다. 이렇듯 국민들이 납부하는 세금은 스웨덴 복지국가 유지의 핵심이다(최연혁, 2012 : 28).

그러나 스웨덴 사람들은 조세납부에 대한 저항이 없다. 그 이유는 제도와 정치인에 대한 신뢰가 있기 때문이다. 정치인과 관료들이 청렴해서 세금을 많이 납부하는 대가로 사회복지서비스를 통해 돌려받는다는 믿음이 있고, 소득의 재분배로 인해 개인, 지역, 계층 간의 차이가 적어 공동체 문화가 널리 퍼져 있다.

2) 스웨덴 복지국가 발달에 대한 상반된 시각

(1) 권력자원론에 기반한 복지국가 발달

에스핑 앤더슨과 코르피(Esping-Andersen & Korpi, 1984)는 1880년대 이후의 스웨덴 사회정책의 발달을 블루칼라 노동계급의 중앙조직이었던 노동조합총연맹(trade union federation, LO)과 사회민주당(Social Democratic Party, SAP)의 연합으로 이루어졌다고 주장한다. 그들은 사민당과 LO가 농민, 화이트칼라 계급과 결속을 맺어가며 때로는 자본과 타협을 이루기도 하며 사회주의적 이상의 사회복지를 확대해 갔기 때문에 노동운동의 힘이 스웨덴 복지국가 발달의 원동력이 되었다고 주장한다. 이러한 주장은 사회민주당이 스웨덴이 복지국가로 본격적으로 발전하기 시작한 1930년대 초반부터 일부 보수중도좌파 집권기를 제외한 기간 내내 집권하고 있다는 점에서, 그리고 스웨덴 노동자의 80% 이상이 노동조합에 가입하고 있다는 점(독일과 영국은 30% 수준)에서 타당성이 주어진다(Ginsburg, 2001).

(2) 다양한 계층이 지지하는 복지국가

반면에 다원론자들은 사회민주적이라는 것은 겉치레에 불과하다고 보며, 스웨덴 복지체제는 분산된 정치적 압력에 의해 점진적으로 발전해 왔다고 주장한다. 이러한 주장에서는 스웨덴 복지국가가 계층에 기초를 둔 것이 아니라는 전제하에 다른 이해집단들의 운동들도 강조한다. 따라서 스웨덴의 사회정책은 노동자 계층뿐만 아니라 중산층이나 농민들의 요구에 의해 형성되었다고 주장한다. 실제로 사회민주당의 영속성과 강세는 1930년대에는 농민을, 1950년대 이후에는 중산층을 지지자로 만들기 위한 정책과 실용주의에 상당 부분 의지하고 있다.

볼드윈(Boldwin, 1990 : 30)은 스웨덴 복지국가는 중산층의 지지가 있었기 때문에 가능했다고 지적한다. 실제로 1959년 소득비례연금제도가 많은 논란 끝에 의회에서 통과된 것은 보수 세력과 중산층의 지지가 있었기 때문에 가능했다.

이러한 스웨덴 복지체제의 속성에 대한 논쟁은 스웨덴 복지국가의 정치적 기반을 해석하는 데 매우 유용하다. 그러나 양 진영 모두 제도 자체의 보편주의적 성격과 역사적 뿌리를 강조하는 데에는 동의한다. 스웨덴의 사회복지가 발전하는 데에는 미국의 대공황과 같은 극적인 전환점은 없었다. 다만, 스웨덴의 복지 역사는 전쟁이나 대규모 사회적 충격이 없는 가운데 정치적 타협과 연합의 전통으로 점진적으로 발전해 왔다.

2. 스웨덴 복지국가의 탄생 : 1930~1940년

1) 1900년대 초반의 가난한 농업국가 스웨덴의 모습

스웨덴은 처음부터 사회민주주의 복지국가로 발전한 것은 아니었다. 스웨덴은 북극에 가까이 위치해 있어 10월부터 다음 해 3월까지는 영하 10도의 추운 겨울이 지속되어 살아가기 위해 자연과 가혹한 투쟁을 벌여야 하는 가난한 농업국가였다. 10세기경에는 스웨덴의 바이킹 족들이 해상의 폭군으로 군림하여 해상에서 횡포를 자행하였고, 1800년대 후반에는 결핵이 널리 퍼져 많은 사람들이 목숨을 잃었다. 그래서 춥고 가난한 고국을 떠나 외국으로 집단 이주하는 스웨덴 사람들이 많았다.

그들이 선택한 장소는 기회의 땅 미국이었다. 척박한 밭에서 돌이나 캐며 땅과 자연을 한탄하느니 그 노력이면 미국으로 건너가 새 땅에서 새 삶을 기대하는 것이 나을 것이라는 믿음이었다. 열악한 노동환경에서 저임금 노동자로 일하는 것이 실업자로 살아가는 신세보다는 나을 것이라 믿었다. 마침 미국은 1862년 중서부 지역에 이주민을 정착시키기 위해 싼 가격으로 땅을 불하하는 홈스테드법(Homestead Act)을 공포해 이민자들에게 적용하기 시작했다. 이런 까닭에 미국으로 이주하는 사람들이 급격하게 증가했다.[1] 동네마다 빈

1) 미국으로 이민을 떠난 스웨덴 사람들 중 일부는 영국에서 미국으로 운항하는 여객선을 타고 북미대륙으로 이주했다. 제임스 카메론(James Cameron) 감독이 만든 영화 「타이타닉」을 보면 요금이 가장 싼 3등실에서 음악을 들으며 춤을 추고 맥주를 마시는 스웨덴 사람들을 볼 수 있다. 당시 최고유람선이었던 타이타닉호는 1912년 침몰했으며, 생존율은 1등실은 63%(319명 중 200명), 2등

집이 속출했고, 어느 지역은 소규모 마을 전체가 떠나는 경우도 있었다. 빌헬름 모베리(Vilhelm Moberg), 모아 마르틴손(Mor Martinson), 이바르 로－요한손(Ivar Lo-Johansson) 등 당대의 작가들이 쓴 문학작품은 이 시대 가난했던 사람들, 그리고 이주민들의 이별과 회환, 아픔 등을 담아내고 있다(최현혁, 2012 : 16).

이러한 스웨덴 사람들의 미국으로의 이민 행렬은 1930년대까지 계속되었다. 통계에 의하면 1860년대부터 1930년대까지 '기아로부터의 탈출'을 외치며 '아메리칸 드림'을 찾아 고국을 등지고 북미 대륙으로 이민을 떠난 스웨덴 사람들은 스웨덴 전체 인구 450만 명 중 1/3에 해당하는 150만 명 가까이 되었다.[2] 그래서 혹자는 1900년 전후 시기의 스웨덴을 '신이 버린 나라'로 불렀다.

이 시기 사회복지제도로는 적용 대상자도 적고 소득대체율도 매우 낮은 자발적 질병보험제도(1891)와 기본적인 공적연금제도(1913)만이 있었다.

그러면 신이 버린 나라라고 불릴 정도로 척박한 나라 스웨덴이 어떤 과정을 거쳐 복지국가가 되었을까?

2) 스웨덴 복지국가 탄생의 배경

(1) 사회민주당의 집권

① 사회민주당과 LO의 창설

1889년 스웨덴에서 사회민주노동당(사민당)이 창설되었다. 사회민주당은 창설 후 노동자 계층에게 참정권을 부여해 득표율을 높여서 정치력을 강화하는 것을 목표로 삼았다. 그 다음 목표는 노동자들의 하루 노동시간을 8시간으로 줄이는 것이었다. 창당 이듬해인 1890년에는 최초의 노동절 행진을 벌였는데, 그때 내건 요구는 참정권과 '8시간 노동, 8시간의 휴식, 8시간의 자유시간'이었다.

사민당 창설 후 9년 뒤인 1898년 스웨덴 노동조합의 전국조직인 LO[3]가 조

실은 43%(269명 중 117명), 3등실은 25%(699명 중 172명)였다.

2) 당시 미국으로 이주한 스웨덴 사람들은 영국 등지에서 이주해 온 사람들이 미국 동부의 기후 좋은 지역을 선점했기 때문에 겨울에는 춥고 여름에는 더운 중북부 지역으로 집단 이주했다. 미국 중북부에 위치한 미네소타 주를 연고로 한 프로미식축구(NFL) 팀의 이름이 미네소타 바이킹스(Minnesota Vikings)인 것도 이 지역에 스웨덴에서 이주한 사람들이 많기 때문이다.

3) LO는 Landsorganisationen(건국조직)의 약자로서 주로 생산직 노동자들을 대상으로 하는 전국 차원의 노동조합조직이다.

직되었다. LO는 처음부터 사민주의자들이 주도하여 창설되었기 때문에 사민당과 밀접한 협력관계를 유지했다. 예컨대, 사민주의자들이 추진한 보통선거권 쟁취운동에서 LO는 전투부대 역할을 수행했으며, LO의 적극적 조합원들은 적극적 사민당원이기도 했다(신정완, 2012 : 118).

또한 LO는 창립 초기부터 사민당에 집단으로 가입했고, 집단 가입한 노조원의 당비를 일괄 부담했으며, 이것은 사민당의 중요한 재원이 되었다. 이 제도는 1986년에 폐지되었으나 1965년의 통계를 보면 89만 명의 사민당원 중에서 75%가 집단가입에 의한 멤버였다(임성근 역, 2003 : 85).

② 국민의 집 : 사회적 연대성의 표현

1928년 사회민주당의 지도자가 된 한손은 의회에서 국가와 가정을 연계하여 복지국가 스웨덴의 모체가 된 '국민의 집(the People's Home)' 개념을 제시하였다. 그는 '국민의 집'을 다음과 같이 기술하고 있다.

> 집(가정)의 기초는 공동체 정신과 연대, 즉 동고동락에 있다. '좋은 집'에서는 친자식과 의붓자식 간에 특권이나 차별이 없으며, 누구도 소외되지 않는다. 형제 중에서 독식하는 아이도 없고 천대받는 아이도 없다. 다른 형제를 얕보지 않으며, 약한 형제를 밟고 이득을 취하는 경우도 없다. 허약한 형제를 무시하지 않는다. 이와 같은 좋은 집에는 배려, 협력, 도움이 있다. 이런 '좋은 집'과 같은 '국민의 집'은 오늘날 스웨덴이 안고 있는 상류층과 하류층의 사회·경제적 격차 문제를 극복할 수 있을 것이다. 그러나 오늘의 스웨덴은 유감스럽게도 좋은 집이 못 된다. 정치적으로 동등한 권리를 인정하고 있으나 사회 저변에는 계급 간의 격차가 심화되고 있으며, 국가 경제는 소수 특권층에 의해 좌우된다. 어떤 사람은 궁전 같은 저택에 살지만 어떤 사람은 허름한 집에 거주할 수 있다는 것만으로도 행운이라 생각한다. 호화로운 생활을 즐기는 부류가 있는가 하면, 겨우 끼니를 해결하고, 직장을 잃지 않을까 걱정하는 이들도 있다. 그래서 지금의 스웨덴 사회는 사회 구성원 간의 진정한 '평등', '배려', '협력'이 필요한 때이다. 사회적 격차가 없는 좋은 '국민의 집'을 건설하기 위해서는 부를 균등하게 분배하는 경제정책과 사회정책이 요구된다. '위대한 국민의 집'이란 시민들을 특권층과 비특권 계층, 지배자와 종속자, 부자와 빈자로 분열시키는 모든 사회적·경제적 장벽들이 사라진 집이다(Heclo & Madsen, 1987).

한손은 이 연설에서 좋은 가정은 공동체 정신과 연대의식이 있으며, 좋은 국가 역시 이러한 가정과 마찬가지임을 역설함으로써 '국민의 집'과 '국가'를 연계하여 강조하였다. 한손은 스웨덴에서는 이제부터 착취당하는 계층이 존재하지 않으며, 국가가 사회 속에서 경제적 힘을 가져야 한다는 점을 역설했다. 또한 불평등을 의미하는 '계급'은 점차 평등을 의미하는 '시민'으로 대체되어야 한다고 주장했다. 그래서 한손은 도시와 지방의 격차나 계급 격차 등 모든 차별을 없애고, 평등과 연대에 기초해 국민이 하나가 되어 시민의 집이 되는 이상적 국가의 건설을 목표로 했다(Heclo & Madsen, 1987 : 157; 이헌근, 1999 : 23).

노동자의 표만으로는 사민당이 과반수를 얻을 수 없다는 사실을 알고 있었던 한손은 다른 계층의 지지를 끌어내기 위해 '국민의 집' 개념에서 개인, 가족, 민족주의, 그리고 사회주의를 모두 통합할 수 있는 가능성을 뽑아냈다. '국민의 집' 개념으로 계급의식을 뛰어넘어 많은 사람들의 관심을 끌고 더 나아가 사민당 지지층을 늘릴 수 있다고 보았다(강내영 외 공역, 2013 : 37).

한손의 연설에 나타난 은유적 표현의 이면에는 국가의 역할에 대한 강조가 있다. 국가는 착취의 도구가 아니며, 경제력을 지닌 사회적 존재라는 것이다. 코르피(1978)는 1928년 '국민의 집'이라는 다소 감상적인 표현은 '평등, 관심, 협동, 희망'을 규정되는 사회인 '복지사회'의 건설과 동일한 의미라고 주장한다. '국민(people)'이라는 표현은 사회민주당이 노동자 계층의 욕구를 강조하고 있다는 것을 암시하며, '집(home)'이라는 표현은 '공유, 연대, 국가 차원의 지역사회'를 의미한다(Heclo & Madsen, 1987 : 158). 즉, '국민의 집'은 국가는 모든 국민들을 위한 좋은 집이 되어야 한다는 것을 천명한 것이었다. 여기에서 '가정처럼 좋은 집'은 바로 '복지국가'를 의미한다.

③ 사회민주당 집권(1932)

1930년대 이전 스웨덴 노동계급은 급속히 성장했지만 자본가와의 경쟁에서 번번이 패배했다. 사민당 역시 보통선거권이 도입된 1917년 이후 제1당의 지위는 유지했으나 비사회주의 정당들의 상호제휴와 견제로 인해 집권하지는 못했다(Korpi, 1978).

그러나 대공황 시기였던 1930년대 접어들자 사민당에게 집권의 기회가 왔다. 대공황 시기였던 1931년 스웨덴의 실업률은 25%까지 올라갔다. 자유시장경제를 내세운 자유당 내각은 대공황에 제대로 대처하지 못하는 가운데 사회민주당은 1932년 의회선거에서 당선된 소속의원 비율이 41.1%가 되면서 다수당이 되었다. 농민당과 연합하여 집권에 성공했다. 대공황이라는 경제침체기에 자유주의적 정책을 고수한 자유당과 보수당은 표를 잃었고, '국민의 집'이라는 슬로건 아래 완전고용과 복지국가를 정책으로 내세운 사민당은 노동자계층으로부터 지지를 받았다.

사민당은 다수당은 되었지만 과반수 의석을 차지하지 못해 집권하려면 다른 정당과 연합정부를 구성해야 했다. 그러나 어느 정당도 사민당의 핵심 정책인 대규모 재정지출과 공공근로사업에 대해서는 공조를 취하지 않았다. 결국 사민당은 반사회주의 정당의 가장 약한 고리인 농민당을 끌어들여 연립정부를 구성한다.

사민당-농민당 연합은 '적녹연합(red-green alliance)'으로 불렸는데, 이 정책연합의 핵심 내용은 사민당이 농산물 수입 규제, 농산물 가격 지지, 농민에 대한 정부 대출 등을 통해 농업과 농민을 보호해 주는 대신, 농민당은 사민당의 적극적 실업정책을 지지해 준다는 것이었다. 농민당과의 정책연합을 이루는 대가로 사민당은 기존의 경제정책 노선의 기본 원칙 하나를 수정해야 했다. 창당 이래 고수해 온 자유무역주의를 농업 부문에 한해서는 적용하지 않기로 한 것이다. 비그포르스는 농업보호정책을 유효수요의 논리로 정당화했다. 즉, 농업보호정책을 통해 농민들의 소득이 증가하면 이것이 구매력 증대를 낳고 경기부양효과를 가져와 경제성장과 실업 감소에도 크게 도움이 된다는 것이었다(신정완, 2012 : 81-82).

사민당-농민당 연합은 농업보조금의 지급이라는 농민당의 요구를 사민당이 받아들였고, 고용확대와 노동자의 구매력 증대가 농산물 가격 유지로 연결된다는 점에서 양 정당의 이해관계는 맞아떨어졌다. 이후 사민당과 농민당은 1959년 소득비례연금제도의 도입 때부터 균열되기 이전까지 지속적으로 연합을 통해 권력을 유지할 수 있었다.[4]

전체적으로 보면, 사민당은 농민당과의 정책연합을 통해 큰 이득을 얻을 수 있었다. 사민당은 1920년대 초반에 세 차례에 걸쳐 집권한 바 있지만, 그때에는 사민당이 의회의 과반수를 차지하기 못해 정책을 강력하게 관철시킬 만한 힘이 부족했다. 물론 1920년대에는 사민당이 자신의 고유한 경제정책 노선을 가지고 있지도 않았지만, 설령 그러한 것을 가졌다 하더라도 부르주아 정당들의 반대로 이를 실현시키지 못하였을 것이다. 그런데 이제 부르주아 정당들 중 농민당을 자신의 편으로 끌어들일 수 있게 된 것이다. 1936년부터는 사민당은 농민당과의 정책연합을 넘어, 아예 사민당-농민당 연립정부를 구성하게 된다. 이를 통해 사민당-농민당 연립정부는 의회 내에서 안정 과반수 의석을 확보할 수 있게 되었고, 연립정부의 주도 세력인 사민당은 자신의 정책노선을 소신껏 추진할 수 있게 되었다. 즉, 사민당 장기집권의 시대가 개막된 것이다.[5] 게다가 1920년대와는 달리 케인스주의적 수요관리정책이라는 유력한 경제정책 수단까지 확보하게 된 것이다(신정완, 2012 : 82-83).

1932년 사민당이 집권하면서 총리에 오른 사람은 사민당 당수 페르 알빈 한손(Per Albin Hansson)이었다.[6] 사민당 집권 후 한손 내각의 재무부 장관이 된 경제학자 에른스트 비그포르스(Ernst Wigforss)[7]는 시장의 역할보다는 정부의 역할을 강조하는 재정정책을 내세워 사회복지를 확대하면서 대공황을 극복하고 복지국가를 건설하는 데 앞장섰다.

4) 사민당이 농민당을 연정 파트너로 결정한 데는 1930년에 농업에 종사하는 인구가 전체 인구 중에서 차지하는 비율이 34%나 되었다는 점도 무시할 수 없다. 그러나 농업인구는 산업구조의 변화로 점차 감소하여 1960년에는 12% 정도까지 감소되었다.

5) 사회민주당은 1932년부터 1976년까지 44년 동안 계속 집권했다.

6) 한손은 초등학교를 중퇴한 노동자 출신이었으며 한손 내각은 1951년 한손이 퇴근하다 뇌경색으로 급사할 때까지 계속되었다.

7) 스웨덴 복지국가 건설에 가장 기여를 많이 한 사람으로 평가되는 에른스트 비그포르스(Ernst Johannes Wigforss, 1881~1977)는 1881년 스웨덴 남서부 힘슈타트에서 태어났다. 1919년 비그포르스는 사회민주당 소속으로 예테보리에서 당선되어 스웨덴 의회에 진출했으며, 1932년 한손 내각에서 재정부 장관으로 임명되었다. 1920~1930년대 스웨덴은 실업이 만성화되어 있었다. 비그포르스는 실업의 원인은 자본가들이 산업을 제대로 조직하지 못한 비생산성에 있으며, 따라서 실업률이 높을 때는 마땅히 국가가 산업을 조직하는 임무를 떠맡아야 한다고 생각했다. 비그포르스는 실업률이 높은 시기에는 정부가 재정지출을 늘려 노동자들에게 일자리를 제공해야 한다고 주장했다. 비그포르스의 경제정책으로 스웨덴은 1930년대 대공황을 극복할 수 있었다. 비그포르스의 경제사상은 시장의 역할보다는 정부의 역할을 강조하기 때문에 케인스주의적이라고 할 수 있다. 그래서 일부는 비그포르스의 경제 정책이 케인스로부터 영향을 많이 받았다고 주장하지만, 1932년 재정부 장관이 되기 전에 이미 반주기적 경제정책을 제시했기 때문에 비그포르스가 케인스보다 앞선 것으로 볼 수 있다. 존 케네스 갤브레이스는 1991년 출간한 『경제학의 역사(A History of Economics : The Past as the Present)』에서 '케인스 혁명'보다는 '스웨덴 경제 혁명'을 말하는 것이 더 공정할 것이라면서, 비그포르스가 이 분야에서 처음으로 경제학에 대한 이론과 실천의 전환을 이루었다고 주장했다.

그래서 스웨덴 복지국가를 연구하는 많은 학자들은 스웨덴 복지국가의 원년을 1932년, 즉 사민당의 장기집권이 시작된 해로 보고 있다.

(2) 살쇠바덴에서의 경영자와 노동자 간의 대타협

사민당 한손 내각은 농민당과의 연립정부를 형성하면서 집권에 성공했지만 만성적인 파업과 1930년대 대공황으로 실업률이 급증했다. 이런 상황에서 사용자와 노동자는 1938년 스톡홀름 외곽 살쇠바덴이라는 도시에서 노사대타협을 이루어 내며, 이것은 스웨덴 복지국가 건설에 초석이 되었다. 그러면 살쇠바덴에서의 노사대타협은 어떤 배경이 있었으며 어떤 과정을 거쳤는가?

① 노사대타협의 배경

1929년 시작된 대공황으로 인해 1931년부터 1933년까지 스웨덴의 실업률은 20.8%를 기록했다. 높은 임금인상을 요구한 노조에 책임이 있다는 지적이 나왔지만, 노조는 1920년대 후반의 과잉생산, 무계획적이고 무질서한 생산제도, 합리화에 불황의 원인이 있다고 자본가를 비난했다. 노동현장에서도 다시 분쟁이 늘기 시작해서[8] 1930년에는 전체 파업 시간이 100만 시간이었지만 1933년과 1934년에는 각각 3배로 늘어났다(강내영 외 공역, 2013 : 44-45). 1920년대의 스웨덴의 파업일수는 유럽에서 가장 많았다.

1933년에는 건설노조가 총파업을 선언했다. 파업이 해를 넘기면서 장기화되자 산업 전반은 물론 사민당 정권까지 위협했다. 파업을 저지하면 주요 파트너인 노동자 총연맹 LO와의 관계가 악화되고, 파업을 지지하면 경영자협회인 SAF와의 관계가 악화될 뿐만 아니라 보수적 성향인 농민당과의 연합도 위태로운 상태가 되었다. 이러한 난관 속에서 사민당은 노동자와 사용자 간의 전투적 대립이 아닌 노사협조를 제안하게 된다.

8) 당시 노동자와 자본가 간의 분쟁으로 1931년에 일어난 '오달렌 사건(Ädalshändelserna)'이 있다. 펄프공장의 임금 인하에 항의하는 노동자의 파업에 맞서 자본가들은 많은 용역 깡패를 고용했고, 급기야 군대까지 출동했다. 결국 행진하는 노동자들을 향해 총을 쏴서 시위 노동자 4명과 시위를 구경하던 젊은 여성 1명이 사망하여 스웨덴에 큰 충격을 던져주었다. 스톡홀름에서는 많은 용역 깡패들이 열차로 몰려들었고, 군대와 학생들이 자본가 편에 서서 파업 중인 노동자에 맞서는 험악한 상황이 벌어졌다. 이 사건은 스웨덴 국민들이 공유하는 커다란 트라우마로 역사 속에 남아 있다(강내영 외 공역, 2013 : 31).

② 노사대타협의 과정

1933년부터 시작된 사민당이 제안한 노동자와 사용자 간의 노사협조를 위한 토론은 5년간 지속된 끝에 1938년 살쇠바덴(saltsjobaden)에서 정부 개입 없이 사용자와 노동자 간에 역사적 대타협이 이루어졌다. 살쇠바덴에서의 노사대타협의 이면에는 사용자와 노동자 간의 이해관계가 맞아떨어진 면이 있다. 1932년 LO는 정치환경이 자기들에게 유리한 것으로 판단하고 노사문제를 파업을 통한 자본과의 직접적인 대립보다는 정치적 협상을 통해 문제를 해결하는 것이 유리하다고 생각했으며, SAF도 노동조합을 힘으로 세압하는 것은 무리라는 판단을 하고 LO와 정치적으로 타협했다(Martin, 1984 : 195-198; 김영순, 1996 : 99).

살쇠바덴에서 노사 간 대타협이 이루어진 이후 스웨덴의 노동쟁의 건수는 유럽에서 최저 수준으로 감소하면서 산업평화가 찾아 왔으며, 이것이 경제성장으로 이어지면서 성장과 분배라는 두 마리 토끼를 잡을 수 있었다.

③ 노사대타협의 내용

살쇠바텐 노사대타협의 내용은 LO는 자본가의 경영특권을 인정하고 LO 중앙본부가 파업권을 통제함으로써 '산업평화'를 보장하는 대신, SAF는 노조의 파업권을 공식 인정하고 경영에 대한 공동 협의권을 부여하며, 노사 간의 계약의 과정을 명문화한다는 내용이었다(Martin, 1984 : 197-198). 이는 결국 사민당의 집권을 계기로 변화된 노사 간의 권력균형을 추인하는 것이었다.

비그포르스는 이것을 '경제권력은 여전히 자본가의 수중에 있는 반면, 정치권력은 노동자에게 유리하게 변모함으로써 정치권력과 경제권력이 분리되어 있으며, 조직화된 노동자와 조직화된 자본이 서로를 인정하며, 어느 한쪽도 다른 쪽에 매개되지 않고 권력을 행사할 수 있는, 그야말로 '노사 간의 대타협'이라고 묘사했다(Korpi, 1978 : 46-50 : 김영순, 1996 : 100). 또한 코르피(Korpi, 1978 : 84)는 스웨덴의 노사 간의 대타협이 이루어진 1930년대를 민간자본은 국유화의 위협으로부터 경제적 자유를 보장받고 노동자는 복지국가로부터 보호받는 자본과 노동의 타협기라고 기술했다.

④ 노사대타협의 의의

마틴(Martin, 1984 : 191)은 '스웨덴 모델'이란 '생산에 대한 결정은 자본가에게 맡기고, 정책결정이 내려지는 환경은 국가와 노동조합이 강력히 통제하는 체계'라고 평가했다. 이러한 평가는 1932년 사민당이 집권하면서 '국민의 집' 개념이 살쇠바덴에서 이루어진 노사대타협과 결합하면서 스웨덴 복지국가 모델을 탄생시켰다는 의미로 볼 수 있다.

노사 간의 협조관계는 사민당의 장기집권과 고도경제성장을 가능하게 했다. 사민당은 안정적 노사관계에 기초하여 달성된 고도성장의 열매를 적극적인 사회정책을 통해 국민들에게 재분배함으로써 자신의 이념적 프로필을 유지하면서도 안정적인 정치적 지지 기반을 확보할 수 있었다(신정완, 2012 : 116). 즉, 스웨덴 복지국가 모델은 자본가와 노동자 간의 절묘한 타협이 있었기 때문에 가능했다.

(3) 인구정책에서 시작된 보편적 복지

스웨덴에서 보편주의적 복지국가가 탄생하게 된 배경에는 1930년대 시행된 인구정책이 있다. 인구 감소 문제를 해결하기 위해 먼저 보편적인 가족정책을 수립하면서 점차 노령연금, 건강보험제도에서 보편성을 확대하면서 스웨덴 복지국가 탄생에 기여했다.

① 인구정책의 배경

스웨덴에서는 19세기 말과 20세기 초에 산업화와 인구증가가 진행되었다. 1870년의 스웨덴은 농업인구가 70%가 넘었지만 1910년에는 50% 이하로 떨어졌다. 사망률 저하로 인해 1840년부터 약 100년간 인구는 배로 증가하여 1935년에는 총인구가 620만 명이 되었다. 그러나 스웨덴에서는 사망률과 출산율이 동시에 감소하는 현상이 발생하기 시작했다. 1899년에서 1910년 동안 인구 1천 명당 보통출산율은 26.8이었는데 1931년에서 1935년 사이에는 14.1까지 낮아졌다. 이러한 출산율 저하는 유럽 국가들의 공통적인 문제였으나 스웨덴은 출산율이 유럽 국가들 중에서 가장 낮을 정도로 매우 심각한 수준이었다.

출산율의 급격한 저하의 원인에 대해 보수 세력과 진보 세력은 각각 다른 진단을 내놓았다. 보수 세력은 출산율의 저하를 성도덕의 위기에서 찾았다. 그래서 1910년과 1911년 보수당은 반출산 통제법을 도입했다. 이 법은 피임기구를 여러 사람들 눈에 띄게 하거나 신문이나 라디오를 통해 피임기구를 광고하거나 제공하는 것을 금지시켰다. 또한 보수 세력은 독신자나 자녀가 없는 부부에게 새로운 세금을 부과하는 방안도 논의했다. 노동세력은 이러한 보수 세력의 움직임을 경계하였다(임성근 역, 2003 : 92).

② 인구정책의 내용 : 보편적인 예방적 사회정책의 시행

스웨덴이 인구문제에 대한 정책을 수립하는 데 가장 큰 기여를 한 사람은 뮈르달 부부(Gunnar Myrdal & Alva Myrdal)와[9] 묄러(Gustav Moller)[10]였다. 뮈르달 부부는 스웨덴의 인구문제를 분석한 저서인 『인구문제의 위기』[11]를 1934년에 출간하면서 1930년대 이후 스웨덴의 인구정책의 방향을 제시했고, 묄러는 뮈르달 부부가 분석한 '인구문제의 위기'가 갖는 의미를 파악하여 '인구문제의 위기'를 오히려 '복지국가 발달의 기회'로 활용했다. 묄러는 뮈르달의 전략과 한손의 '국민의 집' 상징을 연결시켰다.

9) 남편인 군나르 뮈르달(Gunnar Myrdal)은 스톡홀름학파의 경제학자였고 부인인 앨바 뮈르달(Alva Myrdal)은 사회심리학자 겸 교육학자였다. 군나르 뮈르달은 빈곤이 빈곤을 낳는 현상을 해결하기 위해서는 국가가 경제 사회적 문제 등에 개입해야 한다는 이론적 틀을 제공한 공로로 1974년 노벨 경제학상을 영국 대처 행정부의 경제정책의 이론을 제공했던 하이에크(Hayek)와 공동으로 수상했다. 시장경제에 대해 상반된 주장을 한 두 학자가 동시에 노벨경제학상을 받았다는 것은 아이러니이다. 앨바 뮈르달은 스웨덴 정부가 핵보유 의지 포기선언을 공포하는 데 중요한 역할을 한 공로로 1982년 노벨 평화상을 수상했다.

10) 복지국가 스웨덴의 기초를 닦은 사람은 1924년에서 1951년에 이르는 기간 동안 사회부 장관(Minister of Social Affairs)으로 재임하였던 구스타프 묄러(Gustav Moller)였다. 이 기간 동안의 핵심적인 목표는 1930년대에 묄러에 의해 선언되었던 빈곤철폐였다. 당시의 스웨덴의 생산능력에 비추어 보면 스웨덴 국민들이 빈곤에 허덕여야 할 마땅한 이유가 없었다. 묄러는 스웨덴에 계속 존재하는 빈곤에 대해 설명할 수 있는 유일한 길은 빈곤이나 빈곤조직과 전쟁을 벌이려는 의지의 결핍이라고 하였다. 묄러는 '복지국가'라는 용어도 처음 사용하였다. '복지국가'라는 용어는 1941년 영국의 템플 주교(W. Temple)의 「시민과 성직자(Citizen and Churchman)」라는 팸플릿에서 독일 나치스 시대의 '권력국가(power state)'와 대비하여 전후 연합국의 재건설의 야망과 약속을 의미하는 '복지국가(welfare state)'라는 용어를 사용하면서부터라고 알려져 있으나 묄러는 1928년에 선거 팸플릿에서 '국가는 단순히 야경국가가 아닌 복지국가가 되어야 한다'고 기술하고 있다(Korpi, 1990 참조).

11) 뮈르달 부부는 인구의 질을 강조하면서 외국 노동력의 유입을 반대했다(Myrdal, 1938 : 204). 뿐만 아니라 그들이 저서 『인구문제의 위기』 제7장 '사회정책과 국민의 질'에서 뮈르달 부부는 인구의 질을 높이기 위해서 정신장애자들을 대상으로 하는 불임시술권리를 옹호했다. 뮈르달 부부가 정신장애자를 대상으로 하는 불임시술을 옹호한 것은 인구의 질을 강조하는 보수파들에게 예방적 사회정책을 '팔고자' 하는 복지국가 전략이라는 설도 있다(Carlson, 1990 : 85). 이것은 '악마와의 거래'로 불린다. 이러한 점 때문에 이 저서는 처음에는 노조계 출판사로부터 출판을 거절당했다. 그러나 Bonniers 출판사에서 출판하자마자 베스트셀러가 되었다. 또한 출산장려정책을 옹호한 뮈르달 부부는 원래 2명의 자녀만 있었으나 여러 번의 유산 끝에 1936년 셋째 자녀 카이(Kaj)를 낳았다(임성근 역, 2003 : 101 참조).

뮈르달 부부는 『인구문제의 위기』에서 저출산의 원인을 도시화와 사회구조의 변화에서 찾았다. 당시 스웨덴의 주택상황은 유럽의 표준에서 보면 매우 열악했다. 1930년대 초반 스톡홀름의 경우 35.5%가 단칸방이었고, 25.7%가 방이 두 개였으며, 목욕탕과 샤워시설이 없는 주택이 85%였다. 서부 공업도시 예테보리의 경우, 한 사람당 거주면적은 5평이었고, 이러한 환경은 가족을 늘리는 데 방해요인으로 작용했다. 뮈르달 부부는 결혼한 부부가 출산을 피하는 경향을 보이는 것은 취업한 여성이 생활수준을 향상시킬 수 있음에도 불구하고 아이를 갖게 되면 직장을 그만두어야 하기 때문으로 분석했다(Myrdal & Myrdal, 1934 : 125-151, 임성근 역, 2003 : 95).

뮈르달 부부는 출산율 제고를 위해서는 예방적 사회정책이 필요하다고 보았다. 예방적 사회정책은 빈곤한 사람만을 대상으로 하지 않는다. 예방적 사회정책의 가장 중요한 영역은 자녀와 가족이며, 시각을 달리하면 인적 자본에 대한 투자였다. 뮈르달의 예방적 사회정책에는 위기안정화 프로그램과 중첩되는 주택정책, 자녀가 있는 가정에 대한 수평적 재분배라는 성격을 지닌 출산·육아정책, 여성취업을 가능하게 하는 조건의 정비와 노동시간의 단축 등 광범위한 정책분야가 망라되었다. 즉, 뮈르달 부부는 보편적인 사회복지를 추구함으로써 사회적 평등과 경제성장 모두 향상될 수 있다고 보았다(임성근 역, 2003 : 97).

뮈르달은 가족을 보는 새로운 사고를 제시했다. 삶의 질이 향상되려면 반드시 인구가 증가해야 하며, 가족복지는 사적인 영역이 아니라 공적인 영역이며 사회적 관심사라는 점을 강조했다. 이러한 인구문제의 위기에 대한 뮈르달의 분석은 기혼, 미혼에 관계없이 제공되는 보편주의적 성격의 출산수당, 무상학교급식(1946), 16세까지의 모든 아동에게 자산조사 없이 제공되는 아동수당(1947)으로 이어졌다. 1950년대에는 가족계획 상담이 정부 차원에서 제공되었다.

③ 인구정책의 의의

뮈르달 부부가 제시한 인구정책에는 '출산율 올리기' 이상의 의미가 있다. 스웨덴은 경제가 급격히 성장해 가면서 좋은 기술을 지닌 신진 노동력이 많이 필요하게 될 것이고, 양질의 노동력을 창출하기 위해서는 무상교육, 무상급식, 무상보육, 아동수당과 같은 보편적 사회정책이 필수적이라고 보았다. 이러한 정책들은 문제가 발생한 뒤에 대처하는 것이 아닌 문제발생을 예방하고, 아동과 청소년의 건강과 사회적응 능력을 제고한다는 차원에서 '예방적 사회복지'라고 불렸다. 또한 뮈르달 부부는 국가의 재정이 교육, 보육, 건강에 투입되면 국민들이 높은 수준의 인간적 삶을 향유할 수 있을 뿐 아니라 노동력의 질과 생산성을 높일 수 있다고 보았다. 뮈르달은 "국가 지출이 건강·교육·가족 등에 투입되면 국민이 인간적 삶을 향유할 수 있을 뿐 아니라 노동력의 질과 생산성을 높이기까지 한다. 예방적 사회정책은 인적 자본에 대한 생산적 투자다"라고 말했다. 그래서 뮈르달이 주장한 예방적 사회정책은 인적 자본에 대한 생산적 투자로 작용하여 국가의 경제발전에도 크게 기여하여 오늘날의 튼튼한 스웨덴의 경제를 가능하게 했다(박병현, 2016b : 305).

3. 스웨덴 복지국가의 발달 : 1940~1960년

스웨덴이 1932년 사회민주당의 집권 이후 국민의 집, 살쇠바덴에서의 노사간 대타협, 인구문제 해결에서 시작된 보편적 복지의 시작으로 복지국가의 기틀을 다졌다면 1940~1960년대에는 성장과 분배의 조합으로 복지국가가 발달하는 단계를 거쳤다. 이 시기에 스웨덴이 복지국가로 발전하는 데에는 연대임금제도와 적극적 노동시장정책으로 구성된 렌-마이드너 모델이 있다. 또한 이 시기에 중산층을 복지국가의 우군으로 만들게 한 소득비례 연금제도 도입이 진행되었다.

1) 렌-마이드너 모델

(1) 렌-마이드너 모델의 개요

제2차 세계대전 종전 후 전쟁에 가담하지 않은 스웨덴은 고도경제성장, 무역수지 균형, 완전고용에 가까운 호황을 누렸다. 이 시기의 문제는 실업이 아니라 노동력 부족과 임금 상승 및 이에 따른 물가 상승이었다. 이러한 환경에서 1951년 LO는 완전고용과 물가안정 사이에서 하나의 정책 목표를 선택하는 것이 아니라, 두 가지를 동시에 성취하는 '렌-마이드너 모델'을 개발했다(신필균, 2011 : 71).

렌-마이드너 모델은 LO의 경제학자 고스타 렌(Gosta Rehn)과 루돌프 마이드너(Rudolf Meidner)가 1940년대 말에서 1950년대 초에 걸쳐 발전시킨 종합적인 경제발전전략으로 1956년부터 사민당 정부가 정책으로 실행했다.[12] 렌-마이드너 모델의 핵심에는 연대임금정책과 적극적 노동시장정책이 있다.

(2) 연대임금정책

스웨덴에서 연대가치가 반영된 '국민의 집' 개념이 창안된 이후 정책에 연대가치가 반영된 첫 번째 경우는 LO가 1941년 개발한 연대임금정책(solidaristic wage policy)이다. 연대임금정책은 근로자의 임금은 회사의 수익성보다는 직업의 성격에 의해 결정되는 것으로 동일 노동에 대해 동일 임금을 지급하는 정책이다. 연대임금정책은 보다 자세히 설명하면 다음과 같다(박병현, 2016b : 307-308).

기업에는 같은 품목을 생산하더라도 생산성이 높은 기업, 생산성이 중간 정도인 기업, 생산성이 낮은 기업이 있다. 생산성이 높은 기업은 경쟁력이 높고 이윤 창출 능력이 좋아서 노동자들에게 높은 수준의 임금과 양질의 복지를 제공하며, 생산성이 중간 정도인 기업은 평균 정도의 임금과 복지를 제공한다. 그러나 생산성이 낮은 기업은 경쟁력이 낮아 이윤을 많이 창출하지 못하는 취약기업이어서 저임금에 수준 낮은 복지를 제공할 수 있을 뿐이다. 대부분의 국가에서는 같은 품목을 생산하더라도 생산성이 높은 기업의 근로자는 고임금을 받고 생산성이 낮은 기업의 근로자는 저임금을 받는다. 그러나 스웨덴에서는 노동조합총연맹이 같은 품목을 생산하는 세 종류의 기업에 대해 임금 가이드라인을 정해서 중간 정도의 생산성을 지닌 기업의 임금을 조금 상회하

12) 렌-마이드너 모델의 초안은 렌과 마이드너가 공동으로 작성하여 1951년 LO 총회에서 발표한 「노동조합운동과 완전고용」이다.

는 선을 권고했다. 이 권고는 법적인 강제성은 없지만 도덕적 강제성은 강해서 지켜야 하는 의무사항으로 받아들여졌다. 생산성이 높은 기업의 근로자들은 임금의 일정 부분을 양보했고, 생산성이 중간 정도인 기업의 근로자들은 약간의 임금 인상을 감수했으며, 임금가이드라인을 충족시키지 못하는 생산성이 낮은 기업에 대해서는 정부가 파산을 유도했다.

연대임금정책으로 생산성이 높은 기업과 중간 정도의 생산성을 지닌 기업 간에는 임금격차가 줄어들어 동일 노동에 대해 동일 임금을 지급하는 형태가 되며 결과적으로 소득 불평등이 감소하게 된다. 생산성이 높은 기업은 근로자들의 임금 삭감으로 인해 경쟁력이 더 높아지며, 근로자들이 양보한 임금은 공적 기금으로 축적되어 근로자복지에 사용된다. 임금인상으로 손해를 보는 생산성이 중간 정도인 기업에 대해서는 세금감면을 비롯한 정책지원금, 이자율이 낮은 산업자금 지원, 각종 복지제도 등의 공적 지원을 제공한다. 세율이 높은 스웨덴에서 세금감면은 매력적인 유인책이 될 수 있다. 연대임금을 감당할 수 없어 퇴출되는 기업의 근로자들은 생산성이 높은 산업으로 옮겨가며, 이 과정은 근로자들의 자유로운 직업 간 이동을 가능하게 하는 적극적 노동시장정책으로 보완된다. 정부가 노동시장에 적극적으로 개입하여 퇴출기업의 노동자들과 잉여노동자들을 재훈련시켜 고임금 산업으로 재배치했다. 퇴출된 기업의 근로자들에게 제공되는 재훈련 과정은 모두 국가가 관리한다. 재훈련 기간 동안에는 실직 전 임금의 90퍼센트가 제공되며, 재취업한 기관이 타 지역인 경우에는 이사비도 제공된다(송호근, 2012 : 157).

이와 같은 동일 노동에 대한 동일 임금은 근로자들 간의 갈등을 예방할 수 있고 연대성을 강화할 수 있다. 또한 동일 노동에 대한 동일 임금은 노동조합총연맹이 임금교섭에서 주도권을 장악할 수 있다. 이 정책은 임금은 회사의 수익성보다는 직업의 성격에 의해 결정되도록 했으며, 그로 인해 임금의 격차가 줄어들었다. 스웨덴은 연대임금정책으로 '기업 간 임금격차 해소', '기업경쟁력 강화', '공공복지 확대'라는 세 마리의 토끼를 한꺼번에 잡을 수 있었다.

(3) 적극적 노동시장정책 : 스웨덴 판 근로연계복지

① 적극적 노동시장정책의 개념

렌-마이드너 모델을 제안한 학자들은 연대임금정책에 따른 경제 합리화를 촉진하려면 고용에 대한 정부의 적극적인 지원이 필요하다고 강조했다. 그 이유는 연대임금정책은 비효율적인 기업을 도산시킴으로써 실업자가 크게 증가하는 문제점을 안고 있기 때문이었다. 이 문제를 해결할 수 있는 정책으로 등장한 것이 적극적 노동시장정책(active labour market policy)이다.

적극적 노동시장정책이란 노동인력의 원활한 이동을 지원하는 정책이다. 경제성장은 일반적으로 산업 간, 직종 간, 지역 간에 불균등한 발전을 수반하기 마련이다. 연대임금정책으로 고수익을 내는 기업은 더 많은 노동인력을 필요로 하고, 저수익으로 경쟁력을 잃어 도산하는 기업에서는 실업자를 배출하게 된다. 일자리를 잃은 근로자는 정부의 적극적 노동시장정책에 의해 직업재교육을 받은 후 새로운 산업부문에 배치된다. 적극적 노동시장정책의 목적은 실업자들을 실업수당만 받고 있기보다는 새로운 직업기술을 습득하도록 하여 노동시장으로 복귀시키는 데 있다. 그래서 스웨덴에서는 실업자들은 실업기간 중 재교육을 받거나 새로운 기술을 습득해 피고용 능력을 향상시킨 뒤 이전보다 높은 수준의 노동시장에 진출한다. 국가는 노동자들에 대한 직업 알선, 재교육, 새로운 지역으로의 이주에 필요한 자원 지원 등을 담당했다.

② 적극적 노동시장정책의 실행 방법

스웨덴에서 적극적 노동시장정책은 매우 강력하게 시행되었는데, 1948년에 설립된 정부, 고용주, 노동자 조직의 대표들로 구성된 노동시장이사회(Labour Market Board)에 의해 운영되었다. 노동시장이사회는 구직자들에게 취업정보를 제공하고 기업에게는 구직자 정보를 제공하는 취업알선 업무뿐 아니라, 전직(轉職) 희망자에 대한 재교육, 취업으로 인해 새로운 지역으로 이주하게 되는 사람들에 대한 이주 및 정착 지원, 공공부문에서의 일자리 창출 등 다양한 업무를 담당했다. 노동시장이사회의 역할은 시간이 경과할수록 커져 노동시장이사회가 제공하는 서비스의 지원을 받은 사람들의 수와 노동시장이사회의 예산액이 모두 꾸준히 늘어났다(표 7-1과 7-2 참조)(신정완, 2012 : 144).

〈표 7-1〉 1960~1972년 동안의 노동시장이사회의 프로그램에 참여한 평균 인원 수 (단위 : 명)

1960	1963	1965	1968	1970	1972
16,000	28,900	34,100	64,700	70,800	102,600

출처 : 신정완(2012 : 145).

〈표 7-2〉 1949~1972년 동안의 노동시장이사회 예산지출액 (단위 : 크로나, Krona)

연 도	경상가격 예산지출액	1949년 물가 기준 예산지출액
1949	57,390,985	57,370
1955	107,375,396	80,733,380
1960	553,151,089	347,893,766
1965	933,030,570	491,068,721
1971/72	3,523,352,290	1,349,943,400

출처 : 신정완(2012 : 145).

그래서 '적극적인 노동시장정책'은 실업자를 대상으로 하는 노동프로젝트뿐만 아니라 직업 이동과 노동력의 재훈련을 수반한다. 그러므로 실업을 방지하기 위한 '노동전략'의 목적은 실업자들을 실업수당만 받고 있기보다는 시장으로 복귀시키는 데 있다(Korpi, 1990). 이런 점을 감안하면 스웨덴 판 근로연계복지라고 볼 수 있는 적극적 노동시장정책은 취업우선 전략이 아닌 인적자본 투자 전략이라고 볼 수 있다.

적극적 노동시장정책 실행의 중추적 기구는 각 시·읍에 있는 국립직업소개소이다. 이 소개소는 각 지역 내에 있는 모든 기업주에게 빈 일자리를 의무적으로 수시로 보고하도록 하여, 도별로 종합한 후 직종별로 세분해서 취업내용과 대우조건 등을 명기한 구인광고지를 매주 1회씩 발간해 무료로 구직자에게 배포하여 합당한 직업을 선택하게 하고 소개·알선을 무료로 실시함으로써 노동력의 수급을 효과적으로 조절한다. 이 수급조절에는 직업 상담을 통한 직업 간 조절뿐만 아니라 각종 직업훈련의 주선과 훈련 후 복지, 기타 각종

이사수당을 공여하는 지역 간 인력수급 조절 등도 포함된다(천세충, 2001 : 99).

적극적 노동시장정책은 1980년대에도 활발하게 진행되었다. 1987년 OECD 자료를 보면, GDP 중 노동시장정책에 지출하는 비율은 프랑스나 영국과 거의 비슷하다. 아일랜드, 덴마크, 벨기에, 그리고 네덜란드는 스웨덴보다 노동시장정책에 보다 많은 지출을 하고 있다. 그러나 노동시장정책을 위한 지출 중 적극적인 노동시장 부문에 지출하는 비율은 스웨덴이 70%로 OECD 국가 중에서 가장 높았다. 이러한 정책으로 인해 1987년의 스웨덴 실업률은 1.9%로 매우 낮았다(표 7-3 참조).

〈표 7-3〉 GDP 대비 노동시장정책 총지출, 적극적인 노동시장부문에 대한 지출 및 OECD 18개 국가의 실업률(1987)

	GDP 대비 노동시장정책 지출(%)	노동시장정책지출 대비 적극적 노동시장지출(%)	실업률
아일랜드	5.1	28	17.5
덴마크	5.0	23	7.8
벨기에	4.4	25	11.0
네덜란드	4.0	28	9.6
프랑스	3.1	24	10.5
스웨덴	2.7	70	1.9
영국	2.6	35	10.2
핀란드	2.4	32	5.0
독일	2.3	42	6.2
캐나다	2.2	25	8.8
뉴질랜드	1.7	38	4.1
호주	1.5	21	8.0
오스트리아	1.5	28	3.8
이탈리아	1.3	36	11.2
미국	0.8	29	6.1
노르웨이	0.8	54	2.1
일본	0.6	29	2.8
스위스	0.4	43	0.7

출처 : Korpi(1990).

1985년에 새로운 직업훈련 프로그램에 참가한 95,000명 중에서 약 6만 명이 직종을 바꾸었다. 지역 간에 노동력 이동이 빈번해져서 1970년대에는 20만 명이 지역을 옮겼다. 또한 1960년대 이후 적극적 노동시장정책의 영향으로 여성들의 고용이 늘어나기 시작했다. 이러한 여성들의 고용 증가는 1980년대까지 지속되었는데 1960년에는 OECD 평균인 34% 정도였으나, 1987년에는 48%로 증가했고, 1990년대에는 서구국가들 중에서 가장 높은 80%를 넘어섰다. 시간제 직업에 고용되어 있는 여성들의 비율도 1990년대에 전체 여성 노동력 중에서 40~42%를 차지할 정도로 비교적 높다(박병현, 2016b : 312).

렌은 적극적 노동시장정책이 노동자들을 종래의 생활기반으로부터 유리시킨다는 점에서 비인간적인 정책이며 지역발전의 불균형을 초래한다는 비판에 대해서 적극적 노동시장정책의 목적은 사람들을 경력이나 학력의 구속에서 벗어나게 하고 실업에 대한 두려움에서 벗어나도록 하는 것이며 노동시장에서 선택의 자유를 확대하기 때문에 오히려 인간적인 정책이라고 주장했다(임성근 역, 2003 : 14).

③ 적극적 노동시장정책의 의의 : 미국과 영국의 근로연계복지정책과의 비교

스웨덴의 적극적 노동시장정책의 목표는 직장보호가 아니라 고용보호였다. 하지만 적극적 노동시장정책은 단순히 고용을 늘리는 것이 목표가 아니라 숙련된 양질의 인적 자본을 만들고, 그 인적 자본이 노동시장에 참여할 수 있는 동기를 부여하는 데 궁극적 목표가 있다. 적극적 노동시장정책은 불황기에는 공공부문에서 새로운 일자리를 창출해 내고, 호황기에는 산업 간, 지역 간 노동인력 수급의 불균형을 조정하여 스웨덴 경제가 장기간 완전고용을 달성할 수 있도록 하는 데 크게 기여했다. 1950년대 후반 이후에는 적극적 노동시장정책으로 많은 양질 인력들이 노동시장에 참여하게 됨으로 스웨덴은 지속적인 경제성장을 유지하면서 낮은 실업률을 유지하고 장기실업자는 거의 존재하지 않게 되었다.

스웨덴의 적극적 노동시장정책은 복지와 고용정책을 혼합한 스웨덴 판 근로연계복지정책으로 볼 수 있다. 스웨덴의 적극적 노동시장정책은 미국의 '근로

연계복지(workfare)' 프로그램인 TANF나 영국의 근로연계복지 프로그램인 1990년대 후반기에 시행된 '뉴딜' 프로그램과는 기본 전제가 다르다. 미국과 영국의 근로연계복지는 노동을 수용하는 조건으로 급여를 제공하는 취업우선정책이라면, 스웨덴의 적극적 노동시장정책은 인적 자본에 대한 투자전략으로 직업훈련에 필요한 자원과 동기를 제공하고, 그리고 양질의 일자리를 국가가 보장해 주는 것을 의미한다.

(4) 렌-마이드너 모델의 효과 : 효율성과 평등의 균형

스웨덴 복지국가 모델의 핵심 역할을 한 렌-마이드너 모델은 효율성과 평등의 균형을 가능하게 했다. 연대임금은 생산성이 높은 고임금 부문이 임금비용을 줄이고 기존 근로자의 기득권을 보호하기 위해 고용을 축소하는 이른바 '노조독점모델'의 부작용을 방지하고 효율적인 자원배분을 촉진하는 데 중요한 역할을 했다. 또한 연대임금정책으로 인해 발생하는 실업문제는 적극적 노동시장정책이 보완했다. 연대임금정책이 시행되지 않았다면 산별 차원에서 임금이 결정되었을 것이고, 생산성이 높은 부문에서는 높은 임금상승이 지속되고 생산성이 낮은 부문에서도 노조의 압력으로 임금이 올라 심각한 인플레이션을 초래했을 것이다. 그 결과 고생산성 부문은 임금비용 때문에 투자와 성장의 여력이 줄어들고, 저생산 부문은 성장이 지체된 상태가 지속되었을 것이다. 따라서 1960년대까지 연대임금정책은 동일 노동 동일 임금의 완전경쟁 기반의 임금 규범을 관철함으로써 시장친화적 자원배분을 확립하고 효율성과 평등을 동시에 달성했다(김인춘, 2007 : 77).

렌-마이드너 모델의 시행으로 낮은 실업률을 유지할 수 있어서 사회복지 수혜 대상자의 수를 제한할 수 있었고, 적극적 노동시장정책은 근로자의 인적 자본을 향상시켜 복지비용을 최소화하면서 세입을 극대화하여 보편적 복지체제 구축에 필요한 재정비용을 감당할 수 있게 했다. 결과적으로 렌-마이드너 모델은 근로자의 생산성을 향상시켜 기업의 경쟁력을 제고시키면서 경제와 복지의 선순환 구조를 가능하게 했다.

종합하면, 연대임금정책과 적극적 노동시장정책으로 구성된 렌-마이드너 모델은 경제성장정책이 추구하는 효율성과 사회복지정책이 추구하는 평등을 적절한 선에서 균형을 맞추면서 스웨덴 경제의 지속적인 경제성장과 복지국가 발전을 견인했다.

2) 1959년의 연금제도 개혁 : 소득비례 부가연금제도 도입

(1) 소득비례연금제도 도입의 배경

스웨덴에서는 소득비례연금제도가 도입되기 이전에는 보편적 기초연금제도만 존재했다. 스웨덴 기초연금은 모든 국민을 대상으로 하는 보편성과 모든 국민을 동등하게 만들려는 동등성을 통해 국민적 연대성을 확보하게 했다. 기초연금은 사회적 시민권을 모든 국민에게 부여했다. 시장 참여 기회나 일을 한 경력에 관계없이 가정주부나 장기체류자 비활동 인구를 포함하여 모든 사람이 기초연금의 적용대상이 되었다. 개인의 기여금과 무관하게 자격이 주어졌으며 재원은 모두 조세와 고용주의 의무적 기여금이었다.

자산조사를 멀리하고 구빈법과 관련된 원칙과 거리를 두려고 했던 사회민주당 관점에서 보면 기초연금제도는 합리적이었다. 그러나 보편주의 원칙에 따라 모든 사람을 동일하게 적용하면서 급여 규모의 적절성과 소득대체 비율의 문제가 생겨났다. 기초연금의 급여수준은 단신퇴직자의 경우 1천 크로나 정도로 인간다운 생활을 유지하기에는 불충분한 수준이었다.

보편주의를 고수하려는 사회주의자들의 태도는 사회구조가 근대화하는 상황 속에서 중대한 시험대에 오르게 되었다. '서민들(little people)'이 주류를 이루던 시장경제에서 서민들의 모습은 서서히 자취를 감추고, 그 자리에 새로운 화이트칼라 봉급자들과 형편이 좋아진 노동자들이 들어서고 있었다. 중산계급으로 성장한 이들은 액수가 적은 정액제 기초연금에 만족하지 못하는 경향을 보였다. 그렇기 때문에 만일 연금액수가 인상되지 않을 경우, 중간계급에 속하는 사람들이 민간보험으로 갈아타는 일이 일어나고, 그에 따라 새로운 불평등이 등장할 가능성도 있었다. 결국 보편주의적인 복지국가의 연대성을 견지하기 위해 사회주의자들은 부득이 연금급여의 수준을 중간계급의 표준에 맞추어 상향 조정하지 않을 수 없었다(Esping-Andersen, 1990 : 68).

소득비례연금제도 도입에는 정치적인 고려도 있었다. 사민당은 1932년 이후 계속해서 농민당과 연립정부를 형성하고 있었다. 그러나 산업구조가 변화되면서 농업에 종사하는 인구는 계속 감소하고 화이트칼라 중간계층이 증가했다.[13] 1920년에는 전체 인구 중에서 농업에 종사하는 인구가 41%, 화이트칼라 계층 인구는 12%였으나, 1940년에는 27%와 20%로 좁혀졌고, 1950년대에는 역전되어 농업에 종사하는 인구는 16%로 줄어든 반면 화이트칼라 인구는 28%로 급증했다(임성근 역, 2003 : 167). 또한 사민당은 1956년 선거에서 집권은 했으나 실질적으로는 패배했다. 이 선거에서 복지국가에 비판적인 보수당은 10개의 의석을 늘리고 자유당은 현상유지를 한 반면, 사민당은 4개의 의석을 잃고 농민당은 7개 의석을 잃었다. 이런 농업인구의 감소와 화이트칼라 인구의 증가로 인한 정치 환경의 변화 속에서 사민당과 LO는 계속 집권하기 위해서는 농민당과 결별하고 중간계층의 지지를 유도할 필요가 있었다.

소득비례형 연금제도란 연금가입자의 종전의 소득이 급여에 반영된다는 것과 그로 인해 소득재분배의 효과가 약해진다는 것을 의미한다. 소득비례형 연금제도는 사민당이나 LO의 이데올로기에 부합하는 것은 아니었다. 그러나 인구 변화와 정치 환경의 변화 속에서 1950년대 중반 기존의 기초연금 외에 의무적으로 가입하고 고용주가 재원을 부담하고 급여가 소득에 비례하는 소득비례 연금제도를 추가로 도입하는 연금개혁을 단행하기로 결정했다.

(2) 소득비례연금제도 도입의 정치적 과정

1959년 소득비례연금이 의회에서 통과되기까지 오랫 기간 동안 격한 논쟁을 거쳤다.[14] 이 과정에서 사회민주당과 농민당 연합정부(1951~1957)는 균열되

13) 1920년에는 전체 인구 중에서 농업에 종사하는 인구가 41%, 화이트칼라 계층 인구는 12%였으나, 1940년에는 27%와 20%로 좁혀졌고, 1950년대에는 역전되어 농업에 종사하는 인구는 16%, 화이트칼라 계층 인구는 28%였다(임성근 역, 2003 : 167 참조).

14) 소득비례연금제도의 도입안은 최초에는 하원에서 통과하지 못했다. 이어진 정부해산과 특별선거에서 사민당은 5석을 늘리게 되고 소득비례연금제도 도입안은 하원에서 단 1표 차이로 통과한다. 이 과정에서 계급 간의 격렬한 논쟁이 있었으며, 이 논쟁은 스웨덴 복지국가 역사상 가장 의미 있는 논쟁으로 알려져 있다.

었으며, 국민투표와 연이은 의회선거를 치러야 하는 등 많은 정치적 투쟁을 거쳐 1959년에 통과되었다. 소득비례연금제도의 도입으로 인해 스웨덴 사회보험은 영국식의 보편주의적 적용범위와 대륙식의 소득비례급여원칙이 혼합되는 형태로 변화되었다.

당시 사회민주당과 노동조합은 소득비례연금 도입에 찬성했으며, 농민당은 높은 급여의 상당 부분이 고용주 기여분에 의해 조달되는 소득비례연금제도는 임금소득자보다는 농민에게 불리하다는 이유로 반대하면서 사민당－농민당 연립정부에서 탈퇴했다. 중도우파의 지원을 받은 민간연금단체들도 소득비례연금제도 도입에 반대했다.

(3) 소득비례연금제도의 내용

소득비례연금제도의 연금 액수는 소득보장 원칙을 바탕으로 생애 근로 기간에서 소득이 가장 높았던 15년간 임금을 표준으로 계산하되, 근로 기간이 30년 미만일 경우에는 연금 전액에서 부족한 햇수를 감액하여 계산한다.[15)] 소득비례연금제도의 보험료 납부는 사용자 부담(복지기여금)으로 이루어지며, 재분배 원칙을 기반으로 부과방식을 택하고 있다. 기금 관리는 연기금 공사를 두고 이윤을 최대로 창출하는 방식으로 기금을 관리한다. 소득비례연금의 급여수준은 이전 소득의 50~70퍼센트였다(신필균, 2011 : 139).

소득비례연금은 재원조달방식과 급여 산정방식 등이 화이트칼라에 유리했기 때문에 결과적으로는 노동자 계층보다는 전문직과 중산층이 더 많은 혜택을 받았다.

(4) 소득비례연금제도의 의의

소득비례연금제도의 도입은 스웨덴에서 모두에게 동일한 급여 제공이라는 사회주의적 이상보다는 급여는 소득수준과 비례해야 한다는 주장이 받아들여졌다는 것을 의미한다. 뒤이어 실업보험과 의료보험도 소득과 연계시켰다.

15) 이것을 '15/30제도'라고 부른다.

결과적으로 소득비례연금제도는 백인 화이트칼라 노동조합이 스웨덴 사회민주계열로 흡수되는 데 기여했다. 대신 사민당은 수적으로 감소하면서 영향력이 줄어들고 있을 뿐만 아니라 이해관계에서 자주 충돌한 농민당과는 결별했다.

소득비례연금제도의 도입은 중산층을 사민당 지지 집단으로 흡수하는 데 결정적인 기여를 하면서 사민당 장기집권을 가능하게 했다. 스웨덴에서 화이트칼라의 사민당 지지율은 1960년대에는 52~54%에 이르렀고(같은 시기 블루칼라의 지지율은 75~77%), 1970년대 중반에는 43~48%(같은 시기 블루칼라의 지지율은 68~70%)를 유지했다(김영순, 1996 : 103). 즉, 사민당은 전통적인 지지층인 블루칼라의 지지를 유지하면서 화이트칼라를 지지계층으로 받아들이면서 추후 상당 기간 집권을 계속할 수 있었다. 이것은 복지국가는 어느 특정 계층의 지지만으로는 가능하지 않으며 광범위한 계층의 지지가 있을 때 지속될 수 있다는 것을 보여준다.

스웨덴의 사회 민주주의자들은 중간계급의 표준에 맞춘 보편주의를 최초로 도입한 선구자들이라고 할 수 있다. 그들이 선택한 방식은 보편적인 수급권과 높은 수준의 소득비례 급여를 통합한 것으로, 이를 통해 복지국가의 급여와 서비스를 중간계급의 기대 수준에 맞추었다고 볼 수 있다. 그 결과 평균 수준의 노동자들도 지위 상향 이동을 경험할 수 있었다. 그에 따라 스웨덴 사민당 세력은 복지국가를 전폭적으로 지지하는 대부분의 민중을 지지 세력으로 확보할 수 있었다. 그래서 스웨덴에서는 '중간계급' 보편주의는 복지 반발의 감정에 맞서 복지국가를 지킬 수 있었다(Esping-Andersen, 1990 : 69).

4. 고부담-고복지 체제의 스웨덴 모델 완비 : 1960~1975년

1940년대와 1950년대에는 스웨덴 복지국가는 비록 보편적이고 진보적인 방법으로 계층에 기초한 재분배를 기초로 했지만 실제로는 완만하게 성장했다. 그러나 스웨덴 복지국가는 1960년대 들어 복지급여와 서비스는 소득 대체가 가능할 정도의 사회복지제도가 구축되기 시작했다.

사민당은 '강력한 사회'라는 이념으로 더 큰 사회적 평등을 위해 적극적인 국가의 역할이 정당화되었고 이에 따라 복지가 더욱더 확대되었다. 1970년대까지 사회보험, 공공부조, 사회서비스 등 모든 사회복지제도가 완비되었고, 연금을 제외한 사회보험의 소득대체율은 1970년대에 이르러 80~90% 수준에 달하였다(김인춘, 2012 : 22-23).

스웨덴은 1960년대부터 고부담-고복지 체제를 구축하기 위해 조세부담률을 늘리기 시작했다. <표 7-4>에서 보는 바와 같이 스웨덴은 1960년까지는 조세부담률이 다른 유럽 국가들과 비슷하거나 낮았다. 예를 들면, 1960년 조세부담률은 28.7%로 영국과 비슷했으며 독일이나 노르웨이보다 낮은 수준이었다.

〈표 7-4〉 **주요 유럽 국가들의 조세부담률 변화(1925~1996)** (단위 : GDP 대비 %)

구 분	스웨덴	덴마크	노르웨이	핀란드	영 국	독 일
1925	16.0	19.6	20.9	21.6	22.6	17.8
1933	18.9	20.1	25.1	20.1	25.2	23.0
1950	21.0	19.8	–	27.8	33.1	30.1
1960	28.7	25.3	32.0	27.5	27.3	33.9
1977	53.3	41.9	47.5	41.2	36.6	38.2
1996	56.2	52.0	46.0	48.8	35.9	42.0

출처 : 최연혁(2011).

그러나 스웨덴의 조세부담률은 1960년 이후 높아지기 시작했다. 1970~1971년의 조세개혁으로 직접세이자 누진세인 소득세율이 크게 높아졌으며, 특히 중소기업주의 자본소득세가 급격히 증가하였다. 1973년에는 기초연금 기여금을 고용주 부담으로 전환하면서 사회보험에 대한 고용주의 부담이 크게 늘어났다. 이러한 높은 증세는 복지국가에 대한 사회적 합의와 국가에 대한 높은 신뢰로 가능했다(김인춘, 2012 : 23-29).

세금을 늘리는 것은 국가가 국민들의 고용과 일자리 창출을 위해 쓰여지는 재원으로 사용되어 결국은 모든 국민의 소득을 늘리는 것으로 발전했다. 이러한 조세의 증가는 스웨덴이 유럽의 어느 국가들보다 더 높은 경제적 성과를 나타내는 원동력이 되었다.

1960년 이후 사회보험은 지속적으로 확대되었다. 1973년 실업보험이 확대 실시되었다. 1974년에는 질병급여가 과세되었지만 치과치료도 건강보험에 포함되었다. 남녀 간 평등을 추구하기 위한 정부의 정책 일환으로서 출산 후 6개월 동안 아버지와 어머니 모두에게 해당되는 부모보험(parental insurance)제도가 1974년 도입되었으며 탁아소도 급증하였다. 근로자에 대한 유급휴가기간이 길어져서 1978년 이후 5주까지 늘어났다.

1960년대는 공공서비스부문의 급격한 팽창이 있었다. 스웨덴 복지국가의 가장 큰 특징은 사회보장 이외의 다양한 사회적 서비스들이 공공부문에 의해서 제공된다는 점이다. 이런 점에서 에스핑 앤더슨(1992)은 스웨덴을 '사회서비스국가(social service state)'라고 부르기도 했다. 사회서비스 국가에서는 돌봄의 의무를 사회적 서비스의 형태로 공공부문이 책임지기 때문에 공공부문에 투입될 인력 확보가 필요하게 된다. 이러한 사회서비스의 팽창은 특히 교육과 건강보호 영역에서 두드러졌다. 포괄적인 교육제도가 1962년에 법제화되었으며, 의료와 건강보호서비스와 사회서비스가 확대된 것도 이 시기였다.

그러나 제2차 세계대전 이후 10년 동안은 스웨덴 사회보험 프로그램은 국민이 받는 금액 면에서 볼 때 특별히 관대한 것은 아니었다. 예컨대, 1960년에는 모든 국민을 대상으로 하는 기초연금제도가 산업노동자의 임금의 1/3에 해당하는 연금을 제공했다. 당시에는 오스트리아, 벨기에, 덴마크, 핀란드, 프랑스, 독일, 이탈리아, 네덜란드, 뉴질랜드, 미국의 산업노동자의 연금수준이 스웨덴보다 더 높았다. 스웨덴이 노동자에 대한 연금수준이 가장 높은 수준에 도달한 것은 1980년대였다. 1980년대의 질병보험의 경우에도 독일, 오스트리아, 노르웨이의 소득대체율이 스웨덴보다 다소 높았다. 스웨덴 실업보험의 소득대체율이 다른 서구국가들의 수준으로 높아진 것은 1980년대 후반이었다(Korpi, 1990).

스웨덴이 사민주의 복지국가를 완성하기 위한 노정에 걸림돌이 없었던 것은 아니었다. 1970년대 중반 전 세계를 강타한 오일쇼크는 스웨덴이 사민주의 복지국가로 완성되어 가는 단계에 있어서 커다란 시험대였다. 오일쇼크는 심각한 경기침체를 초래하여 영국과 미국은 사회복지 축소정책으로 전향했다.

그러나 재정위기에 대한 스웨덴 정부의 대응은 영국이나 미국과는 매우 달랐다. 스웨덴은 비록 평등, 계급 간의 타협, 산업평화 등으로 특징 지워지는 스웨덴 모델이 경제위기를 겪으면서 흔들리기 시작했으나 영국이나 미국처럼 사회복지 축소로 연결되지는 않았다. 보수연합세력이 집권한 1976년 이후에도 사회복지를 축소하는 정책을 펴지 않았다.

5. 스웨덴 복지국가의 변화 : 1976년 이후

1) 보수연립정부의 집권

1976년 사민당은 1932년 이후 44년 만에 집권에 실패했다. 사민당은 전후 최소치인 42.7%를 얻어 다수당은 되었으나 보수당, 자유당, 중도당 세 비사회주의 정당들이 보수연립정부를 구성했다.[16] 영국과 미국이 1970년대 중반 오일쇼크 이후 신보수주의 이데올로기를 바탕으로 사회복지 축소에 나섰듯이 스웨덴도 사회복지 보수연립정부가 집권하면서 사회복지 축소에 나설 것이라는 추측이 난무했다.

1976년의 선거에서 보수주의 연합정부 탄생에 결정적인 기여를 한 정당은 농민당의 후신인 중도당(Center Party)이었다. 중도당은 농업에 종사하는 인구의 감소에 따라 화이트칼라의 지지를 받는 정당으로 탈바꿈하면서 환경문제와 핵문제를 주요 정책의제로 삼았다. 중도당은 1960년대에는 12~13%의 득표율을 보였으나 1976년 선거에서는 핵에너지를 정치이슈화 시키는 데 성공하면서 24.1%의 지지를 받았다.

44년 만에 집권에 성공한 보수연립정부의 앞날은 순탄하지 않았다. 1970년대 초까지 높은 효율성을 자랑했던 스웨덴 경제는 1970년대 중반 오일쇼크 이

16) 1976년 선거에서 사민당이 집권에 실패한 이유는 스웨덴 국민들이 사민주의적 복지모델을 반대해서가 아니라 원자력발전의 지속 여부가 선거 쟁점이 되었기 때문이라는 지적이 있다. 코르피(Korpi, 1983)는 사민당의 44년 만의 집권실패로 널리 알려진 1976년 선거의 쟁점이 복지국가가 아닌 핵에너지 문제였다는 점을 지적했다.

후 재정적자와 고실업으로 위기를 맞게 되었다. 지나친 규제로 인해 노동생산성도 저하되었다. 연대임금정책에 의한 근로자 간의 낮은 임금격차는 교육에 대한 인센티브를 약화시켰다. 기술 변화와 무역 증대 및 유럽 경제통합과 같은 요인이 노동시장에서 저숙련 근로자의 고용 조건을 악화시키자 노조는 임금격차의 확대를 반대했고, 결과적으로 임금이 고생산성 부문에 연동되었다. 노동운동의 급진화와 임금인상 자제의 실종으로 인해 노사타협과 협력을 기반으로 한 기존의 사회 코포라티즘도 위기에 봉착했다(김동춘, 2007 : 96).

이러한 경제적 환경과 함께 보수연립정권이 집권한 이듬해부터 불경기가 시작되어 전후 최초로 마이너스 성장을 기록하게 되었다. 국민적 지지를 확보하기 위해 시도된 세금 인상 기피는 불가피하게 해외차관의 확대로 이어지고, 이러한 적절치 못한 대응으로 인해 우파정부의 재정적자는 산더미처럼 불어나 1982년까지 두 차례에 걸친 보수연립정부의 재정적자율은 1%에서 거의 14%까지 치솟았다. 이러한 전반기 보수연립정부의 재정정책의 실패는 여러 정치경제적 요인의 복합적 작용에 의한 예고된 재난이었다(김태성 · 류진석 · 안상훈, 2005 : 125).

이러한 상황에서도 보수연립정부는 사회복지에 대해서는 기존의 기조를 유지하면서 철강, 조선, 섬유 부문의 부실기업들을 국유화하기도 했다. 보수연립정부는 1930년대 이후 사회권으로 굳어진 사회복지부문을 축소할 의도가 없었다. 그 이유는 스웨덴 국민들이 모든 계층이 보편주의적 사회복지 프로그램에 대해 지지를 보내기 때문이었다.

오히려 보수연합정권은 정치적 지지를 확보하기 위해 복지부문을 확장했다. 우선 1977년에는 보수연합정부에 의해 산재보험의 산재개념이 보다 확대되면서 산재신청건수가 급증했다. 기존의 모성급여를 대체하면서 도입된 부모보험은 수혜기간의 확대와 같은 권리상의 발전이 있었다. 1982년에는 아동수당의 발전이 있었는데, 자녀의 수가 3인 이상 5인까지 누진적으로 적용되는 누진적 추가수당이 도입되었다(김태성 · 류진석 · 안상훈, 2005 : 126).

그러나 보수연합정권은 1979년 총선거와 1980년 핵발전 관련 국민투표가 종결된 이후부터 긴축정책을 추진하기 시작했다. 먼저 연립정부는 1980년 말에 첫 번째 긴축법안을 통과시키면서 가족수당을 약간 삭감했다. 1981년 말에는 두 번째 긴축법안을 통과시키면서 질병급여의 소득대체율을 90%에서 87%로 낮추었고, 실업보험에서 피보험자의 갹출을 약간 인상하였으며, 주택보조금과 식품보조금도 약간 삭감했다. 1976년 이후 실업률의 증가를 억제하기 위해 재정적자 속에서도 계속 늘려왔던 적극적 노동시장정책을 위한 지출을 줄이기 시작했다. 또한 조세에 있어서도 재정적자를 줄이기 위해 부가가치세를 인상하고 소득세율을 낮추어 누진세율을 완화했다(Heclo & Madsen, 1987 : 64-65; 김영순, 1996 : 225).

이에 반해 사민당은 적극적 노동시장정책을 위한 지출을 늘림으로써 완전고용을 회복하고 노령연금의 물가연동제 실시, 질병급여의 대기일 폐지, 기초자치단체의 탁아시설에 대한 국고보조금 삭감의 무효화, 실업보험에 대한 엄격한 규제의 무효화 등 보수연립정부가 제시한 정책을 모두 원점으로 되돌리는 정책을 1982년 선거공약으로 내세웠다(박병현, 2016b : 319).

2) 사민당의 스웨덴 판 '제3의 길'의 모색 : 스웨덴 모델의 퇴색

(1) '제3의 길'의 등장 배경

극심한 경제침체 속에 치러졌던 1982년 선거는 고용, 조세, 복지가 주요 이슈였다. 사민당은 복지친화적인 정책을, 비사회주의정당들은 반복지정책을 선거이슈로 내세웠다. 이 선거에서 사민당은 이전 선거였던 1979년 선거에 비해 2.9% 증가한 45.6%의 득표를 획득하고 6년 만에 다시 집권했다.

사민당은 1982년 선거 이전부터 펠트(Kjell Olof Feldt)[17]를 주축으로 당내 우파들은 기존의 팽창주의적 경제정책은 더 이상 가능하지 않다고 주장하며 통화주의 쪽으로 정책을 바꾸는 정책을 수립했다. 이들은 크로나화의 평가절하를 통한 수출산업의 경쟁력 회복, 공공지출의 억제, 임금인상 억제를 주장했다. 즉, 펠트는 자유주의 복지국가들이 선호하는 시장우선의 정책을 펴면서 대기업의 수익률 개선을 통해 스웨덴 경제의 회복을 꾀했다. 그러나 이와는 대조

17) 펠트는 1982년 사민당 재집권 이후 1991년까지 재무부장관을 역임했다.

적으로 사민당 내 좌파들은 렌-마이드너 모델을 유지할 것을 주장하며 펠트의 시장친화적 경제정책을 반대했다.

사민당 내의 두 진영의 대립은 격렬한 논쟁 끝에 환율의 16% 절하를 통한 수출경쟁력의 제고, 임금인상 억제, 그리고 부분 긴축을 결합한 제3의 대안, 즉 스웨덴식 '제3의 길(the third way)'로 나타났고, 이 정책은 1982년 사민당의 선거공약으로 제시되었다. '제3의 길'로 이름을 붙인 이유는 당시 영국 보수당 대처정부의 신보수주의적 초긴축주의와 프랑스 미테랑 정부의 사회주의적 팽창주의의 중간에 위치했기 때문이다(박병현, 2016b : 320).

1982년 6년 만에 다시 집권한 사민당이 내세운 신자유주의적인 '제3의 길' 노선은 전통적인 사민당 경제정책과는 상반된 것이었다. 스웨덴 복지국가의 근간이 된 렌-마이드너 모델은 평등과 효율성의 공존을 강조했으나, '제3의 길' 노선은 경제성장 후 분배를 하는 정책으로 경제성장을 위한 기업이윤 축적의 필요성을 인정하는 것이었다.

(2) '제3의 길'의 내용

사민당 내 좌파적 대안과 우파적 대안의 절충이라고 볼 수 있는 '제3의 길' 노선은 신용 및 외환시장 규제 완화 측면에서는 신자유주의적이었지만, 완전고용정책 추구 등 전통적인 정책목표를 그대로 유지했다. 그러나 '제3의 길' 노선은 긴축적 금융정책을 통한 물가안정, 실업상승 묵인 및 노조 약화를 통한 임금상승 억제, 노동시장의 변화, 민영화 등 1990년대의 본격적인 신자유주의적 정책 시대를 열기 위한 서막이었다. 뿐만 아니라 새로운 정책방안은 노동과 자본 간 소득분배의 측면에서 노동 쪽에 불리하게 작용했으며, 복지국가의 확충을 통한 계급 및 계층 간 경제적 격차를 줄인다는 사민당의 전통적 재분배정책과도 상충되었다(김동춘, 2007 : 110).

'좌파의 공급 중시 경제정책'이라고 할 수 있는 '제3의 길' 노선의 핵심은 완전고용과 성장, 물가안정, 복지국가의 유지라는 전통적인 사민당의 정책 목표를 견지하되, 수요보다 공급 측면 요소들의 능력을 확충하여 경제 회생의 실마리를 찾자는 것이었다. 사민당 내 펠트 재무장관을 중심으로 한 일련의 경제학자들은 금융 자유화를 강조하면서 민간부문의 성장, 기업이윤 강조, 시장의 강조에 우선순위를 두었다(김동춘, 2007 : 102). 이것은 전통적 스웨덴 사민주의 복지모델과는 완전히 다른 '스웨덴 판 대처리즘' 혹은 '스웨덴 판 레이거노믹스'로 볼 수 있는 것이었다.

사민당은 1982년 집권 후 펠트 재무장관을 중심으로 하는 경제부처에서 '제3의 길'의 구체적인 정책을 제시했다. 첫째, 부실기업에 대한 정부의 지원을 중단하고, 1970년대에 국유화된 기업을 민영화했다. 철강과 조선 등 전통산업이 대상이 되었다. 둘째, 공공부문 합리화 프로그램이 대대적으로 추진되었다. 공공사회서비스기관의 민영화는 자제되었지만, 서비스를 탈중앙화함으로써 소비자들의 욕구에 부응했다. 셋째, 자본의 자유화를 추진했다. 국제적 추세에 따라 1985~1986년 금융시장 탈규제로 모든 외환규제를 철폐했다. 넷째, 세제개혁을 추진했다. 자유당의 협조로 세제개혁(1990~1991)을 단행함으로써 한계소득세율을 50%로 낮추었다. 내신 세금공제도 대폭 축소하고, 부가가치세를 확대하며, 자본이득에 대한 과세도 강화했다. 다섯째, EU 가입을 추진했다. 1990년 EU 가입 신청은 사민주의자들의 노선이 완전히 정반대로 변화되었다는 것을 보여주는 것이었다. 이러한 구조개혁은 스웨덴의 전통적 정책 순위를 완전히 뒤집는 것이었으며, '사민주의자들이 신자유주의자로 개종'했음을 의미했다(김동춘, 2007 : 103-104).

(3) '제3의 길'의 결과

그러나 '스웨덴 판 제3의 길'은 성공하지 못했다. '제3의 길' 노선은 기대와는 달리 산업구조조정, 임금인상, 물가상승 등에 장기적으로 부정적 영향을 주어 1990년대 들어서자 스웨덴 경제는 전후 최악의 상황이 되었다. 렌-마이드너 모델에서는 노동자들을 대상으로 하는 연대임금정책과 기업을 대상으로 하는 저이윤 정책의 결합을 통해 저생산 기업에 대한 구조조정이 자연스럽게 이루어졌으나 '제3의 길'에서는 생산성이 낮은 기업들도 높은 이윤을 확보할 수 있었기 때문에 시장에 계속 존재할 수 있었다. 그래서 '제3의 길'이 추구한 기업의 고이윤정책은 저생산 기업에 대한 구조조정을 어렵게 하여 스웨덴 경제를 장기적으로 불황에 이르게 했다(박병현, 2016b : 321).

사민당 정부가 당의 정체성이었던 렌-마이드너 모델을 포기하면서 신자유주의적인 '제3의 길' 노선을 택하게 된 데는 1980년대 전 세계를 휩쓸던 세계화의 흐름을 거스를 수 없었기 때문이었다. 그러나 스웨덴 사회를 오랜 기간 동안 떠받쳐 왔던 국가 중심, 사용자와 노동자 간의 협력, 보편주의적 사회정책 전통을 고려하지 않고 신자유주의적 전략으로 세계화에 대응한 것은 결과적으로 연대와 평등 정신의 훼손, 노동운동의 약화, 노동계급의 사민당에 대한 지지 철회 등과 같은 후유증을 가져왔다.

또한 '제3의 길' 노선은 경제를 필요 이상으로 활성화시킴으로써 노동력 부족 현상을 초래했다. 노동력 부족 현상은 곧바로 임금인상과 물가상승을 초래하여 스웨덴 기업의 국제경쟁력을 약화시켰다(김영범, 1999 : 154).

결국 1990년대 초반부터 유럽경제가 불황에 직면하게 되자 스웨덴 경제는 1990년 후반부터 1930년대 이후 최악의 경기침체를 경험하게 되면서 '제3의 길' 노선은 실패로 끝이 났으며, 사민당은 1991년 선거에서 패배했다.

3) 우파정권의 재등장

1990년대 초반 스웨덴은 제2차 세계대전 이후 최악의 경제위기에 직면했다. 주요 은행 앞은 현금을 찾아가려는 사람들로 장사진을 이루었고, 실업률은 10%까지 치솟았다. '사민당의 종말', '복지국가의 종말'이라는 표현이 연일 국내외 언론의 첫째 뉴스를 장식했다. 이러한 경제위기 속에 사민당과 노조의 관계도 싸늘해졌다(최연혁, 2012 : 24).

사민당은 경제위기 이전인 1989년 선거에서 43.2%의 지지율을 기록했으나 경제위기가 한창 진행 중이던 1991년의 선거에서 1930년 이후 최악인 37.7%의 지지율을 기록하면서 정권 유지에 실패했다. 1976년 44년 만에 집권에 성공했으나 1982년 사민당에게 정권을 내주었던 우파정권은 1991년 다시 집권하게 되었다.

전통적으로 사민당은 친사회복지적이며 친노동자적인 이미지를 지니고 있었으나 1982년 재집권 후에 추진된 '제3의 길' 정책은 이러한 이미지와는 동떨어진 것이었다. 1991년 선거는 사민당의 '제3의 길'이 걸어온 친 자본주의적 성격에 대한 심판이 지지율로 나타난 것이라고 볼 수 있다.

1991년 선거 이후 새롭게 등장한 정권은 보수당, 자유당, 농민당, 기독교민주당이 참여한 우파연립정권이었다. 1991년 우파정권은 1976년에 집권했을 때와는 달리 보수당 출신이 수상을 담당했다는 점에서 시장지향적인 개혁의 가능성이 높았다. 우파정권은 사민당의 '제3의 길'이 가지고 있던 친자본적 속성을 수정하기보다는 강화하는 방향으로 나아갔다. 보수당과 자유당은 이미 선거를 앞둔 1991년 경제정책에 대해 합의한 바 있었는데, 이 전략의 핵심은 시장메커니즘을 강화하는 것이었다. 우파정권은 15개의 공기업을 민영화하였으며, 조세정책을 개혁하여 재산세와 상속세, 자본세를 감세하였다(김영범, 1999 : 158). 뿐만 아니라 우파정권은 아동수당, 병가수당, 실업수당을 모두 삭감했다.

우파연립정권은 공공부문의 고용을 축소하였는데, 사회복지제도의 확대에 의해 1970년대 이후 꾸준히 증가하던 일반정부부문의 피고용자 수는 1990년 1,652,000명으로 최고치를 기록하였다가 이후 감소하여 1994년의 경우는 1,392,000명으로 축소되었다. 이러한 감소는 공공부문의 재정적자를 축소하기 위한 노력의 결과였지만, 이 과정에서 공공부문의 고용감소가 사적부문의 고용감소와 동반되었기 때문에 실업률은 크게 증가하였다(김영범, 1999 : 160).

4) 사민당의 재집권과 재정건전화계획

1991년 말에서 1994년 말까지 우파정권이 집권하는 동안 경제상황은 점점 더 악화되었다. 이런 상황에서 스웨덴에서는 1994년 두 번의 중요한 투표가 있었는데, 하나는 국회의원 선거였으며 다른 하나는 유럽연합(European Union, EU) 가입에 대한 찬반투표였다. 1994년 선거에서 사민당은 1970년 이후 가장 높은 45.3%의 지지율을 획득하면서 재집권에 성공했다. 1994년 12월 실시된 유럽연합 가입에 대한 국민투표에서 찬성 52.3%, 반대 46.8%로 유럽연합 가입이 확정되었다.

사민당은 1970년대부터 유럽연합을 자본주의 체제 국가들의 경제연합체라고 비난하여 왔으나, 1990년대부터 찬성으로 입장을 바꾸었다. ILO는 적극적 노동시장정책과 보편적 사회정책의 연속성이 보장된다는 조건으로 유럽연합 가입에 찬성했다.

1994년 다시 집권한 사민당은 '제3의 길'에서 보여주던 것과는 완전히 다른 모습을 보여주기 시작했다. 사민당은 스웨덴 모델을 재조정하기 시작했다. 이를 위해 누진세 요소를 다소 강화하고, 재정지출을 축소했다. 계급보다 젠더(gender)를 강조하여 여성 각료를 50%로 늘렸다. 뿐만 아니라 엄청난 재정적자를 줄이기 위해 초긴축적 재정정책과 금융정책을 추진했다. 이러한 정책의 영향으로 1993년 GDP의 12%에 달하던 재정적자가 지속적으로 감소하여 1996년 4%, 1997년 2%로 줄어들었다(김동춘, 2007 : 113).

1980년대와 1990년대 초반 신자유주의적 체제변화를 경험했던 스웨덴은 1994년 사민당이 재집권하면서 전통적 노선을 존중하는 방향으로 회귀했다. 사민당은 2006년까지 집권하면서 지속적인 개혁으로 성장과 복지를 모두 발전시켰다.

6. 복지국가 스웨덴의 모습

1) 높은 조세부담률과 높은 수준의 사회보장

스웨덴은 유럽 국가들 중에서 가장 높은 사회보장 지출을 보이고 있다. 1995년에 스웨덴은 국민총생산(GDP)의 33.0%를 사회보장을 위해 지출했다. 이 비율은 영국의 22.4%, 미국의 15.8%, 독일의 27.1%에 비하면 매우 높은 것이다. 여기서 사회보장지출이란 OECD 기준을 의미하는 것으로 교육을 제외한 주거, 건강, 사회서비스를 포괄하는 것이다. 스웨덴이 OECD 국가들 중에서 사회보장지출이 가장 높은 나라가 된 것은 1970년대 말이다. 1960년대까지 복지를 위한 노력이 유럽국가들과 비교해 보통 수준이었던 스웨덴이 사회보장비 지출을 급격하게 늘리기 시작한 시기는 1960년대에 1980년대까지이다. 특히 대부분의 유럽국가들과 미국이 석유파동으로 인한 유례없는 경기 침체를 겪었던 1975년에서 1981년까지의 사회보장비 지출은 경이로운 것이었다. 이것은 사회민주당과 중도우파 연합정부가 케인스 경제정책을 계속 유지했기 때문에 가능했다. 사회지출을 위해 투자된 경제자원의 비율은 경제침체가 계속되던 1990년대 초반에 최고에 달했다(Adema, 1999).

2) 평 등

불평등의 감소는 스웨덴의 사회정책, 재정정책, 경제정책의 오랜 목표였다. 이 목표는 일할 수 있는 모든 사람들이 실질적으로 일을 하고 있고, 경제성장을 위한 자원이 증가하고, 그리고 복지국가 프로그램 내에서 모든 시민들이 비슷한 권리를 공유하고 있고, 공적으로 제공되는 교육과 높은 수준의 건강 및 사회적 서비스에 동일하게 접근할 수 있는 환경에서 가능하다.

복지국가의 목표가 성취되었는가를 측정할 수 있는 지표로 소득불평등 정도가 있다. 가구의 시장소득(market income)이나 총소득(gross income)은 복지국가가 개입하기 전의 소득을 말한다. 가구의 순소득(net income)이나 가처분 소득(disposable income)은 세금을 제하고 사회보장급여를 가산한 소득을 말한다. 경제학자들은 소득의 종류에 따라 소득 불평등 정도를 측정하는 지표를 개발했다. <표 7-5>는 세금을 제하고 사회보장 급여를 가산한 Gini 계수이다.[18] 이 자료에 의하면 스웨덴의 시장소득 불평등 정도는 미국과 독일보다 크다. 그러나 세금을 제하고 사회보장급여를 가산한 가처분소득 불평등 정도는 미국과 독일보다 작다.

<표 7-5>에 의하면 스웨덴은 1995년의 경우 불평등 정도가 세금과 사회보장 급여로 인해 52.9% 감소한 것으로 나타난다. 이러한 감소 정도를 독일의 35.3%, 미국의 24.5%에 비교하면 스웨덴은 독일이나 미국에 비해서 조세와 사회보장이 소득불평등을 낮추는 데 크게 기여하고 있음을 알 수 있다.[19]

18) Gini 계수는 클수록 불평등함을 의미한다.

〈표 7-5〉 Gini 계수로 측정한 세금과 이전소득 부과 전후의 소득 불평등의 변화(1995)

	세금과 이전소득 부과 전	세금과 이전소득 부과 후	세금과 이전소득으로 인한 % 변화
스웨덴, 1995년 % 변화,	48.7	23.0	-52.9
1975~1995	17.2	-1.0	
독일, 1994년 % 변화,	43.6	28.2	-35.3
1984~1994	1.2	6.4	
미국, 1995년 % 변화,	45.5	34.4	-24.5
1974~1995	13.1	10.0	

출처 : Burniaux, Dang, Forster, d'Ercole, & Oxley(1998 : Table 3.2).

<표 7-5>는 또한 스웨덴과 미국의 경우(독일은 그렇지 않음) 시장소득으로 보았을 때의 불평등이 최근에 와서 크게 증가하였음을 보여준다. 시장소득 불평등이 1980년대와 1990년대에 증가한 것은 서구 국가들의 보편적인 현상이다. 이것은 급여의 편차가 커졌기 때문이며 이러한 현상은 세계적인 추세이다. 그러나 가처분소득 불평등 정도는 국가에 따라 편차가 심하다. 스웨덴에서 시장소득 불평등 정도와 가처분소득 불평등 정도의 차이가 가장 많이 난 것은 '불평등 논쟁'에 이어 조세개혁이 있었던 1970년대였다. 1970년대 중반과 1980년대 중반에 이르는 기간 동안 가처분소득 불평등은 전문직과 중산층의 조세부담이 늘어나면서 지속적으로 작아졌다(Ginsburg, 1992).

빈곤은 또 다른 복지제도의 실적을 평가할 수 있는 개념이다. 상대적 빈곤의 개념은 중위소득의 절반보다 적은 소득이 있는 인구의 비율이다. <표 7-6>은 스웨덴의 빈곤율이 1970년대에서 1990년대 중반까지 대체로 안정적임을 보여준다. 전체 사회의 가처분소득 불평등의 경향과 마찬가지로, 빈곤율은 1970년대 중반부터 1980년대 중반까지는 완만하게 하락했으며 1990년대 중반까지는 다시 완만하게 증가했다. 미국의 빈곤율은 스웨덴의 빈곤율의 세 배이다. 이것은 사회민주적 체제인 스웨덴과 자유주의 체제인 미국의 차이인지도 모른다. 또한 독일은 1990년 통일 이후 빈곤율이 증가하고 있다.

19) OECD 국가와 한국의 시장소득, 가처분소득에 따른 Gini 계수의 비교에 대해서는 최병호 · 김태완(2005). "사회보장제도의 재분배효과와 전망". 사회보장연구, 21(3)를 참조하기 바람.

〈표 7-6〉 중위소득 50% 이하 소득을 지닌 비율로 본 빈곤율 경향

	1970년대 중반	1980년대 중반	1990년대 중반
스웨덴, 1975, 1983, 1995	6.6	6.0	6.4
독일, 1978, 1984, 1995	6.5	6.2	9.1
미국, 1974, 1985, 1995	15.5	18.3	17.1

출처 : Burniaux, Dang, Forster, d'Ercole, & Oxley(1998 : Table 5.1 and 5.7).

3) 노령연금제도

연금체제의 영향을 평가할 수 있는 방법은 노인가구의 소득을 중산층 가구의 소득과 비교해 보는 것이다. OECD(1998)의 자료에 의하면 스웨덴은 67세 노인이 가구주인 가구의 가처분 소득은 55세 장년이 가구주인 가구의 가처분 소득의 80%였고, 영국은 비교대상 국가 8개 서구 국가 중 가장 낮은 70%였다. 스웨덴에서는 노인 소득의 90% 이상이 공공이전소득에서 나오며 영국의 경우는 절반 정도이다. 이것은 영국 연금수령자가 스웨덴 연금수령자에 비해 민간자원에 더 의존하고 있음을 보여준다.

소득비례연금이 도입된 1960년대 이후에는 스웨덴 노인들의 빈곤율이 대폭 감소했다. 65세 이상의 노인들 중에서 빈곤한 사람 비율은 1975년에는 13.4%였으나 1992년에는 6.3%로 대폭 감소했다(Burniaux et al., 1998). 반면 미국은 1994년 노인빈곤자가 20%가 넘는다.

고소득자들도 만족시키기에 충분한 기준이라고 볼 수 있는 사회보험의 보편성과 평등의 원칙은 건강서비스를 비롯한 사회서비스영역에도 적용되었다.

4) 사회부조

영국을 제외한 다른 유럽연합 국가들과 마찬가지로 스웨덴의 사회부조는 지방 정부가 관리한다. 이 제도는 1956년에 '사회부조(social assistance)'로 개혁되고 명칭이 변경되기까지는 '빈민구호(poor relief)'로 불렸으며, 1982년에 다시 사회급여(Social Benefit, SB, Socialbidrag)로 명칭이 변경되었다. 1990년까지는 전체 인

구 중에서 약 5% 정도가 사회급여를 받았다. 그러나 난민과 시설보호를 원하는 사람들이 증가하면서 1997년에는 사회급여를 받는 사람은 8.5%까지 증가했다. 사회급여의 비용은 1990년대 중반 4년 동안에 두 배로 늘어나 지방정부에서 급여수준을 낮추려는 시도가 행해졌다. 비록 정부에서 정한 급여수준이 있지만 급여의 액수는 지방정부에서 결정하기 때문에 실제로 정부에서 정한 급여수준보다 낮은 액수의 급여가 제공되기도 한다. 1997년에 정부에서 정한 급여수준은 전일제 노동자의 평균 임금의 20%에 약간 못 미치는 수준이다. 사회급여를 받는 사람의 10% 미만이 1년 이상 수령할 정도로 사회급여를 받는 기간은 대부분 단기간이다(Ginsburg, 2001 : 204).

1970년대까지는 사회급여를 받는 대부분의 사람들은 노인이나 가난한 가정이었다. 1980년대 이후에는 수급자 중에는 연금이나 가족수당의 혜택을 받지 못하는 독신과 젊은 세대가 늘어나고 있는 추세이다. 1992년 통계에 의하면 30세 이하가 가구주로 되어 있는 가구의 18%가 빈곤에 속한다. 1975년에는 이 비율이 10% 이하였다(Burniaux, 1998). 사회급여를 받는 사람들의 성비는 1980년에는 여성이 48.2%였는데 1998년에는 51.2%로 약간 증가했다. 사회급여를 받게 되는 사유는 실업, 정신질환, 신체장애, 알코올중독 등으로 알려져 있다. 소수인종들은 실업상태에 놓일 가능성이 높고 연금이나 실업보험의 대상자에서 제외될 가능성이 많아 사회급여를 받는 비율이 높아지고 있다.

5) 실업정책

스웨덴 복지모델의 중심축의 하나는 완전고용이라고 할 수 있다. 근로자들이 일을 하고 싶을 때 언제든지 일자리를 제공할 수 있는 것은 스웨덴이 지녔던 장점이었다. 또한 완전고용은 노동이 자본에 맞서 힘을 증대시킬 수 있는 방법이었다.[20] 완전고용을 사회정책의 최우선순위로 함에 따라 스웨덴의 실

20) 에스핑 앤더슨과 코르피와 같은 권력자원론자들은 고용주가 제공하는 일자리에 노동자들이 의존하기 때문에 시장에서의 권력자원이 노동자에게 불리하게 분배되어 있다고 주장한다. 자본은 끊임없이 현재의 시장에서 힘의 관계를 그대로 유지하려 하며 노동은 힘의 관계를 완화하려 한다. 에스핑 앤더슨과 코르피는 자본이 우위에 있는 시장에서의 힘의 관계를 완화할 수 있는 방법으로 생계수단을 제공하는 사회보험과 완전고용을 언급하고 있다(Korpi, 1978, 1983; Esping-Andersen, 1985 참조 바람).

업률은 1970년대와 1980년대의 경기 침체기에도 불구하고 매우 낮았다.

ILO의 기준에 따른 스웨덴의 실업률은 1990년대 이전에는 약 2% 정도로 다른 서구국가들과 비교하면 매우 낮은 수준이었다. 이렇게 실업률이 낮은 이유는 스웨덴이 사회민주 모델 국가이기 때문이기도 하고 복지서비스의 발달로 인한 공공부분 고용의 지속적인 증가 때문이기도 하다. 그러나 1990년대 들어와서 실업률은 급격하게 증가하여 1993년과 1997년 사이에는 10% 정도였다가 1999년에 와서 7%로 감소하였다. 1990년대 중반의 실업률은 유럽연합 국가들의 평균과 통일된 독일의 수준과 비슷했으며 미국보다는 두 배 정도 높았다. 그러나 노동시장 프로그램에 참여하고 있는 사람들을 포함하면 실업률은 12%로 올라간다.

1990년대에 갑자기 닥쳐온 대규모 실업은 몇몇 사회집단에 많은 영향을 미쳤다. 스웨덴의 실업에 관한 통계는 인종별로 구분해 발표하지 않기 때문에 인종 간의 실업률 비교는 가능하지 않지만 소수인종이 실업의 영향을 많이 받고 있는 것은 분명하다. 스웨덴 노동력 중에서 외국인이 차지하는 비율은 약 5% 정도이나 외국인의 실업률은 내국인의 실업률의 3배 정도이다. 따라서 1998년에 외국인의 실업률은 20% 정도였다. 외국인의 절반 정도는 다른 북유럽국가(Nordic)[21] 출신임을 감안하면 비북유럽 국가 출신의 외국인들의 실업률은 더 높을 것으로 보인다(Ginsburg, 2001).

스웨덴 복지국가는 완전고용에의 집착으로 인해 여성의 노동시장참여율이 매우 높다. 1980년대 후반의 통계를 보면, 15~64세 사이의 여성 중 거의 80% 가량이 일을 하고 있으며 이 비율은 OECD 국가들 중에서 가장 높다. 1960년대 이래 여성은 점차적으로 공공부문에 취업하는 경우가 증가하여 왔으며 1980년대에는 고용된 여성의 1/3가량이 공공부문에 취업하였다. 여성의 노동시장에의 참여와 낮은 실업률 때문에 긴 유급휴가와 사회보험 프로그램에 의한 많은 급여규정에도 불구하고 스웨덴은 다른 OECD 국가들보다 1인당 일하는 시간은 실제로 높은 경향을 보였다(Korpi, 1990).

21) 'Nordic' 혹은 'Norden'이라는 용어는 '북유럽'으로 번역하여 사용한다. 일반적으로 스칸디나비아(Scandinavia)라는 용어는 핀란드와 덴마크를 제외하는 경향이 있는 반면 'Nordic' 혹은 'Norden'은 북유럽의회(Nordic Council)의 회원 국가들인 덴마크, 핀란드, 아이슬란드, 노르웨이, 스웨덴을 의미한다.

실업이 증가하기 시작한 1990년대 초반에는 남자 근로자들의 실업률이 여자 근로자들의 실업률보다 높았다. 그러나 1990년과 1997년 사이에 공공기관 고용이 1970년대 수준으로 감축되어 16만 개 정도의 일자리가 감소하면서 여성들의 실업률이 증가했다. 그로 인해 1990년대 중반 이후 남성과 여성의 실업률은 비슷해졌다(Thoursie, 1998). 그러나 여성 실업이 숨겨져 있는 경우가 많고 1990년대의 공공부문 고용이 감소하면서 여성들의 실업문제는 스웨덴 복지국가의 주요 과제로 등장하고 있다.

6) 가족정책

스웨덴의 가족정책의 핵심에는 인구정책이 있다. 스웨덴은 매우 진보적인 가족정책을 실행하는 국가로 알려져 있다. 예를 들면, 스웨덴은 1920년에 이미 진보적 성격의 이혼에 관한 개혁이 도입되었고, 1944년에는 동성연애자에 대한 차별이 철폐되었으며, 1956년에는 학교에서의 강제적인 성교육 프로그램이 도입되었다. 역사적으로 모자가정에 대한 공적인 지원도 매우 관대한 편이다. 서구국가들과 비교해 보면 스웨덴에서는 결혼과 가정에 대한 전통적인 가부장적 관점은 별로 받아들여지지 않는다. 이러한 진보적인 가치의 원천은 스웨덴의 문화적, 사회·경제적 역사, 진보적인 신교, 그리고 보수적인 카톨릭 전통의 부재에서 찾을 수 있다.

가족정책이 주요 국정과제로서 다시 등장한 시기는 출산장려정책이 국정의제로 계속 존재한 가운데 가족빈곤(family poverty), 특히 피부양 아동이 있는 독신여성의 빈곤이 중요한 관심사로 등장한 1960년대 중반이었다. 1960년대의 노동시장에서 블루칼라 노동자 총연맹인 LO는 이주노동자보다는 여성들의 노동시장 진입을 옹호했다. 여성들이 싼 임금으로 노동시장에 진입함으로써 남성가구주들의 임금을 낮추는 데 기여한다는 주장도 있기는 했지만 LO는 노동시장에서의 남녀평등을 줄곧 주장했다.

7. 소결 : 실패해도 재기할 수 있는 기회가 있는 복지국가

에스핑 앤더슨은 스웨덴을 사회민주주의 복지국가로 분류했다. 이 체제에서는 사회복지 프로그램들이 높은 수준으로 제도화되어 있어 노동력의 탈상품화의 정도가 매우 높으며, 정부란 시민들이 복지를 얻기 위해 의존하는 마지막 제도가 아닌 가장 주된 제도이다. 스웨덴에서는 보편적인 사회복지제도를 운영하기 위해 조세부담율이 매우 높다. 이러한 이유로 스웨덴은 영국이나 미국과 같은 자유주의 복지국가나 독일이나 프랑스와 같은 보수적-조합주의 국가들보다 복지지출이 크다.

스웨덴에서는 독일과 같은 보수적 조합주의 체제가 추구하는 원리와는 달리 가족의 원조 능력이 소진될 때까지 기다리는 것이 아니라 가족의 비용을 사회화한다. 즉, 가족의 비용을 사회가 부담한다. 스웨덴은 가족에 대한 의존을 강조하기보다는 개인의 자립능력을 극대화하는 것을 추구한다. 그 결과 아동들에게는 소득이전을 직접 제공하고, 보호할 사람이 없는 아동과 노인, 그리고 혼자 살아갈 능력이 없는 사람들에게 대한 보호의 책임을 국가가 직접 떠맡게 된다. 따라서 사회민주주의 복지국가는 사회서비스의 과중한 책임을 마다하지 않으며, 사회서비스를 통해 가족의 욕구를 충족시키고 여성에게도 가정에서 살림을 하는 대신 일을 선택할 수 있는 길을 열어준다.

스웨덴은 최저 욕구의 평등이 아니라 적정 수준의 평등을 추구하는 복지국가를 지향한다. 이러한 전략은 첫째, 서비스와 급여가 중산층의 취향에 맞는 수준으로까지 업그레이드된다는 것을 의미하며, 둘째, 부유층이 향유하는 수준의 권리에 노동자들이 완전히 참여하는 것을 보장함으로써 평등을 확대한다는 것을 함축하고 있다.

스웨덴이 복지국가로 발전하는 데 가장 큰 기여를 한 정책은 적극적 노동시장정책이라고 할 수 있다. 적극적 노동시장정책은 일과 고용을 연계하여 실업자의 고용을 지원하는 근로연계복지정책이라고 할 수 있다. 실업자들은 실직기간 동안 대학이나 직업훈련소에서 재충전의 기회를 갖고 재교육을 받을 수 있다. 무상교육과 함께 교육비 및 실업수당을 지원해 주기 때문에 실업자들은 실질적으로 재교육을 통해 제2의 인생을 준비할 수 있다. 국가 차원에서 볼 때도 일시적으로 쏟아져 나온 실업자들을 교육부문에서 흡수할 수 있기 때문에 경제위기의 충격을 완화할 수 있다.

스웨덴 복지국가는 근로자가 실패해도 다시 일어설 수 있는 기회가 제공된다는 점에서 경제에도 유익하다. 스웨덴 사람들은 일자리를 잃게 되어도 큰 걱정을 하지 않는다.[22] 실업보험제도나 의료보험제도와 같은 사회복지제도가 잘 갖추어져 있지 않으면 노동자들은 실직하지 않을까 아프면 어떡할까 하는 두려움 속에 실패를 두려워하고 변화를 선택하지 않는 경향이 있다. 국가에서 시행하는 공공의료보험제도가 없는 미국에서는 사람들은 일자리를 잃어버리면 모든 것을 잃어버리는 느낌을 갖는다. 그 이유는 일자리를 잃게 되면 직장에서 제공하는 의료보험을 잃게 되고, 그렇게 되면 의료비가 매우 높은 미국에서는 생활이 매우 불안하게 된다. 스웨덴에서는 어떤 사람이 실업상태에 놓였을 때 일정 기간 동안 실업급여를 제공하거나 퇴직을 유도하는 '소극적인' 방법보다 직업훈련이나 재교육 프로그램을 제공하는 '적극적인' 노동시장정책에 더 많은 지출을 하고 있다. 즉, 실업기간 중 무상으로 재교육을 받거나 새로운 기술을 습득해 피고용 능력을 향상시킨 뒤 이전보다 높은 수준의 노동시장에 진출한다. 실업급여는 실직 전 월급의 80% 정도 되며, 의료보험의 혜택을 그대로 받으면서 정부에서 지원하는 직업재교육을 받는다(박병현, 2015 : 67).

스웨덴에서는 사회복지제도가 노동자들이 변화에 더 개방적이고 그에 따른 위험을 더 기꺼이 감수하는 태도를 갖도록 해준다. 한 번 실패하더라도 두 번째의 기회가 있다는 것을 알면 사람들은 첫 번째 직업을 선택할 때 더 대담해질 수 있으며 직업을 바꿀 때에도 더 개방적이 될 수 있다. 그래서 스웨덴과 같은 나라들은 복지제도로 인해 경제가 활력을 유지한다.

무엇보다도 스웨덴이 복지국가를 유지할 수 있는 가장 큰 비결은 정부에 대한 국민들의 높은 신뢰이다. 2008년 세계 재정위기에 이어 그리스, 아일랜드, 포르투갈, 스페인 등의 국가들이 국가부도의 위기에까지 이르렀으나, 스웨덴

22) 이것을 스웨덴에는 노동력이 탈상품화되어 있다고 이야기한다.

의 정부에 대한 국민들의 신뢰는 유럽 전체를 통틀어 제일 높았다. 스웨덴의 정치권과 관료들이 청렴하기 때문에 국민들은 세금을 많이 납부하더라도 자신이 납부한 세금이 자신에게 사회복지서비스의 형태로 돌아온다는 믿음이 있다. 이러한 정부에 대한 믿음 때문에 스웨덴의 복지체제가 견고하게 유지되고 있다고 할 수 있다.

chapter 08

복지국가의 다양성과 변화

chapter

08 복지국가의 다양성과 변화

1. 복지국가 발달 시기와 내용의 다양성 : 문화의 영향?

독일은 1883년 세계 최초의 사회보험인 질병보험을 도입했고, 스웨덴은 1891년 건강보험제도를 도입했으며, 영국은 독일보다 25년이 늦은 1908년 노령연금제도를 도입했다. 미국에 전 국민을 대상으로 하는 사회보험제도가 도입된 것은 대공황 중이었던 1935년이었다. 이와 같이 복지국가 발달을 측정하는 주요 요소 중의 하나인 사회보험제도의 도입 시기는 국가마다 다르다. 뿐만 아니라 국가마다 복지국가의 내용도 다르다. 이와 같은 복지국가 발달 시기와 내용의 차이를 어떻게 설명할 수 있을까?

먼저 수렴이론을 적용해 보자.

<표 8-1>에서 보는 바와 같이, 각국의 최초의 사회보험제도를 로스토우(Rostow)의 경제발전단계에 적용시켜 보면, 스웨덴은 경제가 도약단계일 때 사회보험제도를 최초로 도입했으며, 독일은 도약단계는 지났으나 성숙단계에는 도달하기 전에 사회보험제도를 도입했다. 영국은 성숙단계에 도달하고도 58년이 지난 뒤, 미국은 고도소비단계에 도달하고도 15년이 지난 뒤에 사회보험제도를 도입했다. 또한 최초로 사회보험제도를 도입한 연도의 농업종사인구 비율을 살펴보면 영국은 9%, 미국은 20%, 독일은 48%, 일본은 51%, 스웨덴은 62%였다.[1] 이러한 사실은 영국과 미국은 산업화가 진행된 후 상당 기간

이 지난 후에 사회보험제도를 도입했다는 것을 의미하며, 독일은 산업화 초기에 사회보험제도를 최초로 도입했으며, 스웨덴은 산업화가 진행되기도 전에 사회보험제도를 최초로 도입했다는 것을 알 수 있다. 이러한 사실은 사회보장제도 도입을 설명하는 산업화 논리와 수렴이론을 무색하게 만든다.

〈표 8-1〉 각국의 경제성장단계, 산업화 수준과 최초의 사회보험제도 도입연도

국가 \ 경제성장	도약단계	성숙단계	고도소비단계	사회보험 최초 도입연도의 농업종사인구 비율
영 국	1783~1802	1850(1908*)	1930	9%
미 국	1843~1860	1900	1920(1935*)	20%
독 일	1850~1873(1883*)	1910	1940	48%
스 웨 덴	1868~1890(1891*)	1930	–	62%

*는 최초의 사회보험제도가 도입된 연도
출처 : Rostow(1960), Collierer & Messick(1975 : 1309), 이혜경(1986 : 67).

뿐만 아니라 에스핑 앤더슨이 자유주의 복지국가라고 분류했던 영국과 미국 두 국가를 비교해도 수렴이론은 적용되지 않는다. 전체적으로 보면 영국은 미국보다 산업화가 빨리 진행이 되었고 영국이 미국보다 사회복지제도가 일찍 도입되고 더 발달한 점을 미루어 보아 수렴이론으로 영국과 미국의 사회복지제도 발달의 시기와 내용의 차이를 설명할 수 있는 것처럼 보인다. 그러나 두 국가 간의 전반적인 사회경제적 차이점을 고려하여 보면 다른 설명이 가능하다. 미국은 여러 주로 구성된 연방국가이다. 각 주는 연방정부로부터 재정적, 법률적, 행정적으로 독립된 자치주이며 자치 정부를 구성하고 있다. 그렇기 때문에 일률적으로 연방정부 차원에서 영국과 미국을 비교하기에는 무리가 있다. 이러한 점을 감안하여 영국과 연방정부 차원의 미국이 아닌 영국과 사회경제적 상황이 비슷한 어떤 특정 주와 비교하는 것이 더 합리적일 것이다.

1) 스웨덴은 사회보험제도 초기 도입기라고 할 수 있는 1908년 이전의 시기에 사회보험제도를 처음 도입한 국가들 중에서 농업종사인구 비율이 가장 높았다.

1920년대 이전의 미국의 매사추세츠 주는 영국과 많은 교류를 하여 왔고 경제규제와 사회입법에서 선구적인 역할을 해왔다. 아래의 <표 8-2>, <표 8-3>, <표 8-4>에서 보는 바와 같이 1880~1920년 사이 전체 인구 중에서 65세 이상 노인인구 비율, 농업에 종사하는 인구 비율, 그리고 2차 산업에 종사하는 인구 비율이 영국과 미국 매사추세츠 주는 별로 차이가 나지 않는다. 특히 <표 8-3>에서 보는 바와 같이 이 시기 동안 전체 인구 중에서 농업에 종사하는 인구는 영국이 매사추세츠 주보다 두 배 이상 높다. 이러한 통계수치로 미루어 보아 1880~1920년 사이에 영국보다 매사추세츠 주가 너 산업화 되었다고 할 수 있다.

〈표 8-2〉 65세 이상의 인구 비율

	영국과 웨일즈		매사추세츠 주	전 미국*
1881	4.6%	1880	5.0%	3.4%
1901	4.7%	1900	5.3%	4.1%
1911	5.2%	1910	–	4.3%
1921	6.0%	1920	5.4%	5.7%

출처 : Orloff & Skocpol(1984 : 733), * Lubove,(1986 : 114).

〈표 8-3〉 농업에 종사하고 있는 인구 비율

	영 국		매사추세츠 주		전 미국
1890~1899	15%	1895	7.2%	1890~1899	42%
1910~1919	12%	1915	4.8%	1910~1919	31%

출처 : Orloff & Skocpol(1984 : 733).

〈표 8-4〉 제조업, 광업, 건축업에 종사하고 있는 인구 비율

	영 국		매사추세츠 주		전 미국
1890~1899	54%	1895	50.5%	1890~1899	28%
1910~1919	43%	1915	48.4%	1910~1919	31%

출처 : Orloff & Skocpol(1984 : 733).

수렴이론이 영국과 미국 두 국가 간의 비교연구에 적용된다면 미국 매사추세츠 주는 영국보다 사회복지제도가 먼저 발달하였을 것이다. 그러나 영국이 1897년에 산업재해보상제도, 1908년에 노령연금제도, 1911년에 실업보험제도와 건강보험제도를 도입한 반면 매사추세츠 주는 1911~1913년 사이에 모연금제도를 도입하였고 산업재해보상제도는 1911년에 도입하였을 뿐 그 외의 사회복지제도는 도입되지 않았다. 즉, 매사추세츠 주가 영국보다 훨씬 사회복지 발달의 정도가 늦다. 이런 점으로 미루어 볼 때 산업화는 사회복지제도의 발달을 위한 충분조건은 되지만 필요조건은 되지 않는다고 볼 수 있다.

그러면 정치적 변수의 영향은 어떠한가? 정치적 변수의 복지국가 발달에의 영향은 주로 에스핑 앤더슨(Esping-Andersen)과 코르피(Korpi), 스티븐스(Stephens) 등이 제창한 권력자원론으로 설명된다. 권력자원론에서는 주로 노동운동의 힘이 복지국가 발달에 미친 영향에 주목한다. 이 이론에서는 노동운동이 활발했던 국가는 복지국가로 일찍 발달하는 경향이 있고, 그렇지 않은 국가에서는 사회복지의 발달이 늦게 나타난다고 주장한다. 권력자원론은 복지국가 발달 연구에 새로운 지평을 열었다고 할 수 있으며 스웨덴이 복지국가로 발달하는 과정을 설명하는 데에는 명확하게 적용된다.

그러나 본 서의 스웨덴 편에서 언급되었듯이 스웨덴의 소득비례연금제도의 도입에 있어서 보수주의 세력의 영향이 컸다. 또한 최근의 세계화로 인한 사회경제적 변화의 물결은 다양한 친복지정치세력 간의 논의를 등장시키면서 권력자원론의 힘을 약화시키고 있다. 노동계급이 절대다수가 아니기 때문에 노동계급만으로는 충분한 정치적 지지 확보가 불가능하고 여타 계급과의 연대가 필수불가결하다는 에스핑 앤더슨(1990)의 지적은 권력자원론의 이론적 완화(theoretical relaxation)를 보여주는 대표적 사례이다(안상훈, 2005).

그러나 무엇보다 권력자원론으로 각국의 복지국가의 발달과정을 정밀하게 분석할 때에는, 캐슬스(Castles, 1985)가 지적했듯이 강력한 노동운동의 존재 자체가 그대로 그 국가의 사회보장제도의 발달로 연결되는 것은 아니라는 문제점이 있다. 예를 들면, 뉴질랜드나 오스트레일리아는 노동조합의 조직률과 사회민주주의 정당의 정권참가라는 면에서 노동운동이 활발한 국가였으나 선별주의적인 복지국가 전략을 고집했기 때문에 에스핑 앤더슨이 분류한 세 가지 복지국가 유형 중 자유주의 유형에 더 가깝다.

또한 국가 제도의 관점에서 권력자원이론을 비판하는 경우가 있다. 스코치폴(Skocpol), 위어(Weir), 오로프(Orloff), 헤클로(Heclo) 등은 다양한 사회적 행위자의 영향력보다는 그 배후에서 행위자 개개의 영향력을 강화하기도 하고 약화시키기도 하는 국가의 제도에 주목한다(Castles, 1985; Castles & Mitchell, 1992, Orloff & Skocpol, 1984 : 729-730; Weir, Orloff, & Skocpol, 1988; 임성근, 2003).

이와 같은 연구들을 종합하면 산업화와 그에 따른 경제성장, 그리고 노동운동의 성장과 같은 권력자원의 확대는 복지국가 발달에 필수조건이라고 할 수 있다. 그러나 그 자체만 가지고는 사회복지제도 발달 시기와 내용의 다양성을 설명하지는 못한다. 즉, 산업화와 권력자원은 복지국가 발달을 설명하는 필요충분조건이 되지 못한다.

그러면 복지국가 발달에는 산업화와 노동운동의 영향 외에 어떤 변수가 영향을 미칠 수 있었는가?

본 서에서는 각국의 문화가 복지국가 발달에 미치는 영향에 주목한다. 즉, 산업화와 노동운동의 성장은 사회복지제도 도입에 필요한 환경을 조성하나, 사회복지제도 도입 자체는 해당 국가의 고유의 문화나 가치에 의해 당겨질 수도 있고 늦추어질 수도 있다는 것이다(Park, 1990). 이것은 최근의 신제도주의에서 말하는 정책의 결정에는 인간의 행동을 유도하는 '의미의 준거틀(frame of meaning)'을 제공하는 상징체계인 '문화'가 영향을 미친다는 홀과 테일러(Hall & Taylor, 1996)의 견해와 맥락을 같이한다.

그러면 문화는 복지국가 발달에 어떤 영향을 미치는가?[2)]

먼저 영국의 경우를 살펴보자.

흔히 영국을 미국의 강한 개인주의정신과 대비시켜 개인주의가 약한 국가로 보는 경향이 있다. 그러나 오로프와 스코치폴(Orloff & Skocpol, 1984 : 735)은

2) 이 부분에 대한 보다 자세한 내용은 박병현(2008). 사회복지와 문화 : 문화로 해석한 사회복지의 발달. 서울 : 집문당을 참조하기 바람.

1870년대에서 1920년대 사이의 영국은 개인주의 성향이 강한 경제적 자유방임주의와 자조정신이 매우 강했으며, 이러한 측면이 영국보다 산업화 진행이 훨씬 늦은 독일보다 사회보장제도를 늦게 도입하는 원인이 되었다고 보고 있다. 19세기 중반의 빅토리아 시대를 지배했던 경제사상은 절약하고 근검하는 사람들이 모두 동등한 기회를 부여받아 다른 사람과 경쟁하면서 자기들의 이익을 추구하는 자유방임주의였다. 이러한 19세기 중반의 영국의 활력 넘치는 자본주의 체제 속에서 근면과 경쟁은 경제적 덕성의 궁극적인 표현이요 빈곤은 가장 비난받는 악덕으로 간주되는 나태와 게으름의 결과였다. 이와 같은 문화적 배경에서는 사회보장제도의 도입 논의는 설득력이 없었다.

19세기 말엽 사회보험제도의 도입에 걸림돌이 되었던 당시의 개인주의 가치인 자조는 약 100년 후 사회복지를 축소하기 위한 가치로 다시 등장한다. 사실 영국 복지국가의 건설은 빅토리아 시대의 가치인 자조정신의 부정에서부터 시작되었다. 그러나 '불만의 겨울(winter of discontent)'로 상징되는 정치경제 질서의 동요의 정점인 1979년 5월에 집권한 대처정부는 '빅토리아 시대로 되돌아가자'라는 슬로건 아래 '자유경제와 강한 국가'를 국정지표로 내세우며, 국가의 경제개입을 경제 불황의 주된 이유로 지적하면서 케인스주의에 대해 대대적인 공격에 나서는 한편 복지국가의 재편을 시도했다.

대처는 복지국가의 재편을 시도하면서 베버리지적 복지원칙을 자유주의적 빅토리아적 복지원칙으로 대체를 시도했는데, 이 시도의 핵심에는 전 국민의 복지에 대한 국가의 책임이라는 베버리지의 원칙을 대체한 자조와 개인책임의 원칙이 있었다. 이 원칙은 '하늘은 스스로 돕는 자를 돕는다'는 논리하에 복지수급자들을 게으르고 의존적인 무능한 사람들로 매도하는 것이었다. 이것은 1859년에 출판된 『자조』라는 책에서 사무엘 스마일즈(Samuel Smiles)가 사용했던 '하늘은 스스로 돕는 자를 돕는다'라는 격언의 재등장이었다. 이와 같이 대처정부는 영국 사회복지행정의 원칙을 빅토리아적 가치인 자조로 쉽게 전환시킬 수 있었다. 독일과 스웨덴도 1980년을 전후한 시기에 비슷한 경제위기를 겪었지만 이들 국가보다 사회보장제도의 감축을 쉽게 추진할 수 있었던 것은 영국인들 사이에 스며들어 있는 개인주의 문화가 있기 때문에 가능했다.

영국보다 개인주의 가치가 더 깊이 스며들어 있는 미국의 경우를 살펴보자.

미국 사회복지의 특징은 정책과 실천 양면에서 지역적 다양성(local diversity), 중앙집중식의 사회정책의 결여, 사회보험제도와 공공부조제도 간의 확연한 구별, 민간 자선단체의 역할 강조라고 볼 수 있다. 또한 미국은 봉건제도가 없었으며, 권력의 분권화가 이루어진 국가이다. 윌렌스키(Wilensky, 1965 : 33-34)는 미국의 개인주의에 있어서 가장 중요한 것으로 합리적이며 자신의 이익에 충실한 개인을 매우 강조한다는 점을 들었다. 다시 말해, 미국은 개인의 창의성 – 고도로 발달되고 널리 퍼져 있는 취득정신(acquisitive spirit) – 이 강조되며, 노동이 상품화되어 경쟁시장에서 활발하게 구매되는 사회이다. 이와 같은 사회는 에스핑 앤더슨(1990)의 표현을 빌리면 노동력의 상품화가 가장 잘 발달된 사회이다.

림링거(Rimlinger, 1971 : 62)는 미국이 복지후진국인 이유를 미국의 전통적인 개인주의적 자유주의(liberalism)에서 찾았다. 자유주의는 개인주의 가치와 제한된 정부 역할을 강조한다. 미국인들은 자유와 개인의 책임을 강조하면서 개인을 보호하기 위한 집단적 급여는 사회주의적 성격을 지닌 것으로 보아 거부하는 경향이 많다. 그래서 미국에서는 자유주의 전통이 끈끈한 생명력을 지녀왔고 사회적 보호에 대한 반대가 지속되었다. 19세기 말 자선 및 교정에 관한 연차회의에 모인 사회사업가들조차도 근로가 가능한 빈민들은 오직 '제도 내에서', '엄격한 규율에 따라' 구제받을 수 있다는 태도를 지니고 있었다.

이와 같은 미국의 개인주의에 바탕을 둔 자유주의는 사회입법을 처음에는 지연시켰고 후에는 그 범위를 제한하는 역할을 하여 미국이 복지국가로 발달하는 데 걸림돌로 작용했다. 1900년대 초반의 미국의 사회문제들 – 부녀자와 아동의 취업, 비위생적인 작업환경, 직물 및 봉제공장의 저임금 – 을 살펴보든지, 또는 그 후의 실업, 노년기의 불안정, 산업재해, 직업병에 대한 논쟁을 살펴보면 미국 사회에 대한 개인주의적 이념의 영향력을 쉽게 찾아볼 수 있다. 즉, 사회문제로서의 이러한 위험들에 대해 뒤늦게 인식하게 되고 이에 대처하기 위해 선택한 방법들에서 개인주의의 영향은 명백히 드러나고 있다. 19세기의 미국은 강한 자유주의 사상의 영향으로 다른 산업국가들과는 달리 산업의 위험에 대처하기 위한 사회보험을 실시하지 않았고, 대신 공공부조와 민간기관의 활동에 의지했다(Wilensky, 1965).

또한 리비(Leiby, 1978 : 23-29)는 미국의 개인주의와 자유주의 사상은 자원주의(voluntarism)를 예외적으로 강조하게 되는 요인이 되었다고 주장하며, 1935년 이전의 미국 사회보험제도 도입 과정을 '투쟁의 역사(struggle for social security)'로 기술한 루보브(Lubove, 1968)도 미국의 사회보험제도가 유럽의 국가들에 비해 늦게 도입된 가장 근본적인 이유로 강한 자원주의 정신을 지적하면서, 미국의 자원주의에는 개인의 자유, 제한된 정부, 자립심, 보상을 경쟁적인 시장의 속성에 따라서 배분하는 경제유인체계를 포함하고 있다고 했다. 이에 덧붙여 루보브(1968 : 6)는 미국의 사회보험 옹호자들은 문화적인 갈등을 많이 겪었다고 기술했다.

20세기를 전후한 시기에 미국을 지배했던 자유주의는 현대에 와서는 이데올로기로는 사장되었을지 모르나 미국의 사회보장제도의 발달과정과 내용에 많은 영향을 미쳐왔고 현재의 사회보장제도 속에 스며들어 있다. 미국의 사회보장제도는 철저하게 개인을 원조하기 위해 사회적 서비스를 제공하는 데 강조를 두면서 발전해 왔다. 이러한 면은 개인에게 직업을 얻기 위한 교육을 제공하고, 어머니들이 일을 할 수 있도록 주간보호(day care)를 제공하며, 어머니들이 원한다면 집에 머물면서 아동을 양육하도록 AFDC를 제공한 면에서 잘 나타나고 있다. 미국에서 개인을 강조하는 Casework가 독특하게 발전한 것도 개인주의의 영향으로 볼 수 있으며(Dobelstein, 1986 : 91), 밍크(Mink, 1998)가 미국 복지의 종말을 보는 것과 같다고 했던 1996년의 개인책임 및 근로기회조정법도 사실상 개인주의 가치에 근거하고 있다. 즉, 미국의 개인주의는 미국이 복지국가로 발달하지 못하고 미완성 복지국가에 머물러 있는 데 공헌했다.

독일은 어떠한가?

봉건제도가 존속했던 독일은 전통적으로 가족과 직업, 신분이라는 자연적 유대를 통한 유기체적 응집력을 가진 계층적이고 가부장적인 사회질서를 유지하여 왔다. 봉건제도란 상층민의 가부장적인 의무를 기초로 하고 있다. 이러한 가부장적인 사회질서 속에서 표출되는 계층주의 문화의 핵심은 하층민은 상층민에게 충성하면서 보호를 받고, 상층민은 하층민의 충성을 받으면서 보호를 제공하는 것이다. 봉건제도에서는 가신은 공권에 대한 의무를 다하는 한 적정수준의 생존배려를 요구할 수 있었다. 이것은 가신(家臣)은 가부장적인 정부와 그의 정책에 의해서 엄격히 통제된다는 독일의 사회국가(Sozialstaat)와 맥락을 같이한다.

이러한 봉건제하의 독일은 개인주의가 취약한 반면 경제생활을 변화시키는 주요 동력으로서 정부관료제의 우위가 중요한 요소였다. 관료주의는 군주가 신민(subject, 臣民)들의 상충되는 이해관계 위에 군림하는 국가이익의 지고한 조정자라는 관념을 지니고 있으면서 개인 및 집단들 간의 상충되는 이해 속에서 국가의 이익을 대변한다는 태도를 취하였다. 이러한 태도는 비스마르크라는 인물에 의해 가장 잘 표출되었는데, 비스마르크에게 있어 이러한 권리들에 대한 이념적 정당화는 위로부터 주어진 것, 즉 국가의 의무라는 가부장적인 개념으로부터 주어진 것이었다. 그의 정치적 사고의 중심은 시민권에 대한 새로운 해석에 입각하여 새로운 사회적 권리를 창설하는 것이 아니라, 국가와 개인 간의 전통적 관계를 유지하는 것이었다(Rimlinger, 1971 : 90-93).

독일의 이러한 계층주의 문화의 가부장적이고 권위주의적인 사회, 정치구조하에서는 국가는 산업주기의 변화에 직접적으로 노출되어 있으면서 권력의 향배를 결정하는 데 중요한 역할을 하는 노동자계급의 경제적 안정을 보장해야 했다. 국가가 농노제를 폐지하고 강제적 길드제도를 청산할 당시 농민과 수공업자들은 그들의 운명이 위로부터의 명령에 좌우되는 수동적 신민(臣民)이었다. 이러한 상황에서 산업화가 진전됨에 따라 민주적 또는 급진적 견해들이 하층계급들에게 침투되어 갔다. 사회문제의 심화는 노동자들의 권리와 의무에 대해 재해석을 하도록 했다. 자유주의자들과 보수주의자들은 이러한 사회적 문제들을 어떻게 해결할 것인가에 대하여 오랫동안 논쟁하였으며, 이 논쟁의 결과 나타난 정책 중 가장 의미 있는 것은 국가 주도의 사회보장제도의 도입이었다(Rimlinger, 1971 : 92). 이와 같이 비스마르크의 사회보장제도는 사회주의의 위험 못지않게 자유방임주의를 두려워했던 보수적인 엘리트에 의해 주도되었으며, 사회안정과 국가건설 등 정치 질서를 유지하려는 목적이 있었다. 비스마르크의 목적은 평등주의 문화가 지배적인 스웨덴과는 달리 복지국가가 아닌 복지군주제였다. 이것은 비스마르크의 사회입법이 위로부터의 '계급갈등의 제도화'로 표현되는 이유이다.

또한 독일의 복지조직의 특징은 고용중심 사회보험 체제이다. 이것은 근로자의 지위의 차이(status differential)를 유지한다는 것을 의미한다. 이것은 독일의 복지조직은 여러 이익집단들이 정책결정 과정, 행정과정 및 전달체계에 참여하는 조합주의 체제라는 것을 의미한다. 이러한 조합주의적인 면은 사회보험제도 도입기부터 현대에 이르기까지 독일 사회보장제도의 특징이 되고 있다. 자유와 협동을 슬로건으로 내세웠던 기독교민주당은 사회보험의 행정적 일원화를 외면하고, 전통적인 사회연대주의와 자유민주주의를 조합주의로 연결하려 했다. 1957년 연금개혁 이후에도 서독 연금보험조합의 수는 수백 개에 이르고 노동자연금, 직원연금, 광산노동자연금, 농업종사자 연금 등 분립된 조합주의를 유지하고 있다.

독일의 조합주의는 계층적 · 직역적 격차를 수용한다는 것을 의미한다. 독일은 1948년 사회보험조정법을 기독교민주동맹과 사민당의 찬성으로 가결시켰다. 이 법의 원칙은 계층별로 분리된 기존의 조합주의 사회보험제도를 유지하여 각 계층별로 갹출이나 급여의 격차를 그대로 유지하는 것이었다. 그러나 한때 독일은 패전 후 보편주의적인 개혁이 시도되었다. 이러한 시도는 계층주의라는 문화적 유산으로부터 벗어나려는 시도로 복지국가 건설 전략에 있어서의 궤도수정을 시사한다. 그러나 패전 후 경제성장에 따라서 중산층이 등장하면서 연금개혁의 과제가 등장하자 아데나워(Adenauer) 정권은 1957년 연금개혁에서 직역적인 격차를 그대로 유지했다. 그 후 1972년 브란트 정권하에서도 연금개혁에 있어서도 조합주의 색채는 그대로 유지했다. 결국 독일에서 보수적 조합주의의 맥락하에 연금개정의 흐름을 결정하였으며, 이러한 흐름에는 독일의 오래된 문화, 즉 계층주의라는 문화적 유산이 작용했다.

이제 스웨덴을 살펴보자.

스웨덴에는 봉건제도가 존재하지 않았다. 따라서 장원영주나 농노가 없었으며, 중세부터 현대까지 줄곧 자유농민들이 존속해 왔다. 스웨덴은 한때는 신이 버린 땅으로 불릴 정도로 빈곤했으며, 토지를 소유하지 못한 영세농들 중 약 150만 명이 1865년에서 1930년 사이에 빈곤을 이겨내지 못하고 미국으로 이주해 갈 정도로 경제수준이 낮은 국가였으나, 현재는 모든 국가들이 동경하는 복지국가 모델을 소유하고 있다.

무엇이 스웨덴을 복지국가로 만들었는가?

스웨덴에서의 노동과 사회생활은 조직과 집단에 의해 지배받고 있다. 스웨덴인들은 자유로운 시간에는 조직이나 집단 활동에 참여한다. 그들은 대체로 체제 순응적이다. 스웨덴은 제도와 문화활동에 있어서 타협과 협동을 강조한다. 주요 사회 요소 간의 중요한 타협은 스웨덴 사회가 합리적으로 기능하고 진보하는 데 기여를 하였으며 발전에 방해가 되는 장애물을 제거할 수 있었다. 종교와 인종에 있어서 단일 민족을 구성하고 있다는 점도 복지국가로의 발전에 기여했다. 신교가 주 종교인 스웨덴에서는 인종과 종교의 갈등 없이 '국민의 집(People's Home)'을 건설하여, 평등주의를 지향하는 민주사회당의 집권과 함께 사회적 불평등을 제거하는 사회정책을 펼 수 있었다.

'국민의 집'은 스웨덴 복지국가 연구에서 독특한 의미를 함축하고 있다. '인민의 집'은 1920년대 후반에 와서 한손(Hansson) 내각에 의해 중요한 개념으로 등장하였지만, 스웨덴의 전통적 가치들에서 이미 발견된다. 연대적 · 보편주의적 '인민의 집'은 스웨덴 농부들의 전통적 촌락공동체에 기원을 두고 있으며 근대 스웨덴 복지국가의 근거를 제공하고 있다(이헌근, 1999 : 22).

한손은 사회민주당이 인민의 정당임을 주장하면서 보다 나은 사회보장을 위한 수단으로서 정책적 협력과 상호이해를 강조했다. 사회민주적 이상이 스웨덴의 전통적 가치들에 뿌리를 두고 있다는 사실은 한손이 찬양한 '국민의 집'이라는 주제에 의해 분명해진다. 1928년 산들레르(Sandler)의 뒤를 이어 사회민주당의 지도자가 된 한손은 의회에서 국가와 가정을 연계하여 '국민의 집' 개념을 제시하였다. 좋은 가정은 공동체와 연대에 의해 특징지워지며, 좋은 국가 역시 이러한 가정과 마찬가지임을 역설함으로써 '국민의 집'과 국가를 연계하여 강조하였다. 그는 더 이상 피착취 계급이 존재하지 않으며, 국가가 사회 속에서 경제적 힘을 가져야 한다는 점을 역설하였다. 더욱이 불평등을 의미하는 '계급'은 점차 평등을 의미하는 '국민' 혹은 '시민'으로 대체되어 간다는 것이다.

스웨덴에서 형성된 스웨덴식 복지국가의 개념은 시장에 의해서 생성되는 빈곤과 불평등을 해결하기 위하여 전체 인구를 대상으로 소득, 영양, 의료, 주택, 교육, 노동조건 등에 기준을 설정하고 조세나 재분배정책을 이용하여 평등과 연대를 이루는 것을 목표로 하고 있다. 이것은 이른바 복지구성요소라 불리는 생활수준의 구성요소들로서 여기에서 복지의 의미는 경제적 복지뿐만 아니라 인간의 자유와 안전까지도 포함한다.

그러나 이러한 스웨덴도 1970년대 중반 예외 없이 오일쇼크로 인해 경제성장이 둔화되었다. 특히 1982년 선거에서 승리한 사민당 앞에 놓여진 경제상황은 경제성장률이 마이너스 0.3%까지 하락하고, 국제수지가 몇 년째 적자를 기록하는 등 최악의 상황이었다. 또한 공공적자는 GDP의 13%, 실업률은 총경제활동인구의 3%를 넘었다. 이런 상황에서 스웨덴 역시 복지국가 재편을 요구받았다. 그러나 스웨덴 복지국가 재편의 방향은 영국과 미국과는 다른 방향이었다. 영국과 미국의 경우에서는 '복지국가의 위기'라는 용어를 사용하면서 복지국가의 재편을 추진했으나, 스웨덴에서는 '위기'라는 용어보다 '조정국면(adjustment period)으로의 진입'이라는 표현을 사용했다(Olsson, 1993). 즉, 스웨덴에서는 사회복지의 대폭적인 축소를 내포한 '위기'라는 표현은 사용하지 않았으며(Stephens, 1996), 복지국가의 근본적인 재편도 없었다(Palme & Wennemo, 1998; Ahn, 2000).

이것은 기본적으로 복지국가의 틀을 유지하면서 근소한 공공지출의 삭감을 정당화하려 한 사민당이 긴축의 부담을 전적으로 노동자계급에게만 지우지 않겠다는 '고통분담'의 논리를 내세운 것이었다. 이것은 1938년의 살쇠바덴(Saltsjobaden)에서의 노사대타협 정신이 되살아난 것이었다. 따라서 영국과는 달리 스웨덴에서는 복지국가를 떠받쳐 왔던 원칙들이 거의 공격받지 않았다. 다시 말해 스웨덴에서는 국가를 통한 복지문제의 집단적 해결이라는 원리가 도전받지 않았다. 이러한 것이 가능한 것은 스웨덴 국민 절대 다수가 고세금에 기반한 복지국가의 유지를 여전히 찬성하고 있다는 점이다. 이 점은 선거에서 지지를 획득해야 하는 모든 정당들이 충분히 인지하고 있는 점으로서, 황금기를 통해 이룩된 스웨덴 복지국가의 여러 프로그램들이 사회적 통합을 지향하고, 평등과 공평을 동시에 만족시키고 있다는 점에 근거한다(안상훈, 1999 : 239).

영국과 미국이 '국민적 최소생활수준'의 유지에 대한 책임을 국가로부터 개인으로 돌리려 한 데 반해 스웨덴은 국가복지의 수급은 여전히 시민의 사회적 권리로 인정받았다. 영국에서는 대처 행정부 때 사회보장제도를 재편하면서 베버리지식 보편주의가 선별주의로 전환되었으나 스웨덴에서는 여전히 보편주의가 유지되었다. 또한 스웨덴에서는 '공정한 분배체계'로서의 복지국가를 유지했다. 독일에서는 고용상태와 고용에 따른 소득이 차이에 따라 사회복지급여의 수준이 차이가 나는 것을 당연시 하나, 스웨덴에서는 어떤 계층을 열등하게 하고 손해가 가도록 하는 어떤 조치도 행해져서는 안 된다는 사상이 복지국가 건설 당시부터 현재까지 존재하고 있다. 심지어 1970년대 후반 보수 3당 연립정권의 집권 시에도 복지국가의 기본 틀은 바뀌지 않았다. 심지어 1977년에 지불임금에 대한 고용주 부담 사회보장경비를 종전의 사회민주당 집권 시에 18%였던 것을 34% 수준으로 대폭 인상했을 정도로 보수정권이 유산층 기업주들에게 불리한 정책을 취하는 경우도 있었다(천세충, 1986 : 95). 즉, 스웨덴에서는 보편주의, 제도적 사회복지, 재분배적 성격 등 기존의 스웨덴 복지국가의 성격이 그대로 유지되었으며, 이것은 스웨덴의 평등지향적인 역사와 전통, 그리고 평등주의 문화가 있었기 때문에 가능했다.

2. 변화하는 복지국가 : 동아시아 사회복지에의 함의

최근 서구의 국가들은 베버리지식 케인지언 복지국가는 더 이상 성립되지 않는다는 전제하에 사회민주주의 정당들이 복지국가의 탈관료화, 자유시장적 실용주의 노선의 수용 등 새로운 적응과 변신을 시도하면서, 이를 통한 새로운 정치연합을 모색하고 있다. 즉, 냉전의 종식, 정보화, 지구화, 탈산업화 등으로 표현되는 문명사적 대전환이 요구되는 시대에 적합한 새로운 복지모델들을 고안하고 있다.

이러한 거시 경향적 변화를 포착하고 새로운 복지모델을 고안하려는 시도로서 기든스(Giddens)의 제3의 길(The Third Way), 길버트(Gilbert)의 능력부여국가론(Enabling State), 제솝(Jessop)의 근로국가론(Workfare State)이 있다. 기든스의 '제3의 길'은 영국 노동당이 신자유주의와 전통적인 사회민주주의 모두를 뛰어넘으려는 시도를 하고 있다. 그는 제3의 길로 권리와 책임을 연계하는 새로운 사회계약, 사회정책과 경제정책의 연계, 평등주의적 사회 창출, 시민사회의 중요성 인식, 정부개혁, 국가의 시장과 시민사회에 대한 개입 등을 제시하고 있다. 길버트는 최근 10여 년간 대부분의 산업국가들은 사회권의 확장, 직접적인 현물지급, 보편주의적 할당, 노동의 탈상품화의 원칙으로부터 권리와 의무의 연계, 현금 및 증서 형태의 간접지출의 확대, 선택주의적 표적할당, 노동의 재상품화로의 복지국가의 성격을 바꾸는 패러다임적 변화를 경험하고 있다고 주장하면서 새로운 복지국가 모델로서 능력부여국가를 제시하고 있다. 또한 제솝은 전후 장기 경제호황을 배경으로 출현했던 케인스주의적 복지국가 체제는 지구경제의 요구에 반응하여 패러다임적 전환을 맞고 있다고 결론을 내리면서 슘페터주의적 근로국가로의 전환을 주장하면서 신자유주의, 신조합주의, 신국가주의라는 세 가지 전략적 대안유형을 제시하고 있다(이혜경, 2002).

이들의 주장은 아직은 불완전하고 개략적인 개념에 불과하지만 혁신과 구조조정, 시장순응성과 민간의 책임성을 강조하는 경향으로의 전환만은 분명하다. 그리고 이와 같은 커다란 경향적 전환의 범위 안에 마치 복지국가의 유형이 다양했던 것처럼 새로운 체제의 유형적 변이가 존재할 수 있다는 점에 대하여 세 저자가 일치하고 있다. 다시 말해서, 그러한 거시 경향적 변화는 모든 사회에서 일률적인 형태로 접근되는 것이 아니라, 국가마다 제도적 전통, 정치적 세력균형, 다양한 전략이 추진되는 경제적·정치적 국면의 변동, 문화적 전통에 따라 매우 상이한 담화로 통합되고 표명될 수 있다고 보고 있다. 즉, 서구의 국가들은 복지체제의 성격을 규명하는 연구를 넘어 복지국가 시대 이후에 적합한 새로운 복지모델들을 개발하여 실험하고 있다.

개인의 능력 및 책임과 소득의 관계를 보다 인간화하려는 노력의 표현인 사회복지제도는 각국의 정치이념, 경제성장의 선·후진, 고유문화에 관계없이 세계적으로 채택되고 있다. 즉, 복지제도의 성장 발달은 전 세계 공통의 현실이라고 할 수 있고, 이것은 바로 복지제도의 발달을 현대사회 최대의 구조적 동질성이라 규정하는 수렴이론가들의 이론적 근거가 되고 있다. 이와 같은 관점에서 보면 서구보다 늦게 발달한 동양의 사회복지제도는 서구 사회복지제도를 그대로 모방한 것에 지나지 않는다.

그러나 비록 동아시아의 국가들이 서구사회의 사회복지를 모델로 삼아 사회복지제도들을 설계하고 실행해 왔지만 실제로는 서구사회와는 다른 사회복지발달경로를 택하여 왔으며 그 내용도 서구와는 다르다. 서구 국가들의 사회복지제도가 산업화와 시민권의 발전이라는 일정한 과정을 통해 일관성 있게 발전하여 왔다면 동아시아 국가들의 사회복지제도의 발전과정은 일관적인 계획에 따라 진행되었다기보다는 정치적 상황에 즉흥적으로 반응하며 이루어짐으로 인해 단편적인 성격이 짙다. 또한 이들 국가들은 급속하게 서구화되는 면이 있지만 현재까지는 가부장제도와 가족의존주의라는 고유의 전통문화를 보유하고 있으며, 이러한 점은 이들 국가들의 사회복지의 성격을 서구의 것과는 다른 것으로 만들고 있다.

이와 같이 동아시아 국가들의 사회복지발달 과정과 내용이 서구의 국가들과 상이함에도 불구하고, 이들 국가들의 사회복지의 내용과 성격을 서구국가들과 동질한 상태로 보면서 서구에서 개발된 개념들이나 기준에 의해 연구되어 왔다. 그러나 서구 국가들의 경험에서 당연한 사실들이 동아시아 국가들에서는 존재하지 않거나 상이한 형태로 존재할 수 있기 때문에 그 개념틀은 동아시아 국가들에 고유한, 그래서 서구국가들에서는 공통적으로 통제된 변인들을 포괄하지 못한다. 따라서 사회복지체제는 유럽형 복지체제로 보편적으로 수렴한다는 전통적인 가정의 타당성에 대해 의문을 제시할 필요가 있으며, 동아시아 국가들의 정치, 경제, 사회, 문화적 배경에 적합한 사회복지모델이 존재할 수 있다는 전제를 제시할 필요가 있다.

이와 같은 관점에서 동아시아 국가들의 복지체제를 유형화하고 성격을 규명하는 연구가 필요하며, 여기서 한 걸음 더 나아가 이들 국가들에 적합하고 또한 지향해야 하는 사회복지모델을 개발할 필요가 있다. 또한 동아시아 사회복지모델을 개발하기 위해서는 21세기 동아시아 복지체제의 성격이나 발전방향을 논의하는 틀로서 20세기 말 이래로 진행되어 온 전 지구적, 경향적 전환과 동아시아 국가들의 정치, 경제, 사회, 문화적 변화를 반영하는 틀이 필요하다. 즉, 복지제도와 지구화와 탈산업화의 역동을 통합시킨 분석틀을 개발하고 그 틀에 동아시아 국가들의 사회복지발달의 역사적·문화적 특수성을 통합시키는 작업이 필요하다.

참·고·문·헌

감정기・최원규・진재문(2010). **사회복지의 역사(개정판)**. 서울 : 나남.

강내영・온나자와 나오코・홍일표 공역(2013). **스웨덴 스타일 : 복지국가를 넘어 복지사회로, 스웨덴 모델의 미래를 보다**. 서울 : 이매진.

강욱모(2000). 영국 신노동당의 '제3의 길' 복지정책 : 좌・우파 복지 모델과의 단절인가. **현상과 인식**, 24(4) : 62-81.

강욱모(2003). 영국의 복지개혁 : 신자유주의에서 '제3의 길'로?. **해외지역연구**, 7 : 53-105.

강원택(1999). 영국 사회정책의 변화 : 신노동당과 '일을 위한 복지'. **세계화와 복지국가**. 서울 : 나남출판. pp. 177-200.

강철구(1983). 독일 사회정책의 제전제. 한국사회과학연구소 편. **복지국가의 형성**, pp. 36-82. 서울 : 민음사.

구인회(2000). 복지에서 근로로 : 미국 사회정책의 이행과 그 교훈. **사회보장연구**, 16(2) : 1-28.

김동국(1994). **서양 사회복지사론 : 영국의 빈민법을 중심으로**. 서울 : 유풍출판사.

김보영(2015). 베버리지 복지국가에서 캐머런 정부까지 : 복지국가 패러다임의 변화에 있어 싱크탱크의 역할과 전략에 대한 영국 사례연구. **한국사회복지학**, 67(2) : 259-284.

김상균(1987). **현대사회와 사회정책**. 서울 : 서울대학교출판부.

김상철(2010). 독일 가족정책에서 보충성원칙 적용에 관한 연구. **사회복지정책**, 37(3) : 269-297.

김영순(1996). **복지국가의 위기와 재편 : 영국과 스웨덴의 경험**. 서울 : 서울대학교출판부.

_____(1999). '제3의 길' 위의 복지국가 : 블레어정부의 「일을 위한 복지」 프로그램. **한국정치학회보**, 33(4) : 203-220.

_____(2000). 소득 재분배자에서 고용 재분자로? - 미국과 영국의 '일을 위한 복지정책'. **경제와 사회**, 47 : 123-149.

김영화(1988). 독일 사회정책의 동향. **사회과학연구**. 4.

김인춘(2007). **스웨덴 모델, 독점자본과 복지국가의 공존**. 서울 : 삼성경제연구소.

_____(2012). 전후 영국의 보편적 복지국가의 발전 조건과 전환. 한국복지국가연구회 편. **한국 복지국가의 정치경제**. 서울 : 아연출판부.

_____(2012). 스웨덴 복지체제와 재정-복지재정과 국민부담의 조화-. 한국유럽학회 편. **복지국가시대를 위한 유럽 복지정책의 변화와 아시아의 경험**. 경기 : 한국학술정보.

김은정 역(2004). **복지의 종말 - 미국 복지개혁 비판**. 서울 : 신정.

김종일(1992). 한국사회 복지정책의 흐름과 논리. **경제와 사회**, 16 : 26-45.

_____(2001). **복지에서 노동으로 - 노동 중심적 복지국가의 비판적 이해**. 서울 : 일신사.

김진수(2003). 독일의 복지개혁 : '제3의 길'의 소극적 수용?. 강욱모 외. **제3의 길과 복지개혁 : 영국 · 미국 · 독일 · 프랑스 · 스웨덴의 사례**. 경상대학교 해외지역연구센터.

김태성 · 류진석 · 안상훈(2005). **현대 복지국가의 변화의 대응**. 서울 : 나남출판.

김태성 · 성경륭(2000). **복지국가론**. 서울 : 나남.

김환준(2003). 미국 복지개혁의 성과와 한계. **한국사회복지학, 53** : 129-154.

남찬섭(2002). 한국 복지체제의 성격에 관한 경험적 연구 : 에스핑 앤더슨의 기준을 중심으로. **상황과 복지, 11** : 163-202.

류진석(2004). 노동연계복지의 경향과 특징. **사회복지연구, 25** : 65-89.

문진영(2004). 영국의 근로복지(Workfare) 개혁에 관한 연구 : 노동당의 이념적 변화를 중심으로. **한국사회복지학, 56**(1) : 45-70.

박광준(1990). **페이비언사회주의와 복지국가의 형성**. 서울 : 대학출판사.

______(1992). 1986년 사회보장개혁. 현외성 외. **복지국가의 위기와 신보수주의적 재편**. 서울 : 대학출판사, pp. 140-178.

______(2002). **사회복지의 사상과 역사 : 마녀재판에서 복지국가의 선택까지**. 경기 : 양서원.

배영수 편(2005). **서양사 강의**. 서울 : 한울.

박병현(1993). 사회복지제도발달비교의 이론에 관한 연구. **사회복지연구**(부산대학교 사회복지연구소), **3** : 55-70.

______(1996). Confucian Culture and Social Security Programs in Korea. **사회복지연구**(부산대학교 사회복지연구소), **6** : 267-280.

______(1997). 영국과 미국의 사회보장제도 발달비교 : 1850-1930. **사회복지연구, 7** : 53-86.

______(2005). 복지국가 발달의 문화적 분석. **한국사회복지학, 57**(3) : 277-304.

______(2008). **사회복지와 문화 : 문화로 해석한 사회복지의 발달**. 서울 : 집문당.

______(2015a). **사회복지로의 초대**. 경기 : 공동체.

______(2015b). **사회복지정책론 : 이론과 분석**(개정4판). 경기 : 정민사.

______(2016a). 영국의 스핀햄랜드제도, 미국의 가족지원계획(FAP), 한국의 국민기초생활보장제도의 비교. **사회복지정책, 43**(2), 159-190.

______(2016b). **사회복지의 역사**(개정판). 경기 : 공동체.

박장현 편역(1999). **독일 통일, 한국의 모델인가**. 서울 : 문원출판.

배화숙(2004). 통일한국의 의료보장제도모형 개발. 부산대학교 대학원 박사학위논문.

박현수 역(1991). **거대한 변환 : 우리 시대의 정치적 · 경제적 기원**. Karl Polanyi. *The Great Transformation : The Political and Economic Origins of Our Time*. 서울 : 민음사.

손명세 · 이용갑 · 박종연(1999). 통일독일의 보건의료체계 변화. 아주남북한보건의료연구소.

송규범(1983). 신자유주의의 복지국가 이념. 한국사회과학연구소 편, **복지국가의 형성**. 서울 : 민음사.

신광영(2016). 사회민주주의 복지 사상 : 뮈르달과 에스핑 안데르센을 중심으로. 김윤태 편. **복지와 사상 : 복지국가 이데올로기의 역사적 전환**. 서울 : 한울, pp. 43-68.

신동면(2004). 영국의 근로연계복지에 관한 평가-신노동당 정부의 New Deal을 중심으로. **한국사회복지학**, 56(1) : 23-43.

신정완(2012). **복지자본주의냐 민주적 사회주의냐 : 임노동자기금논쟁과 스웨덴 사회민주주의**. 서울 : 사회평론.

신필균(2011). **복지국가 스웨덴 : 국민의 집으로 가는 길**. 서울 : 후마니타스.

심창학(2005). 유럽 비정규직 근로자의 사회보장 : 영국, 독일, 프랑스의 연금 및 실업보험을 중심으로. **사회보장연구**, 21(4).

안상훈(2005). 스웨덴 복지모델 유지의 정치학, 그 한국적 비전. 부산대학교 사회복지학과 콜로키움 자료집.

오정수 · 정연택(1999). **사회주의 체제전환과 사회정책**. 서울 : 집문당.

유광호(2001). 독일의 사회보장. 신섭중 외. **세계의 사회보장**. 서울 : 유풍출판사.

이용하 · 이정우(2002). 통일 시 남북한 연금제도의 통합방안에 관한 연구. 국민연금관리공단 · 국민연금연구센터.

이인재 · 류진석 · 권문일 · 김진구(1999). **사회보장론**. 서울 : 나남.

이정우(2116). 케인스주의와 복지 : 베버리지와 케인스. 김윤태 편. **복지와 사상 : 복지국가 이데올로기의 역사적 전환**. 서울 : 한울, pp. 9-42.

이헌근(1999). **'제3의 길'로서의 스웨덴 정치**. 부산 : 부산대학교출판부.

이혜경(1982). 비교사회복지학의 이론적 모델 연구. **사회사업학회지**, 4 : 69-86.

______(1986). 정치문화 정향과 복지국가의 발달 : 비교역사적 접근, **사회보장연구**, 2.

______(2002). 한국 복지국가 성격 논쟁의 함의와 연구방향. **상황과 복지**, 11 : 13-49.

이호근(2004). 독일 정치경제의 구조와 흐름. 유럽정치연구회 편. **유럽정치**. 서울 : 백산서당.

임성근 역. **복지국가 전략 : 스웨덴 모델의 정치경제학**. 미야모토 타로(宮本太朗). 복지국가 전략. 서울 : 논형.

임영상(1983). 자유당정부의 사회입법. 한국사회과학연구소 편. **복지국가의 형성**. 서울 : 민음사.

임완섭 · 노대명 · 이현주 · 전지현 · 김근혜 · 심창학 · 황정하 · 최연혁(2015). 각국 공공부조제도 비교연구 – 미국편 –. 한국보건사회연구원 연구보고서, 2015-12-3.

정광석(1992). **복지국가의 기원**. 서울 : 교육출판사.

정무권(2002). 김대중 정부의 복지개혁과 한국 복지제도의 성격 논쟁에 대하여 - 발전주의 유산과 복지개혁의 한계. 김연명 편. **한국복지국가 성격논쟁** I. 서울 : 인간과 복지, pp. 385-448.

정연택(1999). 1970년대 이후 독일의 사회정책의 역사. 한국사회과학연구소 편. **세계의 사회복지**. 서울 : 인간과 복지.

______(2001). 독일의 비정규직 근로자에 대한 사회보장. **복지동향**, 31.

정재훈(2007). **독일 복지국가와 사회복지서비스**. 서울 : 집문당.

조기제(2003). 스웨덴의 복지개혁 : 스웨덴식 '제3의 길' 추구. 강욱모 · 김진수 · 김학주 · 심창학 · 조기제. **'제3의 길'과 복지개혁 : 영국 · 미국 · 독일 · 프랑스 · 스웨덴의 사례**. 경남 : 경상대학교 해외지역연구센터.

조영훈(2002). 유교주의, 보수주의, 혹은 자유주의? 한국의 복지유형 검토. 김연명 편. **한국복지국가 성격논쟁 I**. 서울 : 인간과 복지, pp. 243-274.

차성환 · 김덕환(2007). **독일 국가복지에서 민간복지단체의 역할과 의미 – 민간복지단체의 우선권 원리를 중심으로 –**. 서울 : 집문당.

천세충(2001). 스웨덴의 사회보장. 신섭중 외. **세계의 사회보장**. 서울 : 유풍출판사.

최연혁(2011). 스웨덴 복지제도의 변화와 도전 : 지속적 복지제도의 방향성에 관한 논의. 한국보건사회연구원 내부발표자료(2011. 3. 30).

______(2012). **우리가 만나야 할 미래 : 스웨덴 한가운데서 우리가 꿈꾸는 대한민국을 만나다**. 서울 : 샘앤파커스.

최준욱 · 이명헌 · 전택승(2002). **체제전환국의 재정정책 경험과 북한에 대한 시사점**. 한국조세연구원.

통일부(2003). **독일통일백서**(독일연방수상실. 「독일통일 현황에 관한 독일연방정부의 2002년 연례보고서」).

허구생(2002). **빈곤의 역사, 복지의 역사**. 서울 : 한울.

홍경준(1999). 복지국가의 유형에 관한 질적 분석 : 개입주의, 자유주의, 그리고 유교주의 복지국가. **한국사회복지학**, 38 : 309-335.

홍기빈(2011). **비그포르스, 복지국가와 잠정적 유토피아**. 서울 : 책세상.

홍기빈 역(2009). **거대한 전환 : 우리 시대의 정치 · 경제적 기원**. Karl Polanyi. *The Great Transformation : The Political and Economic Origins of Our Time*. 서울 : 도서출판 길.

황규성(2011). **통일 독일의 사회정책과 복지국가**. 서울 : 후마니타스.

황덕순 · 이바르 뢰드멜 · 히더 트릭키(2002). 근로연계 복지정책의 국제비교. 한국노동연구원 연구보고서(2002-13).

Aaron, Henry.(1967). "Social Security : International Comparison." In Otto Eckstein(ed.). *Studies in the Economics of Income Maintenance* Washington, D.C. : Brookings Institution.

Adema, W.(1999). *Net Social Expenditure : Labour Market and Social Policy – Occasional Paper*. No. 39. Paris, OECD.

Ahn, S. H.(2000). *Pro-Welfare Politics : A Model for Changes in European Welfare States*. Uppsala : Univesitetstryckeriet.

Alber, J.(1983). "Some Causes of Social Security Expenditure Development in Western Europe 1949-1977". In M. Loney, D. Boswell, & J. Clarke(eds.), *Social Policy and Social Welfare*. Milton Keynes : Open University Press.

Alber, Jen(2003). "Recent Developments in the German Welfare State : Basic Continuity or a Paradigm Shift." In Neil Gilbert & Rebecca A. Van Voorhis(eds.), *Changing Patterns of Social Protection*. New Brunswick : Transaction Publishers.

Alcock, Pete.(2001). "The Comparative Context." In Pete Alcock & Cary Craig(eds.), *International Social Policy*. New York : Palgrave MacMillan.

Andrew, John.(1919). *Labor Problems and Lobor Legislation*. New York : American Association for Labor Legislation.

Ann Kallman Bixby(1991). "public social welfare Expenditures, Fiscal year 1998." *Social Security Bulletin, 54*(5), 7.

Annesley, Claire.(2003). "Americanized and Europeanised : UK social policy since 1997." *British Journal of Politics and International Relations 5*(2) : 143-165.

Ashford, D. E.(1986). *The Emergence of the Welfare State*. Oxford : Basil Blackwell.

Altmeyer, Arthur J.(1966). *The Formative Years of Social Security*. Madison : University of Wisconsin Press.

Auletta, Ken.(1982). *The Underclass*. New York : Random House.

Axinn, June, & Herman Levin.(1982; 1992). *Social Welfare : A History of the American Response to Need*. New York : Longman.

Axinn, June, & Mark Stern.(1988). *Dependency and Poverty*. Lexington : Lexington Books.

________________(2005). *Social Welfare : A History of the American Response to Need*. Boston : Allyn and Bacon.

Ayres, P. W.(1896). "Report of the Committee on Charity Organization." NCCC, Proc.

Babbie, E.(1986). *The Practice of Social Research*(4th ed.). Belmont, CA : Wadsworth Publishing Co.

Baldwin, P.(1990). *The Politics of Social Solidarity*. Cambridge : Cambridge University Press.

Banfield, Edward.(1970). *The Unheavenly City*. Boston : Little, Brown.

Beck, Ulrich.(2002). *Power in the Global Age : A New Global Political Economy*. Cambridge : Polity.

Beveridge, William.(1942). *Social Insurance and Allied Social Services*. HMSO.

Block, Gred & Margaret Somers.(2003). "In the shadow of Speenhamland : social policy and the old law." *Politics & Society, 31*(2) : 283-323.

Bonar, James.(1885). *Malthus and His Work*. London : MacMillan.

Booth, Charles.(1970). *Life and Labor of the People of London*, 1st Ser. 1902-4(Reprint). New York : AMS Press.

Booth, William.(1890; 1970). *In Darkest England and the Way Out*. New York : Carrett Press.

Boyer, Paul.(1978). *Urban Masses and Moral Order in America 1820-1920*. Cambridge, Mass. : Harvard University Press.

Briggs, Asa.(1961). "The Welfare State in Historical Perspective." *European Journal of Sociology, 2* : 221-258.

Brewer M. et al.(2004). "Poverty and Inequality in Britain : 2004". *Institute Fiscal Studies*.

Bruce, M.(1961). *The Coming of the Welfare State*. London : Batsford.

Brown, Josephine C.(1940). *Public Relief, 1929-1939*. New York.

Burtless, Gary.(1986). "The Work Response to a Guaranteed Income : A Survey of Experimental Evidence." In Alicia A. Munnell(ed.), *Lessons from the Income Maintenance Experiments*. Boston : Federal Reserve Bank of Boston.

Burniaux, J. M., T. Dang, M. Forster, M. Mira d'Ercole, & H. Oxley.(1998). *Income Distribution and Poverty in Selected OECD Countries : Economics Department Working Papers,* No. 189. Paris, OECD.

Carr, E. H.(1957). *The New Society*. London : Macmillan.

Cameron, David.(1978). "The Expansion of the Public Economy : A Comparative Analysis." *American Political Science Review, 72* : 1243-1261.

Carlson, Allan.(1990). *The Swedish Experiment in Family Politics : The Myrdal and the Interwar Population Crisis*. Transaction Publishers.

Carr, Edward Hallett.(1967). *The New Society*. London.

Castles, F. G.(1982). "The Impact of Parties on Public Expenditure". In Castles(ed.), *The Impact of Parties*. London : Sage.

__________(1985). *The Working Class and Welfare : Reflections on the Political Development of the Welfare State in Australia and New Zealand, 1890-1980*. London : Allen & Unwin.

__________(1999). *Comparative Public Policy : Patterns of Post-war Transformation*. Edward Elgar.

Castles, F., & R. D. McKinlay.(197)9. "Public Welfare Provision, Scandinavia, and the Sheer Futility of the Sociological Approach to Politics." *British Journal of Political Science, 9* : 157-71.

Castles, F. G., & Deborah Mitchell.(1992). "Identifying Welfare State Regimes : The Links between Politics, Instruments and Outcomes." *Governance, 5*(1).

Clark, T. & Dilnot A.(2002). "Long-Term Trends in Britsh Taxation and Spending." *Institute Fiscal Studies*. Briefing Note no. 25.

Clasen, J.(1994). "Social Security—the Core of the German Employment-centered Social State." in Clasen, J. & Freeman, R.(eds.). *Social Policy in Germany*. Hemel Hempstead : Harvester Wheatsheaf.

________(ed.)(1999). *Comparative Social Policy : Concepts, Theories and Methods*. Blackwell.

________(2003). "Towards a New Welfare State of Reverting to Type? Some Major Trends in British Social Policy since the Early 1980s." *The European Legacy, 8*(5) : 573-586.

Clasen, J., & Freeman, R.(eds.)(1994). *Social Policy in Germany*. Hemel Hempstead : Harvester Wheatsheaf.

Collier, David & Richard E. Messick.(1975). "Prerequisites Versus Diffusion: Testing Alternative Explanations of Social Security Adoption." *The American Political Science Review, 69* : 1299-1315.

Crosland, C. A. R.(1967). *The Future of Socialism*. New York : Schocken.

Cutright, P.(1965). "Political Structure, Economic Development, and National Security Programs." *Journal of Sociology* LXX : 537-50.

Dahrendorf, R.(1969). *Class and Industrial Society*. Penguin Books.

Danziger, Sheldon, & Peter Gottschalk.(1985). "Social Programs-A Partial Solution to, But Not a Cause of Poverty : An Alternative to Charles Murray's View." *Challenge Magazine* (May-June) : 32-38.

Decon, Bob.(1983). *Social Policy and Socialism : The Struggle for Socialist Reactions of Welfare*. London : Pluto.

Department for Education and Employment.(1998a). *New Contract for Welfare : Principles into Practice*. CM 4101. London : The Stationery Office.

________________(1998b). *New Contract for Welfare : The Gateway to Work*. CM 4102. London : The Stationery Office.

Devine, Daniel.(1988). *Poverty and Society : The Growth of the American Welfare in International Comparison*. New Brunswick : Rutgers University Press.

DiNitto, Diana M.(1991). 1995. *Social Welfare : Politics and Public Policy*(3rd ed.). Englewood Cliffs, N J : Prentice-Hall.

Dix, Dorothea L.(1843). "Memorial to the Legislature of Man 183." *Old South Leaflets,* 6(148).

Dobelstein, Andrew W.(1986). *Politics, Economics, and Public Welfare*. Englewood Cliffs, NJ : Prentice-Hall.

Dornberg, John.(1999). "Still Divided." *German Life* Oct/Nov : 22-27.

Eckstein, H. & Apter, D.(1963). *Comparative Politics*. New York : Free Press.

Economic Report of the President.(1982). Washington, D.C. : Government Printing Office,

Elderton, Martin(ed.)(1931). *Case Studies of Unemployment*. Philadelphia : University of Pennsylvania Press.

Ellwood, David T., & Lawrence Summers.(1984). "Poverty in America : Is Welfare the Answer or the Problem?" Paper Presented at a Conference on Poverty and Policy : Retrospect and Prospects. Williamsburg, Va., December 6, 1984.

________________(1986). "Poverty in America : Is Welfare the Answer or the Problem." In Sheldon H. Danziger & Daniel H. Wrinberg. *Fighting Poverty : What Work and What Doesn't*. Cambridge : Havard University Press.

Esping-Andersen, G.(1985). *Politics against Markets : The Social Democratic Road to Power*. Princeton: Princeton University Press.

________(1990). *Three Worlds of Welfare Capitalism*. Cambridge : Polity Press.

________(1996). "Welfare States without Work : The Impasse of Labour Shedding and Familialism in Continental European Social Policy." In Esping-Andersen, G.(ed.), *Welfare States in Transition : National Adaptations in Global Economies*. London : Sage.

________(ed.)(1996). *Welfare States in Transition : National Adaptations ion Global Economies*. London : Sage.

________(1996). "Positive Sum Solutions in a World of Trade-Offs." In Esping-Andersen (ed.). *Welfare States in Transition : National Adaptations in Global Economies*. London : Sage.

________(1999). *Social Foundations of Postindustrial Economies*. Oxford : Oxford University Press.

Esping-Anderson, G., & W. Korpi.(1987). "From Poor Relief to Institutional Welfare States : The Development of Scandinavian Social Policy." In Erickson, R., E. Jorgen-Hansen, S. Rinen, & H. Uustitalo(eds.), *The Scandinavian Model*. New York : M. E. Sharpe.

Flora, Peter, & Jens Alber.(1984). "Modernization, Democratization and the Development of Welfare States in Western Europe." In P. Flora & A. J. Heidenheimer(eds.), *The Development of Welfare States in Europe and America*. New Brunswick, N.J. : Transaction Book. pp. 37-80.

Fraser, D.(1984). *The Evolution of the British Welfare State*(2nd ed.). London : MacMillan.

Furniss, N., & T. Tilton.(1977). *The Case for the Welfare State*. Bloomington : Indina University Press.

George, Vic.(1968). *Social Security : Beveridge and Beyond*. London : Routledge.

Gil, D.(1992). *Unravelling Social Policy : Theory, Analysis, and Political Action towards Social Equality*. Cambridge, Mass. : Schenkman Publishing Company.

Gilder, George.(1981). *Wealth and Poverty*. New York : Basic Books.

Gilbert, Neil & Paul Terrell.(1998). *Dimensions of Social Welfare Policy*(4th ed.). Boston : Allyn and Bacon.

Ginsburg, Norman(1992). *Divisions of Welfare*. London : Sage.

________(2001). "Sweden : The Social Democratic Case." In Allan Cochrane, John Clarke, & Sharon Gewirtz(eds.), *Comparing Welfare State*. Lodon : Sage.

Gleenerster.(1998). "Welfare with the Lid on." In H. Gleenerster & J. Hills(eds.), The State of Welfare. Oxford : Oxford University Press.

Goodin, R., B. Headey, R. Muffels, & H. J. Dirven.(1999). *The Real Worlds of Welfare Capitalism*. London : Cambridge University Press.

Gough, I.(1979). *The Political Economy of the Welfare State*. London : MacMillan.

Glasgow, Douglas G.(1983). *The Black Underclass: Poverty, Unemployment, and Entrapment of Ghetto youth*. San Francisco : Jossey-Bass.

Greenstein, Robert.(1985). "Losing Faith in Losing Ground." *New Republic*(March 25) : 12-17.

Hacker, Jacob S.(2002). *The Divided Welfare State : The Battle over Public and Private Social Benefits in the United States*. Cambridge : Cambridge University Press.

Hall, P., & R. Taylor.(1996). "Political Science and the Three New Institutionalism." *Political Studies* XLIV : 936-957.

Handler, J.(1995). *The Poverty of Welfare Reform*. New Haven : Yale University Press.

________(2004). *Social Citizenship and Warfare in the U.S. and Western Europe : The Paradox of Inclusion*. Cambridge : Cambridge Univ. Press.

Hargreaves I. & Fleming S.(1996). "Interview : Frank Field." *New Statesman, 125*. Issue 4306.

Harrington, Michael.(1962). *The Other America : Poverty in the United States*. New York : MacMillian.

Heclo, H. & M. Madsen.(1986). *Policy and Politics in Sweden*. Philadelphia : Temple University Press.

Henke, Klaus-Dirk.(1990). "Das Gesundheitssystem im gesamtdeutschen Einigungsprozeß". Wirtschaftsdienst. Ⅶ. (독일통일과정에서의 의료보험제도)

Higgins, Joan.(1981). *State of Welfare : Comparative Analysis in Social Policy*. London : Basil Blackwell.

Hill, M.(1996). *Social Policy : A Comparative Analysis*. N.J. : Prentice-Hall.

Holtzman, Abraham.(1963). *The Townsend Movement*. New York : Bookman Associates.

Hyde, M., Dixon J. & Joyner M.(1999). "Work for those that can, security for those that cannot : The United Kingdom's new social security reform agenda." *International Social Security Review, 52* (4) : 69-86.

Hunter, Robert.(1904). *Poverty*. New York.

Jansson, Bruce.(1993). The *Reluctant Welfare State : A History of American Social Welfare Policies*. Pacific Grove. California : Brooks/Cole Publishing Company.

Jarre, D.(1991). "Subsidiarity in Social Services Provision in Germany." *Social Policy and Administration, 25*(3) : 211-217.

Jencks, Christopher.(1985). "How Poor Are the Poor?". *New York Review of Books*(May 9) : 41-49.

Jones, C.(1993). *New Perspectives on the Welfare State in Europe*. Routledge.

Jones, Kathleen.(2000). *The Making of Social Policy in Britain : From the Poor Law to New Labour*. London Continuum.

Jones, Gareth Stedman.(1984). *Outcast London: A Study in the Relationship Between Classes in Victorian Society*. New York : Pantheon Books.

Kahn, A.(1979). *Social Policy and Social Services*(2nd ed.). New York : Random House.

Kaim-Caudle P. R.(1973). *Comparative Social Policy and Social Security : A Ten Country Study*. London : Martin Robertson.

Katz, Michael B.(1986). *In the Shadow of the Poorhouse : A Social History of Welfare in America*. New York : Basic Books.

__________(1989). *The Undeserving Poor : From the War on Poverty to the War on Welfare*. New York : Pantheon Books.

__________(1993). "The Urban "Underclass" as a Metaphor of Social Transformation." In Michael B. Katz(ed.), *The Underclass Debate : View from History*, Princeton, N.J. : Princeton University Press.

Kerr, C., J. T. Dunlop, F. H. Harbison, & C. A. Myers.(1962). *Industrialism and Industrial Man*. London : Heinemann.

Korpi, W.(1978). *The Working Class in Welfare Capitalism*. London : Routledge.

______(1983). *The Democratic Class Struggle*. London : Loutledge & Kegan Paul.

______(1990). *The Development of the Swedish Welfare State in a Comparative Perspective*. Swedish Institute.

Kuttner, Robert.(1984). "A Flawed Case for Scrapping What's Left of the Great Society." *Washington Post Book World*(December 17) : 35-35.

Lawson, R.(1996). "Germany : Maintaining the Middle Way." In Taylor-Gooby, P. & George, V.(eds.), *European Social Policy*. Basingstoke : Macmillan.

Le Grand, J.(1990). "The State of Welfare." In J. Hills(ed.), *The State of Welfare : The Welfare State in Britain Since 1974*. Oxford : Oxford University Press.

Leff, Mark H.(1973). "Consensus for Reform : The Mother's-Pension Movement in the Progressive Era." *Social Service Review, 47*.

Leiby, James.(1978). *A History of Social Welfare and Social Work in the United States*. New York : Columbia University Press.

Leisering, Lutz.(2001). "Germany : Reform from Within." In Pete Alcock & Gary Craig(eds.), *International Social Policy*. New York : Palgrave MacMillan.

Levine, D.(1988). *Poverty and Society : The Growth of the American Welfare State in International Comparison*. New Brunswick : Rutgers University Press.

Levitan, S..(1985). *Program in Aid of the Poor*(5th ed.). Boltimore : The Johns Hopkins University Press.

Levine, Daniel.(1988). *Poverty and Society : The Growth of the American Welfare State in International Comparison*. New Brunswick : Rutgers University Press.

Levitan, S. & R. Taggart.(1971). *Social Experimentation and Manpower Policy : The Rhetoric and the Reality*. Baltimore : Johns Hopkin University Press.

Lewis, Oscar.(1961). *The Children of Sanchez*. New York : Random House.

___________(1966). *La Vida: A Puerto Rican Family in the Culture of Poverty—San Juan and New York*. New York : Random House.

Lipset, S. M.(1960). *Political Man*. New York : Doubleday.

Loch, C. S.(1892). *Old Age Pensions and Pauperism*. London.

Lubove, Roy.(1968). *The Struggle for Social Security 1900-1935*. Cambridge, Mass. : Harvard University Press.

MacDonald, Dwight.(1963). "The Invisible Poor." *New Yorker, 38*(Jan 19, 1963).

Marshall, T. H.(1950). *Citizenship and Social Class*. Cambridge : Cambridge University Press.

Martin, Andres.(1984). "Trade Unions in Sweden : Strategic Responses to Change and Crisis." In P. Gourevitch, A. Martin, G. Ross, C. Allen, S. Bornstein, & A. Markovits(eds.), *Unions and Economic Crisis : Britain, West Germany, and Sweden*. London : George Allen and Unwin.

Mayhew, Henry.(1849). "Morning Chronicle." In J. R. Hay(ed.), *The Development of the British Welfare State, 1880-1975*. London : Edward Arnold. 1978.

Mead, Lawrence.(1986). *Beyond Entitlement : The Social Obligations of Citizenship*. New York : Free Press.

Mearns, Andrew.(1993). 1970. *The Bitter Cry of Outcast London*. New York : Humanities Press.

Midgley, J.(1997). *Social Welfare in Global Context*. London : Sage.

Miller, Herman P.(1965). "Change in the Number and Composition of the Poor." In Margaret S. Gordon(ed.), *Poverty in America*. CA : Berkeley.

Mink, Gwendolyn.(1998). 2002. *Welfare's End*. Cornell University Press.

Mishra, Ramesh.(1977). *Society and Social Policy*. London : MacMillan.

_____________(1984). *The Welfare State in Crisis*. Brighton, England : Wheatsheaf.

_____________(1990). *The Welfare State in Capitalist Society*. Harvester Wheatsheaf.

_____________(1999). *Globalization and the Welfare State*. Edward Elgar.

Monypenny, William Flavelle.(1910). *The Life of Benjamin Disraeli, Earl of Beaconsfield*. New York : Macmillian.

Morris, Robert.(1986). *Rethinking Social Welfare: Why Care for the Stranger?*. New York : Longman.

Moynihan, Daniel.(1973). *Politics of a Guaranteed Income*. New York : Random House.

Myrdal, G.(1938). "Population Problems and Policies." *Annals of the American Academy of Political and Social Science*. Vol. 197(March).

_________(1963). *The Challenge of Affluence*. New York : Pantheon Books

_________(1964). "The War on Poverty." *New Republic,* 150(Feb.8).

Myrdal, Alva & Gunnar Myrdal.(1934). *Kris i befolknengsfragan*. Albert Boonnier Forlag.

Muller, W. & C. Neussuss.(1973). "The Illusion of State Socialism and the Cointradiction between Wage Labor and Capital." *Telos, 25*(Fall).

Murray, Charles.(1984). *Losing Ground : American Social Policy, 1950-1980*. New York : Russell Sage Foundation.

Myles, John.(1988). "Postwar Capitalism and the Extension of Social Security into a Retirement Wage." In M. Weir, A. Arloff, & T. Skocpol.(eds.), *The Politics of Social Policy in the United States*, Princeton : Princeton University Press.

Novak, Tony.(1988). *Poverty and The State : An Historical Sociology*. Milton Keynes : Open University Press.

O'Connor, J. S.(1973). *The Fiscal Crisis of the State*. New York : St. Martin's Press.

_____________(1988). "Convergence or Divergence? Change in Welfare Effort in OECD Countries, 1960-1980." *European Journal of Political Research, 16* : 277-299.

Offe, C.(1972). "Advanced Capitalism and the Welfare State." *Politics and Society, 4*, 479-488.

______(1984). *The Contradiction and the Welfare State*. St. Mrtins Press.

______(1994). "A Non-productivist Design for Social Policies." In Ferris J, & Page, R.(eds.), *Social Policy in Transition*. Aldershot : Avebury.

Olsson Hort, Sven E.(1993). *Social Policy and Welfare State in Sweden*. London : Arkiv.

Orloff, Ann Shola, & Theda Skocpol.(1984). "Why Not Equal Protection? Explaining the Politics of Public Social Spending in Britain, 1900-1911, and The United States, 1880-1920." *American Sociological Review, 49* : 726-750.

Page, F. M.(1929). "The Customary Poor Law of Three Cambridgeshire Manors." *Cambridge Historical Journal, 3*.

Palme, Joakim, & Irene Wennemo.(1998). *Swedish Social Security in the 1990s : Reform and Retrenchment*. Stockholm : Valfardsprojeketet.

Park, Byung Hyun.(1990). The Development of Social Welfare Institutions in East Asia : Case Studies of Japan, Korea, and the People's Republic of China. Doctoral Dissertation. University of Pennsylvania.

Parkin, F.(1979). *Marxism and Class Theory : A Bourgeois Critique*. London : Croom Helm.

Patterson, James T.(1986). *America's Struggle Against Poverty 1900-1985*. Cambridge, Mass. : Harvard University Press.

Pencavel, John.(1986). "Labor Supply of Men : A Survey." In Orley Ashenfelter & Richard Layer(eds.), *Handbook of Labor Economics*, Vol. 1, Amsterdam and New York : North-Holland.

Peck, Jamie., & Theodore, Nik.(2001). "Exporting workfare/importing welfare-to-work : exploring the political of Third Way policy transfer." *Policy Geography, 20* : 427-460.

Peters, B. Guy.(1972). "Economic and Political Effects on the Development of Social Expenditures in France, Sweden and the United Kingdom." *Midwest Journal of Political Science* XVI(2) : 225-238.

Phillips Cutright.(1965). "Political Structure, Economic Development, and National Social Security Programs." *American Journal of Sociology, 70*(4) : 537-550.

Pierson, Christopher.(1991). *Beyond the Welfare State : The New Political Economy of Welfare*. Oxford : Polity Press.

Pierson, Paul.(1994). *Dismantling the Welfare State? Reagan, Thatcher, and the Politics of Retrenchment*. Cambridge : Cambridge University Press.

__________(1996). "The New Politics of the Welfare State." *World Politics, 48* : 143-179.

__________(1998). "Contemporary Challenges to Welfare State Development." *Political Studies*.

Pinker, R.(1979). *The Idea of Welfare*. London : Heinemann.

Piven, Frances Fox.(1998). "Welfare and Work." *Social Justice, 25*(1) : 67-81.

Piven, F. F. & R. A. Cloward. *Regulating the Poor*. New York : Vintage.

Polanyi, Karl.(1944). *The Great Transformation : The Political and Economic Origins of Our Time*. Boston : Beacon.

Poole, Lynne.(2001). "Germany : A Conservative Regime in Crisis." In Allan Cochrane, John Clarke, & Sharon Gewirtz(eds.), *Comparing Welfare State*. Lodon : Sage.

Pryor, Frederic L.(1968). *Public Expenditures in Communist and Capitalist Nations*. Homewood, Illinois : Irwin.

Rainwater, Lee.(1969). "Looking Back and Looking Up." *Transaction, 6*(February).

__________(1970). "The Probable of Lower Class Culture." *Journal of Social Issues, 26*.

Rainwater, Lee & William L. Yancey.(1967). *The Moynihan Report and the Politics of Controversy*. Cambridge : MIT Press.

Reinders, Robert C.(1982). "Toynbee Hall and the American Settlement Movement." *Social Service Review*.

Ricketts, Erol R., & Isabel V. Sawhill.(1988). "Defining and Measuring the Underclass." *Journal of Policy Analysis and Management,* 7(Winter) : 316-325.

Riessman, Frank(1962). *The Culturally Deprived Child*. New York : Harper and Row.

Rimlinger, Gaston V.(1971). *Welfare Policy and Industrialization in Europe America and Russia*. New York : John Wiley and Sons.

Rodgers, B.(1979). *The Study of Social Policy . A Comparative Approach*. London : George Allen & Unwin.

Rostow, W. W.(1960). *The Stages of Economic Growth*. Cambridge : University Press,

Rothman, David.(ed.)(1971). *The Almshouse Experience : Collected Reports*. New York : Armo Press and New York Times.

Rowntree, Benjamin Seebohm.(1902). *Poverty : A Study of Town Life*. London : Macmillan.

Rubinow, I. M.(1916). *Social Insurance*. New York : Henry Holt and Company.

Sachs, Jeffrey.(2011). *The Price of Civilization*. 김현구 역. 문명의 대가. 서울 : 21세기북스.

Schulz, James H.(1988). *The Economics of Aging*(4th ed.). Dover, Mass. : Auburn House Publishing Company.

Schweinitz, Karl(ed.)(1947). *England's Road to Social Security : 1349 to 1947*. Philadelphia : University of Pennsylvania Press.

Smiles, S.(1859). "Self-Help," In Eric J. Evans(ed.), *Social Policy 1830-1914 Individualism, Collectivism, and the Origins of the Welfare State*. London : Routledge & Kegan Paul. 1978.

Skocpol, T.(1995). *Social Policy in the United States : Future Possibilities in Historical Perspective*. Princeton: Princeton University Press.

_________(1997). *Boomerang : Health Care Reform and the Turn Against Government*. W. W. Norton & Co.

Seager, Henry R.(1910). *Social Insurance*. New York : MacMillan.

Silver, H.(1994). "Social exclusion and social solidarity : Three paradigms." *International Labour Review*. Vol. 133(5-6). pp. 531-578.

Smile, S.(1859). "Self-Help." In Eric J. Evans(ed.), *Social Policy 1830-1914 Individualism, Collectivism, and the Origins of the Welfare State*. London : Routledge & Kegan Paul. 1978.

Sleeman, J. F.(1979). *Resources for the Welfare State : An Economic Introduction*. London : Longman.

Sowell, T.(1984). *Civil Rights: Rhetoric or Reality?*. New York : William Morrow.

Steiner, Gilbert Y.(1966). Social Security : *The Politics of Welfare*. Chicago.

Stephens, John D.(1996). "The Scandinavian Welfare States : Achievements, Crisis, and Prospects." In Esping-Andersen(ed.), *Welfare States in Transition : National Adaptations in Global Economies*.

London : Sage.

Stone, Warren S.(1919). "Compulsory Health Insurance Legislation, Its Present Status Surveyed and Labor's Position Outlined." *National Civic Federation Review*.

Sykes, R. & P. Alcock.(eds.)(1998). *Development in European Social Policy : Convergence and Diversity*. Policy Press.

Sullivan, M.(1987). *Sociology and Social Welfare*. London : Allen and Unwin.

Swanson, G.(1971). "Frameworks for Comparative Research : Structural Anthropology and the Theory of Action," In Ivan Vallier(ed.), *Comparative Methods in Sociology : Essays on Trends and Applications*, Berkeley : University of California Press.

Temple, W.(1941). "The State." In *Citizen and Churchman*. London : Eyre and Spottiswoode. Reproduced in C. Schottland(ed.). *The Welfare State*(1967). London : Harper and Row.

Thompson, Flora(1939), *Lark Rise*.

Thoursie, A.(1998). "Sweden." In *Trends*, No. 30, European Employment Observatory for the European Commission. Berlin, Institute for Applied Socio-Economic.

Time.(1977). (August 29). "The American Underclass."

Titmiss, R.(1958). *Essay on the Welfare State*. London : Allen and Unwin.

________(1969). *Commitment to Welfare*. London : Allen and Unwin.

________(1974). *Social Policy : An Introduction*. London : Allen and Unwin.

Tobin,, James.(1967). "It Can Be Done," *New Republic, 156*(June 3, 1967) : 14-18.

Trafton, George H.(1932). "American Moves Toward Compulsory Unemployment Reserves." *American Labor Legislation Review*. XXII(3).

Walker, R. & Wiseman, M.(2003). "Making welfare work : UK activation policies under."

Waner, Amos G.(1894). *American Charities : A Study in Philanthropy and Economics*. New York.

Webb, Sidney, & Beatrice Webb.(1927), *English Poor Law History*. London : Longman.

Weir, Margaret, Orloff, Ann Shola, & Skocpol, Theda.(1988). *The Politics of Social Policy in the United States*. Princeton : Princeton University Press.

Wilensky, H. L., & C. N. Lebeaux.(1958). *Industrial Society and Social Welfare*. New York : Free Press.

Wilensky, H. L.(1975). *The Welfare State and Equality*. Berkeley : University of California Press, p. 7.

Welfens, Paul J.(ed)(1992). *Economic Aspects of Germans Unification*. Berlin : Springer-Verlag.

Wilkerson, Isabel.(1987). "New Studies Zeroing in on Poorest of the Poor." *New York Times*. December 20.

Wilson, M.(1993). "The German Welfare State : A Conservative Regime in Crisis?" In Cochrane, A & Clarke, J.(eds.). *Comparing Welfare : Britain in an International Context*. London : Sage.

Wilson, William Julius.(1987). *The Truly Disadvantaged : The Inner City, the Underclass, and Public Policy*. Chicago : The University of Chicago Press.

찾아보기

인 명

내 용

저/자/약/력

■ **박병현**

부산대학교 사회복지학과를 졸업했으며, 미국 West Virginia University 사회사업대학원에서 사회복지학 석사학위를, 미국 University of Pennsylvania 사회사업대학원에서 사회복지학 박사학위를 수여받았다. 미국 University of Pennsylvania 사회사업대학원 연구교수, 일본 동지사대학교 객원교수, 한국사회복지정책학회 회장, 한국사회복지학회 회장을 역임했다. 저서로 「사회복지로의 초대」, 「너는 남을 도와주고 싶니?」 「사회복지정책론 : 이론과 분석」, 「사회복지의 역사」, 「사회복지와 문화」, 「사회보장론」(공저), 「동아시아 사회복지론」(공저), 「사회복지의 이해」(공저), 「세계의 사회보장」(공저), 「복지국가의 위기와 신보수주의적 재편」(공저) 등이 있다. 주요 관심분야는 사회복지정책, 비교사회복지, 빈곤 등이다. 현재 부산대학교 사회복지학과 명예교수로 재직 중이다.

[전정개정판]

복지국가의 비교

|저자| 박병현

|1판 1쇄| 발행 2005년 12월 20일
|1판 4쇄| 발행 2010년 7월 20일
|2판 1쇄| 발행 2017년 7월 31일
|2판 2쇄| 발행 2022년 7월 25일

|발행인| 김동훈
|발행처| 공동체

|주소| 경기도 고양시 일산동구 호수로 358-39
동문타워Ⅰ 905호(백석동)
|전화| 031) 814-3000(대표)
|팩스| 031) 814-3100
|홈페이지| http://www.compub.co.kr
|전자우편| compub@naver.com
|출판등록| 2005년 10월 6일
|등록번호| 제396-2005-36호

|ISBN| 979-11-6105-100-0
정가 18,000원